야생야사의 흥함,
땀방울이 담긴 열매

야구팬들이 알면 흥미로운 야구 이야기와 발자취

알립니다

• 본서는 2024년 시즌 기준으로, 시즌 종료 이후까지 결합해서 작성된 내용임을 알려드립니다. 또한 필자가 기록한 내용을 기반으로 작성되었으며, 필자의 객관·주관적 견해를 혼합해서 작성된 내용임을 알려드립니다.

• 본서의 날짜는 발행일 기준으로 작성되었습니다. 선수와 은퇴 선수의 소속팀은 2025년 기준으로, 응원단과 치어리더는 2024년 시즌 기준으로 명시되었습니다. 일부 팀명은 현재 팀명으로 통일하여 기재하였습니다. 또한 본서에는 당일 일지가 일부 포함되어 있습니다. 김윤수는 김무신의 개명 전 이름입니다.

허지훈 지음

야생야사의 흥함,
땀방울이 담긴 열매

야구팬들이 알면 흥미로운 야구 이야기와 발자취

생각나눔

목 차

머리말   10

1. 반갑다 야구여!

벚꽃의 만개와 4~5개월간 기다림   18

'괴물' 류현진의 복귀 필두로 볼거리
풍성한 2024년   22

높은 로열티 폭발과 함께 지역 들썩들썩   33

KBO리그 대표 인기 구단의 흥행 대박   43

2. 야구와 엔터테인먼트

패션과 MD 상품, 개성 표출의 수단!   52

여성들의 스포츠 기피 더 이상은 NO!   56

시그니처 응원가 부활, 역시나 폭발력 갑!   61

인기 역주행의 엄청난 폭발력   66

야구장에 고려대-연세대, 연세대-고려대
응원가가?   73

3. 오랜 라이벌 구도의 산물

| 우리가 남이가! | 80 |

| 기존 헤리티즈 시리즈로 타임머신, 역사적인 첫 테이프 | 90 |

| KBO리그 대표 라이벌 구도, 이제는 동반자로 상생 | 99 |

| 한 지붕 두 가족의 라이벌 구도 | 115 |

4. 제2 연고지와 비인기 구단의 강렬한 임팩트

| 홈인데 홈 같지 않은 제2 홈구장 | 128 |

| 축구도시 수원과 야구 KT | 140 |

| COME ON COME ON, 마산 스트리트여! | 149 |

| 셀링클럽의 한계, 그럼에도 '공포의 최하위'로 쾅! | 165 |

5. NEW GOLDEN GENERATION

'몬스터'급 활약상에 모두 미소	176
성공적인 롤 변신에 클로저 본능 폭발	189
차세대 왼손 거포의 가공할 만한 폭발력	200
'신데렐라'의 탄생, 그리고 1군 연착륙	206
3년 차에 터진 포텐 폭발로 심쿵	212

6. KBO리그 차세대 주자들의 자존심 싸움, 기록 브레이킹과 개인 타이틀

고교 시절부터 '천적'의 상관관계, 지켜보는 재미 UP!	226
고교 시절 라이벌 구도, 프로에서도 ~ing!	238
첫술에 배부를 순 없다!	243
기록의 위대함	252
개인 타이틀의 의미	273
젖줄인 대학야구의 위기, 더 의미 깊은 '황소 후예'들의 동반 개인 타이틀	279

7. 한 해 농사
   수확을 위한 향연

다음은 없다! 타이브레이크의 가혹함	292
단기전의 묘미와 '리벤지'의 향연	300
31년 만에 KS가 낳은 진귀한 광경	311
거센 가을비와 사상 초유의 2박 3일 서스펜디드	319

8. 인연의 소중함과
   위대한 업적이 주는 교훈

뜨거운 만남과 추억, 그리고 이별의 아쉬움	336
고국에서 커리어의 엔딩 장만	351
'대한외국인'의 'K'와 이별	362
창단과 함께한 희로애락, 이제는 영구히 가슴속으로	374

에필로그
기록과 감동,
그라운드 위의 역사

꿈의 1,000만 관중   384

끝으로   394

머리말

⚾ 대한민국은 양력보다 음력의 비중을 높이 보는 국가다. 음력 설날이 지나고 정월 대보름을 기해 본격적인 새해라고 인식한다. 정월 대보름과 함께 각자 새해 소망을 외치면서 추구하는 방향대로 한 해 수확물을 위한 여정의 닻을 올리는 그림은 매년 현대인들의 한 해 계산에 들어있다고 해도 과언이 아니다. 그런 말도 있지 않은가? 정월 대보름 이전까지 주변 지인들, 동료 등과 새해 인사가 유효한 것처럼 말이다. 춘하추동의 계절 절기는 매년 현대인들에게 각기 다른 온도 차를 보인다. 각자 계절을 탄다는 말처럼 계절 선호도가 제각각이다. 이는 체질과 성향, 특성 등의 차이가 빚어내는 현상이라고 할 수 있다. 봄에서 여름으로 넘어갈 때 더위가 본격적으로 도래됐다 싶으면 눈 깜짝할 새 가을과 겨울로 넘어가는 흐름이 시간의 속도와 맞물려 자연스럽게 이뤄진다.

이 중 야구라는 콘텐츠에 대한 기대감은 춘하추동의 글자 그대로 딱 들어맞는다. 국내 최고 인기 스포츠의 수식어는 매년 춘삼월의 임박과 함께 설렘과 흥분도 등을 절로 자극한다. 정월 대보름이 지남과 동시에 시즌 개막 카운트다운에 돌입하는 시간의 추는 새 시즌을 매년 기대케 하는 연례행사와도 같다. 실제로 시간의 사이클이 그렇다. 겨울철 팀별로 스프링캠프를 통해 새해 풍년을 위한 담금질을 거치고 나면 춘삼월에 귀국길에 오른다. 귀국 이후 시범경기로 본격적인 시즌 모드에 들어선다. 시범경기가 끝나면 곧바로 6~7개월간 페넌트레이스가 시작되면서 개인과 집단 할 것 없이 모든 노력을 다 짜낸다. 선수들과 코칭 스태프, 관련 종사자는 물론, 최고 'VVIP' 고객인 팬들 모두 야구 개막을 학수고대하면서 각자 '야구 라이프'를 그려가는 시계가 분주하다.

　1주일에 팀별로 최대 2~3경기가량 치르는 타 스포츠와 달리 야구는 이동일인 월요일을 제외하고 6일이나 펼쳐진다. 이 말은, 월요일을 제외하면 야구 시계가 쉼 없이 작동한다는 뜻이다. 서로 다른 팀들과 2번의 시리즈를 펼치면서 형성되는 매치업 성패는 매 경기 각기 다른 양상과 함께 희비를 교차하게 만든다. 그 안에 담긴 여정, 동향 등이 순간이나 분위기, 리듬에 따라 급변하는 일이 늘 상 반복된다.

　개인과 집단 모두 마찬가지다. 언제 어디서 도사릴지 모르는 돌발상황은 현대 사회의 숙명과도 가깝다. 의도한 대로 과정을 거친다고 하더라도 사회적 요인, 환경적 요인 등에 의해 거센 파도가 질기게 달라붙는다. 변수가 상당히 많은 스포츠 중 하나인 야구는 개인과 집단의 라이프에서 벌어지는 현상과 궤를 같이한다고 볼 수 있다. 강팀과 약팀을 막론하고 장기 레이스를 거치면서 돌발상황이 필연적이라고 볼 수 있다. 선수들의 부상, 수비 에러, 공격 침묵, 코칭 스태프의 오더 기용 실패, 투수 교체 타이밍, 선수의 부진 장기화 등 다양한 요인들로 빈번하게 도출된다. 마운드에서 홈플레이트까지 18.44m의 거리에서 벌이는 투수와 타자의 치열한 두뇌 싸움, 벤치 임기응변, 상황에 따른 판단력 등은 변수를 더 부추긴다. 이게 야구가 주는 하나의 묘미이자 매력이다.

춘삼월 3월에 개막되면서 가을 단풍이 풍겨오는 10월 말~11월 초에 마무리되는 한 시즌 여정은 매년 선수들과 코칭 스태프, 관련 종사자, 그리고 팬들의 '야구 라이프'를 다채롭게 그려가게 만든다. 마치 춘추제인 대한민국 교육 제도와 흡사하다. 매년 3월에 새 학기가 시작되면 학년 진급과 함께 교원들의 인사 발령, 일부 학생들의 전출과 전입 등이 연례행사처럼 이뤄지는 교육계의 풍토에 매년 사춘기 학생들과 지지고 볶는 교사들처럼 '야구 라이프'에 빠져드는 이들에게는 야구라는 콘텐츠와 시즌 내내 지지고 볶아도 개인의 삶에 있어 한 점이라는 지표다. 한 개인이 살아가면서 각자 성향이나 특색, 취향 등에 따라 애호할 수 있는 분야가 있다는 것은 상당히 좋은 일이다. 각자 성향이나 특성 등에 맞게 가꿔가면서 다채로움을 입히면 각자 '라이프 스타일'을 구축하는 효과도 크다. 특히 '야생야사'를 외치는 팬들은 더 그렇다. 좋아하는 팀과 함께 열렬히 호흡할 수 있다는 부분이 각자에게 큰 '낙(樂)'이다. 실제로 각 팀의 한 해 사이클에 맞게 한 해 사이클을 구상하는 팬들이 허다한 것이 이를 말해 준다. 승패에 따라 희비가 교차하는 감정이 요동치는 날들이 다반사지만, 깊은 애정과 열성 등이 있기에 팬심의 굳건함을 표출하지 않나 생각된다. 삶에서 좋고 나쁨의 롤러코스터가 팬들에게는 야구에서 절로 풍기게 만들 정도다.

　1년 365일을 살아가면서 매일 좋은 날만 있을 수 없다. 여러 가지 상황들에 의한 스트레스와 짜증, 분노 등으로 안 좋은 날이 발생하는 날들도 다반사다. 마침 한 시즌 144경기의 페넌트레이스는 6개월이 넘는 장기 레이스다. 장기 레이스를 거치다 보면 온갖 일들이 다양하게 벌어진다. 그래서 매일같이 좋은 날들만 기대하는 것이 난센스라는 이유다. 그런 말이 있지 않은가? 늘 희극이 가득할 순 없고, 비극도 있기 마련이라고 말이다. 살아가면서 모든 이들이 매일 다른 감정을 겪는 레퍼토리는 필연적이다. "비 온 뒤에 땅이 굳어진다"는 말처럼 삶의 롤러코스터가 야구와도 딱 부합한다. 롤러코스터 안에서 웃고 우는 일들이 비일비재하지만, 이 또한 하나의 과정이다. 스토리 축적과 함께 KBO리그의 발자취는 하나하나 쌓이며, 역사적 가치를 더 높인다.

　매년 현대 사회는 365일 내내 사회 각계 분야별로 다양한 사건들이 벌어진다. 야구라고는 예외가 아니다. 새롭게 쓰이는 기록과 함께 순간순간 예측불허의 상황 초래, 투-타 가위바위보 싸움, 치열한 라이벌 관계 등 다양한 요인들에 의해 일어나는 사건들은 야구의 스릴을 한껏 드높인다. 지난날의 역사적 발자취에 감칠맛을 더하는 새로운 사건과 스토리는 많은 이들의 이목을 절로 집중시킨다. 발전적인 방향에 있어 큰 동아줄과 같다. 1982년 출범해 어언 40년이 넘는 역사를 자랑하는 KBO리그도 다양한 스토리의 축적이 이뤄지면서 양적, 질적 발전을 거듭하고 있다. 사건 발생에 따른 스토리가 인과관계를 형성하면서 쌓이는 사료는 역사적 가치를 끌어올린다. 물론, 사건을 마주하고 체감하는 온도 차는 분명하게 다르다. 스포츠의 세계가 승패가 명확하게 나뉘는 특성이 있는 터라 그렇다. 각기 다른 상황과 환경 등의 속에서 가려지는 운명이 야구에도 자연스럽게 흡수되고 있다고 봐도 무방하다. 당연히 우리네 삶에 전해주는 메시지도 뚜렷하다.

2024년 한 해 대한민국은 야구로 흥했다. 많은 이들이 야구에 몰입하면서 '야구 라이프'를 써내리는 광경은 야구의 가치를 한껏 드높였다. 그라운드 안에서 펼쳐지는 치열한 레이스의 향연, 엔터테인먼트 요소의 결합, 팀과 개인의 상품성 극대화 등이 절묘하게 어우러지면서 대중성을 폭발시켰다. 살인적인 폭염에 아랑곳하지 않고 거대한 장관을 이루는 열광적인 텐션은 많은 이들이 하나의 여가 수단을 넘어 함께 호흡하는 놀이터로 자리했음을 증명하는 대목이다. 향후 비즈니스 가치 증대 등을 통한 상업화에 있어 큰 가능성을 보여줬다.

늘 스포츠와 부대끼며 살아가는 필자가 내린 정의는 이렇다. 2024년 한 해 야구는 사회 현상과 우리네 인생에 있어 많은 학습 효과를 준 콘텐츠라는 것이다. 2024년 한 해 동안 야구의 스토리는 누군가에게는 큰 위로와 희망의 싹을 트게 해줬으며, 많은 현대인에게 각자 동기부여 촉진, 삶의 견문 확대 등에 있어서도 엄청난 플러스 효과를 남겨줬다. 현대 사회의 흐름 속에 찌든 와중에도 야구를 통해 에너지를 끌어올리면서 열정을 불태우는 촉매제다. 야구라는 스포츠를 통한 대중화가 역동성을 사회에 제시해 줬다고 해도 부족함이 없다. 어차피 이 땅에 모든 분야는 100% 완벽함을 가지고 작동할 수 없다. 제아무리 좋은 성과로 한 해 농사의 풍년을 이뤘다고 해도 이게 영구성을 띠지 않는다. 개인과 집단 모두 성과 쟁취를 통해 더 발전시켜야 하는 바가 뚜렷하다. 이러한 부분들이 필자가 야구에 더 감정 이입을 하면서 지켜보는 맛을 더 깨우게 하지 않나 생각된다.

 6~7개월간 각 팀당 144경기의 페넌트레이스를 통해 가을에 한 해 농사 수확을 이루는 야구의 특성은 매년 많은 스토리가 양산되면서 열광의 도가니로 만드는 중독성이 남다르다. 이러한 중독성은 각자 능률과 삶의 질 향상을 넘어 대중성과 상품성 등도 덩달아 끌어올리리라 기대한다. 그렇게 해서 페이지가 다채롭게 쓰이면 금상첨화가 되지 않을까 생각된다. 2024년 야생야사의 흥함과 땀방울이 담긴 열매가 앞으로도 다양하고 풍성하게 쓰일 것이며, 이러한 야구의 스토리와 여정은 개인의 삶과 사회에도 발전의 동력으로 자리할 것임에 자명한 이유다.

1. 반갑다 야구여!
- 시즌 초반부터 팬심 폭발

벚꽃의 만개와 4~5개월간 기다림
- 성대한 플레이볼로 야구 앓이 재촉

⚾ 매서운 한파와 꽃샘추위가 온데간데없이 봄기운이 거리 곳곳에 가득한 3월이다. 늘 그렇듯 매년 3월은 소위 '야구덕후'들이 1년 12개월 주기 중 가장 학수고대하는 달이다. 과거 메이저리그 대표 명장인 고(故) 토니 라소다 감독이 남긴 명언 중 "1년 중 가장 슬픈 날이 야구가 끝나는 날이다."라는 명언은 야구 팬들에게도 딱 해당된다. 시즌이 끝났을 때 교차하는 희비 속에 시원섭섭함, 아쉬움, 후련함 등 다양한 감정들의 공존이 어우러진다. 선수들과 함께 호흡하고 목청껏 데시벨과 텐션을 높이면서 팬심을 고스란히 드러낸다. 팬들 나름대로 로열티나 취향, 성향 등의 차이는 존재하지만, 적어도 각자 좋아하는 팀과 선수들의 지원군을 자처하는 롤만큼은 공통적으로 내재된다. 27개 아웃카운트를 처리해야 승리의 엔딩을 끼워 맞추는 종목 특성과 함께 매 시리즈 성과에 따라 울고 웃는 '희로애락'은 야구 팬들에게 곧 야구는 저마다 라이프스타일의 한 축이라는 증거다. 아니, 한마디로 애증이라는 표현이 더 정확할지도 모른다. 긴 연패와 기본기 등한시, 부진한 경기력 등에 따라 분노 게이지가 올라가지만, 마음 한편에는 이 또한 과정이라는 감정으로 더 큰 격려와 애정을 묻어나게 한다.

팬들마다 야구에 입문하는 경로나 환경 등이 판이하게 다르다. 팬 구력이나 로열티 등과 무관하게 감정 이입의 정도에 차이 역시 크다. 그럼에도 이러한 애증은 무관심보다 관심의 일종으로 칭하는 것이 맞다. 미워도 내 팀, 내 선수라는 인식이 존재하는 심리가 애증 관계를 더 공고하게 만들기에 그렇다. 이게 참 묘하다. 야구 시즌의 종료로 발생하는 공허함에 있다. 사람마다 좋아하는 코드, 취향 등이 제각각인 나머지 시즌이 종료됐을 때 4~5개월의 기나긴 기다림을 거쳐야 하는 부분이 공허함을 더 부채질한다. 이러한 팬들이 나름대로 존재한다. 물론, 시즌이 종료되어도 외적으로 흥미를 끌 만한 요소는 충분하다. 매년 야구 포털 사이트 헤드라인 톱 면을 장식하는 FA(자유계약선수) 계약과 외국인 선수 수혈 등 따끈따끈한 스토리들이 쏟아지기 때문이다. FA 시장에 나온 매물들이 각자 좋아하고 응원하는 팀에 왔으면 하는 소망을 가진다. 취약 포지션 보강을 통한 전력 증강은 곧 팀 성패를 가늠하는 바로미터로 자리한다. 그래서 팬들 또한 취약 포지션 보강으로 좋아하는 팀이 더 좋은 성과와 모습을 고대하는 이유다. 하지만 현장감을 직접 느낄 수 없다는 부분에서 야속함이 크다. 선수와 팀 응원가를 제창하고 현장 분위기를 달구는 맛을 겨울에 자취를 감춰야 하는 터라 야구 비수기가 '야구 덕후'들에게는 가장 고역이라면 고역이다.

비시즌 때 좋아하는 팀들의 기사와 유튜브를 통해 작게나마 비수기의 설렘을 자극하고는 하지만, 100%로 도달하기엔 분명 무리가 있다. 그러나 이러한 공허함은 본격적인 시즌이 시작되는 시기가 다가오면 해갈된다. 시즌 개막이 임박하면 얘기가 달라진다는 얘기가 정확하다. 각자 팀들의 예상 성적을 추리는 것뿐만 아니라 시즌 일정에 따른 투어 스케줄 수립, 팀과 선수 MD 상품 구매 리스트 작성 등을 머릿속에 그려놓을 만큼 선수들 못지않게 팬들의 구상도 바삐 돌아간다.

팬마다 좋아하는 팀과 선수들의 코드는 제각각이지만, 짧게는 4개월, 길게는 5개월간 공허함을 벗고 다시금 야구의 맛과 멋을 직간접적으로 체감하고 호흡할 수 있다는 자체만으로도 설렘과 기대감을 감추지 못한다. 직전 시즌 성과에 대한 아쉬움과 기쁨이 팀마다 각기 다른 온도 차를 보이지만, 설렘과 기대감을 가지고 좋아하는 팀과 선수들을 향한 응원으로 텐션을 높이려는 욕구는 확고부동하다. 응원팀과 선수들의 성적이 좋지 않을 때 울화통이 터지면서 '분노 게이지'가 자연스럽게 높을 때가 많지만, 기쁠 때나 슬플 때나 팀의 '희로애락'을 함께하는 애정만큼은 굳건하다. 이러한 고정 팬들의 존재는 팀은 물론, KBO리그의 고객 로열티를 드높이는 촉매제다.

매년 FA 영입과 트레이드 등을 통해 팀별로 전력 보강에 열을 올리면서 시즌을 맞이하는 계산이 뚜렷하다. 전력 보강에 따른 팬들의 심리는 말 그대로 흥분 그 자체다. 이게 참 묘하다. 상대편으로 마주할 때는 경계심 혹은 미움, 싫음 등 다양한 감정이 공존했다. 사람 심리라는 게 그렇지 않은가? 모든 이들에게 공통된 선호도를 갖는다는 것자체가 어불성설이다. 이는 좋아하고 응원하는 팀이 우리 팀이라는 인식이 확고하게 자리 잡은 영향이다. 그런데 이게 응원하는 팀으로 옮겨올 때는 그야말로 증오 심리가 눈 녹듯이 사라진다. 취약 포지션의 니즈를 채워주는 부분에서 증오가 기대로 변모된다. 어제의 적이 오늘의 동지가 된다고 한다. 팬들에게도 그간 응원팀에 골칫덩어리 같은 선수가 동지가 됐을 때 감정이 딱 그렇다. 여느 해와 마찬가지로 2024년 시즌 역시도 팬들의 기대 심리는 각자 다른 요인들로 한껏 달아오르는 이유다. 따스한 봄날의 만개가 야구 팬들의 설렘과 흥분 등을 자극하는 것이 아닐까 생각된다.

'괴물' 류현진의 복귀 필두로
볼거리 풍성한 2024년
- 개막전부터 만원 관중

○ 2024년 시즌은 유독 판세를 뒤집을만한 이슈가 제법 속출하면서 궁금증을 더욱 증폭시키고 있다. 가장 큰 핵심은 '괴물' 류현진(38)의 12년 만에 국내 유턴이다. 류현진이 누구인가? 동산고(인천)를 졸업하고 2006년 신인 2차 전체 2순위로 한화에 입단하자마자 KBO리그에 강력한 센세이션을 몰고 온 인물로서 한국 야구 대표 에이스로 10년 넘게 군림한 '킹 오브 킹'이다. 데뷔 첫 시즌인 2006년 MVP와 신인왕, 투수 '트리플크라운(다승-평균자책점-탈삼진)'을 달성하며 범상치 않은 위용을 드러내더니 이듬해 '2년 차 징크스'의 우려를 벗고 2년 연속 탈삼진 부문 타이틀 홀더에 올랐다. 신인 시절 보여준 퍼포먼스는 대선배들의 루키 시즌을 자연스럽게 소환할 정도로 파급력이 엄청났다. 2008 베이징올림픽에서는 대한민국 스포츠 하계 올림픽 남자 단체 구기 종목 사상 첫 금메달을 지휘하며 한국 야구 역사의 한 페이지 장만에 앞장섰다. 이어 2009년 최하위에 머문 팀 성적에도 통산 3번째 탈삼진왕을 거머쥐며 '닥터 K'의 진면목을 드러냈고, 2010년에는 선발투수로서 1점대 평균자책점(1.98)으로 평균자책점 선두와 함께 2번째 2년 연속

탈삼진왕을 품에 안으며 커리어에 위대한 업적을 늘렸다.

　2010년 당시 1점대 평균자책점은 이후 국내외 투수들 모두 접근조차 이루지 못한 위업이다. 입단 당시 팔꿈치 수술 이력의 물음표를 느낌표로 완전히 걷어낸 류현진의 행보는 이후에도 거칠 것이 없었다. 2012년 7년 연속 10승 달성에는 아쉽게 실패했음에도 통산 5번째 탈삼진왕을 거머쥐며 고군분투했고, 2012년까지 7년간 98승을 거머쥐면서 가히 독보적인 존재감을 자랑했다. 신인 시절이던 2006년 한국시리즈 준우승을 제외하면 줄곧 팀 성적이 하위권을 맴돈 탓에 '소년가장'이라는 달갑지 않은 수식어가 따라다녔지만, 스트라이크 존을 정확하게 찔러넣는 면도날 같은 제구력과 위력적인 구위, 마운드 위에서 '포커 페이스'를 잃지 않는 담대함 등은 왜 KBO리그 대표 에이스인지를 몸소 증명하는 바이다.

　7년간 KBO리그에서 보여준 퍼포먼스를 토대로 2013년 포스팅 시스템을 통해 태평양을 건너간 류현진은 미국 진출하자마자 미국 본토에 한국 야구의 가치를 증명했다. 과거 '코리안 특급' 박찬호와 '빅초이' 최희섭 등이 거쳐 간 팀으로 국내 팬들에 친숙한 LA다저스에 입단해 미국 데뷔 첫 시즌부터 14승을 기록하며 동양인 메이저리거의 위상을 높였고, 이듬해에도 14승으로 클레이튼 커쇼, 잭 그레인키와 함께 다저스의 막강 선발진을 지휘하는 클래스를 뽐냈다. 당시 내셔널리그에 투수도 타석에 들어설 수 있다는 제도(현재는 내셔널리그도 지명타자 제도가 도입됐다.)에 고교 시절 만만치 않은 방망이를 뽐낸 파괴력까지 드러내는 등 한국 교민들이 가장 많은 LA에 '코리안 몬스터'의 아우라를 뿜어냈다. 이후 팔꿈치 수술 여파로 잠시 쉼표를 찍었으나 2019년에는 내셔널리그 평균자책점 선두(2.32)에 오르며 한국인 메이저리거 역사를 새롭게 창조했고, 2019년 이후 아메리칸리그 토론토 블루제이스로 이적해 4년간 팀 에이스로 분투했다.

내셔널리그와 아메리칸리그 양대 리그에서 존재 가치를 드러낸 그에게는 단연 높은 평가가 뒤따랐다. 그런 류현진에게 또 한 번 선택의 시간이 다가왔다. 토론토와 계약 만료 이후 빅리그 생활 연장과 국내 유턴을 놓고 고심을 거듭한 것이다. 30대 후반에 접어든 나이에 구속 저하와 몸 상태 등이 의문점으로 가득했기에 세간의 이목도 자연스럽게 집중됐다. 고심 끝에 내린 선택은 친정팀 한화 복귀였다. 2024년 시즌을 앞두고 한화와 8년간 170억 원의 초대형 계약을 맺으면서 빅리그 진출 이전 커리어 마무리는 한화에서 이루겠다는 약속을 지켰다. 2024년 시즌을 앞두고 FA로 안치홍을 데려오며 돈 지갑을 과감하게 푼 한화는 류현진의 국내 복귀와 함께 팀 전력을 더 살찌웠고, 문동주와 김서현, 황준서 등 젊은 피들의 성장까지 촉진시켜 줄 수 있는 효과까지 얻게 되면서 리빌딩 끝을 천명했다.

류현진의 국내 복귀 못지않게 관심을 끄는 사건이 또 있다. KBO리그 대표 명장 김태형(58) 감독의 2년 만에 현장 귀환이다. 2015년부터 8년간 두산 감독직을 역임하면서 김 감독이 쌓은 커리어는 가히 독보적이다. 통산 3회 KS 챔피언(2015, 2016, 2019)의 타이틀은 김응용, 김성근 등 당대 최고의 명장들 다음으로 많은 챔피언 보유 기록이다. 2021년까지 7년 연속 KS 진출은 KBO리그 역사에 기념비적인 업적으로 당분간 자리할 공산이 클 만큼 파급력이 어마무시하다.

단순히 결과로만 쌓은 커리어 못지않게 눈에 띄는 부분이 바로 지도력이다. 이전부터 '화수분 야구'로 재미를 톡톡히 봤던 두산의 시스템에서 김재환, 박건우, 허경민, 정수빈 등이 김 감독의 품 안에서 주축 자원으로 발돋움하며 잇몸의 단단함을 입혔다. 김 감독의 굳건한 믿음 속에 이들 모두 커리어 황금기를 누리면서 사제 간 아름다운 동행을 이어갔다. 2015년 한국시리즈 챔피언을 기점으로 김현수(LG트윈스), 민병헌(티빙 해설위원), 오재일(KT위즈) 등 핵심 자원들의 이탈이 매년 가속화됐던 상황임에도 꾸준하게 상위권을 유지해 온 두산의 기본 토대가 김 감독의 지도력에 있음을 부정하기 어려운 이유다. 감독직 이전 두산에서 코치 생활을 했던 내공과 경험은 지도자로서 역량을 싹 트게 하기에 충분했고, 강한 카리스마가 바탕이 된 리더십과 스케일이 큰 야구 추구 등의 성향도 전임 김경문(67) 감독을 쏙 빼닮았다는 평가가 자자했다.

이전 입혔던 색채를 그대로 유지하면서 자신의 성향과 스타일 등을 입히는 데 주력한 김 감독의 지도력은 '두산 왕조' 건설의 시초였다. 세밀한 야구보다 선 굵은 야구를 추구하는 색채는 선수들에 믿음의 야구를 심어줬다. 싹 튼 믿음을 가지고 젊은 자원들의 역량을 극대화하면서 팀 전력을 단단하게 만들었다. 그런 김 감독이 2022년 8년간 두산 감독직을 마무리하고 1년간 '야인(野人)' 생활을 거쳐 현장에 복귀한다는 소식만으로도 큰 뉴스였다. 행선지는 '감독들의 무덤'으로 불리는 롯데 자이언츠. 매년 승부처마다 기본기의 취약점을 노출하면서 하위권을 맴돌지 못했던 롯데의 동향에 카리스마 넘치는 리더십이 압권인 김 감독은 팀 체질 개선을 이룰 적임자로 손색없었다. 이래저래 한숨만 푹푹 늘어났던 롯데 팬들에게도 김 감독 취임은 미우나 고우나 팬심을 드러내게 만드는 매개체다.

두산 색채가 짙었던 김 감독은 2026년까지 3년 계약을 체결하면서 커리어에 새로운 도전을 열어젖혔다. 이미 짜인 틀이 견고한 두산과 달리 하나하나 맞춰가야 하는 롯데의 얇은 뎁스를 얼마나 강화할지가 초미의 관심사였다. 마침 지난 2023년 시즌 팀의 최고 '신데렐라'인 윤동희와 최준용, 김민석, 루키 전미르 등 젊고 유망한 자원들이 가능성을 보여주고 있는 점은 '김태형 체제'의 연착륙에 대한 기대감을 드높이는 요소가 되기에 충분했다. 두산 감독 시절 한국시리즈 챔피언 3회, 7년 연속 한국시리즈 진출의 대위업을 작성한 명장 김 감독의 부임이 1992년 이후 지독한 챔피언 갈증에 시달리고 있는 롯데의 숙원을 해갈시켜 줄 수 있는 퍼즐이나 다름없는 이유다.

류현진의 국내 컴백과 김태형 감독의 2년 만에 현장 복귀 못지않게 세간의 관심을 끈 사건은 하나 또 있다. KBO리그 대표 레전드 중 한 명인 이범호(44)의 KIA 감독 취임이다. 다만, 이 두 가지 사건과 달리 이 감독의 감독 취임은 상황이 어수선했다. 다름 아닌 전임 김종국(52) 감독이 스프링캠프 출발 이전 배임수재 혐의로 경찰 조사에 나서면서 팀 분위기가 풍비박산이 난 시점이기에 그랬다. 스프링캠프 출발과 함께 2024년 시즌 1군 코칭 스태프 보직까지 다 결정해 놓은 상황에서 일어난 초유의 현역 감독 배임수재 사건은 KIA는 물론, 야구계와 모든 야구 팬들에 크나큰 충격을 안기는 사건이었다. 임시방편으로 진갑용(51) 수석코치가 스프링캠프 초반 훈련을 총괄하면서 내부 분위기 수습에 안간힘을 썼으나 시즌을 앞두고 사령탑 공백의 장기화는 분명 큰 리스크였다.

새 사령탑 후보를 두고 다방면으로 물색을 거듭한 끝에 KIA가 내린 결단은 1군 타격코치였던 이 감독의 감독 승격이었다. 현역 시절부터 뛰어난 리더십과 통솔력으로 각광받아 온 싹은 차기 감독감으로 손꼽히는 요소였고, 오랜 기간 타격코치로 선수단과 호흡하면서 내부 사정에 밝다는 부분 역시 내부 분위기 동요 최소화에 적격이었다. 투-타에서 기본 전력이 탄탄한 편에 속하는 팀 골격에 선수단 전체가 2024년 시즌 'V12'를 이루겠다고 천명한 만큼 이 감독 체제의 닻이 어떻게 올릴지도 궁금증이 증폭됐다. 1981년생 닭띠로서 KBO리그 사상 첫 1980년대 출생자 감독에 이름을 올린 이 감독 개인에게도 2년 계약을 통해 현역 시절이던 2017년 이후 또 한 번 타이거즈에 별 추가라는 막중한 중책을 떠안은 만큼 지도자로서 역량을 펼쳐 보일 수 있는 찬스를 맞았다.

또 하나 눈여겨볼 대목이 바로 ABS(자동 볼 판정 시스템)와 피치클락 도입이다. 이는 최근 늘어난 경기 시간으로 인한 재미 반감, 심판 판정에 대한 불신 등을 걷어내고 스피드업과 공정성 가미 등을 도모하기 위함이다. 지난 4년간 퓨처스리그에서 시범 운영된 ABS

도입에 따른 시행착오 최소화를 위해 홈플레이트 양 측면을 본래 기준치보다 2cm씩 확대 적용하면서 급증한 투수들의 볼넷 방지에 힘썼다. 최근 KBO리그에서 가장 큰 이슈 중 하나가 스트라이크 볼 판정이다. 주심마다 스트라이크 존 성향이 다른 데다 일관성이 없다 보니 선수들과 코칭 스태프, 팬들 사이에서 불신과 불만이 극에 달했다. 핀치 상황에서 스트라이크 존 하나하나에 승부가 요동치는 일이 다반사였다 보니 공정성 논란을 절로 야기했다.

최근 현대 사회가 바라는 부분 중 하나가 공정성이다. 공정성이 주는 가치는 뚜렷하다. 청결함과 투명함이다. 모두가 똑같은 제도를 마주하면서 청결함과 투명성을 가지고 제도 작동이 어우러져야 제도적 가치를 더 높인다. 그러면서 많은 이들의 이해를 도모하는 것 또한 자명한 사실이다. 그런 측면에서 ABS 도입은 그간 일관성 없는 스트라이크 존에 몸살을 앓았던 불신의 싹이 해소될 것이라는 기대감은 팬들에게 경기 스릴을 높여줄 수 있는 요인으로 손색없었다. 물론 제도 도입 초반에는 적응기가 필요하다. 세상 모든 제도 변화가 그렇듯이 새 제도에 적응하기 위해서는 상당한 시간이 소요되는 법이다.

2023년 메이저리그에서 도입된 피치클락은 시범경기부터 본격적으로 도입되는 방향이 많은 불만을 야기하면서 2024년 시범적으로 운영된다. 피치클락의 본질은 경기 시간 최소화다. 긴 경기 시간에 따른 루즈함은 야구의 상품 가치를 떨어뜨리는 부작용을 낳았다. 자연스럽게 경기의 질이 하락하는 것은 덤이었다. 최상의 경기력이 서비스의 질을 높이는 진리를 역행하는 격이었다. 피치클락은 주자가 루상에 없을 시 18초, 있을 시 23초 룰을 적용한다. 타자는 잔여 시간이 8초 남았을 때까지 타석에 있어야 하며, 포수는 9초 남은 시점까지 포수석에 있어야 한다. 시범운영 기간 동안 이를 위반할 시 경고가 부과되는 시스템으로 혼선 방지를 도모했다. ABS 도입과 마찬가지로 피치클락 역시 시행착오가 불가피하다. 투수와 타자 할 것 없이 인터벌 시간의 차이가 있는 데다 갑작스러운 '스피드 업'에 따른 투수들의 부상 우려 등도 끊이지 않는다. 하지만 스피드 업을 통한 야구의 상품 가치라는 대의는 피치클락 적응도 ABS 못지않게 필수 적응 요소로 자리하게 됐다. ABS와 피치클락이라는 제도 변화가 페넌트레이스 때 어떤 효력을 발휘할지에 대한 궁금증은 더욱 증폭됐다.

3월 23일 전국 5개 구장에서 일제히 개막된 2024 KBO리그는 당초 우려를 딛고 개막전부터 만원 관중 세례를 이루면서 최근 국제대회 부진과 팬심의 반비례를 증명했다. 가장 큰 백미는 역시 류현진의 귀환이었다. 범국민적 인지도를 갖추고 있는 스타 플레이어이자 한 시대를 주름잡는 레전드의 귀환이 한화 팬들은 물론, KBO리그 모든 팬에게도 설렘을 안겨다 주기에 충분했다. 공교롭게도 국내 복귀전 상대가 '디펜딩 챔피언' LG였기에 팬들의 관심도는 더욱 폭발했다. 또, 미국 진출 이전 LG를 상대로 극강의 모습을 보여온 부분도 지켜보는 재미를 높여주는 양념이었다. 류현진의 복귀전 판은 말 그대로 상다리가 부러질 정도의 풍족함을 입혔다.

지난 2023년 시즌 29년 만에 통합 챔피언으로 오랜 숙원을 해소한 LG는 기본 전력이 여전히 탄탄한 데다 챔피언 후보 0순위로 분류된 팀이다. 미국 진출 이전과 KBO리그의 환경이 많은 변화가 일어났고, 한화의 전력 보강까지 맞물리면서 예매를 학수고대하는 팬들이 즐비했다. 아니나 다를까 류현진의 국내 복귀전을 보기 위한 전쟁은 예매에서부터 불을 뿜었다. 예매 오픈 시간에 맞춰 좋은 자리를 확보하려는 팬들의 광클(광속 클릭의 줄임말) 야망이 온라인상에 분주했고, 오픈과 함께 일찍이 매진 사례를 이루면서 '류현진 효과'를 증명했다. 23,750석의 잠실구장은 류현진의 국내 복귀를 오매불망 바라봤던 한화 팬들과 '디펜딩 챔피언'의 PRIDE를 안고 새 시즌을 맞이한 LG 팬들로 경기 전부터 인산인해였다. 야구장 주변 노점상과 식당가는 웨이팅 행렬이 가득했다. 경기 시작 전 허기진 배를 채우면서 텐션과 데시벨 충전 채비에 여념이 없는 모습이었다.

　사람에게 가장 중요한 식사를 해결하니 다음 코스는 바로 쇼핑이다. 매년 구단 오피셜 숍은 다양한 상품들을 매대에 내놓으며 팬들의 쇼핑 심리를 한껏 고조시켰다. 새 시즌 개막과 함께 유니폼과 굿즈를 구매하려는 양 팀 팬들의 소비 욕구가 마침 폭발하면서 오피셜 숍 입구는 발 디딜 틈조차 보이지 않았다. 잠실의 매진 사례는 타 구장으로도 고스란히 전파됐다.

　김태형 감독의 현장 복귀전이 공교롭게도 지난 2024년 시즌 이숭용 감독 체제로 새롭게 개편된 SSG와 '유통 더비'로 펼쳐지게 되면서 유통 라이벌 간 자존심 싸움에도 시선이 고정됐다. 세간의 관심에 인천 SSG랜더스필드는 매진 사례를 이루면서 뜨거운 열기를 입증했다. 개막전 승리로 시즌 스타트를 상쾌하게 열려는 동기부여 또한 양 팀 모두 충만함을 더했다. 잠실, 문학에 이어 창원과 광주, 수원도 만원 관중을 달성하면서 4~5개월간 야구 개막을 오매불망 바라본 팬들의 갈증을 해갈시켜 줬다. 개막전 5개 구장 매진 사례가 KBO리그 흥행 반전의 시초를 써내리기에 충분한 메시지를 줬다. 사실 최근 KBO리그는 각종 악재에 큰 몸살을 앓았다. 잊을만하면 터져 나오는 선수들의 사건, 사고는 팬심을 싸늘하게 돌려놨다. 공인으로서 품위를 망각한 일부 선수들의 일탈 행위에 따른 상처는 오로지 팬들의 몫으로 향했고, 이는 야구 관심도 하락을 더 불러왔다. 뿐만 아니라 질 떨어지는 경기력에 팬들의 한숨이 푹푹 늘어나는 모습이 심화됐다. 상대적으로 팬 연령대가 높아진 동향에 이러한 악재가 신규 팬 유입을 가로막는 결정적인 영향을 미쳤다.

팬들은 최고의 경기력을 보고 싶어 한다. 최고의 경기력이 곧 서비스이기 때문이다. 그런데 KBO리그의 최근 동향은 완전히 역행했다. 천정부지로 치솟은 선수들의 몸값에 소위 '저질 야구' 속출이 몸값 거품을 절로 야기하면서 질적 하락을 불러온다. 팬들의 니즈와 퀄리티는 날이 갈수록 높아지는 것에 반해 이를 충족시키지 못하는 선수들의 경기력은 야구를 외면하는 데 큰 영향을 끼쳤다. 팬이 최고의 고객인 스포츠의 세계에서 일부 선수들의 미진한 팬 서비스는 비난의 화살을 더 키우는 모양새가 됐고, 상대적으로 진입 장벽이 높다는 특성 역시 성별의 균등에 크나큰 리스크였다. 이를 통한 경기 시간의 증가는 다음 단계다. 스트라이크 존에 제대로 투구를 하지 못하는 일부 투수들의 떨어지는 제구력과 커맨드는 볼질 남발을 불러왔다. 이는 최근 고교 야구에서 제구가 아닌 구속에만 신경 쓰는 경향이 짙다 보니 빚어지는 현상이며, 자연스럽게 젊은 투수 발굴에도 큰 마이너스다. 국제 경쟁력 저하의 우려만 더 키운다. 이게 길어지는 경기 시간과 맞물리면서 야구라는 종목 소비의 루즈함을 야기했다. 거기에 2015 프리미어 12 챔피언 이후 각종 국제대회에서 연이은 부진은 아시아 무대에서도 '종이 호랑이' 신세로 전락하는 결과를 낳았다. 단기전 성과에 너무 매몰된 나머지 중·장기적인 플랜 부재가 국제대회 때마다 고스란히 드러나면서 기존 야구 강국들과 격차가 더 벌어졌다.

 그럼에도 팬들은 KBO리그를 외면하지 않았다. 개막 시리즈부터 높은 로열티와 팬심으로 굳건한 사랑을 보내줬다. 이는 야구라는 스포츠가 여전히 대중적인 상품 가치가 높다는 증거다. 하나 유념해야 할 것이 있다. 팬들이 외면하는 순간 돌아서는 것은 순간이라는 데 있다. 모든 분야를 막론하고 한 번 돌아선 민심(民心)을 회복하기엔 상당한 시간이 소요된다. 한 번 고착화된 이미지가 쉽게 걷어지지도 않는다. 그렇기에 팬들을 위한 '팬 서비스'를 확실하게 가져가면서 발전적인 방향을 위해 꾸준하게 매진해야 한다. 만약 그게 이뤄지지 않으면 '일장춘몽'에 가깝다고 말이다.

높은 로열티 폭발과 함께
지역 들썩들썩
- 시즌 초반 한화 선전

⚾ 2018년을 제외하곤 최근 16년간 가을야구 초대는 단 1회. 최근 하위권을 면치 못하면서 암흑기가 장기화되고 있는 한화 이글스의 얘기다. 2000년대 후반에서 2010년대 초반 라인업의 고령화에 따른 세대 교체 실패의 부메랑이 여과 없이 결과로 드러나면서 어느새 하위권 단골손님으로 전락했고, 최근 FA 쇼핑을 아끼지 않는 공격적인 투자에도 얇은 팀 뎁스가 늘상 발목을 잡는 부분 역시 승부처마다 휘청거리는 주 요인이었다. 그럼에도 변하지 않는 것이 하나 있다. 다름 아닌 팬들의 로열티다. 대전-충청권을 축으로 팬덤 형성이 견고하게 이뤄진 팬 로열티는 어느 팀과 견줘도 뒤지지 않고, 성적과 관계없이 목청껏 응원을 불어넣으며 굳건한 팬심을 증명하고 있다. 이를 두고 야구 팬들 사이에서 한화 팬들을 '보살 팬'으로 칭할 만큼 애잔함을 주기도 하지만, 한화 팬들 사이에서 '창화 신(信)'이라고 불리는 홍창화 응원단장의 지휘 아래 8회만 되면 육성 응원으로 '최! 강! 한! 화!'를 외칠 때 모습은 그간 잦은 패배에 따른 내면의 응어리를 토해낸다는 얘기가 딱 맞다. 이 부분을 보면 자연스럽게 단단한 팬 로열티를 입증한다고 해도 과언

이 아니다.

하위권 단골손님이라는 달갑지 않은 꼬리표와 함께 정작 한화 팬들의 속은 새까맣게 타들어 가고 있음은 부정하기 어렵지만, 적어도 홈과 원정을 가리지 않고 늘상 관중석을 가득 채우는 '티켓 파워'는 성적만 받쳐주면 화룡점정이라는 평가가 딱 부합한다. 이러한 팬들의 바람을 헤아린 것일까? 그런 한화의 2024년 시즌 초반 선전은 KBO리그 전체를 떠들썩하게 만들었다. 지난 2023년 시즌 채은성을 6년간 90억 원에 데려오면서 실탄을 두둑하게 풀더니 지난 2024년 시즌에는 류현진의 국내 복귀와 안치홍의 FA 가세로 투자의 통을 더 크게 한 효과가 시즌 초반 결과로 조금씩 증명되면서 한화생명이글스파크를 향하는 팬들의 함박웃음은 끊이지 않는다. '디펜딩 챔피언' LG와 개막 시리즈를 1승 1패로 반타작을 이루면서 '절반의 성공'을 이루더니 곧바로 SSG와 문학 시리즈에서 스윕승을 달성하며 상승 기류의 닻을 힘차게 내디뎠다. 기세를 몰아 KT와 홈 개막 시리즈마저 스윕승으로 장식하면서 팬들의 환호성을 폭발적으로 이끌어냈다. 한화생명이글스파크 좌석이 12,000석에 불과한 탓에 한화의 홈 개막 시리즈 직관을 위한 팬들의 티켓팅은 예매 오픈과 함께 피 튀기게 펼쳐졌다. 홈 개막 시리즈 모두 경기 시작 전 만원이 완성되면서 '티켓 파워'의 효과를 증명했다.

3월 한 달 한화가 거둔 성적은 6승 1패. 1988년, 1992년, 1998년에 이어 4번째이며, 무려 26년 만에 거둔 결과물의 대가는 시즌 초반 단독선두에 오르는 '깜짝' 태풍을 KBO리그 판도에 선사했다. 한화의 호성적에 로열티 높은 팬들의 발길이 쇄도하는 것은 너무나 당연했다. 일단, 한화생명이글스파크의 접근성이 좋다는 부분에 있다. 대전 원도심에 위치하면서 대전역이나 대전복합터미널 하차 이후 대중교통으로 한밭벌까지 이동이 용이한 메리트는 방문길에 큰 숨통을 트여준다. 대부분 팬들이 KTX나 일반 열차, 고속버스 이용 빈도가 높은 것을 고려할 때 한화생명이글스파크 방면 버스 노선이 잘 갖춰진 부분은 재방문 욕구를 향상시키는 잣대다. 실제로 한화 홈성적에 대전역, 대전복합터미널과 같이 유동이 많은 장소에서 한화나 원정팀 유니폼을 입은 팬들의 모습은 너무나 자연스러웠다. 버스정류장이나 택시 승강장에 대기 행렬 또한 가득했다. 2025년 시즌 개장하는 대전 베이스볼 드림파크(가칭) 신축 공사로 인한 주차 공간 감소가 운전으로 이동하는 팬들의 부담감을 가중시키고 있지만, 적어도 접근성의 용이함은 팬들의 직관 러시와 함께 주차 공간의 협소함을 뛰어넘고도 남는다.

　한화생명이글스파크 주변 식당가는 한화 홈성적에 한화와 원정 팬들로 미소가 가득했다. 가뜩이나 경제 불황이 계속되는 현실에 야구 유니폼을 착용한 팬들의 방문은 소상공인들의 안색을 절로 돋구기에 충분하며, 꽉 들어찬 가게 안에 웨이팅을 뚫고 찾는 고객들을 향한 서비스도 분주함을 더한다. 기나긴 웨이팅을 뚫고 주변 식당가를 방문하면서 SNS 게시와 인증샷 촬영으로 소소한 일상을 나누는 모습은 야구가 있는 날에 더 도드라진다. 방문하고자 하는 곳 후일담을 공유하는 모습은 많은 팬의 입소문을 쫙 퍼지게 한다. 이러한 입소문의 효과는 단순히 매출 증가를 넘어 가게 홍보와 인지도 향상 등에 있어 일거양득이 확실하며, 야구장 주변 상권의 야구 팬의 방문은 곧 야구 팬들이 'VVIP' 고객이라는 증거다. 각 식당이나 커피숍, 치킨집 등 어느 종류 하나 빠지지 않고 지역 경제에도 큰 숨통을 트여준다.

대전하면 모든 야구 팬이 꼭 거치는 핫플레이스가 하나 있다. 다름 아닌 대전의 명물 중 하나인 성심당 빵집이다. 1956년 입점해 70년의 세월 동안 대전에서만 영업하면서 지역 아이덴티티를 확실하게 고수해 온 성심당 빵집의 인기는 매년 식을 줄 모른다. 시그니처 메뉴인 튀김 소보루와 부추빵뿐만 아니라 보문산 메아리, 대전 부르스 등 지역 특색을 적극 활용하는 제품들이 방문객들에 큰 호평을 받으면서 재방문 욕구가 들끓는다. 한 번도 방문한 적이 없는 이는 있어도 한 번만 방문한 이는 없다고 하지 않는가? 오랜 세월 동안 프랜차이즈를 유지해 온 전통과 내공 등을 바탕으로 대전의 대표 핫플레이스를 넘어 지역 대표 랜드마크로도 확실하게 자리매김하고 있다.

이전에도 은행동 성심당 본점 골목에 많은 인파가 운집하면서 발 디딜 틈이 없었지만, 2024년은 그 밀집도가 더 높아졌다. 그럴 만한 이유가 분명했다. 메이저리그 LA다저스와 샌디에이고와 '서울 시리즈'를 위해 한국을 찾은 LA다저스 데이브 로버츠 감독에게 류현진이 직접 성심당 빵을 선물하면서 성심당 홍보 효과가 더 높아졌다. 2019년 시즌 직후 FA 자격을 얻고 토론토 블루제이스로 이적하는 상황 속에서도 친정을 잊지 않은 류현진이 답례 차원에서 로버츠 감독에 선물한 빵이 SNS상으로 큰 화제를 모으면서 야구 팬들의 성심당 방문은 더욱더 폭주했고, 물 들어올 때 노 저으라는 격언을 그대로 실현하기에 이르렀다. 이어 버스정류장이나 택시 승강장에는 팬들이 한화 야구로 이야기보따리를 두둑하게 푸는 광경은 한화 초반 고공비행과 함께 더욱 무르익는 모습이 거리 곳곳에 가득했다.

한화 팬들뿐만 아니라 원정팀 팬들도 성심당 방문을 하루 혹은 그 이상의 여정에 필수 코스로 삼는 것은 너무나 자연스러운 수순이었다. 가뜩이나 '노잼 도시'라는 혹평이 끊이지 않는 대전의 이미지 제고와 관광적 부가가치 창출 등 역시 플러스 효과를 누렸다. 야구와 함께 빵을 좋아하는 빵 '덕후'들에게 성심당 방문과 야구 직관의 컬래버레이션이 그래서 흥미롭기만 하다.

시즌 초반 단독선두를 고수하며 한화 팬들의 기대감은 한껏 고조됐지만, 아이러니하게도 시즌 개막 후 기대감이 또다시 허탈감으로 변모되기까지 걸린 시간은 2주가 채 되지 않았다. 지난해 4월 5일부터 고척 키움 시리즈를 스윕패로 마무리하더니 곧바로 잠실 두산과 3연전에서 1승 2패로 '루징'을 범했고, 시즌 초반부터 상승 기류를 탄 KIA와 대전 3연전에서도 스윕패를 당하면서 페이스가 확 꺾였다. 얇은 선수층의 핸디캡과 함께 투-타 밸런스 엇박자, 핵심 자원들의 부진과 부상 등의 악재가 한데 겹치면서 큰 홍역을 치렀고, 급기야 순위도 급락하면서 하위권에 전전하는 처지가 됐다. 2024년 시즌 리빌딩 종료를 천명하면서 야심 차게 출항한 한화였기에 시즌 초반 선두 기세가 오히려 독이 됐다는 평가도 끊이지 않는다. 에이스 류현진과 지난 2023년 시즌 신인왕 문동주의 예상치 못한 부진, 불안한 계투진, 외국인 선수 산체스와 페냐의 부상, 외야 라인의 얕은 무게감 등 시간이 흐르면 흐를수록 허약한 팀 뎁스가 극명하게 노출된 영향이 고스란히 경기 후반 승부처와 순위 전선에서 마이너스를 초래했고, 결국에는 지난해 5월 최원호 감독을 경질하는 초강수를 두면서 최 감독 체제의 막을 내렸다.

최 감독 경질과 함께 정경배 수석코치가 감독대행으로 팀을 지휘하게 되면서 어수선한 상황이 거듭됐지만, 변하지 않은 '팬심'은 한화생명이글스파크를 여전히 가득 메웠다. 2023년 10월 15일 롯데와 최종전 이후 개막 후 줄곧 매진 사례를 이루면서 역대 KBO리그 한 시즌 최다 연속 매진 신기록을 수립했다. 단일 시즌으로 통틀어도 역대 최다 연속 매진 신기록까지 써내리며 KBO리그 전체 '흥행 보증수표'로서 면모를 어김없이 뽐냈다. 홈과 원정을 가리지 않고 구름관중을 몰고 오는 한화 팬들의 열혈한 성원과 지지, 팬 로열티는 대전은 물론, 원정에서도 홈 팬들에 뒤지지 않는 열기를 용광로처럼 달아오르게 만드는 핵심이었다.

지난해 6월 4일 수원 KT 원정 시리즈부터 김경문 감독 체제로 개편되면서 재도약을 꾀한 한화는 라인업의 고정화, 계투진 정비 등을 토대로 5강 싸움에 다시금 불을 지폈다. 두산, NC 감독 시절부터 젊은 자원들을 골라내는 안목에 탁월한 역량을 보인 김 감독의 스타일에 황영묵과 장진혁 등이 팀의 주요 플랜으로 자리매김하며 경기 운영의 유연성을 높였다. 올스타 브레이크 이전까지 코칭 스태프의 골머리를 앓게 했던 계투진도 올스타 브레이크 이후 양상문 투수코치 체제로 개편된 이후에는 극강의 위엄을 자랑하며 경기의 양과 질 모두 단단해졌다. 150km 중·후반대의 빠른 볼의 위력과 구위가 강점인 김서현을 필두로 핵심 셋업맨 박상원, 좌완 파이어볼러 김범수, '미완의 대기'인 이민우, 한승혁 등이 계투진의 무게감을 높이면서 싹을 드러냈다. 시즌 중반부터 셋업맨에서 클로저로 전향한 주현상도 위력적인 구위와 안정된 경기운영으로 뒷단속을 철저하게 해내며 클로저 고민을 말끔히 해갈시켰다.

공교롭게도 지난해 7월 26일부터 28일까지 잠실 LG와 원정 시리즈부터 파란색 스페셜 유니폼을 착용한 이후 팀 성적이 다시금 향상되면서 '푸른 한화'의 버프를 제대로 업었다. 공·수 양면에서 짜임새 높은 경기력과 함께 핀치 상황에서 끈질기게 상대를 물고 늘어지는 뒷심이 다시금 피어오르며 시즌 초반 보여준 기세가 새롭게 꿈틀댔다. 한화생명이글스파크에서 마지막 시즌 팬들에 가을야구를 선물하려는 동기부여가 선수단 전체 전투력을 고취시켰고, 8월 말까지 5위 그룹인 SSG, KT와 격차도 2.5경기에 불과했을 만큼 실망감을 다시 기대감으로 승화시켰다. 지난해 8월 16일부터 18일까지 문학 SSG 시리즈를 또 한 번 스윕승으로 장식하더니 23일부터 25일까지 잠실-두산전을 19년 만에 두산전 스윕승으로 이끌어내는 등 양과 질 모두 짭짤했다.

그러나 '푸른 한화' 버프와 향상된 경기력 등에도 가을야구 초대장은 쉽사리 닿지 않았다. 특히 고질적인 뒷심 부족은 또 한 번 한화를 옥죄는 요소였다. 뎁스가 풍족하지 못한 팀 살림에 부상 악령이 끊이지 않으면서 희망의 불씨가 점차 꺼져가는 결과를 낳았다. 문동주의 부상 이탈로 로테이션의 한 축을 잃어버린 것도 모자라 페라자와 노시환, 채은성, 안치홍 등 핵심 타자들의 페이스 저하가 투-타 밸런스 엇박자를 초래했다. 얇은 뎁스의 핸디캡이 시즌 막판 고스란히 노출하며 5위 진입의 동력을 잃었다. 결국, 6년 연속 가을야구 탈락의 쓴잔을 들이키면서 한화생명이글스파크 마지막 시즌 가을야구 진출이라는 뜻이 산산조각 나버렸다.

최근 공격적인 FA 영입을 통해 실탄을 두둑하게 푼 데다 2024년 시즌은 '괴물' 류현진의 귀환으로 어느 때보다 가을야구 진출에 대한 기대감이 고조됐기에 아쉬움은 더욱 짙다. 그럼에도 지난 2024년 시즌 한화의 관중 동원력은 KBO리그 역사에 전인미답으로 자리할 공산이 크다. 2023년 10월 16일 롯데와 최종전부터 지난해 4월 30일 SSG전까지 17경기 연속 매진이라는 경이로운 기록을 써내리며 1995년 삼성이 가지고 있던 KBO리그 홈 경기 연속 최다 매진 기록인 12경기 연속 매진을 가뿐히 갈아치웠다. 단일 시즌으로 범위를 좁혀도 16경기 연속 매진으로서 종전 2015년과 2018년 세웠던 6경기 연속 매진을 뛰어넘는 수치다. 뿐만 아니라 홈 73경기 중 무려 47경기가 매진되면서 1995년 삼성이 가지고 있던 단일 시즌 홈 최다 매진 기록인 36경기를 훌쩍 넘어섰다. 자연스럽게 팀 역대 홈 최다 관중까지 일거양득을 누리면서 KBO리그 흥행몰이에 한 축으로서 면모를 입증했다.

6년 연속 가을야구 탈락의 쓰라림을 맛봤지만, 시즌 내내 한화가 대전의 지역 경제에 숨통을 트여줬다는 부분 만큼은 부정하기 어렵다. 대전 시내에서 유동이 많은 지역인 은행동이나 둔산동 일대에 한화 유니폼을 입고 식당이나 주변 상권을 방문하는 팬들의 방문 쇄도가 지역 전체 활기를 절로 돋구게 했다. 위 지역들은 대전시민들뿐만 아니라 타 지역에서 방문 러시가 끊이지 않는 곳이다. 한화생명이글스파크 방문 이전 커피숍, 식당가 등을 기행하기에도 딱이다. 비록 대전이 '노잼 도시'라는 타이틀이 고착화되면서 아쉬움이 가득해도 위 지역만큼은 대전을 찾는 야구 팬들에게 '성지'라고 불려도 손색없다. 한화 야구의 효과는 여기서 끝나지 않는다. 야구가 있는 저녁 시간대 한화 경기를 시청하기 위해 삼삼오오 모여앉은 팬들의 모습도 주변 상권의 인산인해와 '티켓팅' 실패한 팬들의 갈증 해갈이라는 니즈를 동시에 충족시켰다. 유명 술집들과 식당들에 한화 경기를 틀고 얼싸안고 기쁨을 만끽하는 팬들의 모습에서 모처럼 응원팀의 선전이 팬들에게 주는 기쁨이 어느 정도인가를 일깨워주는 바이다.

좋은 성적이 곧 팬들을 향한 최고의 서비스라고 하지 않는가? 고물가, 고금리 등에 의해 자영업 폐업이 날이 갈수록 속출하고 있는 현실에 야구라는 스포츠가 '가뭄의 단비'와도 같다는 지표이기도 하며, '노잼 도시'라는 이미지가 고착화됐던 대전의 이미지 재고에 있어서도 큰 플러스 알파를 생성했다는 평가가 아깝지 않다. 일부 식당과 숙박업소는 물론, 지역 상권의 야구 팬 맞이를 위한 프로모션도 대전 방문의 욕구 부채질을 이끌었다. 이는 야구와 지역 경제의 상호 '윈-윈'을 동시에 이끌어냈다. 지역 경제가 스포츠와 맞물려 더 살아나는 모습이 지역 이미지의 형성과 상권 활력 등 부수적 가치가 크다는 증거다. 스포츠와 지역 연고가 떼려야 뗄 수 없다는 지표이기도 한 이유다. 뿐만 아니라 성심당이라는 지역 대표 랜드마크의 보유와 한화 야구가 시너지를 녹여내는 부분도 스포츠와 엔터테인먼트의 극대화, 문화적 가치 업그레이드, 대중성 구현 등 파급력을 절로 입증했다. 이게 쭉 이어지기 위해서는 연고지역과 연고팀, 유관 단체 등 모두가 합심해서 효과 극대화 방안, 환경 개선 등 전방위적으로 노력의 열매를 더 풍족하게 맺어져야 할 필요성이 크다고 본다.

KBO리그 대표 인기 구단의 흥행 대박
- KIA 호성적에 미소 만발

◎ 한화 못지않게 2024년 시즌 KBO리그 흥행몰이에 앞장선 팀을 꼽으라면 단연 KIA다. 전국구 팬덤과 함께 관중 동원의 폭발력이 타의 추종을 불허하는 KIA의 호성적은 KBO리그 흥행과도 직결될 정도로 파급력이 어마무시하다. 사실 2024년 시즌 개막 이전 KIA의 분위기는 말이 아니었다. 스프링캠프 출발 직전 김종국 감독이 전임 장정석 단장과 함께 배임수재 혐의로 구속되면서 졸지에 선장을 잃었다. 광주일고와 고려대를 졸업하고 1996년 해태(KIA의 전신)에 입단해 30년에 가까운 세월 동안 선수와 코치, 감독으로서 '타이거즈 원클럽맨'의 낭만을 느끼고 있는 김 감독의 계약 기간이 2024년 시즌 만료되는 데다 팀 자체적으로 한국시리즈 챔피언을 천명한 시즌이라 모든 팀 구성원들과 팬들의 충격은 상상 이상이었다. 스프링캠프 기간 진갑용 수석코치가 훈련을 총괄하면서 어수선한 팀 분위기 수습에 사력을 다했지만, 선장의 유무가 미치는 영향력은 결코 만만하게 볼 수 없는 요소였다. 타격코치였던 이범호 코치를 감독으로 승격시키며 새 체제의 닻을 올렸음에도 KBO리그 사상 최초 1980년대생 사령탑에 오른 이 감독의 경험과 운영 능력 등에 의문부호가 가득했다.

144경기 장기 레이스에서 사령탑의 운영 능력과 경험 등이 한 팀의 농사에 있어 차지하는 지분이 상당한 것을 고려하면 초보 감독인 이 감독에게도 가혹한 짐이라고 해도 과언이 아니었다. 온갖 악재와 초보 감독의 지도력 등의 우려가 끊이지 않았지만, 막상 시즌에 들어서니 우려는 기우에 불과했다. 2023년 시즌 외국인 투수 농사 실패로 큰 홍역을 치렀던 아쉬움을 제임스 네일이 초반부터 위력적인 '스위퍼'와 엄청난 구위 등을 토대로 해소시키며 팀 에이스로 거듭났고, 대투수 양현종과 윌 크로우도 네일과 함께 '원-투-쓰리' 펀치를 형성하면서 팀 선발 로테이션의 단단함을 입혔다. 선발 야구가 원활하게 작동되니 계투진의 물량 공세는 더욱 힘을 얻었다. 최지민, 이준영, 장현식, 전상현 등 기존 자원들에 2년 차 좌완 곽도규가 팀 플랜에 혜성같이 등장하면서 높이가 강화됐고, 클로저 정해영은 한층 더 위력적인 구위로 세이브를 차곡차곡 쌓아 올리며 뒷문을 확실히 걸어잠궜다. 경기 상황이나 상대 팀 특색에 맞게 계투 운영의 유연성을 뽐내면서 안정감이 촉진됐다. 이 감독의 초보 감독 같지 않은 과감한 용병술은 핀치 상황의 대처와 함께 마운드 신-구 조화가 점차 싹트는 결과로도 직결됐다.

  마운드의 든든함에 타선도 가공할만한 화력쇼로 화답했다. 시즌 초반 나성범의 부상과 소크라테스 브리토의 부진에도 김도영과 최형우, 박찬호, 이우성, 김선빈 등이 뜨거운 타격을 자랑하며 지뢰밭 타선을 이끌었다. 한 번 몰아치면 무섭게 몰아치는 폭발력은 상대에 큰 화약고와 다름없었다. '빅볼'과 '스몰볼'을 고루 섞는 변화무쌍함은 추풍낙엽처럼 상대 마운드를 쓰러뜨리는 토대가 됐다. 불혹이 훌쩍 넘은 나이임에도 뛰어난 생산성을 뽐내는 최형우와 '미완의 대기' 타이틀을 벗고 팀 플랜의 주요 자원으로 거듭난 이우성이 나성범의 그림자를 지워내면서 클러치 상황에서 폭발력을 더욱 배가시켰다. 리드오프 박찬호와 김선빈, 최원준 등도 가성비 높은 활약상으로 상대 마운드 견제를 분산시켰다. 상-하위 타순 할 것 없이 상호 간 시너지가 엄청났다. 물론, 6개월이 넘는 기나긴 레이스에서 위기가 없었던 것은 아니다. 그도 그럴 것이 선발 로테이션을 지켜줘야 될 선수들이 부상으로 줄줄이 이탈했기 때문. 시즌 전 1선발로 기대를 모았던 윌 크로우를 비롯, 차세대 에이스 이의리와 윤영철이 5월 말과 6월 초 나란히 장기 이탈 혹은 시즌 아웃으로 낙마하면서 이 감독의 머릿속은 복잡할 수밖에 없었다. 선발투수의 활약상이 팀 농사의 성패를 가늠하는 지표임을 감안하면 위기감이 감도는 것은 너무나 자연스러운 상황이었다.

아니나 다를까 6월 둘째 주 광주 롯데, 잠실 두산으로 이어지는 시리즈를 모두 루징으로 마무리하면서 2달 넘게 지켰던 선두 자리를 LG에게 뺏겼고, 이후에도 인천 SSG 원정에서 루징시리즈를 범하면서 4월 한 달 좋았던 기세가 한풀 꺾였다. 선발진 줄이탈과 경쟁팀들의 건재함 등이라는 요소가 KIA의 목을 더욱 옥죄고, 선두 자리를 고수해야 된다는 강박관념 역시 제 풀에 걸려들 우려를 키우기에 충분했다. 그럼에도 KIA는 온갖 난관 속에서도 꿋꿋하게 선두 자리를 공고히 하는 저력을 뽐냈다. 무엇보다 의미깊은 스탯은 바로 2위 꼬리 '브레이크'다. 2~3경기 차로 쫓기는 시점에서 삼성, LG에 잇따른 위닝시리즈는 KIA의 2024년 시즌 저력을 엿볼 수 있는 대목이었다. 전반기 최종전이던 삼성과 달구벌 '달빛시리즈' 3연전을 모두 경기 후반 역전승으로 장식한 것은 물론, 후반기 첫 3연전인 잠실 LG 원정 역시도 스윕승으로 마무리하며 격차를 벌렸고, 지난해 8월 16~18일 잠실 LG 원정 스윕승, 8월 31~9월 1일 대구 삼성 원정 스윕승을 내리 이끌어내며 사실상 추격 의지를 잠재웠다.

선두 전선에서 삼성, LG에 내리 위닝시리즈는 곧 선두 싸움의 종결을 의미할 만큼 파급력이 엄청났다. 시즌 개막부터 순항을 거듭하자 당연히 지역 전체에 미소는 끊이지 않았다. 2014년 개장한 광주기아챔피언스필드가 광주 구도심에 위치하는 와중에도 KIA 경기가 있는 날이면 주변 상권은 발 디딜 틈조차 보이지 않았다. 가뜩이나 부동산 시장 불황과 경기 침체로 몸살을 앓는 구도심 일대에 야구 팬들의 폭발적인 직관이 한 줄기 빛을 내리쬐게 만들면서 지역 경제와 스포츠의 상생이 얼마나 중요한지를 몸소 입증했다. 뿐만 아니라 KTX 광주송정역이나 광주 유스퀘어 터미널 일대도 광주와 가까운 전남 목포, 화순, 나주는 물론, 호남 지역과 전국 각지에서 모여든 팬들로 늘 가득했다. 나쁘지 않은 접근성은 팬들에게 저마다 직관과 투어의 맛을 진하게 풍겼다. 먼저 광주 유스퀘어 터미널에서는 도보 이동도 가능하다. 신세계백화점을 지나 사거리 신호등을 건너서 운암동 방면으로 쭉 걷다 보면 도로 한복판에 광주기아챔피언스필드가 딱 보인다. 걸으면서 거리 뷰를 만끽하려는 팬들에게는 도보 15분 내외 이동이 도보 감성을 느끼기에 충분한 거리다. 본래 직관 코스에서 도보로 거리 뷰를 느끼는 맛이 감성미를 풍기게 하는 법이라 도보 이동 선호도도 제법 된다.

이어 광주송정역에서 버스 수단도 나쁘지 않다. 광주송정역의 행정 구역인 광주 광산구가 시내 외곽에 있지만, 버스를 타고 시내로 향하는 거리 절경을 보면서 투어의 낭만을 만끽하는 그림이 매력적이다. 시간은 다소 소요될지라도 긴 감성을 자극하기에는 충분했다. 실제로 2024년 내내 두 곳에서 광주기아챔피언스필드를 향하는 팬들의 모습을 보는 것은 예삿일이 아니었다. 광주 대표 번화가인 상무지구를 필두로 양동시장, 충장로 등 광주의 대표 플레이스들도 야구와 투어의 컬래버레이션을 맛보려는 팬들로 인산인해였다. 상다리가 부러질 정도의 비주얼로 유명한 남도의 맛과 멋이 광주 팬들뿐만 아니라 원정팀 팬들에게도 야구와 투어의 컬래버레이션 효과를 더 극대화하는 효과를 가져왔다. 당연히 지역 경제 파급력 또한 자연스럽게 덧칠했다.

광주기아챔피언스필드 시설 개선과 확충도 눈에 띄었다. 가장 돋보이는 것은 역시 인크커피 매장 오픈이다. 1루 매표소 부근에 위치한 인크커피는 테이크아웃과 매장 홀 두 가지로 나눠 매장 인테리어를 구축했다. 효과는 상당했다. 최근 대세가 바로 베이커리 카페다. 베이커리와 커피의 시너지를 통해 상품 브랜딩을 높이는 방향이 프랜차이즈 커피숍마다 주를 이루고 있는데, 인크커피 역시 매장 홀에 다양한 빵 종류를 매대에 내놓으면서 넓은 홀로 야구 라이프의 묘미를 한껏 끌어올렸다. 실제로 인크커피 매장 오픈과 함께 광주기아챔피언스필드 대표 명소로 확실하게 자리매김했고,

KIA 홈 경기가 없는 날에도 항시 오픈하면서 지역민들의 여가 생활은 물론, 상권에도 상당한 숨통을 트여주는 효과를 낳았다. 야구도 잘 풀리고, 지역 명소에 가서 기분 좋게 추억을 장만하는 것이야말로 얼마나 황홀한 일인지 모른다. 사람마다 지역에 대한 인식을 가지게 된다. 이게 좋든, 안 좋든 소비 심리에 있어 가장 기본적으로 확립되는 사항이다. 이러한 심리와 인식은 서비스에서 시작된다. 물론, 시설 개선과 확충 등에 있어 예산 문제가 거대한 난관이지만, 지역 브랜딩 강화라는 이 말은, 즉 야구 팬들이 단순히 야구만을 보고 그 지역을 방문하는 것이 아닌 지역 대표 명소 방문을 토대로 소소한 일상을 간직하려는 욕구가 뚜렷하다는 것이다. 그러기 위해서는 구단뿐만 아니라 지역 차원에서의 노력도 가미되어야 한다. 서비스에 대한 만족은 팬들의 재방문 욕구를 높이는 결정적인 매개체다. 그러기 위해서는 지역 상품성을 더 끌어올려야 될 필요성이 크다. 그래야 팬들로 하여금 야구와 투어의 컬래버레이션 효과를 이끌어낼 수 있다. 야구장 직관도 대중 문화에 있어 한 축이다. 팬들의 각양각색의 니즈 속에서도 이를 충족시키기 위한 노력만큼은 소홀히 하면 안 된다.

그래도 2024년 한 해 광주는 야구로 흥한 도시였다. 인구 약 146만여 명의 대도시가 전국 팔도에서 모여든 야구 팬들로 시끌벅적한 모습은 지역 연고팀의 존재가 단순한 야구 이상의 가치를 심어줬다고 해도 과언이 아니다. 해를 거듭할수록 커지는 수도권과 지방의 빈부 격차. 이는 교통수단을 필두로 전반적인 모든 면에서 더 도드라진다. 그 속에서도 광주는 야구가 지역 경제를 숨통 트이게 만드는 커다란 매력을 안겼다. 다만, 이게 일장춘몽으로 끝나서는 안 된다. 지역민들이 문화 활동을 장려하기 위한 방안으로 시설 접근의 환경 개선, 교통 불편 해소 등은 물론, 부대 시설 활용 극대화 등이 적절히 가미되어야 된다. 이러한 부분이 지방 도시들의 한 생명줄과도 같기에 그렇다. 거기에 지역의 만성적인 적자 폭 최소화에도 영향을 줄 수 있다. KIA 구단과 KBO는 물론, 광주시와 유관단체 등에서도 상생을 위한 방향성을 잘 이끄는 것이야말로 장기적인 효과를 더 배가시키지 않을까 생각된다.

2. 야구와 엔터테인먼트
- 하나의 놀이터로 사시사철 인산인해

패션과 MD 상품, 개성 표출의 수단!
– MD 상품 폭발적인 구매와 인기

⚾ 현대인들에게 패션은 개인의 멋을 구현하는 수단 중 하나다. 각양각색의 디자인과 색, 옷 무늬 등을 통해 뽐내는 패션은 각자 선호도나 유행에 따라 다채로움을 더한다. 개성을 표출하는 방법은 제각각이지만, 적어도 패션의 개성이 라이프 스타일을 다양하게 만들어간다는 점은 부인하기 어렵다. 야구뿐만 아니라 모든 스포츠를 직관하기 위해 찾는 팬들의 패션도 그렇다. 일반 평상복을 착용하면서 각자 멋을 구현하는 팬들이 있는가 하면, 평상복에 MD 상품을 곁들이며 멋과 분위기 극대화를 도모하는 팬들도 존재한다. 이처럼 팬들의 야구장 라이프는 각양각색이다. 무엇보다 MD 상품에 대한 인기는 폭발적이다. MD 상품 매출이 구단별로 대표 수입 창구다. MD 상품을 통해 거둬들이는 매출은 야구라는 종목의 상업화에 있어 실과 바늘이다. 특히 야구장에서 유니폼은 팬들에 최애 상품이자 **빼놓을 수 없는 양념**이다. 기호에 따라 좋아하는 디자인과 색상 유니폼을 구매하면서 선수단과 일심동체를 꾀하는 것은 물론, 흥과 데시벨 장전을 위한 핵심 매개체로서 야구장이라는 장소를 하나의 거대한 놀이터로 만들어버린다.

모든 스포츠가 그렇듯 야구도 매년 다양한 유니폼들이 출시되면서 팬들의 소비 욕구를 자극한다. 스탠다드로 불리는 기본 어센틱에 각종 캐릭터 상품과 컬래버레이션, 지역 아이덴티티, 모기업 색상과 브랜드, 구단 올드 유니폼 등 소비에 있어 소위 거를 것이 없다. 각자 좋아하는 색상이나 기호, 제품 등에 따라 유니폼 구매를 가져가는 소비 성향은 각자 야구장 라이프를 다채롭게 만든다. 무엇보다 유니폼 소비에 있어 여성 팬들의 비율이 몰라보게 향상됐다는 점을 눈여겨볼 만하다. 2024년 들어 야구에 처음 입문한 여성 팬들의 유니폼 구매는 그야말로 폭발적으로 이뤄졌다. 흔히 쇼핑에 있어 한 번도 안 산 이는 있어도 한 번만 산 이는 없다고 하지 않는가? 여성 팬들에게 야구 유니폼이 딱 그렇다. 각자 취향이나 선호도에 따라 다양하게 출시되는 유니폼 구매를 활발하게 도모하며 매출 증가에 앞장섰다. 실제로 각 팀 오피셜 숍마다 대기줄에 여성 팬들이 가득한 광경은 2024년 들어 더 가속화됐고, 야구장 라이프를 그려 나가는 한 축으로도 자리한다.

선수들의 아이돌화는 여성팬들의 유니폼 구매 욕구를 폭발시키는 핵심이다. 특히 좋아하는 선수들의 스페셜 유니폼이 출시될 때 더 부채질되며, 오피셜 숍의 기나긴 웨이팅 행렬을 덧칠하는 등 엄청난 구매 파워를 자랑했다. SNS가 활성화되고 저마다 SNS를 통해 팬들과 커뮤니케이션, 일상생활 공유 등을 도모하는 선수들이 부쩍 많아졌다. 이에 큰 호감과 흥미를 보이는 팬들도 많다. 선수들도 직업 운동선수 이전 한 인격체로서 평범한 일상을 주변인들과 공유하려는 욕구가 크다. 물론, 공인 신분의 특성상 일거수일

투족이 관심의 대상인 탓에 SNS 게시물 업로드에 따른 일장일단이 존재한다고 하나 적어도 팬들의 관심도를 높이는 수단임에는 부정하기 어렵다. 라이트 팬들이 선수 유니폼을 구매할 때 나타나는 소비 심리 중 하나이기도 하다. 이게 구매 욕구를 높이면서 구매까지 연결되는 단계로 이어진다. 유니폼 이외 구단 의류와 굿즈 등도 여성 팬들에게 인기 만점이다. 야구장에서 구단 의류를 팬들이 착용하는 모습은 이제 일상적인 광경이다.

구단 의류 착용을 통해 팬심을 증명하면서 선수들과 함께 일심동체를 이루는 모습은 장내 분위기의 도화선을 지핀다. 이를 위해 스프링캠프 전후로 팬들의 온·오프라인 구매가 활발하게 이뤄지는데, 오픈을 오매불망 바라보면서 의류 구매로 연결되는 단계는 팬들이 얼마나 구단 의류 구매에도 정성인지를 보여준다. 유니폼 이외 여성 팬들의 구단 의류 구매가 그래서 남다르다. 남성과 달리 충동성을 지니고 있어 더 그렇다. 패션 자체가 하나의 멋이다. 개인 취향, 성향 등에 맞게 꾸며지는 개성은 다채롭고 다양하다. 패션에서 만들어지는 매력은 개성을 더 가치 있게 만든다. 이에 패션 디자인과 색상 등의 조화가 자연스럽게 녹아낸다.

과거와 달리 여성들이 스포츠에 대한 이질감이 크게 사라진 부분도 여성 팬들의 구단 의류 구매를 부채질한다. 여성들 저마다 야구장 패션의 멋을 끌어올리는 핵심과도 같다. 이에 여성 중심의 마케팅 효과도 상당하다. 구단 유니폼 및 의류, 굿즈를 착용한 사진을 착용하면서 마케팅 효과 배가를 도모하는 열정 또한 남다르다. 여성 팬들의 존재가 KBO리그 흥행과 인기 등에 있어 차지하는 비중이 큰 대목이다. 이러한 여성 팬들의 증가에 따른 MD 상품 구매 폭발 등의 부수적 효과가 반짝 내리는 눈으로 끝나지 않기 위해서는 여성들의 니즈 파악 및 캐치가 필수다. 여느 분야와 마찬가지로 패션 업계 역시 트렌드가 시시각각 바뀐다. 구단들이 팬들 니즈를 적극 반영한 MD 상품 판매로 소비 욕구를 더 충족시키는 방향이 중요하다. 니즈 없이 판매로 이어지기가 쉽지 않다. 여성 팬들의 니즈에 따른 MD 상품 제작과 판매. 마케팅뿐만 아니라 구단 고유 아이덴티티에 핵심 지표로 자리한다는 것을 인지해야 할 필요성이 크다고 본다.

여성들의 스포츠 기피 더 이상은 NO!
- 여성 팬들의 비약적인 증가

◎ 지난날 여성들의 세계에서 스포츠에 대한 얘기는 가장 기피하는 분야 중 하나였다. 이는 지난날부터 스포츠는 남성들의 전유물이라는 인식이 강하게 확립된 영향이 크다. 스포츠 자체가 직·간접적으로 활동성을 띠고 있는 분야인 데다 거칠고 투박하다는 인식은 여성들의 스포츠 기피를 불러왔다. 커뮤니케이션에 있어 공감대 형성이 스포츠가 되는 일은 당연히 만무했다. 그런데 2000년대 들어 이러한 기류가 급변했다. 여성들의 스포츠에 대한 소비가 눈에 띄게 증가한 것이다. 여성 스포츠 스타들의 왕성한 활약상과 함께 스포츠 참여 자체를 개개인의 개성 확립 수단으로 삼기 시작하면서 스포츠를 향한 여성들의 인식도 확 바뀌었다. 이러한 변화의 추는 사실 2000년대 후반부터 하나둘 껍질을 깼다. 특히 야구는 각종 국제대회 호성적에 따른 흥행 대박이 복선이었다. 2008 베이징올림픽, 2009 WBC(월드베이스볼클래식) 준우승을 차례로 이뤄내며 '야구 붐'을 몰고 왔고, 이때 여성 대상의 마케팅 전략이 빛을 보면서 여성 팬들의 야구장 방문이 급증했다. 각자 취향이나 개성 등에 맞게 야구 MD 상품을 구매하면서 야구에 대한 관심도를 저마다 끌어올렸다. 분홍색 유니폼을 필두로 여성 팬들을 자

극한 제품들의 출시도 야구장의 멋 다양화에 일조했다. 2000년대 중반까지 남성들의 전유물로 여겨졌던 야구 팬들의 성별 비율이 점차 좁혀드는 것은 당연했다. 저마다 팀과 선수의 로열티를 확립하면서 주요 고객으로서 인식을 생성하는 부분에도 큰 축이 됐다. 야구라는 스포츠가 워낙 룰이 복잡한 특성을 지닌 나머지 여성들이 쉽게 접근하기 어려운 측면이 짙었지만, 한국만의 독특한 야구장 문화와 분위기 등이 주는 맛이 워낙 강렬한 나머지 야구장 방문을 하나의 라이프 스타일로 가꿔가는 이들이 많아진 부분에서 격세지감이 아닐 수 없었다.

2000년대 후반에서 2010년대 초반까지 호황의 기쁨은 반짝 내리는 눈에 불과했다. 2010년대 중·후반 이후 KBO리그의 흥행이 잠시 소강상태를 띠면서 적지 않은 어려움이 뒤따르게 된 것이다. 2014 인천아시안게임 금메달, 2015 프리미엄 12 초대 챔피언 이후 각종 국제대회에서 부진의 늪을 면치 못하면서 내리막길을 걷기 시작한 영향이 KBO리그에도 고스란히 퍼졌고, 길어진 경기 시간과 질적 하락, 선수들의 일탈 등이 끊임없이 화두가 되면서 야구 팬들의 외면을 불러온 것이다. 이에 팬층의 고령화가 심화되면서 신규 팬, 즉 라이트 팬 유입에 상당한 어려움이 초래됐다. 미국 메이저리그나 일본 프로야구에서 빚어지는 팬층 고령화가 KBO리그에도 직격탄이었다. KBO리그와 팀들이 매년 제도 개편과 구장 시설 개선 및 확충 등으로 '팬 퍼스트' 구축을 꾀한다고 했지만, 높아진 팬들의 니즈와 윤리 의식 등을 채우지 못하는 모습들이 속출하면서 싸늘한 외면은 심화됐다. 더군다나 이제 갓 입문한 라이트 팬들은 유행에 민감하다. 한 번 흥미가 붙으면 남다른 열정을 아끼지 않으면서 주요 고객층으로 변모하지만, 반대로 얘기하면 흥미가 식을 때 얼마든지 다른 쪽으로 돌아설 수 있다는 얘기가 된다. 대부분 라이트 팬들이 종목 자체에 대한 식견이 아닌 분위기나 유행 등에 따라 움직이는 경향이 짙기에 더 그렇다.

야구 소비층이 고정된 영향도 빼놓을 수 없다. 오랜 세월 동안 고정적인 로열티를 형성하는 팬들이나 한 번 붙은 관심이 쭉 이어지는 팬들은 로열티 형성이 탄탄하다. 제아무리 응원하는 팀이 저조하거나 온갖 사고가 발생해도 팬심의 일편단심을 유지하면서 각종 MD 상품 구매와 야구장 직관 등의 빈도를 활발하게 가져간다. 라이트 팬들은 다르다. 이들은 팀 성적이나 선수 활약상 등이 아닌 야구를 좋아하는 주변인과 동행, 야구선수 방송 출연 등에 의해 야구와 연을 접하는 빈도가 크다. 이 말은, 방문 시 본인 니즈에 맞지 않으면 팬 로열티 형성은커녕 그냥 야구장이라는 공간에 맛보는 용도가 크다는 얘기로도 해석된다. 이러한 성향에 KBO리그의 2010년대 중·후반 잇따른 악재는 야구에 대한 인식을 따갑게 만들었고, 자연스럽게 신규 팬 유입에도 크나큰 아킬레스건이 됐다.

OTT(온라인 스트리밍 시스템) 활성화로 유튜브 숏폼, 틱톡 등 각 분야를 소비하는 콘텐츠가 활발해진 상황에 숏폼 영상 차단과 SNS 공유 금지 등으로 바리케이드를 친 역행적인 마케팅 역시 따가운 눈총을 지우지 못했다. 참 아이러니하다. 이래저래 희극이 아닌, 비극만 가득했던 KBO리그 동향에 2024년은 기막힌 반전의 시초가 된 한 해였다. 다름 아닌 중계권 협상에 있다. 2019년부터 5년간 통신 포털 컨소시엄(네이버, 카카오, KT, LG유플러스, SK브로드밴드)을 통해 무료로 시청할 수 있었던 뉴미디어 중계 방식이 2024년부터 CJ EMM의 OTT 서비스 티빙과 3년간 유·무선 중계권 독점 계약 체결로 시청 유료화가 이뤄졌다. 시청 요금제를 지불해야 KBO리그를 시청할 수 있다 보니 팬들의 반발감과 거부감이 적지 않았지만, 티빙을 통해 다양한 영상들과 기능들의 가공과 송출 등이 어우러지며 유료화에 성났던 팬심을 달랬다. 여기서 주목할 부분은 숏폼 허용이다. 티빙이 SNS 2차 창작을 허용하도록 결정하면서 SNS를 통한 팬들의 영상 공유와 게시 등의 제약이 사라졌다. 라이트 팬들의 연령대가 대부분 20~30대임을 감안하면 숏폼 허용이 저마다 야구장의 인식 확립, 야구라는 스포츠의 흥미 유발, 일상 공유의 한 터전 등으로 삼는 부분에 숏폼 공유와 전달은 말 그대로 거침없는 전파력을 나타냈다. 이 중 여성팬들의 비약적인 증가는 놀라움 그 자체다. 최근 단순한 경기 영상 이외 팬들의 기발한 아이디어와 텐션 등이 방송 클로즈업에서 엄청난 지분을 차지한다. 가족 혹은 지인 등과 야구장을 찾았다가 분위기에 홀딱 반해 '야구 앓이'를 재촉하는 이들의 방송 클로즈업은 많은 여성으로 하여금 야구장 방문을 재촉할 만큼 파급력이 상당하다. 가수 콘서트보다 상대적으로 값이 싼 가성비와 야구장의 분위기, SNS 숏폼 허용 등의 효과가 어우러진 영향이 크다. 숏폼 허용은 팬들 사이에서 일상생활의 커뮤니케이션 창구가 되는 것을 넘어 하나의 '밈'이나 알고리즘으로 자리하는 부수적 가치를 향상시켰다. 대세 아닌 대세가 된 스케치북 응원만 놓고 봐도 그렇다. 스케치북에 담긴 응원 문구의 참신함과 신선함이 소위 유튜브 '짤'로 자리하는 것이 이를 말해 준다. 숏폼 허용과 함께 야구라는 콘텐츠의 다양성이 가미되는 것은 당연한 결과였다. 숏츠 영상이 팬들에 폭발적인 호응과 관심도를 나타내면서 SNS 구독자와 팔로우 숫자도 비약적인 증가세를 나타냈다. 20~30대 젊은 여성 팬들이 SNS 활용 빈도가 활발하면서 다양한 밈과 알고리즘 공유 등이 하나의 트렌드로 자리하는 추세를 그대로 반영했다고 볼 수 있다. KBO리그의 2024년 흥행 도화선을 지핀 동력 중 하나라고 해도 과언이 아니었다. 최근 여성들의 늘어난 스포츠 직관 행렬과 KBO리그의 흥행 상관관계를 절묘하게 형성한다. 스포츠 직관의 욕구, 직관이 주는 맛과 멋 등의 결합으로 어우러진 여성 팬들의 증가. 스트레스 해소를 통한 여가 향유, 문화생활의 수단 등을 넘어 하나의 대중성을 지닌 상품으로 야구가 자리하고 있음을 2024년 한 해 제대로 보여줬다. 앞으로 KBO리그가 비즈니스 가치 창출에 있어 더 많은 노력을 기울여야 한다는 메시지를 일깨워준다. 만약 흥행이라는 양날의 검에 심취되기 시작하는 순간 어렵사리 쌓은 흥행의 탑이 붕괴되는 것은 순간이라고 말이다.

시그니처 응원가 부활, 역시나 폭발력 갑!

– 삼성 엘도라도 7년 만에 부활

⚾ 독특한 응원 문화로 전 세계 많은 이들을 놀라게 하는 KBO리그의 응원 문화. 응원 문화를 이끌어가는 핵심 중 하나가 바로 응원가다. 팀 응원가와 선수 개인 응원가의 각기 다른 중독성과 개성, 그리고 음원 BGM 청취에서 느끼는 멋 등이 제각각이다. 서로 다른 유니폼을 입고 반대쪽에서 흘러나오는 응원가에 팬들의 흥얼거림은 야구장의 흥을 자연스럽게 폭발시킨다. 경기 후반부에 접어들면 팀들은 공격 이전 구단 대표 시그니처 응원가로 분위기의 절정을 이룬다. 시그니처 응원가 제창을 통해 응원팀의 필승을 외치면서 각자 텐션 자랑, 팬과 응원단의 일심동체 등을 한데 도모한다. 2010년대 후반 KBO리그는 선수 응원가와 팀 응원가 중 일부 곡들이 저작권 논란에 막혀 한때 큰 홍역을 치렀다. 일부 원곡 작사자들이 KBO리그 응원가를 무단으로 사용하는 것에 대한 반발심이 소송으로 번지면서 'K-응원'의 특색 약화를 불러왔다. 이에 따른 팬들의 아쉬움은 당연했다. 살다 보면 그런 일이 있지 않은가. 익숙했던 광경이 갑자기 보이지 않을 때 밀려오는 허전함이다. 야구 팬들에게 일부 응원가가 저작권 논란으로 사용되지 못했을 때 감정이 딱 그랬다. 새로운 응원가를 만들면서 시그니처

사용 중단의 아쉬움을 달래곤 했지만, 역시 시그니처의 아우라와 폭발력에는 비할 바 못 되는 법이다. 2020년대 들어 작사, 작곡가들과 구단이 응원가 사용을 놓고 합의점을 찾으면서 저작권 논란은 점차 수그러들었다. 시그니처 응원가 부활에 대한 기대감이 피어올랐다. 결국에는 팀별로 시그니처 응원가들이 야구장에서 다시금 사용할 수 있게 되면서 팬들의 감성을 자극했고, 직관 묘미 또한 더욱 높일 수 있게 됐다.

2024년 시그니처 응원가 부활에 가장 미소를 지은 팀은 바로 삼성이다. 이 시그니처 응원가가 10개 구단 팀 응원가 중 폭발력만큼은 세 손가락 안에 드는 명곡이다. 타이틀 곡 「엘도라도」. 1980년대 활동한 독일 밴드인 Goombay Dance Band의 「El dorado」가 원곡이다. 2010년대 초~중반 삼성 왕조 시절 8회에 어김없이 흘러나왔다. "오~오오오오오~ 최강삼성, 오~오오오오오오~ 최강삼성, 오~오오오오오오~ 최강삼성, 오~오오오오오오~ 최강삼성, 최강삼성 승리하리라 오오오~오오오오오오~, 최강삼성 승리하리라 오오오~오오오오오오." 「엘도라도」의 가사다. 화끈한 쇼맨십으로 유명한 김상헌 응원단장의 열성적인 응원 지휘와 팬들이 하나로 어우러지는 광경에서 마치 오케스트라 합창곡을 제창하는 단원들이 환상의 화음을 연출하는 모습과 흡사하다. 왕조 시절 8회에 흘러나오는 「엘도라도」는 삼성 팬들은 물론, 원정팀 팬들까지 일어나 떼창 행렬에 동참하는 중독성이 곡의 폭발력을 더 배가시켰다. 모든 팬이 하나로 어우러지는 「엘도라도」의 떼창 광경은 그야말로 전율과 쾌감 등을 동시에 어우러지게 만들었다. 웅장하고 엄청난 스케일을 자랑하는

「엘도라도」의 위엄을 엿볼 수 있는 대목이었다. 2017년 10월 3일 이승엽의 은퇴식을 끝으로 저작권 문제에 의해 자취를 감추다가 기나긴 진통 속에 저작권 문제가 해결되면서 추억의 엘도라도는 2024년 드디어 봉인 해제됐다. 지난해 3월 23일 수원 KT와 개막 시리즈부터 「엘도라도」가 8회에 BGM으로 나오기 시작한 것이다. 마음속에 묵혀있던 허전함. 시그니처를 들을 수 없는 안타까움. 온갖 감정의 공존이 말끔히 해갈되는 모습은 팬들에게 그야말로 오아시스에 가까웠다. 목청껏 엘도라도를 부르면서 무시무시한 응원 화력쇼를 선보이더니 그간 아쉬움을 분풀이하듯이 거대한 스케일과 사이즈를 자랑하며 KBO리그 대표 시그니처 응원가의 귀환을 성공적으로 알렸다. 묘한 부분이 삼성이 2010년대 왕조 시절을 이룰 때 후반부 뒷심이 상당히 무서운 팀이었다는 점이다. 명가로서 자존심 회복과 시그니처 응원가 부활의 앙상블이 마치 데스티니에 가깝다.

「엘도라도」 부활에 삼성은 후반에 강한 뒷심을 어김없이 드러냈다. 팬들뿐만 아니라 선수들도 「엘도라도」의 위엄을 잘 안다. 팬들의 뜨거운 「엘도라도」 떼창에 필드에서 전투력을 끌어올리면서 먹이를 찾아 물어뜯으려는 맹수로 돌변한다. 「엘도라도」의 효과는 대단했다. 홈구장 대구삼성라이온즈파크뿐만 아니라 원정에서도 푸른 물결이 관중석을 덮는 모습이 가히 장관이었다. 안 그래도 높은 로열티와 팬덤을 자랑하는 팀 특색에 응원가의 스케일과 사이즈까지 더해지니 용광로처럼 활활 타오르는 것은 당연했다. 「엘도라도」 부활은 곧 경기력과도 직결됐다. 경기 후반부 끈질긴 승부를 통해 상대를 물고 늘어지는 집요함은 레이스의 '꿀잼'

을 선사했다. 얼마든지 한 방을 펑펑 때려낼 수 있는 타자들이 즐비한 데다 활발한 출루로 득점의 물꼬를 트는 '빅&스몰'의 시너지는 낮은 팀 타율에도 스코어링 포지션만 되면 최고의 효율을 내는 이른바 가성비 갑이었다. 관중석에서 흘러나오는 선수들의 집중력 또한 덩달아 올라가면서 상대 진땀을 뻘뻘 흘리게 만들었다. 그렇게 해서 삼성이 후반부 역전승을 이룬 경기가 수두룩했다. 지난날 패배주의를 벗고 선수단 전체가 합심해서 후반부 판을 깨부수는 뒷심의 장착은 팀 짜임새를 덧칠해줬다. 이러한 부분들이 「엘도라도」 부활 효과를 더 극대화하는 밀알이었다.

「엘도라도」 부활에 삼성 팬들의 2024년은 어느 때보다 행복했다. 시그니처 제품의 부활이 소비자들의 구미를 절로 당기게 하는 것처럼 시그니처 응원가 부활 또한 팬들의 응원 소비와 텐션 장전을 돋군다. 「엘도라도」 부활이 팀 응원 로열티를 더 고취시키는 수단으로 제격인 이유다. 실제로 삼성 팬들이 8회 제창하는 「엘도라도」의 화력에 상대 팬들조차 엄지 척을 내밀 만큼 시그니처 응원가 부활은 로열티 고취를 넘어 팬 화합과 대동단결에 있어 영향력이 크다. 구단마다 독특한 응원 문화와 개성, 특색이 뚜렷하게 자리 잡은 와중에 「엘도라도」와 같은 시그니처 응원가의 존재는 'K-응원' 아이덴티티 극대화 효과마저 한데 입힌다.

7년 만에 화려하게 부활한 엘도라도의 떼창과 화력에 삼성의 3년 만에 가을야구 복귀 열매는 어느 때보다 풍성했다. KBO리그 대표 명문구단이자 인기구단 중 하나인 삼성의 「엘도라도」 물결이 대구삼성라이온즈파크와 원정에서도 진하게 퍼진 2024년이 K-응원에 있어 특별함을 더하는 시즌으로 기억되지 않나 생각된다. 원곡 작사자들과 협의와 함께 각 팀 팬들의 높은 지지를 이끈 응원가들이 하나둘씩 부활한 부분은 각 구단 응원 로열티에 있어 긍정적이다. 엘도라도의 부활 또한 마찬가지다. 팀별로 시그니처 응원가를 통한 응원 로열티 고취와 아이덴티티 확립 등은 팀 응원 문화와 팬층 형성 등에 있어 대단히 중요한 요소다. 응원가와 원곡 작사자 등과 커뮤니케이션을 통해 서로 '윈-윈'의 방법을 찾아가는 방향이 우선이다. 새로운 응원가를 제작하면서 레퍼토리의 다양화를 꾀하는 것도 물론 좋은 일이다. 그래도 고유 아이덴티티가 살아 숨 쉬는 시그니처의 위엄은 많은 이들의 뇌리에 강하게 박혀있다. 엘도라도 부활은 'K-응원'을 통한 엔터테인먼트 요소에 있어 긍정적인 면이 많은 평가가 자자하다. 모두가 함께 어우러지는 광경이 상업화를 더 활발히 재촉하는 수단이니 그렇다.

인기 역주행의 엄청난 폭발력
- 삐끼삐끼 열풍에 '후끈'!

⚾ 대중가요에서 심심찮게 볼 수 있는 동향 중 하나가 바로 차트 역주행이다. 차트 역주행의 뜻이 발매 후 상당 시간 주목받지 못하던 노래, 최초 히트 이후 한동안 잠잠했던 노래가 어떠한 사유로 재조명되면서 음악 관련 차트나 가요 프로그램 순위 상승이 일어나는 것을 말한다. 실제로 음원 발매 초기에는 대중적인 호응을 크게 얻지 못하다가 음원 곡들이 뇌리에 잊혀진 시점에서 갑작스러운 차트 역주행은 가수들과 타이틀 곡의 선풍적인 인기를 부채질하는 일들이 빈번하다. 차트 역주행을 재촉하기까지 어떤 모멘텀이 가미되어야 하는 법인데 가수들의 안무나 가창력 등이 SNS를 통해 확산하면서 전파되는 파급력이 대중들에 호응을 이끄는 레퍼토리는 차트 역주행의 큰 핵심이다. EXID「위아래」와 브레이브 걸스「롤린」등이 많은 대중에게 차트 역주행 곡으로 영향력을 행사하는 대표적인 곡들이다. 위 곡들 모두 SNS를 통해 곡과 안무가 빠르게 전파되고 흡수되면서 차트 역주행의 위력을 배가시켰다. 특히 곡의 감칠맛을 더해주는 요소가 바로 안무다. 안무의 중독성을 대중들이 따라 하고 하나의 '밈(인터넷 커뮤니티나 SNS 등지에서 퍼져 나가는 여러 문화의 유행과 파생, 모방의 경향, 창작물이나 작품의 요소를 총칭하는 용어

를 말한다.)'으로 만들어내는 폭발력은 화제성 연출에 있어 큰 플러스다. 2012년 전 세계적인 인기를 끌었던 싸이 「강남스타일」의 말춤 안무 하나가 전 세계인이 따라 하는 중독성을 자랑한 것이 이를 말해 준다.

각기 다른 선수와 팀 응원가의 특색, 개성은 KBO리그만의 대표적인 맛과 멋이다. 응원가에 따라 어우러지는 구호는 응원의 맛과 멋을 진하게 물들인다. 2024년 KBO리그를 뒤흔든 응원 구호 중 단연 최고의 히트작은 '삐끼삐끼'다. '삐끼삐끼'는 KIA 치어리더들이 상대 타자들이 삼진으로 돌아설 때 일어나 음원 비트에 맞게 춤추는 동작이다. 상대를 얄밉게 하되 최대한 표정을 감추면서 춤추는 레퍼토리는 '삐끼삐끼'의 핵심이다. 사실 '삐끼삐끼'가 처음부터 선풍적인 열풍을 몰고 온 것은 아니었다. 2022년 '삐끼삐끼' 음원에 맞게 「삐끼삐끼 송」이 삼진송으로 제작됐지만, 야구장을 넘어 전방위적으로 확산까지 이뤄지기엔 무리가 따랐다. 워낙 다양한 아웃송의 종류와 예측불허의 상황 등까지 맞물려있는 야구라는 종목의 변수와 특성도 간과할 수 없다. 일반인들과 마찬가지로 선수들 역시도 사람인지라 각자 선호하는 '플레이리스트'가 분명하게 있다. 흔히 많은 이들이 각자 '플레이리스트'를 통해 지친 마음을 위로받고 달래곤 한다. 그러면서 에너지를 다시금 끌어올린다.

노래에 담긴 가사가 주는 음악적 요소가 주는 매력이 아닐까 싶다. 그런데 참 묘하다. '삐끼삐끼' 음원에 맞게 팀 삼진송으로 사용이 이어진 상황에서 전상현이 팀 삼진송으로 '삐끼삐끼' 음원의 꾸준한 사용을 요청한 것이다. 투수와 타자 할 것 없이 개인 테마

곡 변경 요청은 활발하게 이뤄지곤 하는데 선수들의 의견을 적극 수렴하는 구단의 피드백이 「삐끼삐끼 송」의 지속적인 사용을 재촉했다. 응원곡도 매년 기발한 안무를 토대로 새롭게 탄생된다. 응원을 좀 더 재밌고 다채롭게 만들어가기 위함이다. 물론, 이 과정에서 팬들의 곡과 안무 인지를 꾀하는 데 적지 않은 애로점이 발생한다. 이는 KIA뿐만 아니라 10개 구단 모든 팀에게 공통적으로 적용되는 사항이기도 하다. 본래 새로운 것을 처음 접할 때 낯선 부분이 많지 않은가? 익숙함을 벗고 새로운 것을 호흡하는 시간도 분명하게 필요하다. 이는 단순히 스포츠 응원에 국한되지 않고 세상 모든 일에 다 해당하는 사항이다.

새로움에 적응과 흡수가 그래서 만만치 않다. 그래도 새로움에 녹아들기 위한 모멘텀은 확실한 법이다. KIA 「삐끼삐끼 송」도 그랬다. 핵심은 역시 SNS다. KIA 이주은 치어리더가 수비 도중(KBO리그 응원은 공격 중심의 응원이다.) 무심코 개인 화장을 고치던 중 아웃송이 나오자마자 벌떡 일어나 '삐끼삐끼' 춤을 추는 영상이 유튜브 영상으로 전파되면서 관심도가 폭발했다. 유튜브 영상 조회수의 비약적인 증가와 함께 유튜브 알고리즘으로 순식간에 탈바꿈했다. 뿐만 아니라 SNS에 빠르게 전파를 타면서 관심도가 폭발했다. 물 들어올 때 노 저으라고 했다. SNS 전파와 함께 유튜브, 인스타그램, 틱톡의 숏폼 영상 콘텐츠로 무서운 중독성을 자랑하면서 '삐끼삐끼'가 SNS 챌린지 열풍으로 대중성을 한껏 드높였다. 야구장에서도 '삐끼삐끼'는 KIA 팬들에게만 인기를 끈 것이 아니었다. 타 팀 팬들도 '삐끼삐끼' 음악이 나올 때마다 가진 흥과 텐션을 마음껏 분출하면서 장내 분위기를 고취시키는 레퍼토리는 '삐끼삐끼' 파워의 위력을 몸소 증명하는 바이다. 폭발적인 인기와 함께 해외 언론들에서도 '삐끼삐끼'를 대서특필하며 KBO리그의 응원 문화가 전 세계에 널리 전파되는 반사이익을 절로 누리게 만들었다. 유명 연예인들과 인플루언서들도 '삐끼삐끼' 챌린지 참여를 통해 직접 대중들과 호흡하는 등 2024년 하반기부터의 '삐끼삐끼' 신드롬은 멈출 기미가 보이지 않았다. 2024년 KBO리그 흥행에서 '삐끼삐끼' 신드롬은 양념으로 불려도 전혀 부족함이 없다.

KBO리그 응원 문화를 일반 대중들과 전 세계에 널리 전파하면서 신규 팬들의 유입에도 큰 축으로 자리했다. KBO리그 각 팀의 삼진송은 음악에 맞게 흘러나오는 댄스와 동작이 각양각색이다. 각 팀 응원단이 삼진송의 구성과 동작 등을 재밌고 흥미롭게 꾸미기 위해 많은 공을 들인다. 매년 삼진송의 제작이 이뤄지는 과정에 사용하지 않는 곡을 걸러내면서 새로운 곡의 흡수력을 높인다. KIA '삐끼삐끼'도 기존 팬들과 신규 팬들의 흡수력이 야구장을 수놓으면서 이뤄진 히트상품이다. '삐끼삐끼' 열풍은 당사자들에게도 인지도를 끌어올리는 촉매제였다. '삐끼삐끼' 열풍을 몰고 오는 데 일등공신인 에이펙스 커뮤니케이션스 소속 치어리더들의 인지도는 날이 갈수록 더 치솟았다. 2020년부터 KIA를 맡기 이전에도 스포츠 팬들 사이에서 큰 인기를 한몸에 받은 김한나 치어리더 팀장과 '삐끼삐끼' 열풍 핵심인 막내 이주은 치어리더는 물론, 전체(유세리, 박신비, 유세빈, 염세빈, 정가예, 윤수인, 천소윤, 박성은, 고가빈, 신혜령, 전은비) 멤버들의 인기는 온·오프라인 상으로 더욱 폭등했다. 각종 영상 송출의 조회수 증가와 팬들의 선물 공세가 멈출 줄 몰랐다. 선수들 못지않게 치어리더들 또한 팬덤이 두텁다. SNS에 전파되는 사진들과 영상은 팬들의 이목을 자연스럽게 집중시킨다. 개개인의 외모와 함께 팬들과 열성적으로 호흡하는 직업 윤리, 남다른 소속감 등이 한데 어우러지며 어지간한 연예인에 버금가는 스타성을 자랑한다. 여전히 열악한 처우와 복지가 발목을 잡지만, 치어리더라는 직업에 대한 애정으로 가득한 치어리더들의 열정은 팬들의 사랑과 지지를 한몸에 받으면서 대중적 가치를 더 높인다. 일부 몰지각한 팬들의 치어리더를 향한 극성스러움과 꼴불견에 가까운 행태 등이 큰 문제로 대두되고 있지만, 적어도 치어리더가 필드에 떼려야 뗄 수 없는 존재 중 하나라는 점에는 이의를 달기 어렵다. 이처럼 치어리더들을 향한 두터운 팬덤 형성은 인기몰이를 더 부채질한다.

그러면서 스포츠의 엔터테인먼트 결합 효과를 배가시킨다. '삐끼삐끼' 춤이 야구를 넘어 일상에서도 흔히 활용되는 숏츠로 자리한 것도 이와 같은 맥락이다. 특히 이주은 치어리더는 '삐끼삐끼' 강타로 해외에서도 뜨거운 관심과 인기를 한몸에 받는 스타로 완전히 거듭났다. 대한민국의 열광적인 응원 문화에 홀딱 반한 해외 각국의 'K-앓이'에 이주은 치어리더의 '삐끼삐끼' SNS 전파는 'K-응원'의 폭발력 흡수를 해외 팬들에 유행처럼 번지게 만드는 촉매제였다. 이주은 치어리더의 영상이 유튜브 숏츠, 인스타그램 릴스, 틱톡 등 어느 하나 빠지는 콘텐츠와 플랫폼이 드물 정도였으니 하나의 알고리즘 형성으로 해외 팬들의 '삐끼삐끼' 앓이를 불러오는 것은 어쩌면 유행의 흐름에 자연스러운 동참을 덧칠했다. 'K-POP' 대표 히트곡들의 차트 역주행처럼 '삐끼삐끼' 춤도 하나의 역주행 신화로 많은 대중의 뇌리에 강하게 자리 잡았다. SNS 영상의 파급력이 불쏘시개가 되면서 걷잡을 수 없는 유행을 도모하는 대중성이 '삐끼삐끼'의 역주행을 탄력적으로 지탱했다고 볼 수 있다. 2024년 하반기부터 많은 현대인이 '삐끼삐끼' 음악이 흘러나오면 흥과 텐션을 절로 고취시키는 광경은 야구장 이외 가정이나 공공장소에서 하나의 알고리즘 형성의 큰 동아줄이 됐다.

일반적인 의미에서 역주행은 차량 통행의 반대 방향 차로로 운행하는 행위를 말한다. 운전하다가 전용 차로를 역주행하면서 달려오는 차량과 충돌은 엄청난 인명피해를 낳을 여지가 크다. 대부분 운전자의 과실로 빚어지기에 대단히 위험하다. 그러나 대중문화에서 역주행은 단어 본질이 다르다. 대중들의 뇌리와 유행의 흐름에서 잊혀진 시점에 대중적 가치가 다시금 솟구치는 '미친 매력'은 역주행의 본질마저 재해석하게 만든다. 대중들에 큰 호응으로 연결되는 시나리오도 굉장히 자연스럽다. 야구장뿐만 아니라 다양한 장소에서 '삐끼삐끼'가 'K' 아이덴티티를 더 극대화시키는 효과로 역주행의 흥미로운 모순을 완성했다고 볼 수 있는 대목이다. 유행은 순식간이다. 새로운 유행이 또 다른 사회 현상으로 자리하면서 기존 유행이 눈 깜짝할 새 잊히는 흐름이 굉장히 빠르다. 이게 급변하는 사회 현상의 울타리에 한 요소로 자리한다. 2024년 한 해 KBO리그 흥행의 도화선을 지피는 한 동력이 된 '삐끼삐끼'의 폭발적인 대중성이 주는 메시지다. 응원 레퍼토리 다양화를 넘어 엔터테인먼트 요소 구현은 이제 스포츠가 주는 가치에 있어 빼놓을 수 없다. 경기라는 메인 상품 뒤에 부가적 요소들의 2차 상품은 스포츠의 맛과 멋을 팬들에게 확실하게 각인시킨다. 그렇기에 대중성을 뽐내는 효과를 지속하는 것이 중요하다. 대중성이 지속성을 띄기 위해서는 기존 포맷의 견고함을 유지하면서 새로운 포맷 도입으로 시너지를 더 극대화하는 방향은 스포츠와 모든 엔터테인먼트에 있어 필수적이다. '삐끼삐끼' 열풍이 야구라는 스포츠의 대중적 가치에서 시사점이 나름 뚜렷하다고 자명하는 이유다.

야구장에 고려대-연세대, 연세대-고려대 응원가가?

– 정기전 이후 안암동과 신촌 분위기 풍기는 LG 홈 잠실야구장

◯ 한국 사학의 대표 라이벌인 고려대와 연세대, 연세대와 고려대. 보성전문학교(고려대)와 연희전문학교(연세대)라는 간판을 달고 조선 시대 말기와 일제강점기 시절부터 한국 사학의 발전에 앞장서 온 학교들이다. 두 학교의 자존심 싸움은 상당하다. 그 예가 두 학교가 1965년부터 시작된 양교 정기전에 있다. 양교 5개 부(야구, 축구, 농구, 아이스하키, 럭비)가 벌이는 정기전은 양교 운동부 선수단뿐만 아니라 재학생들에게도 한 해 농사의 최고봉이다. 운동부 선수들에게는 다른 대회는 몰라도 정기전만큼은 무조건 필승을 이룬다는 일념이 가득하다. 운동부 코칭 스태프는 정기전 결과가 고용 연장에 지대한 영향을 미칠 정도로 정기전에 대한 압박감과 스트레스가 상상을 초월한다. 재학생들 또한 정기전에서 소속감을 가지고 모교 우월성 표출, 개인의 자존감 상승 등을 표출하는 데 혈안이 된다. 정기전 직전 신촌(연세대)과 안암동(고려대) 일대 정기전 플래카드를 비치하면서 팽팽한 신경전을 불사하는 거리 절경은 보너스다. 당연히 양교 재학생, 동문들의 애교심이 상당할 수밖에 없다. 매년 정기전은 양교 재학생들의 열혈한 응원 속에 치러진

다. 양교 응원가를 목청껏 부르면서 모교의 필승을 외치는 텐션은 분위기를 더 무르익게 만든다. 고려대와 연세대, 연세대와 고려대 양교의 응원가가 야구장에서 한 번에 흘러나온다? 이는 텐션 폭발의 큰 복선이다.

두터운 팬층과 로열티 등이라면 둘째가라면 서러울 LG의 응원가가 양교 응원가를 개사해서 제작된 곡이 마침 존재한다. 경기 초반 LG의 득점과 분위기가 좋을 때 나오는 「사랑한다 LG」와 후반부 나오는 「서울의 아리아」는 잠실벌은 물론, 원정에서도 열성적인 응원의 멋을 한껏 드러낸다. 「사랑한다 LG」는 연세대의 「사랑한다 연세」, 「서울의 아리아」는 고려대의 「민족의 아리아」를 각각 개사한 곡이다. 양교 응원가 원곡은 양교 대표 시그니처 응원가다. 정기전 이외 「아카라카(연세대 축제)」와 「입실렌티(고려대 축제)」, 양교 신입생 오리엔테이션(이하 OT) 때 두 곡의 아우라는 강렬하다. 파란색과 빨간색으로 대조되는 색상 속에 연출되는 분위기가 다르다. 연세대가 아기자기하고 섬세함을 자랑한다면 고려대는 선이 굵고 웅장함이 트레이드마크로 자리한다.

서로 시그니처 응원곡이 나올 때 광란의 분위기를 연출하는 두 학교의 열광적인 텐션은 야구장에서 그대로 답습된다. 아니 정기전이 끝나면 매치업 때 으르렁대던 광경을 벗고 양교 재학생, 동문 등 할 것 없이 광란의 분위기를 연출하는 안암동과 신촌 일대의 열기를 잠실벌로 흡수시켰다는 얘기가 정확하다. 양교 응원가를 개사한 LG의 두 응원가 밸런스가 딱 맞는다. 「사랑한다 LG」가 분위기를 끌어올리는 전초전이라면 「서울의 아리아」는 응원 하이라이트 필름의 완성본과 같다. 좋은 경기 리듬에서 승리로 연결되는 코스가 두 곡의 화음에서 비롯된다고 해도 과언이 아니다. 마치 학적은 달라도 두 학교에 대한 동질감이 많은 이들에 흡수되는 것처럼 말이다. 실제로 두 곡을 따라 부르면 양교 응원가 가사를 아예 달달 외워버리는 경우가 발생한다. 그 정도로 LG 팬들뿐만 아니라 타 팀 팬들에게도 위 두 곡의 중독성은 상당하다.

오랜 염원이었던 통합 챔피언을 2023년 실현하면서 '디펜딩 챔피언'의 위치로 2024년을 맞은 LG에게 두 곡의 위엄은 '디펜딩 챔피언'의 건재함을 알렸다. 비록 핵심 자원들의 부상 이탈과 베스트 높은 의존도 등에 의해 아쉬움이 가득했지만, 위 두 곡은 디펜딩 챔피언으로서 저력이 팬들 목소리에서 비롯되는 진리를 거스르지 않았다. 원곡이 핀치 상황이나 수세에 몰릴 때 양교 운동부 선수들의 에너지원으로 자리한다. 원곡과 마찬가지로 LG의 시그니처와 같은 두 곡은 2024년 승부처마다 분위기를 끌어올리는 촉매제였다. 핀치 상황 때 「사랑한다 LG」의 멜로디는 텐션을 한껏 충전시켰고, 후반부 나오는 「서울의 아리아」는 응원 스케일을 크게 만드는 동아줄이었다. 거기에 LG가 승리하면 나오는 「승리의 노래」도 고려대의 응원가 「FOREVER」를 개사한 곡이니 상대에 강렬한 아우라를 심어주는 것은 보너스였다. 지난 2023년에 비해 후반 역전패 숫자는 많았어도 LG의 두 곡 떼창은 희망을 노래하는 감정을 저절로 폭발시킨다.

사학 명문 대학들의 응원가가 KBO리그 응원가로 재탄생되는 광경은 누군가에게는 캠퍼스 시절 낭만을 상기시키며, 좋아하는 대상에 대한 애정 등을 절로 고취시킨다. 최근 현대 사회의 실종된 낭만을 야구장에서 재현하는 것이 얼마나 황홀한 일인지 모른다. 이게 하나의 문화고, 응원가가 주는 대중성이기도 하다. 이러한 대중성 속에 대중문화는 더 발전한다. 야구가 한 축을 이뤄가고 있는 부분이 팬들의 응원가 떼창에서 비롯된다. 대학 응원가의 KBO리그 응원가 재탄생과 그리고 시그니처로 탈바꿈. LG의 두 시그니처 곡이 앞으로도 든든한 무기로 자리하는 동력인 이유다. 좋아하는 팀의 응원가. 그중 시그니처 응원가 떼창은 팬들 각각의 스타일과 취향 등에 맞는 야구장 라이프에 양념을 팍팍 뿌려줄 것이다.

3. 오랜 라이벌 구도의 산물
- 숱한 스토리 양산으로 대표 흥행 카드

우리가 남이가!
– 삼성 VS 롯데 클래식 시리즈

◎ 1982년 출범한 프로야구는 40년이 넘는 역사 동안 숱한 변천사를 겪어왔다. 그중 핵심은 팀명이다. 모기업의 재정난에 따른 인수와 해체, 야구단 운영을 통한 기업 브랜딩 제고 등을 이유로 팀명의 개편이 이뤄져 왔다. 기존 정체성을 계승하면서 팀 맥을 지탱하는 팀들의 존재는 팀명 개편과 함께 역사와 전통을 축적시키는 촉매제가 되고 있다. 실업야구 시절 잔재들이 남아있던 탓에 출범 초창기 리그 운영 시스템이나 환경, 인프라 등 모든 면에서 아마추어 티를 벗지 못했던 것과 달리 리그의 시장성이 지역 연고제의 테두리 안에서 한껏 불어나면서 프로스포츠라는 구색도 하나둘씩 갖춰졌다. 많은 팀이 모기업의 재정난과 야구단 운영 포기 등을 이유로 인수와 해체를 겪는 아픔이 존재했지만, 40년이 넘는 역사 동안 유일하게 팀명이 바뀌지 않은 팀이 두 팀이 있다. 바로 삼성 라이온즈와 롯데 자이언츠다. 두 팀의 존재는 프로야구에 크나큰 자산과도 같다. 팀명 개편과 해체 후 재창단 등 과정을 거친 팀들과 달리 그룹 로열티를 강하게 확립하려는 오너들의 계산이 투자와 관심도 등을 절로 높였고, 영남 지역인 대구(삼성 라이온즈)와 부산(롯데 자이언츠)을 연고지로 각각 삼으면서 오랜 라이벌의 명맥을

쭉 이어가는 중이다.

여기서 하나 갸우뚱하게 할 수 있는 부분이 있다. 다름 아닌 삼성과 롯데의 발자취에 있다. 2001년까지 한국시리즈 준우승만 7회를 기록했던 삼성이 2002년 팀 창단 첫 한국시리즈 챔피언에 오른 것을 기점으로 마지막 챔피언 타이틀을 쟁취한 2014년까지 무려 8회의 챔피언 타이틀(1985년은 전·후기 리그 통합 챔피언, 2002, 2005~2006, 2011~2014)을 움켜쥔 것과 달리 롯데는 1984년과 1992년 정규리그 3위로 내리 한국시리즈 2회(1984- 삼성 4승 3패, 1992- 빙그레 4승 1패)를 제패한 것이 고작이다. 더군다나 롯데는 1982년 출범 이래 43년간 페넌트레이스를 단 한 번도 제패하지 못한 유일한 팀인 것에 반해 삼성은 2011년부터 2015년까지 5년 연속 페넌트레이스 챔피언 타이틀을 비롯, 페넌트레이스 제패 횟수도 10회에 이른다. 뿐만 아니라 롯데의 마지막 한국시리즈 진출이 1999년(한화 1승 4패)으로 20세기 말이었고, 2000년과 2008년 준플레이오프 모두 삼성이 롯데에 시리즈 승리를 이뤄내는 등 팀 커리어만 놓고 보면 라이벌이라고 불리기에는 다소 어폐가 있는 것이 사실이다. 기존 골수 팬들과 달리 야구에 갓 흥미를 붙인 '라이트 팬'들에게는 두 팀의 라이벌 관계가 생소하게 느껴지는 부분을 부정하기 어렵다. 그러나 알맹이를 벗어던지면 얘기는 달라진다.

두 팀의 라이벌 관계는 곧 프로야구의 역사적 지표로 불려도 손색없다. 연고주의가 강하게 확립되던 프로 초창기 'TK(이전 대구-경북의 영어 이니셜 줄임말)'와 'PK(이전 부산-경남의 영어 이니셜 줄임말)' 간 자존심 싸움은 야구로까지 고스란히 이어졌고, 이는 두 팀 모두 프로 초창기 지역 출신 우수 자원들을 축으로 팀 구색을 꾸리면서 라이벌 구도의 판을 더 키우는 밑알이 됐다. '안경 에이스' 최동원이 전인미답의 시리즈 4승으로 롯데에 첫 챔피언 타이틀을 안긴 1984년 한국시리즈를 시작으로 1999년 KBO리그 역대 최고의 용병 타자 중 한 명인 펠릭스 호세의 플레이오프 7차전 관중석 오물 투척, 그리고 당시 시리즈 1승 3패로 몰려있다가 사직에서 내리 끝내기 2연승으로 뒤집기의 서막을 쓴 롯데의 투혼, 2001년 '미국 9.11 테러'의 충격이 전 세계를 뒤덮은 지 1주일 후 마산구장에서 호세와 배영수(당시 삼성 라이온즈)의 난투극 등까지 40여 년간 두 팀간 매치업에서 쌓인 스토리는 차고 넘친다.

단순히 야구장 안에서만 스토리만 가득했던 것이 아니다. 양 팀은 핵심 선수들 간 서로 팀으로의 이적이 두 팀 팬들은 물론, 야구계 전체에 큰 쇼킹을 안겨왔다. 1958년생 개띠이자 77학번 동기로서 대구상고(現 대구상원고)-한양대(김시진), 경남고-연세대(최동원) 시절부터 아마 최고의 에이스로 군림한 김시진(現 KBO 경기감독관)과 고(故) 최동원의 에이스 간 트레이드는 트레이드가 생소했던 프로 초창기 1988년 당사자에 큰 충격을 안긴 것도 모자라 두 팀 팬들의 가슴을 미어지게 했다. 트레이드 자체가 배신이라는 인식이 가득했던 시대적 동향에 구단의 강제적 트레이드라는 특성은 당시 기준에서 파급력이 상상을 초월했다. 이후 두 팀은 전력 증강을 위한 트레이드를 단행하면서 상호 '윈-윈'을 모색하던 찰나에 2001년 또 하나의 트레이드로 술렁거리게 만들었다. 롯데 프랜차이즈 스타로서 많은 부산 팬들의 지지를 한몸에 받은 마해영이 2001년 당시 김주찬(現 KIA타이거즈 코치), 이계성(現 KBO 심판위원)과 1-2 트레이드로 영남 라이벌인 삼성 라이온즈 유니폼을 입게 된 것이다. 개띠 띠동갑 선배인 최동원과 마찬가지로 프로야구선수협의회 주동자라는 낙인이 찍히면서 졸지에 설 자리를 잃은 마해영을 받는 조건으로 팀의 차세대 외야 자원으로 각광받은 김주찬과 이계성을 내주는 아픔을 감수하는 삼성의 스탠스는 김응용 감독 체제로 개편되면서 첫 한국시리즈 제패에 대한 야심을 엿볼 수 있는 대목 중 하나였다.

롯데는 빠른 발과 센스 등을 겸비한 김주찬을 미래 외야 자원으로 점찍으며 팀 개편에 광음을 내는 결과를 낳았다. FA제도 시행을 필두로 선수들의 몸값과 환경 등에서 몸집이 불어나면서 리그 시장 파이가 커지면서 트레이드가 비즈니스 관계에서 자연스러운 현상이 됐지만, 2017년 11월 또 하나의 사건이 두 팀은 물론, KBO리그 전체에 큰 파장을 몰고 왔다. 이전과 달리 FA 계약에 따른 비즈니스 논리라는 차이가 있을 뿐이었다. 롯데 자이언츠 간판 포수 강민호가 2번째 FA 자격 취득을 통해 4년간 80억 원의 조건으로 삼성 라이온즈에 보금자리를 튼 것이다. 신광초(제주)-포철중-포철공고(이상 경북)를 거쳐 2004년 롯데에 2차 3라운드로 입단해 14년간 롯데 프랜차이즈 스타로서 부산 팬들의 지지도가 높았던 강민호의 라이벌 삼성 이적은 그야말로 롯데에 청천벽력과도 가까웠다. 팀이 숱한 감독 교체와 잦은 논란 등으로 휘청거리는 와중에도 KBO리그 대표 공-수 겸장의 포수로서 팀의 척추를 든든하게 지켜줬기에 충격은 상상 이상에 가까웠다. 강민호의 삼성 이적과 함께 당시 롯데 팬들은 구단 홈페이지와 커뮤니티 등을 통해 구단 프런트의 일 처리와 안일함 등에 강도 높은 비난과 비판 세례를 퍼부었다. 높은 로열티를 지닌 스타플레이어의 이적에 따른 허탈감과 분노감을 쏟아내는 이들이 끊이지 않았다. 이 부분 자체가 프랜차이즈 스타 이적의 후폭풍이 얼마나 큰지를 증명하는 바이다. FA 계약 자체가 선수들이 '갑'의 위치에서 권리를 행사할 수 있는 유일한 제도라 비즈니스적 가치 창출을 쉽게 지나칠 수 없다고는 한들 하루아침에 부동의 안방마님이자 프랜차이즈 스타를 잃은 감정은 이루 말할 수 없다고 해도 과언이 아니었다.

강민호의 이적에 따른 부메랑은 두 팀의 희비를 극명하게 교차시켰다. 진갑용(現 KIA타이거즈 2군 감독) 이후 포수 포지션의 무게감이 얕아진 삼성은 강민호의 영입으로 단번에 팀 코어를 강화하면서 팀 골격을 다시금 살찌웠다. 그에 반해 롯데는 안방에 대한 고민거리를 더욱 심화시키며 팀 플랜에 마이너스를 잔뜩 초래하는 결과를 낳았다. 표면적으로 봐도 딱 도드라진다. 강민호가 삼성 이적 이후 공-수 양면에서 변함없는 활약상을 이어가며 팀의 안방을 든든하게 책임졌다. 연차가 쌓이면서 얻은 산물을 베테랑으로서 팀에 잘 녹여내며 KBO리그 대표 포수의 진면목을 어김없이 드러냈다. 뿐만 아니라 젊은 투수 자원들의 역량 표출에 있어 강민호의 리드와 볼 배합 등이 결정적인 씨앗이 됐다. 남다른 친화력을 바탕으로 팀 분위기 결속에도 큰 힘을 실어주는 등 경기 내·외적 공헌도 또한 엄청났다. 롯데는 강민호의 이탈에 따른 포수 부재가 2018년부터 고스란히 드러나면서 좀처럼 부진의 늪을 헤어나오지 못했다. 강민호의 이탈 이후 나종덕(이후 나균안으로 개명), 정보근, 김준태 등 젊은 포수 자원들의 경쟁력 강화에 손발 벗고 나섰지만, 강민호의 역량과 경험치, 노련미 등을 대체하기엔 역부족이었다. 더군다나 승부처마다 이들의 경험 부족이 여실히 드러나면서 잡을 수 있는 경기를 놓치는 경기 또한 수두룩했다. 승부처 뒷심의 약점이 포수들의 경험 부족과 맞물려 더 도드라지며 가을야구 전선에서 멀어지는 결과를 초래했다. 2017년 후반기 무서운 스퍼트로 부산을 떠들썩하게 만들었던 롯데의 팀 성적 역시 강민호의 이적 이후 줄곧 하위권이었다. 2018년에는 KIA, 삼성과 5강 턱걸이를 놓고 마지막까지 숨 막히는 레이스를 거듭하고도 끝내 고비를 넘기지 못하면서 탈락의 쓴잔을 들이켰다. 이듬해에는 양상문 감독(現 한화 이글스 투수코치)의 중도 퇴진을 필두로 온갖 악재가 끊이지 않으면서 10구단 체제에서 첫 최하위의 수모를 맛봤다. 2020년대 들어서도 양상은 크게 변하지 않았다. 2000년대 초반 '8888577'이라는 아픔의 비밀번호 역사가 데자뷰되는 결과를 낳았다. 시즌 초반 맹렬한 기세로 순항을 거듭하다가도 늘상 '봄데(롯데는 봄에만 잘한다는 의미)'라는 질긴 꼬리표를 지우지 못하면서 여름을 기해 내리막길을 걷는 레퍼토리가 고착화됐고, 얇은 선수단 뎁스와 핵심 자원들의 부상 등도 발목을 붙잡으면서 '7107878'의 비밀번호를 새롭게 생성시키는 쓰라림을 맛봐야 했다.

KBO리그 원년부터 유일하게 팀명이 바뀌지 않고 쭉 명맥을 유지하고 있다는 상징적 발자취에 두 팀은 그간 풍족한 스토리를 써내리며 리그 발전에 큰 공헌을 세웠다. 그런 두 팀이 2010년대 중반 들어 서로 간 매치업을 '클래식 시리즈'로 명명하며 KBO리그 흥행 카드로서 비즈니스 가치 창출에 분주함을 나타내고 있다. 리그 화합과 상생 도모라는 취지로 2016년부터 실시되고 있는 '클래식 시리즈'의 키워드는 바로 레트로다. 양 팀 선수단이 서로 올드 유니폼을 입으면서 기존 '올드 팬'들의 향수를 절로 자극하게 만들고, 서로 영광의 순간을 기억하기 위한 유니폼 착용과 함께 구단 역사와 발자취를 더 극대화하는 효과를 낳으며 팬들의 소비 구미 욕구마저 자연스럽게 당기게 만든다. 과거 '타임머신'을 타고 돌아간 듯한 다채로운 이벤트는 세대 간 장벽 없이 하나의 문화 공간으로 장관을 이루게 하면서 '복고풍'의 효과를 더 극대화한다. 두 팀이 추구하는 통합 마케팅에도 크나큰 시너지를 연출한다. 클래식 시리즈의 효과는 한국 특유의 'K-응원'에서도 여지없이 나타난다. 대구와 부산이라는 연고지를 기반으로 로열티와 애정 등이라면 둘째가라면 서러울 두 팀 팬들이 서로 호흡하고 즐기는 모습이 축제의 상생을 이끌어내고 있다. 응원 레퍼토리 또한 맛깔스럽다.

롯데 팬이 삼성의 시그니처 응원가 「엘도라도」를 부르고, 삼성 팬이 롯데의 시그니처 응원가 「부산갈매기」와 「돌아와요 부산항에」를 세트로 열창하는 역동적인 응원이 양념을 팍팍 뿌린다. 두 팀 시그니처 응원가는 KBO리그 전체 팀 응원가 'BGM'에서도 단연 탑클래스의 위엄을 자랑한다. 2018년 KBO리그 큰 이슈 중 하나였던 응원가 저작권 문제가 작곡가나 가수들로 하여금 큰 반발심을 불러오면서 한동안 자취를 감췄지만, 올 시즌 저작권 문제를 해결한 「엘도라도」와 「부산갈매기」의 부활에 응원 텐션이 후끈 달아오르게 된 것이다. 서로의 칼날을 겨눌 때 시그니처 응원가 열창은 팬들의 화력 싸움에서도 전혀 움츠러들지 않는 중독성과 통일성을 이끌어내지만, 상생과 화합이라는 모토가 이색적인 풍경을 낳는 기폭제가 됐다. 팬심을 떠나 두 팀 팬들이 각자 응원가를 함께 열창하고 텐션은 음악이 '큐' 사인이 나자마자 폭발력을 더 배가시켰다. 나이트클럽과 클럽을 오히려 능가하는 분위기에 '~나이트'라는 수식어가 절로 붙는다. 경기 승패에 일희일비하는 모습이라곤 전혀 찾아보기 어려웠다.

양 팀 시그니처 응원가 열창과 함께 치어리더 합동응원도 빼놓을 수 없는 레퍼토리다. 홈팀 응원단상에 올라가 두 팀 팬들과 호흡하는 치어리더들의 현란한 퍼포먼스와 몸짓은 장내 분위기를 더 돋우게 했으며, 조지훈 응원단장(롯데 자이언츠)과 김상헌 응원단장(삼성 라이온즈)의 샤우팅도 데시벨을 한껏 끌어올렸다. 이어 경기 종료 이후 펼쳐지는 불꽃놀이는 깊어가는 밤 축제의 낭만을 더 가득하게 만든다. 모두가 하나로 어우러지면서 축제를 즐기는 역동적인 에너지는 '불금(불타는 금요일의 줄임말)', '불토(불타는 토요일의 줄임말)'에 최고의 가성비와 만족도를 동시에 충족시키는 엔도르핀에 가까웠다. 두 팀 팬들이 서로 응원가를 열창하는 모습은 승패를 떠나 화합이라는 시리즈 모토와도 딱 들어맞는다. 경기 승패를 떠나 서로 팀의 응원가를 함께 공유하고 텐션을 높이면서 야구장의 'K-POP'화를 연출하는 폭발력이 가수 콘서트장과 견줘도 전혀 뒤질 것이 없었다. 공-수 교대 시간에 레트로 콘셉트의 이벤트는 젊은 세대에게는 흥미로움, 올드 세대에게는 그 시절 추억을 각각 만들어낸다. 또, 전광판 선수 소개에서 과거 글씨와 특색을 그대로 송출시키며 색다른 맛을 선사한다. 중계방송 화면 역시도 과거 엠블럼을 적용하며 레트로의 시각적 효과를 배가했다. 두 팀 시리즈가 일종의 '우리가 남이가(경상도 사투리로 우리가 남이냐는 말. 경상도 사람들 간의 지역 유대감을 나타내는 용도로 사용된다.)'라는 나름 캐치프레이즈를 내걸며 양 팀 팬들의 뜨거운 호응과 관심도 등을 불러일으키는 충분한 동력이다.

많은 팀이 모기업 매각에 따른 팀명 변경 등의 변곡점을 겪은 와중에도 유일하게 프로 출범 이후 팀명이 바뀌지 않고 쭉 맥을 이어가고 있다는 부분만으로도 KBO리그 역사에 든든한 자산이다. 코로나 19로 잠시 자취를 감췄던 시기를 제외하면 상생과 화합이라는 모토를 꾸준하게 실행하려는 노력만큼은 바뀐 세월, 시민들의 의식 등과 맞물려 효과를 나타내고 있다. 지표가 말해 준다. 2024년 두 팀의 클래식 시리즈는 16경기 중 절반이 넘는 9경기가 매진을 이룬 것뿐만 아니라 거의 매 경기가 양쪽 관중석을 꽉 채우며 놀라운 흥행력을 뽐냈다. 특히 지난해 9월 3일 최종전에는 평일임에도 불구하고 대구삼성라이온즈파크 24,000석이 가득 차면서 라팍 개장 이래 첫 평일 매진 사례를 써내렸고, 엎치락뒤치락하는 양상 속에 후반부 짜릿한 승부도 잇따라 연출됐다. 지난해 4월 10일 총선일에 펼쳐진 사직 시리즈 2차전에서 삼성이 후반 무서운 뒷심으로 역전극을 연출한 것을 필두로 5월 25일 8회 말 유강남의 역전 홈런, 7월 21일 9회 말 카데나스의 끝내기 홈런, 8월 25일 8회 말 디아즈의 역전 홈런 등 팬들의 도파민을 한껏 폭발시키며 시리즈의 풍성함이 더 입혀졌다.

올드 유니폼 착용과 함께 레트로 감성의 엔터테인먼트 요소 가미. 그리고 골수 팬들과 라이트 팬들의 간극이 아닌 팬심의 대동단결, 양 팀 팬들의 뜨거운 응원 화력. 이를 놓고 봐도 성적과 관계 없이 KBO리그 대표 흥행 카드로서 충분히 상품성이 높다는 것을 몸소 보여준다. 최근 한국 사회는 집단주의 문화가 많이 퇴색됐다. 집단주의의 성격이 짙은 '우리가 남이가'의 단어 효력도 약화됐다. 그럼에도 '우리가 남이가'는 여전히 유효한 구석이 있다. TK(지난날 경북의 영문 이니셜)와 PK(지난날 경남의 영문 이니셜)로 나뉜 지역적 성향이 판이한 차이를 보이지만, 적어도 야구를 통해 영남이라는 지역색이 하나로 뭉쳐지는 모습은 프로야구가 주는 지역 연고제의 의의에서 적지 않은 비중을 차지한다. 평행선이 그어지는 팬심 속에서도 원년부터 유일하게 이름이 바뀌지 않고 맥을 쭉 이어가고 있는 두 팀의 '우리가 남이가'가 특별함을 더하는 이유다. 단발이 아닌 지속성을 가지고 KBO리그 상업화에 한 점을 이루고 있는 두 팀의 클래식 시리즈다. 이기주의가 아닌 화합과 상생이라는 모토를 가지고 다채로운 레퍼토리로 팬심을 사로잡는 모습에서 파급력도 상당하다. 성적의 좋고 나쁨을 떠나 양 팀의 화합이 스포테인먼트로 흥하는 광경에서 값어치는 더 치솟는다. 앞으로 두 팀의 클래식 시리즈에서 벌어질 스토리 양산이 더 궁금해지는 바이다.

헤리티즈 시리즈로 타임머신, 역사적인 첫 테이프

- 롯데 vs KIA 영호대제전, KIA vs 롯데 호영대제전

⚾ 민주화를 위한 대학가 시위를 필두로 어수선한 정국이 거듭되던 1987년은 제5공화국 정부의 종말을 고한 해로 대한민국 근현대사에 영원히 기록되고 있다. 폭압적인 정권에 아랑곳하지 않고 민주화라는 일념하에 목숨을 바쳐가면서 군부 정권을 향한 시위를 거듭한 대학가의 피는 당시 20대였던 '586세대'들로 하여금 정권 교체의 열망을 더 뜨겁게 불태우는 잣대였다. 그해 박종철 고문치사 사건을 필두로 신군부의 대학가 탄압이 절정을 이룬 터라 더욱 그랬다. 대학가 시위와 함께 계엄군의 총과 칼 세례가 여전히 극심한 공포감을 조성하고 있었지만, 프로야구 역사에 있어 1987년 5월 16일은 기념비적인 날로 오늘날까지 많은 야구 팬의 뇌리에 깊숙이 박혀있다. 그도 그럴 것이 한국 야구가 배출한 불세출의 에이스 선동열과 최동원의 선발 매치업이 끝장 승부로 스릴을 더했기 때문. 영·호남 대표 에이스인 이들은 태생부터가 라이벌이 될 수밖에 없는 운명이었다.

부산 태생(최동원)과 광주 태생(선동열)으로서 경남고-연세대(최동원, 77학번), 광주일고-고려대(선동열, 81학번)가 아마야구에서 치열한

라이벌 관계로 맥을 이어가고 있어 더 그랬다. 4년 터울이 나는 탓에 아마추어 시절에는 매치업을 벌일 여건이 되지 않았지만, 선동열이 1985년 고려대를 졸업하고 프로야구 무대에 뛰어들면서 '철완'들의 매치업 성사는 당시 두 팀 팬들에게 큰 볼거리이자 낙이었다. 마침 이들의 매치업에 사직야구장은 관중석은 빽빽이 가득 찼고, 서로에 질 수 없다는 승부욕과 투지가 '전투 게이지'를 한껏 드높이면서 라이벌의 묘미를 선사했다. 연장 15회까지 역투를 거듭하는 과정에서 서로 2-2 무승부를 기록하면서 우열을 가리지 못했지만, 서로 441개의 볼(선동열 232개, 최동원 209개)을 뿌리면서 용호상박의 대첩을 벌인 전설적인 매치업은 프로야구 초창기와 제5공화국 정권의 막바지 스포츠를 통한 낭만을 제시해 줬다. 현재는 투수들의 부상 방지와 관리, 롤의 세분화 등으로 당시와 같은 선발 '끝장 승부'를 볼 수 없지만, 관리 체계는커녕 투혼과 투지, 정신력 등을 강조하던 그 시절 이들이 마운드에서 보여준 경이로운 투구는 이들이 왜 불세출의 투수로 오늘날까지 야구 팬들의 뇌리에 박혀있는가를 대변해 준다.

훗날 이날을 테마로 한 영화 「퍼펙트게임」이 2012년 방영되면서 전설의 매치업이 재조명됐다. 최동원 역으로 나오는 조승우와 선동열 역으로 나오는 양동근의 열연과 그 시절을 그대로 갖다 붙인 배경 등이 적절한 하모니를 이루면서 대중들과 야구 팬들의 많은 관심과 지지를 동시에 얻어냈다. 야구라는 종목을 모티브로 삼으면서 실화를 바탕으로 제작된 작품성은 대중들의 몰입도를 덩달아 끌어올렸다. 영화 흥행에 있어서도 나름 짭짤한 결과물을 이뤘다. 경제적 보릿고개를 지나 격동의 시기인 1980년대에 20대 청춘 시절을 겪은 세대에게는 지난날의 타임머신을 상기시키는 효과도 낳았다.

거기에 롯데와 해태는 오랜 기간 제과업계 라이벌 구도를 형성해 온 상품성을 지니고 있다. 소비자들의 인식에서도 두 브랜드에 대한 호불호를 가늠할 정도다. 흔히 소비자들 사이에는 특정 브랜드를 선호하는 이들이 많다. 특정 브랜드에 대한 만족이 곧 다른 상품들의 출시와 함께 소비 욕구를 키워주기에 그렇다. 그런 측면에서 특정 브랜드 제품 선호하는 소비자들의 라이벌 브랜드 제품 '불매' 현상은 두 개 제과 브랜드에도 예외가 아니었다. 롯데 제품을 선호하는 소비자들은 해태 제품, 해태 제품을 선호하는 소비자들은 롯데 제품을 각각 '불매'할 만큼 평행선이 쭉 그어졌다. 두 제과업계 라이벌 구도가 야구라는 스포츠와 함께 더 조명되면서 상호 광고 노출과 브랜드 효과 촉진 등을 도모하게 됐는데 소비자들, 즉 야구 팬들의 인식에서 두 팀 팬들의 서로 제품 불매는 라이벌 관계의 산물과도 같다.

1982년 원년부터 2001년 7월까지 20년간 제과업계 라이벌로 야구를 넘어 비즈니스에서도 강력한 경쟁 구도를 낳은 두 팀은 2001년 8월 해태의 KIA 매각과 함께 새 국면을 맞았다. 제과업계 라이벌 관계는 역사의 뒤안길로 남게 됐지만, KBO리그 대표 인기 구단으로서 열광적인 팬덤과 높은 로열티, 대도시 연고 등 흥행의 필요충분조건은 라이벌 구도의 맥을 여전히 지탱해 준다. 두 팀의 성과는 KBO리그 전체에도 큰 영향력을 미칠 정도다. 연고지인 부산과 광주뿐만 아니라 원정에서도 홈팀 못지않은 관중 동원력은 두 팀의 '티켓 파워' 위력이 얼마나 대단한지를 대변해 준다. KBO리그 흥행이 두 팀에 달려있다는 말이 괜한 말로 들리지 않는 이유다. 21세기 시작과 함께 두 팀은 기나긴 암흑기를 헤어나오지 못했다. 2000년대 도합 최하위 6번(KIA- 2005, 2007, 롯데- 2001~2004)을 기록할 정도로 인기구단에 걸맞지 않은 결과물이 거듭됐고, FA 영입 실패와 시스템 부재 등의 악재까지 겹치면서 체면을 단단히 구겼다. 다만 2000년대 중·후반 암흑기를 청산한 이후 두 팀의 행보는 교차됐다. KIA가 2009년과 2017년 통합 챔피언에 오르면서 한국시리즈 불패 신화를 이어간 반면, 롯데는 늘 고비를 넘기지 못하는 팀, 기본이 약한 팀 등의 오명을 지우지 못하면서 투자와 성과의 반비례 공식을 고착화했다.

　해태가 KIA로 개편되고, 롯데가 쭉 명맥을 유지하는 과정에서 그간 챔피언 횟수, 팀 성과 등의 차이는 존재한다. 이는 줄곧 '탑독'으로서 강자의 위엄을 과시했던 해태의 유산과 '언더독'의 위치로 2차례 챔피언 타이틀을 쟁취한 롯데의 발자취가 빚어내면서 형성된 영향이 크다. 그러나 지난날 서로 으르렁댄 감정은 이제 많이 사그라들었다. 라이벌 팀에 트레이드가 생소했던 지난날과 달리 2010년대 들어 양 팀 주축 선수들의 FA를 통한 2차례 이적은 두 팀의 구도를 더 흥미롭게 만들었다. 2012년 시즌 직후 롯데의 붙박이 중견수로 맹위를 떨치던 김주찬이 FA 자격을 얻고 KIA에 보금자리를 튼 것은 팀 간 감정과 라이벌 관계가 아닌 활발해진 트레이드와 비즈니스적 가치 추구에 따른 상업화 도모의 대세론을 유연하게 연결해 줬다. 2019년 시즌 직후에는 KIA의 붙박이 2루수 안치홍이 2+2 계약으로 롯데 유니폼을 입게 되면서 선수와 팀 간 비즈니스 코드 일치가 더 중요해졌음을 알리는 메시지로 자리했다. 43년 KBO리그 역사에 길이 남을 스토리를 숱하게 써내린 두 팀이 2024년 화합과 교류라는 명목하에 비즈니스적 상생을 도모하기 위한 첫발을 뗀 것은 의미가 있다. 키워드는 헤리티지(Heritege. 유산) 시리즈다. 두 팀이 연고지를 옮기지 않은 영남과 호남팀인 데다 KBO리그 대표 인기구단이라는 점에 착안해 서로 시리즈 때마다 '호영대제전(KIA가 홈일 때 호영대제전)', '영호대제전(롯데가 홈일 때 영호대제전)'이라는 명칭을 붙이면서 첫 라이벌 교류전의 테이프를 끊었다.

지난해 6월 4일부터 6일까지 광주, 6월 25일부터 27일까지 사직에서 펼쳐진 두 팀의 '헤리티즈 시리즈'는 나름 볼거리가 쏠쏠했다. 우선 시기가 너무 절묘했다. 그도 그럴 것이 지난해 5월 21일부터 23일까지 두 팀의 사직 3연전에서 롯데가 KIA에 스윕승을 달성하면서 KBO리그 10개 구단 체제에서 처음으로 최하위 팀이 선두 팀에 스윕승을 이뤄내는 기념비적인 기록을 달성한 지 보름 만에 매치업을 벌이게 된 것이다. 한 시즌 144경기의 긴 여정을 치르면서 팀 간 매치업의 스윕 종결은 흔하지만, 지난해 5월 21일 기준으로 최하위를 달리고 있던 롯데가 선두 KIA에 스윕승을 이뤄낸 엔딩은 누구도 예상하지 못했다고 해도 과언이 아니다. 이러한 부분이 야구의 진짜 묘미다. '헤리티지 시리즈'의 첫 키워드는 바로 '2001'이다. '2001'은 KIA가 2001년 8월 1일 인천 SK전부터 KIA 간판을 달고 리그에 나서면서 새로운 시작을 열어젖힌 해라는 상징성이 나름 있는 숫자다. 두 팀 모두 첫 헤리티지 시리즈에 2001년 당시 착용한 올드 유니폼을 착용하며 '레트로' 감성을 자극했다. KIA는 2001년 처음 간판을 달 때 원정 유니폼인 회색 유니폼, 롯데는 2001년 원정 유니폼이었던 검은색 유니폼을 각각 착용하며 '2001' 키워드를 빛냈다. 경기에서 서로를 물고 뜯어야 하는 가혹함이 선수단과 팬들 모두에게 가득하지만, 화합과 교류라는 단어는 두 팀 팬들을 대동단결시켰다. 두 번째는 스페셜이다. 두 팀 모두 시리즈 때마다 시리즈 포스터 제작과 함께 티켓 디자인을 시리즈에 걸맞게 장만, 코팅하면서 스페셜 티켓 판매와 소장 욕구를 높였다. 최근 일부 팬들 사이에서 직관 티켓을 소장하는 비율이 증가세를 보이고 있는 것을 고려할 때 시리즈의 상징 가치를 끌어올렸다고 볼 수 있다.

  팬들의 화력이라면 둘째가라면 서러울 팀들답게 두 팀 모두 2차례 '헤리티즈 시리즈' 내내 서한국 응원단장(KIA)과 조지훈 응원단장의 지휘하에 팬들이 뜨거운 화력과 목청을 자랑하며 구장 분위기를 달궜다. 숨겨둔 끼를 과감히 드러내는 것을 마다하지 않는 열정 또한 넘쳤다. 백미는 바로 이벤트다. 팬들이 참여하는 이벤트에서 팬들의 대동단결은 화합과 교류의 가치를 더해줬다. 어느새 야구장에서 빼놓을 수 없는 먹거리가 된 맥주 배틀과 함께 두 팀 팬들의 댄스 배틀이 장내 환호성을 자아냈다. 배틀 결과와 관계없이 서로 아낌없는 박수갈채를 보내며 대동단결한 팬심 속에 화합의 품격을 뽐냈다. 진짜 백미는 따로 있었다. 두 팀 팬들의 뜨거운 목청과 데시벨에 빠질 수 없는 레퍼토리이기도 하다. 바로 견제 구호다. 두 팀의 견제 구호는 상대 투수들로 하여금 진땀을 뻘뻘 흘리게 만드는 공포의 구호다. 롯데의 '마('야'의 경상도 사투리)'와 KIA의 '아야('애야'의 전라도 사투리)'. 사실 이 두 말을 듣는 온도 차는 뚜렷하다. 현지에 사는 현지인들이야 일상적인 언어로 들리지만, 타지인이 들을 때는 듣는 어감에 따라 불쾌감을 조성할 수 있어서다. 동양인과 서양인의 문화 차이 못지않게 같은 나라 안에서도 지역 간 정서, 문화 차이 등은 존재한다. 두 팀의 견제 구호도 마찬가지라고 볼 수 있는데, 듣고 받아들이는 온도는 지역적인 정서와 문화 스타일 등의 차이에 따라 제각각이다. 과거에 비하면 선입견이나 편견 등이 많이 개선됐다고 해도 여전히 지역 간 문화, 정서 등의 차이는 남아있다.

 두 개 구호는 두 팀 경기 때마다 쩌렁쩌렁하게 울린다. 홈, 원정 가릴 것 없이 상대 투수의 견제 동작 때마다 뿜어져 나오는 두 개 구호의 폭발력은 가히 압도적이다. 실제로 이 두 견제 구호에 페이스가 흔들리면서 무너진 선수들이 수두룩할 정도다. 그런데 이 두 개 구호를 가지고 양 팀 팬들의 견제 구호 배틀 이벤트가 펼쳐진 것이다. 가뜩이나 두 팀 팬들의 목청이 남다른 것은 이미 야구 팬들이라면 누구나 다 알만하다. 두 개 구호의 데시벨과 목청이 얼마나 쩌렁쩌렁할지 팬들의 시선 고정은 당연했다. 위압감이 어마어마한 두 구호를 뽐내는 팬들의 참여는 장내 텐션을 더 업그레이드시켰다. 이미 큰 재미를 선사하기 위한 필요충분조건을 갖췄다. 팬심을 떠나 장내에서 서로 감춰둔 끼와 흥, 열정을 분출하는 모습은 화합과 교류를 통한 발전적인 팬 문화를 형성하기에 전혀 부족함이 없었다. 이외 두 팀 시리즈를 통한 퀴즈 이벤트와 유명인 시구, 양팀 팬 합동 시구, 양 팀 치어리더 댄스 배틀 등 시리즈 동안 다양한 레퍼토리가 장만되면서 팬들의 즐거움은 두 배 이상이었다. 다채로운 볼거리에 경기 스토리 장만은 보너스였다.

지난해 6월 4일 롯데 애런 윌커슨이 KBO리그 첫 완봉승을 달성하면서 KIA 지뢰밭 타선을 원천 봉쇄했고, 3연전 마지막 날인 6월 6일에는 양현종과 김진욱의 신-구 좌완 선발 매치업이 예상외의 접전을 띠면서 스릴을 높였다. 무엇보다 지난해 6월 25일은 두 팀 교류전의 최고 백미였다. KIA가 사직벌에서 전날 음주 파문으로 큰 물의를 일으켰던 당시 롯데 선발투수 나균안을 1회부터 초전박살내며 4회까지 14-1의 넉넉한 리드를 잡았으나 이후 야금야금 점수를 쌓은 롯데의 무서운 추격전에 7회 말 15-14로 뒤집히면서 역대 최다 점수 차 역전이라는 결과가 완성됐다. 8회 초 KIA가 1점을 만회하면서 동점이 된 두 팀의 매치업은 연장 12회까지 추가점을 얻지 못하면서 15-15 무승부로 종결됐다. 이른바 '6.25 대첩'의 후폭풍은 어마무시했다. 롯데가 중·후반 이후 무서운 추격전의 여운을 그대로 이어가면서 2경기를 모두 쓸어담았고, KIA는 앞선 사직 시리즈 스윕패의 충격과 함께 1무 2패로 시리즈를 마무리하면서 2024년 한 해 때아닌 '사직 징크스'를 떠안는 결과를 낳았다.

2024년 매치업 전적은 롯데가 KIA에 8승 1무 7패의 근소한 우위로 마무리됐고, 서로 16차례 매치업 중 3차례가 매진 사례를 이뤘다. 그러나 승패와 지역 연고의 색채를 떠나 화합과 교류를 바탕으로 서로 발전적인 방향 도모의 첫 삽을 뜬 것만으로도 의미가 있었다. KBO리그의 상업화와 산업화 등에 크나큰 플러스 알파라는 점은 누구도 부정하기 어려울 것이다. 단, 연속성은 반드시 있어야 된다. 성과에 눈멀어 서로 이기주의로 일관하게 되면 교류와 화합의 의미는 자연스럽게 퇴색된다. 어차피 교류와 화합의 명목으로 삽을 뜬 이상 연속성을 가지고 발전 로드맵을 그려가야 할 필요성이 절대적이다. 첫술에 배부를 순 없지만, KBO리그의 상업화와 산업화 등이라는 대의가 연속성을 가지고 쭉 이어진다면 분명 스토리를 풍족하게 입혀줄 것이다.

KBO리그 대표 라이벌 구도, 이제는 동반자로 상생

- KIA vs 삼성, 삼성 vs KIA 달빛 시리즈

⚾ 1970~80년대 영남과 호남의 극심한 지역감정은 대한민국을 관통하는 대표적인 사회 현상 중 하나였다. 일제강점기 시절부터 뿌리 깊게 박힌 감정의 골이 해방과 6.25 전쟁 직후에도 좀처럼 해결될 기미를 보이지 않았고, 1961년 5.16 군사정변을 통해 정권을 장악한 박정희 대통령 체제에서는 심각한 불균형을 초래하며 지역감정이 더 격화됐다. 그럴만한 이유가 분명했다. 박 대통령이 추구하는 경제개발 5개년 계획에 호남 지역이 철저하게 소외됐다는 것에 있다. 부산, 울산, 포항 등을 중심으로 중화학 공업 양성에 치중하는 전략을 국가 경제 발전의 동력으로 삼았지만, 산업화와 도시화로 뻗어가는 과정에 호남 지역에는 농업의 의존도를 심화시키며 지역 간 불평등이 더 부채질했다. 지역 간 소득 격차와 생활 수준의 차이는 독재 정권의 정치적 도구로 철저하게 이용됐다. 지역 간 갈등과 불만을 더 심화시키는 결과를 초래했다. 이어 전두환 정권으로 넘어가면서는 1980년 5.18 사태로 호남 지역을 깡그리 탄압했고, 이 과정에서 애꿎은 광주시민들이 계엄군들의 총과 칼에 무참히 희생되며 호남 지역의 영남 지역을 향한 분노는

더 커졌다. 이때 제5공화국 정부는 국민의 정치적 관심을 돌리기 위한 수단으로 '3S(Sports, Sex, Screen)' 정책을 편다. '3S' 정책을 통해 국민의 여가 활동을 추진하면서 정권을 강하게 장악하려는 의도다. 그러면서 1982년 출범한 프로야구에 전두환 대통령의 고향인 대구와 호남 출신 대표 정치인인 김대중의 고향인 광주를 연고로 한 두 팀이 프로야구 회원으로 나서며 지역 간 라이벌 구도가 형성됐다.

대구를 연고로 한 삼성 라이온즈와 광주를 연고로 한 해태 타이거즈다. 모기업의 재정과 투자 등을 놓고 보면 '다윗'과 '골리앗'이다. 야구라는 스포츠의 알맹이로 들어가면 얘기가 달라진다. 두 팀 모두 프로야구 초창기 지역 연고 출신 선수들을 대거 끌어모으면서 판을 맞춘 와중에 1986년 한국시리즈가 라이벌 구도의 서막을 열어젖힌 사건이었다. 두 팀의 기 싸움은 엄청나다 못해 살벌함 그 자체였다. 당시 무법천지에 가까웠던 프로야구의 문화에 한국시리즈 1차전에서 해태 팬이 던진 소주병에 삼성 투수 진동한이 맞아 부상을 입은 나비효과는 굉장히 컸다. 당시 7회 초까지 2-0 삼성의 리드로 흘러가던 경기가 4-3 해태 역전승으로 뒤집히면서 삼성 팬들의 분노가 식을 줄 몰랐고, 이에 3차전 5-6 패배로 팬들이 해태 버스에 불을 지르며 보복한 사건은 올드 팬들의 뇌리에 오늘날까지도 강하게 박혀있다. 결국 시리즈 전적 4승 1패로 해태가 앞지르며 두 팀의 희비는 극명하게 교차됐다. 이미 1984년 한국시리즈 당시 객관적인 전력의 우위에도 롯데에 밀려 한국시리즈 챔피언 타이틀을 놓친 삼성 입장에서는 쓰라림은 더할 수밖에 없었다. 이듬해에도 두 팀은 한국시리즈에서 매치업을 벌이면서 살벌한 힘겨루기를 거듭했고, 해태가 4전 전승으로 한국시리즈를 제패하며 KBO리그 출범 6년 만에 처음으로 2년 연속 패권을 움켜쥔 팀에 이름을 올렸다. 해태의 2년 연속 한국시리즈 제패는 굉장히 많은 것을 시사했다. 박정희, 전두환 대통령으로 넘어오는 과정에서 철저하게 소외됐던 호남민들에게 해태의 선전은 큰 자긍심과 마찬가지였고, 당시 무등야구장에서 나오는「목포의 눈물」은 호남민들의 애환을 그대로 대변하면서 위로를 안겼다.

2차례 한국시리즈 매치업을 통해 '왕조 구축(해태)'과 '준우승 전문(삼성)'의 꼬리표가 따라붙은 두 팀의 라이벌 구도는 1993년 두 명의 '슈퍼 루키'들에 의해 또 한 번 절정을 이뤘다. 주인공은 '바람의 아들' 이종범과 '양신' 양준혁이다. '삼손' 이상훈(당시 LG, 고려대 졸업), 구대성(당시 빙그레, 한양대 졸업), 마해영(당시 상무, 고려대 졸업) 등 당대 아마야구 최고의 스타플레이어들이 즐비했던 세대들에서 이들의 아우라는 데뷔 첫 시즌부터 강렬했다. 광주일고-건국대 시절부터 아마야구 최고의 슈퍼스타로 맹위를 떨친 이종범은 1993년 해태에 1차 지명으로 입단해 이순철, 홍현우, 한대화 등 기라성 같은 스타플레이어들의 틈바구니 속에서도 팀의 유격수로서 범상치 않은 퍼포먼스를 뽐내며 '슈퍼 탤런트' 탄생을 알렸다. 대구상고-영남대를 거치면서 아마야구 최고의 타자로 칭송받은 양준혁은 고향팀 삼성 입단을 위해 동기들보다 1년 늦게 프로에 입단하는 초강수를 두면서도 데뷔 첫 시즌부터 타격 3관왕(타율+출루율+장타율)에 오르며 '괴물' 타자의 향기를 절로 피어오르게 했다. 생애 단 한 번뿐인 신인왕 타이틀을 놓고 치열한 경합을 벌인 이들의 자존심 싸움은 팀의 라이벌 구도와 맞물려 한국시리즈에서 절정을 이뤘다. 아마야구 시절 단 한 번도 챔피언 타이틀을 쟁취하지 못했던 양준혁은 뛰어난 콘택트 능력과 선구안, 장타력 등을 토대로 선배 김성래, 류중일 등과 함께 팀의 '6전 7기' 실현에 팔을 걷어붙였다. 건국대 4학년이던 1992년 대학야구 추계리그와 대학선수권 대회에서 팀의 2관왕에 앞장선 이종범은 폭발적인 주루 플레이와 번개 같은 스피드, 안정된 수비력 등의 특색을 토대로 '사자' 군단 사냥에 선배들과 힘을 모았다.

라이벌의 상징성에 맞게 3번째 한국시리즈 만남을 가지게 된 두 팀의 매치업에서 '키'는 '슈퍼 루키'인 이들이 쥐었다고 해도 과언이 아니었다. 박충식의 3차전 181구 역투를 필두로 라이벌의 상징성에 걸맞게 시리즈 내내 팽팽한 힘겨루기를 거듭한 두 팀이지만, 이번에도 최후의 미소는 해태를 향했다. 해태는 투-타 짜임새와 집중력, 팀워크에 '한국시리즈 불패'의 업적을 그대로 계승하려는 동기부여가 결과로 고스란히 드러나면서 힘 싸움의 우위를 점했고, 시리즈 전적 4승 1무 2패로 삼성을 돌려세우며 미소를 만개했다. 삼성은 또 한 번 챔피언 문턱에서 해태의 아우라를 넘어서지 못하면서 7번째 준우승의 쓰라림을 맛봐야 했다. 같은 하늘 아래 태양이 둘일 수는 없다고 한다. 여기서 양준혁과 이종범의 희비는 극명하게 교차됐다. 이종범과 이상훈 등 걸출한 동기들을 제치고 생애 단 한 번뿐인 신인왕을 품에 안은 양준혁은 페넌트레이스 때와 달리 한국시리즈 무대에서 정작 주춤한 모습을 드러내며 아쉬움을 삼켰다. 그에 반해 이종범은 상대 배터리를 흔드는 '게임 체인저' 노릇을 톡톡히 해내며 팀 챔피언과 한국시리즈 MVP를 모두 쟁취하는 쾌재를 불렀다. 공교롭게도 이종범이 1994년 리그 MVP와 타격 5관왕(타율-출루율-도루-최다안타-득점)을 필두로 KBO리그를 평정하면서 '슈퍼스타'의 기백을 어김없이 펼친 것에 반해 양준혁은 MVP급 활약에도 '2인자' 신세가 고착화될 만큼 파급력이 엄청났다. 팀 성적 역시도 해태가 1996년과 1997년 또 한 번 한국시리즈 연속 챔피언 타이틀을 쟁취한 것에 비해 삼성은 번번이 한국시리즈 문턱을 넘지 못하면서 극명한 대조를 이뤘다.

1990년대 후반 대한민국을 뒤흔든 IMF 여파로 재정난이 심해진 해태와 첫 한국시리즈 챔피언 타이틀을 위해 물불 안 가린 삼성의 처지는 정반대였다. 그 와중에 1998년 시즌 직후 KBO리그 역사에 길이 남을 트레이드로 판세에 큰 쇼킹함을 낳았다. 바로 삼성의 간판 타자 양준혁과 해태의 클로저 임창용의 맞트레이드다. 재정난을 해소하기 위한 차선책으로 이종범과 선동열 등 핵심 자원들의 해외 진출과 트레이드를 선택한 해태였기에 울며 겨자 먹기로 부동의 클로저 임창용을 내놓으면서 자금을 마련할 수밖에 없었다. 당시 해태가 내놓은 트레이드 조건은 임창용을 삼성으로 보내면서 양준혁과 곽채진, 황두성을 받고 현금 20억 원을 얹는 초대형 빅딜이었다. 거기에 당시 확실한 클로저가 필요했던 삼성이었기에 트레이드 코드도 일치됐다. 이들 모두 연고 출신(양준혁-대구, 임창용-광주)의 확고한 'PRIDE'와 팀 로열티에 양준혁의 트레이드 거부 사태까지 불러왔을 정도로 당시 트레이드 파장은 상상 그 이상이었다.

우여곡절 끝에 트레이드로 새 보금자리를 틀면서 트레이드 당시 충격이 어느 정도 누그러졌다. 오히려 서로 다른 유니폼을 입고 고향팀에 칼날을 겨누는 이들의 활약은 라이벌 구도를 보는 또 다른 재미를 낳았다. 가뜩이나 지역감정의 골이 해갈될 기미가 보이지 않던 시점에 두 팀 모두 로열티 높은 팬들의 분노가 격했지만, 승부의 세계는 내면에 흐르는 분노감도 어찌할 재간이 없는 법이다. 인생사 새옹지마라고 한다. 트레이드 당시 충격과 배신감 등의 감정이 공존했지만, 유니폼을 바꿔입고도 이들의 폼은 여전했다는 것에 있다. 아니 스탯이 더 향상됐다. 인생 첫 타향살이에도 이들의 클래스는 팀에 엄청난 힘을 실어줬다. 트레이드 거부와 은퇴 고려 등으로 큰 홍역을 치른 양준혁은 김응용 감독의 신뢰와 믿음 속에 정교함과 장타력을 십분 발휘하면서 홍현우, 장성호, 샌더스, 브릭스 등과 함께 해태의 활화산 같은 화력을 책임졌다. 장타자의 상징인 3할-30홈런-100타점을 처음으로 돌파하며 선수 커리어의 전기를 새롭게 써내렸다. 타고투저가 기승을 부린 1999년 시즌 타율 .323 32홈런 105타점의 스탯은 마운드 난조와 핵심 자원들의 부상 이탈 등으로 어려운 시즌을 보낸 해태에 위안이었다. 프로 데뷔 처음으로 30홈런을 돌파한 파워와 100타점 이상을 쓸어담는 클러치 생산은 물론, 정교함과 장타력에 탁월한 선구안을 통해 상대 투수를 압박하는 집요함 또한 여전히 건재했다. 1999년 시즌 당시 7년 후배인 이승엽의 아우라(당시 이승엽은 54홈런으로 국내 신드롬을 몰고 왔다.)가 워낙 강렬했던 탓에 스포트라이트가 다소 가려진 감은 있었음에도 해태의 검빨 유니폼을 입고 장타를 펑펑 때려내는 타격 스킬 만큼은 어메이징함 그 자체였다.

'해태 왕조'의 막내인 임창용도 삼성의 푸른색 유니폼을 입고 자신의 진가를 유감없이 발휘했다. 멀티 이닝을 거뜬히 소화하는 헌신과 함께 묵직한 구위와 침착한 운영으로 팀 승리를 숱하게 지켜내며 클로버 부재에 시름을 앓던 삼성의 아킬레스건을 말끔히 치유해 줬다. 당시 진필중(당시 두산, 現 천안북일고 투수코치)과 구원왕을 향한 열띤 레이스는 개인 타이틀을 지켜보는 스릴을 한껏 높여줬다. 구원승과 세이브를 합산하는 세이브 포인트로 구원왕 타이틀을 산출하던 당시 개인 타이틀 제도(2004년부터 구원왕 타이틀은 세이브로만 산출된다.) 속에 임창용과 진필중이 서로 구원 포인트 쟁취 여부는 많은 팬이 두 팀의 펀치 상황에 촉각을 곤두세웠던 하나의 백미로 자리했다. 51세이브 포인트(13승+38세이브)로 52세이브 포인트(16승+36세이브)를 기록한 진필중에 1포인트 차로 밀려 구원왕 타이틀은 놓쳤지만, 평균 자책점 부문에서 2.14로 선두에 오르며 리그 정상급 클로저로서 '난공불락'을 자랑했다. 비록 롯데와 플레이오프 5~6차전에서 역대 KBO리그 최고의 외국인 타자 중 하나인 펠릭스 호세에 내리 끝내기 홈런포를 얻어맞고 대역전패의 희생양이 된 부분은 옥에 티로 지적되나 페넌트레이스 내내 뒷단속을 철저하게 해준 공헌도는 당시 삼성전자의 대표 휴대폰 제품인 '애니콜'로 칭하면서 많은 박수를 받기에 부족함이 없었다.

대형 빅딜로 낳은 두 팀의 라이벌 구도는 2000년대 사령탑 인선에서 또 한 번 소용돌이를 낳았다. 삼성이 2000년 시즌 종료 직후 김용희 감독(現 롯데 자이언츠 2군 감독)의 뒤를 이어 해태의 한국시리즈 9회 챔피언 신화를 지휘한 김응용 감독을 새 사령탑으로 앉히면서 한국시리즈 챔피언 정복에 대한 야심을 더욱 불태웠다. 이미 대형 트레이드와 FA로 김기태와 김현욱, 김동수, 이강철 등 리그 정상급 스타플레이어들을 끌어모은 판에 김응용 감독의 삼성 입성은 숙원 실현을 위한 화룡점정에 가까웠다. 1983년부터 2000년까지 18년간 팀을 지휘한 김 감독이 라이벌 삼성으로 옮기면서 발등에 불 떨어진 해태는 팀의 대표 레전드이자 당시 타격코치였던 김성한 감독을 제3대 사령탑에 앉히며 새로운 시대를 맞았다. 김 감독 체제하에 쌓아놓은 유산들과 업적들 또한 점차 얕아지며 왕조의 종말을 알렸다. 2001년부터 김 감독이 삼성 지휘봉을 잡으면서 두 팀의 행보는 180도 바뀌었다. 삼성은 2001년 페넌트레이스 선두로 한국시리즈에 직행하고도 두산의 맹렬한 기세에 밀려 2승 4패로 준우승에 그친 아쉬움을 1년 뒤 LG와 한국시리즈에서 4승 2패로 우위를 점하며 창단 첫 한국시리즈 제패의 '한(恨)'을 기어코 풀어냈고, 그룹의 통 큰 투자와 김 감독의 내공, 선수단의 숙원 해소를 위한 열망 등이 완벽한 하모니를 연출하며 대구 팬들의 응어리를 씻어줬다. 이후 김 감독이 구단 사장으로 자리를 옮긴 2005년 선동열 감독 체제로 개편되자마자 2년 연속 통합 챔피언에 오르며 챔피언 타이틀 수집에 속도를 냈고, 젊은 피와 고참 선수들 간 시너지가 잘 어우러지며 세대 교체 초석도 착실히 닦았다.

그에 반해 해태는 휘황찬란했던 20년의 발자취가 모기업 재정난과 함께 점차 희미해졌고, 공교롭게도 해태 간판을 달고 뛴 마지막 경기가 광주-삼성전이라는 부분이 인수 직전까지 라이벌리를 형성하는 결과를 가져왔다. 그렇게 해태라는 간판이 역사의 뒤안길로 사라진 채 2001년 8월 KIA에 인수되면서 KIA 간판을 달고 리그에 나서게 됐다. 4년간 일본 생활을 청산하고 국내로 유턴한 이종범과 2년 만에 다시 친정으로 돌아온 이강철 등 '왕조' 시절 핵심 자원들이 합류하면서 변화의 물결을 퍼뜨렸지만, 해태 시절 보여줬던 힘이 실종되면서 '종이 호랑이' 신세가 됐다. 급기야 2005년에는 팀 창단 이래 처음으로 최하위에 밀려나는 수모를 맛봤고, 2년 뒤 다시 한번 최하위라는 어울리지 않는 결과물을 남기며 체면을 구겼다.

KIA가 2009년과 2017년 한국시리즈(2009- SK 4승 3패, 2017- 두산 4승 1패)를 잇따라 제패하며 한국시리즈 불패(1983, 1986~1989, 1991, 1993, 1996~1997)의 내공을 뽐냈고, 삼성은 2011년부터 2014년까지 4년 연속 한국시리즈 챔피언으로 해태(1986~1989)에 이어 역대 2번째로 한국시리즈 4년 연속 챔피언 팀에 이름을 남겼다. 명문에 걸맞는 두 팀의 위대한 발자취는 KBO리그 역사에 큰 자산이다. 치열하고 박 터지는 라이벌 구도 속에서 KBO리그 대표 명문 구단으로서 입지를 탄탄히 하는 두 팀의 유산이 특별한 이유다. 오랜 세월 서로를 보면 으르렁대기 바쁘고, 헐뜯고 비방이 일상이었던 지난날 지역감정에 두 팀 팬들 모두 흡수될 수밖에 없었지만, 한국 사회의 오랜 문제 중 하나인 사회 통합에 있어 두 도시의 의기투합이 하나의 동맹 형성으로 이어졌다. 바로 대구와 광주 간 '달빛 동맹'이다. 정치, 경제뿐만 아니라 어느 분야 할 것 없이 두 도시 간 협업이 가속화됐다. 이는 스포츠까지 그대로 영향을 미쳤다. 2013년 대구광역시와 광주광역시가 상생 사업으로 추진해온 것을 계기로 만들어진 용어로서 '달구벌' 대구광역시와 '빛고을' 광주광역시의 앞글자를 따서 단어 의의를 더했다. 마침 지역 간 화합이라는 대의는 오랜 세월 묵혀둔 지역감정의 골을 벗고 사회 통합을 통한 영호남 상생을 도모하자는 라이벌 관계의 상생을 덧칠하는 동아줄이었다. 사회 각계 분야에서 두 도시의 협업과 동맹 사업이 활발하게 이뤄지는 와중에 프로야구도 예외가 아니었다. 오랜 세월 라이벌 구도를 이뤄온 KIA와 삼성도 지역 간 동맹 구도에 맞게 '달빛 시리즈'로 협업의 가치를 높였다. 마침 민선 8기 홍준표 시장(대구시장)과 강기정 시장(광주시장) 체제로 전환된 이후에도 두 도시의 동맹 구도는 공고함을 더하고 있었다. 2024년 7월 두 팀의 대구(7/2~4)와 광주(7/16~18) 시리즈가 '달빛 시리즈'로 치러지면서 협업과 화합의 가치를 높였다. 본래 2020년 '88고속도로 시리즈'로 시작됐다가 88고속도로가 현재 광주대구고속도로로 명칭 개편이 이뤄지면서 의미가 퇴색된 영향이 '달빛 시리즈'로 시리즈 명칭 개편을 더 재촉했다고 볼 수 있다.

  역대급 불볕더위가 기승을 부린 여름날 두 팀의 '달빛 시리즈'는 그야말로 팬들의 니즈를 200% 이상 충족시켜줬다. 전반기 마지막 시리즈 모두 두 팀이 올드 유니폼을 입고 경기에 나서면서 옛 향수를 절로 자극했고, 올드 유니폼 출시하자마자 제품이 불티나게 팔리면서 팬들의 관심도를 입증했다. 삼성은 대구와 광주 시리즈에서 2002년 첫 한국시리즈 챔피언 당시 원정 올드 유니폼, KIA는 대구 시리즈에서 2001년 8월 KIA로 팀명 개편과 함께 첫 원정 유니폼을 각각 착용했다. 두 팀 모두에게 팀 역사에 있어 의미가 깊은 유니폼의 착용은 시간의 추를 2000년대 초반으로 돌려놓는 착시를 불러왔다. 마침 팬들에 뜨거운 인기를 자랑하는 올드 유니폼이 MD 상품 소비에 있어서도 단연 탑 티어를 자랑하고 있는 상징성은 자연스럽게 구매 욕구를 불태우게 만들기 충분했다. 단순히 경기 때 올드 유니폼 착용뿐만 아니라 서로 홈구장에 상대 지역 홍보 영상 송출이 전광판을 통해 이뤄졌다.

현대인들 모두 저마다 어느 국가, 지역으로 투어를 나설 때 구상을 내놓는다. 제각각 다른 요인들에 의해 구상이 휴지 조각되는 경우가 허다하고, 계획적인 구상이 아닌 즉흥적인 구상으로 이뤄지는 경우 또한 비일비재하다. 그러나 최근 스포츠를 통한 투어는 소위 스포츠 '찐 팬'이나 '덕후'들에게 빼놓을 수 없는 요소로 자리했다. 지역 유명 관광지와 명소는 물론, 맛집, 상품 등을 방문하고 체험하려는 욕구는 투어 심리에 있어 상당한 영향을 미친다. 그래서 서로 홈구장에 상대 지역 홍보 영상 송출은 대단히 의미가 깊다. 서로 연고지와 상대 지역 홍보 영상 송출을 통해 지역 브랜드를 제고하면서 상생과 화합의 가치를 높이는 부분은 스포츠가 주는 가치와도 딱 부합한다. 여기서 팬들의 상대 지역 유명 명소 방문 욕구가 커지며, 관광 산업의 부가가치 창출 또한 어마무시하게 이룰 수 있다.

오랜 세월 동안 서로를 향한 앙금이 가득했던 그간 인식 개선에도 지역 관광이 한 몫을 담당한다. 오랜 세월 라이벌 구도를 형성한 팀들답게 여전히 팬들 사이의 라이벌에 대한 인식이 뚜렷하지만, 적어도 물리력이 동반된 악감정은 화합과 상생이라는 단어 앞에서는 눈 녹듯이 사라졌다고 해도 과언이 아니다. 상생과 화합이 주는 의미는 신선함이다. 대개 원정팀이 공격할 때는 장내 아나운서의 소개 멘트만 이뤄진다. 이후 원정 응원단 측에서 응원단장의 자체 소개와 함께 등장 곡이 흘러나온다. 홈팀이 운영 주체인 탓에 원정팀 소개 인트로 영상 송출은 이뤄지지 않는다. 그런데 '달빛 시리즈'는 서로 홈구장에 서로 인트로 영상을 송출하면서 볼거리를 더 높였다. 야구를 처음 접한 '라이트 팬'들 뿐만 아니라 대다수 팬이 원정팀 인트로 영상 송출에 고개를 갸우뚱하는 경우가 일반적이다. 홈구장에 대한 인식이 팬들에게 사로잡혀있는 이상 어쩌면 자연스러운 현상이기도 하다. 그런 측면에서 서로 인트로 영상 송출은 색다른 분위기를 연출했다. 두 팀 홈구장은 타 구장과 달리 3루가 홈팀 응원단으로 구성됐다. 3루를 가득 메운 홈팀의 굳건한 응원 화력에 맞서 '일당백'을 자처하는 원정 응원단과 팬들의 화력은 상대적으로 적은 규모에도 무대의 스케일을 더 번뜩이게 만들었다.

  서한국 응원단장과 김상헌 응원단장의 주도하에 펼쳐진 응원 광경은 상호 인트로 영상 송출과 맞물려 시너지가 폭발했다. 두 팀 팬들의 데시벨이 더 커지는 것은 어쩌면 당연했다. 양 팀 연고지 사투리 퀴즈를 통해 팬들이 상호 지역을 알아가는 이벤트로 지역적 이질감을 좁히는 모습도 인상적이었다. 현대 사회의 모든 이들이 연고지 이외 타 지역에 가면 그 지역 억양이나 어감 등이 낯설기 마련이다. 과거와 달리 접할 수 있는 경로가 다양하고 광범위성을 띈다고 해도 지역 간 정서, 문화 등의 차이는 존재한다. 그러나 이닝 중간 연고지 사투리 퀴즈는 이질감을 좁히는 부분에서 상생과 화합의 모토 구현과도 일맥상통한다. 서로 연고지를 알아가면서 색다른 맛과 멋을 체험하는 자체만으로도 팬들에게는 경기 이외 또 다른 재미다. 퀴즈로 경품 취득까지 도모하는 텐션은 팬심은 달라도 장내 분위기를 하나로 끌어모으는 주 잣대였다. 광주 시리즈 때 양 팀 치어리더 팀장인 김한나 치어리더(KIA)와 이수진 치어리더(삼성)를 필두로 클리닝 타임 양 팀 치어리더 합동 공연은 텐션을 높이면서 에너지를 솟구치게 만드는 주동력이었다. 응원단 역시도 선수들 못지않은 로열티와 소속감 등이 뚜렷하다. 선수들 못지않은 체력과 열정, 노력 등이 필수다. 클리닝 타임 때 보여준 양 팀 치어리더 합동 공연은 두 팀 팬들이 함께 호흡하는 맛을 진하게 풍겼다. 소속은 달라도 장내에서 최고의 '팬 서비스'를 위해 열정을 불태우는 응원단의 땀방울은 '달빛 시리즈' 스토리를 더 축적시키는 밀알이다. 경기 후반 두 팀의 시그니처 응원가인 「남행열차」와 「엘도라도」를 두 팀 팬들이 함께 떼창 하는 광경은 스케일을 높이는 것뿐만 아니라 야구장이라는 공간을 하나의 큰 나이트클럽으로 변모시키는 효과도 불러왔다.

대구와 광주 시리즈 모두 경기 전 양 팀 선수 합동 사인회 개최로 팬들에게 잊지 못할 추억을 선사한 것은 보너스다. '광주대구고속도로' 개통 40주년의 상징성에 대구와 광주 시리즈에서 홍보 부스 설치를 통한 관광 홍보에도 팔을 걷어붙이는 등 '달빛 시리즈' 자체가 단순히 야구를 넘어 관광 산업에서도 컬래버레이션 연출의 파급력을 증명했다고 볼 수 있다. 이러한 두 도시의 동맹은 비즈니스 가치 창출에 있어서도 어마무시한 영향력을 행사한다. 상호 이기주의가 아닌 발전이라는 모토를 가지고 꾸준하게 동맹 사업을 추진하는 연속성이 지역 이미지 제고와 브랜드 가치 도모 등과 고스란히 맞닿아있기에 야구를 통한 동맹 결성은 향후에도 모범적인 상생의 사례로 남기에 충분하다. 광주와 대구의 동맹 이외 타 도시들도 지역 간 협업 사업을 잘 가져가면 분명 플러스가 크다는 것은 너무나 자명하다. 유·무형의 상품으로서 공공재를 띄고 있는 스포츠라는 분야를 감안하면 더 그렇다. 상생과 화합이라는 모토 속에서도 승부는 가려져야 하는 법이다. 두 팀의 매치업은 쫄깃쫄깃함으로 재미와 스릴을 높였다. 핵심은 폭발적인 장타력이다. 양 팀 모두 얼마든지 한 방을 때릴 수 있는 타자들이 즐비하다. 장타 한 방으로 경기 칼자루가 요동칠 수 있는 여지가 다분한 여건이다. 7월 두 팀의 '달빛 시리즈'도 예외가 아니었다. 팽팽한 힘겨루기 속에 서로 선발과 중간을 두들기면서 경기 리듬 유지를 도모하는 기싸움 또한 가히 용호상박이었다. 이에 팬들과 선수단 전체의 긴장감은 'MAX'로 치닫는 것은 너무나 자연스러운 단계였다.

두 차례 '달빛 시리즈' 최종 전적은 KIA의 5전 전승으로 종결됐지만, 알맹이를 벗어던지면 그야말로 드라마에 가까웠다. 시초는 지난해 7월 2일 대구 시리즈 첫날이었다. 첫날 코너 시볼드와 제임스 네일의 에이스 대첩으로 관심을 끈 이날 매치업에서 네일이 4실점(3자책)으로 고전하던 양상에서 중·후반 추가점을 허용하지 않으면서 반전의 동아줄을 붙잡았다. 마침 경기 중·후반 임창민과 오승환, 김재윤 등 삼성 계투진들을 두들긴 타자들의 장타력은 경기 칼자루를 기어코 돌려놨다. 9회 초 선두타자로 나선 대타 한준수가 오승환을 상대로 2루타를 때려내며 심상치 않은 조짐을 보이더니 소크라테스의 동점 적시타가 터지면서 승부를 연장으로 끌고 갔다. 연장에서 타자들의 집중력에 따른 장타 폭발이 빛을 내면서 연장 10회 9-5 역전승을 이뤄냈다. 특히 9회 초 선두타자이자 대타 한준수의 과감한 기용이 효력을 발휘한 것이 큰 복선으로 자리했고, 3연전 모두 경기 중후반 역전승의 엔딩으로 연결되며 스윕승을 완성했다. 2주 뒤 광주 시리즈에서는 폭발적인 장타력으로 삼성 마운드를 초토화시키는 등 2차례 '달빛 시리즈' 5전 전승의 미소를 만개했다. 2차례 '달빛 시리즈'뿐만 아니라 두 팀은 만날 때마다 장타력이 폭발하면서 상대 마운드를 거세게 두들겼다. 쫓고 쫓기는 양상에 무시무시한 장타력은 서로 마운드를 거세게 압박하는 수단이었고, 얼마든지 한 방을 때릴 수 있는 타자들이 즐비한 특색을 그대로 구현했다. 이처럼 선발과 중간 할 것 없이 서로 마운드를 두들기는 장타력은 경기 칼자루를 돌려놓는 스릴을 높였다.

활화산처럼 타오른 방망이만큼이나 두 팀 매치업에서 관중들의 열기 또한 압권이었다. 16차례 매치업 중 7차례 매진 사례를 이루면서 매치업 비율의 44%가 매진됐다. KIA의 페넌트레이스 챔피언이 확정된 지난해 9월 23일과 24일 양일간, 평일임에도 이틀 연속 매진되는 놀라운 티켓 파워는 KIA 팬들과 광주시민들로 하여금 한 해 야구로 흥하게 만든 도시의 분위기를 더 달궜다. 지난해 9월 23일과 24일 연이틀 매진은 광주기아챔피언스필드 개장 이래 첫 이틀 연속 평일 매진의 위엄을 써내리면서 의미를 더했다. 7차례 매진 중 5차례가 광주에서 매진 사례를 이뤘는데, 대구에서 2차례 매진도 의미가 컸다. 지난해 8월 31일과 9월 1일 양일간 양 팀의 2연전은 페넌트레이스 선두 전선에 명운을 가늠하는 '빅뱅'으로 칭송받았다. 2연전 내내 엎치락뒤치락하는 양상 속에 서로 마운드를 거세게 물고 늘어지는 방망이의 집요함은 2024년 두 팀의 라이벌전 묘미를 극대화했다. 방망이 화력 극대화를 위한 양 팀의 오더 싸움, 벤치의 임기응변 등은 중후반 매치업 '판'을 흥미진진하게 만들었다. 이 부분만 놓고 봐도 양 팀 핵심 선발과 계투진 모두 진땀을 흘리기 일쑤였던 결과를 대변해 준다. 2연전 모두 KIA가 후반 집중력의 우위로 역전승을 따내면서 삼성의 선두 진입 희망을 꺾었지만, 라이벌이라는 관계에서 오는 상차림에 상다리가 부러질 정도로 볼거리는 넘쳐흘렀다. 오랜 세월 라이벌 관계의 맥을 유지해 온 두 팀의 2024년 '달빛 시리즈'와 라이벌전은 스릴 넘치는 레이스와 함께 상생과 화합이라는 두 도시의 모토 구현으로 향후 풍족한 스토리의 초석을 더 깊게 다진 해로 기억되기에 전혀 부족함이 없었다. 서로 비즈니스 가치 창출을 위해 팔을 걷어붙이는 두 도시의 깊은 동맹 관계 만큼이나 KBO리그 대표 명문구단으로서 라이벌 관계의 발전은 KBO리그 전체에 큰 자산이다. 지난날 축적된 사건들과 스토리 등은 라이벌 관계를 더 흥미롭게 만든다. 앞으로 두 팀의 '달빛 시리즈' 장내·외 레퍼토리와 향연 등의 궁금증이 커진다. 상생과 화합의 모토가 야구뿐만 아니라 스포츠와 관광의 시너지 창출로도 직결되는 파급력이 엄청나다. 그런 측면에서 야구판 '달빛 시리즈'는 향후 페넌트레이스 대표 흥행 카드로 불리기에 충분하다.

한 지붕 두 가족의 라이벌 구도
- LG VS 두산

⚾ 한 지붕 두 가족으로 수십 년간 으르렁대던 라이벌 관계. 흘러온 세월만큼이나 라이벌 관계에서 쌓인 스토리 또한 풍성함을 더한다. 프로야구에서 유일하게 한 지붕 두 가족 살림을 하고 있는 LG와 두산은 서로에 지고는 못 사는 라이벌 의식이 오랜 세월 뿌리를 내린 팀들이다. 지방 연고팀 들 간 라이벌 구도가 지역 감정과 연고주의에 얽혀있는 스토리 등이 주를 이룬다면 두 팀의 라이벌 관계는 결이 다소 다르다. 1982년 원년 MBC청룡(LG의 전신) 시절부터 쭉 잠실을 연고로 삼은 LG와 달리 두산(1999년부터 두산 간판 달고 KBO리그 활약)은 전신인 OB 시절인 1982년부터 1985년까지 충청권을 연고지로 삼다가 1986년부터 잠실에 자리를 잡은 것에 차이가 있다. 그렇게 한 지붕 두 가족 살림이 형성되면서 라이벌 구도의 판이 맞춰졌고, 1990년대를 기점으로 라이벌의 냄새가 진하게 풍겼다. 그러면서 라이벌 구도의 열기는 더 불을 뿜었다. 먼저 당시 1차 지명권 행사 방식에 있다. 타 팀과 달리 두 팀은 주사위 던지기에 의해 아마추어 우수 자원들을 1차 지명으로 뽑을 수 있었다. 주사위 던지기 방식은 이랬다. 주사위 던지기에서 가장 높은 숫자, 양 구단 지명 자원 동일 시 2개 주사위를 세 번씩 던져서 합계가 가장 높은

팀이 1차 지명의 우선권을 행사하는 식이다. 이 부분 자체가 말 그대로 복불복에 가까웠다. 당대 최고의 주가를 높인 스타플레이어들이 뽑기에 의해 지명되는 희비의 교차는 두 팀 명운을 갈랐다.

LG가 1990년 김동수(現 서울고 감독, 한양대 86학번), 1991년 송구홍(前 LG 단장, 건국대 87학번), 1992년 임선동(前 진영고 감독, 연세대 92학번), 1993년 이상훈(現 MBC SPORTS + 해설위원, 고려대 89학번)을 차례로 1차 지명으로 선발하며 쾌재를 불렀다. 당대 아마야구 최고의 스타플레이어들의 연이은 지명은 챔피언 정벌을 위한 확실한 퍼즐이었다. 이후 1994년 아마야구 최고의 내야수 자원인 류지현(現 야구대표팀 감독, 한양대 90학번)까지 1차 지명으로 선발하며 화룡점정을 찍었다. 기존 자원들과 신진급인 이들의 조화에 1994년 막강한 투-타 밸런스를 자랑하며 한국시리즈 챔피언의 퍼즐을 멋지게 끼워 맞췄다. 두산은 최대어 2명을 내리 뺏기는 아픔 속에 LG의 한국시리즈 챔피언을 씁쓸하게 지켜볼 수밖에 없었다. 1993년 1993년 추성건(건국대 89학번, 現 자양중 감독), 1994년 류택현(동국대 90학번, 現 SSG랜더스 2군 투수코치)을 차례로 1차 지명으로 선발하며 나름 투-타 높이 강화를 도모했지만, 1994년 선수단 항명 사태에 따른 윤동균 감독의 사퇴 악재가 발목을 잡으면서 쓰라림이 더했다. 이후 1997년과 1998년은 두 팀이 1차 지명권 행사와 대우의 자존심 싸움이 더욱 피 튀겼다.

1997년은 대학야구 최고의 타자 중 하나였던 이병규(現 LG트윈스 2군 감독, 단국대 93학번)를 양 팀이 모두 1차 지명으로 뽑기 위해 주사위 던지기로 지명권을 판가름했다. 장충고(서울) 시절 팀의 저조한 성적에 의해 상대적으로 저평가됐던 이병규는 단국대 진학 이후 포텐이 폭발하면서 주가를 높였다. 아마야구 한 경기 최다타점 기록인 11타점을 써내리면서 정교함과 파워, 콘택트 능력 등을 십분 발휘한 특색은 단연 갑이었다. 이병규 지명을 놓고 치열한 주사위 던지기의 승자는 LG였다. LG는 이병규를 1차 지명으로 선발하면서 서울 팜의 몸집을 불렸다. 1차 지명과 함께 확실한 예우로 가치를 높였다. 콘택트 능력과 빠른 발, 폭넓은 수비 범위 등을 두루 겸비한 이병규에 당시 신인 야수 최고 계약금인 4억4,000만 원(종전 1996년 박재홍 4억3,000만 원)을 안기면서 차세대 프랜차이즈 스타에 걸맞는 대우를 했다. 이병규를 놓친 두산은 배명고(서울)-한양대 시절부터 아마야구 최고의 투수로 군림한 이경필(現 일구회 감사, 한양대 93학번)과 계약금 3억5,000만 원에 사인하면서 아쉬움을 달랬고, 2차 1라운드로 진갑용(고려대 93학번)을 지명하면서 즉시 전력 2명을 뽑는 전화위복을 남겼다.

이듬해는 두 팀 모두 배명고 시절부터 아마야구 최고의 타자로 군림한 김동주(現 김동주 아카데미 운영, 고려대 94학번)를 뽑기 위한 자존심 싸움이 절정을 이뤘다. 1997년 아시아야구선수권대회에서 대표팀을 챔피언으로 이끌고 MVP를 품에 안은 김동주의 탤런트는 쉽게 지나치기 어려운 카드였다. 파워와 정교함 등을 두루 겸비하면서 탁월한 선구안으로 높은 출루율을 뽐내는 아우라는 강렬함 그 자체로 자리한다. 1년 전과 마찬가지로 아마야구 최고의 타자 지명을 향한 두 팀의 박 터지는 자존심 싸움에 김동주를 지명한 팀은 두산이었다. 모처럼 뽑기에서 우위를 점하며 지난날 쓰라림을 달랬다. 그간 최대어를 번번이 놓쳤던 아쉬움을 딛고 김동주를 지명하면서 훗날 KBO리그 역대 최고의 클린업트리오 중 하나인 '우동수(우즈-김동주-심정수)' 결성의 초석을 닦았고, 직전 해 이병규가 가지고 있던 신인 야수 최고 계약금(4억5,000만 원)마저 갈아치우며 예우 또한 확실하게 했다. LG는 김동주를 놓친 아쉬움을 딛고 아마야구 최고의 포수였던 조인성(現 두산 베어스 1군 배터리 코치, 연세대 94학번)을 지명하면서 포수 포지션의 무게감을 높였다. 뿐만 아니라 직전 해 93학번 최고의 포수였던 진갑용의 3억8,000만 원을 뛰어넘는 4억2,000만 원에 입단 계약하며 시장성에 걸맞은 대우를 해줬다. 당대 최고의 포수였던 김동수와 함께 확실한 포수 자원의 둘 보유만으로도 1차 지명에서 나쁘지 않은 소득이었다.

이처럼 연고지 대어급 계약에 있어 치열한 자존심 싸움은 라이벌 관계의 스토리를 채워주는 잣대였다. 이후 뽑기의 1차 지명 방식은 역사 속으로 사라졌고, 신인 지명 방식도 전면 드래프트와 1차 지명 부활 등 부침 속에 개편이 이뤄졌다가 훗날 한 학교에서 두 명의 매물 지명을 향한 자존심 싸움이 지난날 스토리와 맞물려 재조명됐다. 2015년 선린인터넷고(서울, 선린상고의 전신) '원-투 펀치'를 이룬 이영하(두산 베어스)와 김대현(LG트윈스)이 바로 그 주인공들이다. 이들 모두 고교 시절부터 초고교급 투수라는 수식어를 받고 일찍이 스포트라이트가 집중된 자원이었다. 고교야구 황금기였던 1980년대 초반 박노준(現 우석대 총장)과 김건우(現 건우수제버거 대표) 시절 이후 오랜 쇠퇴기를 겪던 선린인터넷고를 2015년 황금사자기 대회 챔피언에 올려놓으며 범상치 않은 아우라를 뿜냈다. 고교 야구 투구수 제한 도입 이전 시기인 위 시기에 이영하와 김대현의 원-투 펀치로서 경기 지배력은 상대 타자들에 강력한 위압감을 조성했다. 나란히 큰 신장(이영하- 192cm, 김대현- 188cm)에서 뿜어져 나오는 빠른 볼과 묵직한 구위 등을 바탕으로 당시 경북고(대구) 최충연(現 삼성 라이온즈)-박세진(現 KT위즈, 롯데 박세웅의 친동생)과 고교 야구 대표 원-투 펀치로 쌍두마차를 이루며 주가를 더 높였다. 1차 지명 행사를 향한 두 팀의 고뇌와 자존심 싸움 속에 이영하가 두산, 김대현이 LG로 각각 1차 지명되면서 프로야구 사상 최초로 한 학교에서 1차 지명자가 2명이 뽑히는 영예를 안게 됐다. 더군다나 팜이 탄탄한 수도 서울이라는 메리트에 만만치 않은 후보군들을 뚫고 1차 지명의 훈장을 이룬 것이라 의미는 더 남다르다. 이는 선린인터넷고 야구부 역사에 있어 큰 이정표로 자리하는 결과를 낳았다. 프로 입단 이후 이들 모두 부상과 부진, '학폭 논란' 등에 의해 고초를 겪으면서 마음고생 또한 적지 않았지만, 1차 지명자라는 타이틀이 주는 기대치는 여전히 유효하다.

두 번째는 라이벌 관계에 따른 시즌 결과의 희비다. 1995년 시즌이 시발점이었다. 직전 시즌 한국시리즈 챔피언에 오른 LG가 시즌 초반부터 안정된 페이스로 줄곧 순항을 거듭하면서 '타이틀 방어'에 대한 기대감을 높였지만, 시즌 막판 예상치 못한 복병이 선두 싸움을 요동치게 했다. 두산이 맹렬한 스퍼트로 LG의 야성을 호시탐탐 엿보더니 LG가 주춤거린 틈새에 기어코 뒤집기를 연출하며 한국시리즈에 직행하는 저력을 뽐냈다. 시즌 막판 8~9경기 차를 뒤집는다는 것 자체가 계란으로 바위를 치는 것과 같은 격인데 두산의 '미러클'은 순위 뒤집기 후폭풍을 크게 불러왔다. LG는 플레이오프에서 롯데에 2승 4패로 패하면서 탈락의 쓴잔을 들이 컸고, 두산은 롯데의 맹렬한 기세에 한국시리즈 한때 1승 3패로 몰리다가 내리 3경기를 승리하면서 1982년 원년에 이어 2번째 챔피언 타이틀을 품에 안았다. 1995년 가혹한 희비 교차에 1998년 준플레이오프를 통해 두 팀은 운명의 장난을 마주했다. 당시 페넌트레이스 최종전에서 해태에 1-0 승리를 따내면서 포스트시즌 막차 탑승권을 확보한 두산과 페넌트레이스 3위에 오른 LG 모두 당시 페넌트레이스 2위 팀인 삼성과 매치업 성사라는 일념이 달구벌 열차 탑승길 인도를 부추겼다. 다음은 없는 가혹함 속에 준플레이오프 승자는 LG였다. LG는 투-타에서 집중력의 우위를 바탕으로 두산에 2연승을 거두면서 달구벌 열차 탑승을 이뤘고, 이 여세를 몰아 플레이오프에서 삼성에 3승 1패로 승리하며 2년 연속 한국시리즈 진출의 쾌재를 불렀다. 두산은 해태와 페넌트레이스 최종전 여파가 고스란히 드러나면서 아쉬움을 삼켜야 했고, 이듬해 OB가 두산으로 인수되면서 팀 명칭이 바뀌게 됐다.

두 팀의 라이벌 관계는 팀 명칭만 바뀌었을 뿐 여전히 박 터졌다. 그런데 2000년대 들어 추가 다소 기울었다. 2000년 플레이오프가 시초였다. 드림리그와 매직리그의 양대 리그로 치러진 마지막 시즌 두 팀은 플레이오프 무대에서 재계 라이벌 현대 유니콘스-삼성 라이온즈 승자와 벌이게 될 한국시리즈에 올인했다. 2년 만에 포스트시즌 매치업에 시리즈 내내 치열한 명승부로 스릴을 한껏 드높였다. '우동수' 트리오의 폭발력과 '적토마' 이병규, '양신' 양준혁, '캐넌히터' 김재현 등의 중장거리 폭발력은 두 팀 색을 그대로 대변했고, 당대 최고의 대도였던 정수근과 '꾀돌이' 류지현의 기동력 싸움을 필두로 볼거리가 시리즈 내내 넘쳐흘렀다. 용호상박의 시리즈 혈투 속에 시리즈 미소는 두산을 향했다. 두산은 5, 6차전 승리로 한국시리즈 무대를 밟으면서 2년 전 준플레이오프 패배를 멋지게 설욕했고, LG는 마지막 2%를 채우지 못하며 챔피언 정벌의 야심이 물거품됐다. 2000년 플레이오프 이후 두 팀의 행보는 정반대였다. 두산이 '화수분 야구'로 꾸준히 KBO리그에서 강팀의 위엄을 드러낸 반면, LG는 2002년 한국시리즈 준우승 이후 잦은 감독 교체와 시스템 부재, 프랜차이즈 스타 홀대, 외부 영입 실패 등 온갖 악재가 끊이지 않으면서 기나긴 암흑기에 들어섰다.

상반된 행보 속에 서울 라이벌 의식만큼은 불타올랐다. 수도 서울을 연고로 하는 팀들답게 서로에 패할 수 없다는 전투력은 불타올랐고, 쫄깃쫄깃한 레이스로 시리즈의 스릴을 더한 것은 보너스였다. 선수단 못지않게 팬들 또한 서로를 향한 라이벌 의식이 고취되는 등 스토리텔링의 풍성함도 한데 입혔다. 2010년대 초반까지 엇갈린 성적을 보이던 두 팀에게 2013년 10월 5일은 잊을 수 없는 하루다. 순위 싸움이 최종전에야 결정되는 가혹한 운명 속에 페넌트레이스 2위 자리를 놓고 벌인 숙명의 매치업은 잠실벌에 두 팀 팬들을 구름같이 끌어모으는 지름길이었다. 이때 LG가 두산에 승리하면서 11년 만에 포스트시즌 진출과 함께 페넌트레이스 2위로 플레이오프에 직행하는 기염을 안았고, 두산은 3위로 준플레이오프부터 거쳐야 하는 심적 부담감을 안는 부메랑을 낳았다. 라이벌 의식과 함께 오랜 기간 포스트시즌 진출을 염원하던 팬들의 기다림을 실현시키기 위한 LG의 전투력이 빛을 낸 대목이라고 볼 수 있었으며, 두 팀의 시선은 자연스럽게 플레이오프를 향하기에 이르렀다. 달구벌 열차 탑승을 위한 동기부여가 충만한 상황에 두 팀은 또 한 번 '외나무다리'에서 만났다. 최종전 직후 충분한 휴식과 회복을 거치면서 한국시리즈 진출에 올인한 LG와 준플레이오프에서 넥센을 3승 1패로 돌려세우며 플레이오프에 오른 두산의 남다른 내공과 경험치의 키워드는 단기전의 구색을 확실하게 채웠다. 13년 만에 포스트시즌에서 마주한 두 팀은 1차전부터 가진 '패'를 다 꺼내 들며 한 치의 물러섬을 보이지 않았고, 선수단 전체의 전투력 또한 가히 남달랐다. 그러나 페넌트레이스 최종전과 달리 두산이 남다른 단기전 내공과 경험치 등을 십분 발휘하며 앙갚음을 확실하게 했다. 두산은 시리즈 전적 1승 1패의 호각세에서 3, 4차전을 내리 쓸어담으며 한국시리즈 초대장을 품에 안았고, LG는 또 한 번 2% 부족함에 발목이 잡히면서 한국시리즈 진출의 뜻을 다음으로 미뤄야 했다.

　2010년대 중반부터는 두 팀의 시스템은 사뭇 대조됐다. 두산이 내부 자원의 FA 유출 리스크에도 젊은 자원들의 등장과 '화수분 야구'로 생명 수단을 이어갔고, LG는 외부 FA 영입에 적극성을 띄는 공격적인 투자로 구단 숙원인 대권 쟁취에 대한 야심을 숨기지 않았다. 그러나 모든 스포츠는 팀 구색만으로는 절대 결과물이 이뤄지지 않는 법. 선수단 구색이나 모든 면에서 LG가 두산보다 풍족함을 갖췄지만, 막상 뚜껑을 열어보니 결과는 딴판이었던 것이다. 2015년 8승 8패를 제외하면 2016년부터 2021년까지 줄곧 매치업 전적에서 두산이 LG에 절대적인 우위를 점했고, LG전 매치업 전적 우위를 토대로 7년 연속 한국시리즈 진출, 한국시리즈 챔피언 3회(2015~2016, 2019)의 초석을 닦으면서 지독한 '두산 포비아'를 LG에 선사했다. 특히 2018년에는 최종전 이전까지 두산이 15전 전승으로 KBO리그 사상 최초 매치업 전적 퍼펙트의 기록 수립 직전에 다다랐을 만큼 선수단과 팬들 모두에게 수치의 위엄을 한껏 나타냈다. 승부처마다 LG의 앞길을 번번이 가로막은 두산의 'LG 스토퍼' 위엄이 남달랐다는 지표다. 뿐만 아니라 2020년 준플레이오프에서는 2연승을 거두며 '미러클' 연출의 신호탄을 쐈고, 이듬해 준플레이오프 역시 키움 히어로즈와 와일드카드 결정전을 치르는 체력적인 부담에 아랑곳하지 않고 남다른 단기전 DNA와 내공 등을 어김없이 뽐내며 시리즈 전적 2승 1패로 플레이오프에 초대받았다. LG만 만나면 힘이 불끈 솟는 두산의 '미러클'은 객관적인 전력이나 매치업 전적이 단기전에서 참고 자료라는 것을 몸소 증명했다.

  선수단 모두가 가을 냄새를 맡을 줄 아는 팀 문화 또한 상대적으로 '골리앗'에 가까운 LG를 앞질렀다고 해도 과언이 아니다. 영원한 승자는 없다고 한다. 두산의 절대 우위가 지속되던 판세는 2022년을 기점으로 조금씩 바뀌었다. 두산이 FA 유출에 따른 팀 전력 누수와 일부 선수들의 부상 등 악재를 넘어서지 못하면서 휘청거렸다. 그에 반해 LG는 착실한 전력 보강과 잘 맞춰진 선수단 뎁스 등을 토대로 순항을 거듭하며 대권 쟁취를 위한 퍼즐을 끼워 나갔다. 2022년 페넌트레이스 매치업 전적에서 LG가 10승 6패로 6년 만에 두산에 우위를 점하면서 지독한 '두산 포비아'를 깼고, 이후 두 팀이 염경엽 감독(LG)과 이승엽 감독(두산) 체제로 새롭게 개편된 와중에도 LG가 2023년 11승 5패, 2024년 9승 7패로 각각 우위를 점하면서 3년 연속 두산전 우위의 소득을 남겼다. 풍성한 스토리와 라이벌 구도에 팬들이 야구장에 집결하는 단계는 너무나 당연했다. 마침 두 팀의 '더그아웃 시리즈'는 KBO리그 대표 흥행 카드다. 흥행몰이를 위해 2005년부터 어린이날 두 팀이 서로 해마다 더그아웃을 바꿔가면서 어린이날 시리즈를 벌이게 됐고, 우천으로 취소된 2023년과 2024년, 코로나 19 여파로 무관중 경기가 진행된 2020년, 좌석 비율제 운영을 도모한 2021년을 제외하면 줄곧 어린이날에는 가족 단위 팬들과 다양한 성비의 팬 등으로 잠실야구장이 가득했다. 어린이날 '더그아웃 시리즈' 만원 관중은 '흥행 보증수표'라는 수식어를 절로 붙였다. 지난 2024년은 어린이날 당일 우천 취소의 아쉬움에도 16차례 매치업 중 11차례 매진 사례를 이룬 것이 말해 준다. 비율로 환산하면 70%에 육박하는 수치다. 팬들의 남다른 로열티 또한 절로 입증했다. 마지막으로 양 팀 주요 선수들 간 트레이드와 FA 이적도 라이벌 구도의 핵심 도화선이었다. 첫 테이프는 1990년 김상호(당시 LG)와 최일언(당시 OB)의 1-1 맞트레이드였다. 이때 라이벌 팀 간 트레이드의 희비는 극명하게 갈렸다. OB로 유니폼을 갈아입은 김상호가 1995년 OB의 2번째 한국시리즈 챔피언 지휘와 함께 홈런왕과 MVP를 모두 쟁취하며 커리어에 잊지 못할 훈장을 남긴 것에 반해 최일언은 LG 이적 후 이렇다 할 활약을 보여주지 못하면서 아쉬움을 삼켰다. 1-1 맞트레이드 희비의 부메랑에 한동안 두 팀 간 트레이드는 자취를 감췄지만, 2006년 시즌 이후 두산 에이스로 활약하던 박명환이 FA 자격을 얻고, LG의 스트라이트 유니폼을 입으면서 또 하나의 스토리가 생성됐다. 2004년 탈삼진왕을 필두로 두산의 에이스로 군림하던 박명환이 LG 이적 첫 시즌 두 자릿수 승수(10승) 돌파와 함께 두산 전에서 2승을 따내며 '더그아웃 시리즈'의 재미를 한껏 드높였다. 이후 2021년 시즌 개막 전 두 팀의 대형 트레이드는 KBO리그 전체를 술렁이게 만들었다. 양석환과 남호가 두산, 함덕주와 채지선이 LG로 각각 유니폼을 바꿔입었다. 당시 왼손 계투 자원이 필요했던 LG와 오재일의 FA 삼성 이적에 따른 거포 부재에 허덕인 두산의 니즈가 일치되면서 대형 트레이드가 성사됐다. 신일고(서울)-동국대를 거치면서 유망한 거포 자원으로 불렸던 양석환은 2024년 커리어 최다인 34개 홈런을 필두로 홈런 타자의 싹을 폭발시키며 팀 플랜의 핵심으로 거듭났고, 두산 시절 선발과 계투, 클로저를 오가며 전천후 면모를 뽐낸 함덕주는 잦은 부상에 따른 인고의 시간에도 2023년 팀의 한국시리즈 제패에 힘을 보태며 새 둥지에 연착륙했다. 이처럼 양 팀 핵심 자원들의 라이벌 팀으로 이적은 라이벌 구도의 몸집을 한껏 불리는 총알과도 같았다.

오랜 세월 서울 연고로 만날 때마다 으르렁댔던 라이벌 의식에 쌓인 스토리만큼 KBO리그 발전에 중추적인 역할을 담당한 두 팀의 매치업에 채워지지 않은 퍼즐이 하나 있다. 다름 아닌 한국시리즈 매치업이다. 40년이 넘는 역사 동안 한국시리즈 매치업이 단 한 번도 없었다. 페넌트레이스와 포스트시즌에서 용호상박의 혈전을 거듭한 두 팀이기에 한국시리즈 매치업은 두 팀 선수단뿐만 아니라 팬들에게도 기대하는 시나리오 중 하나다. 일단, 서로를 넘어 한국시리즈 챔피언의 희열을 맛보고 싶은 동기부여가 어느 팀보다 충만하다. 필히 넘어야 할 상대 중 하나로 꼽고 있는 데다 우리 팀이 서울의 자존심이라는 인식도 확고하다. 임하는 전투력이 타 팀을 상대할 때와는 확연히 다르다. 이는 선수단과 팬들 모두 인지하고 있는 사항이다. 한국시리즈 매치업 성사가 현실화될지는 물론 지켜봐야 할 일이다. 144경기 페넌트레이스의 긴 여정에 돌발상황이 언제 도사릴지 모른다. 핀치 상황의 운영, 임기응변, 선수들의 부상 등 경기 안에서 벌어지는 변수 또한 너무 많다.

1982년 개장한 잠실야구장이 2026년을 끝으로 역사의 뒤안길로 사라지면서 2032년 신구장 시대를 마주한다. 2026년 이후 5년은 잠실종합운동장 보조구장을 임시 홈구장으로 사용하게 되지만, 두 팀 팬들의 희로애락이 담기면서 한국 야구의 상징과도 같은 잠실야구장에서 두 팀의 한국시리즈 매치업은 분명 KBO리그의 스토리를 더 늘리는 동아줄과도 같다. 2000년 월드시리즈에서 뉴욕 양키스와 뉴욕 메츠의 '지하철 시리즈'가 세간의 관심을 끌었다. 형님인 양키스에 동생인 메츠가 도전하는 매치업의 흥미는 뉴욕을 떠들썩하게 한 바 있었다. 두 팀의 한국시리즈가 잠실 일대를 열광의 도가니로 만드는 광경은 비즈니스적 가치 창출에 있어서도 큰 시너지다. 주변 상권이 두 팀 유니폼을 착용한 팬들로 뒤덮이고 상권의 매출 호황, 경제적 시너지 극대화 등을 도모하는 모습은 모두가 바라는 시나리오 중 하나이기에 더 그렇다. 치열한 라이벌 관계 속에 발전을 거듭해 온 두 팀의 스토리가 한국시리즈 매치업 성사로 이어지는 그림을 학수고대할 것이다.

4. 제2 연고지와 비인기 구단의 강렬한 임팩트

- 팬심의 굳건함과 노력의 싹

홈인데 홈 같지 않은 제2 홈구장
- 인조잔디 울산, 포항, 청주의 제2 홈구장 개최

◎ 메인 홈구장 이외 또 다른 홈구장이 있다? 겉으로 보기에는 그럴싸하다. 연고권에 또 다른 홈구장에서 일정 경기를 개최하면서 지역 팬 서비스 확대를 도모하는 부분은 팬의, 팬을 위한, 팬에 의한 가치 창출이 주 본질인 프로스포츠의 특성과도 부합한다. 제2 홈구장에서 매년 일정 경기를 치르는 팀은 롯데 자이언츠, 삼성 라이온즈, 한화 이글스 세 팀이다. 롯데는 울산문수야구장, 삼성은 포항야구장, 한화는 청주야구장에서 각각 전체 홈 경기의 약 10% 내외를 소화한다. 사실 제2 홈구장에는 함정이 있다. 우리네 흔히 집인데 집 같지 않은 느낌을 주는 경우들이 간혹 있는 것처럼 말이다. 모처럼 방문해 바뀐 인테리어나 주거 환경 변화 등 각양각색의 요인이 빚어낸 모순이라고 볼 수도 있다. 제2 홈구장에서 시리즈를 치를 때 무늬는 홈인데 심신의 피로도는 본래 홈 시리즈보다 갑절 이상이다. 몸이 재산인 선수들에게 짐을 옮기고 이동하는 일은 그리 간단한 일이 아니다. 무거운 짐을 가득 싣고 버스로 이동하다 보니 몸이 말 그대로 파김치다. 출퇴근 시스템으로 이동하던 기존 홈구장과 달리 버스 이동을 해야 하는 고충 또한 리듬과 사이클 등의 유지에서 애로점을 야기한다.

무엇보다 제2 홈구장은 사계절 잔디가 아닌 인조잔디다. 대부분 프로 경기가 목적이 아닌 아마추어와 동호인 야구 활성화를 위해 개장됐다. 당연히 규격도 작다. 작은 규격이 주는 일장일단이 있다. 팬들에게는 선수들을 좀 더 가까이 볼 수 있다는 메리트가 크다. 좋아하는 선수들을 가까이서 지켜보는 묘미는 직관이 주는 대표적인 맛과 멋이다. 아담한 사이즈에 투구 소리와 배트 소리 등의 현장감을 더 깊게 느끼기에 안성맞춤이 제2 홈구장이다. 제2 홈구장의 순기능은 바로 그 지역 팬들의 니즈 충족이다. 제2 연고지에 거주하는 팬들은 제2 홈구장 시리즈가 '가뭄의 단비'다. 주민등록상 연고지에서 시리즈 직관을 통해 스포츠를 소비하는 고객층의 형성에도 효과가 짭짤하다. 연고지 이외 지역 거주로 직관에 어려움을 겪는 팬들이나 신규 라이트 팬 유입 또한 도모하는 최적의 여건이 된다. 메인 홈구장과 달리 1년에 몇 경기 되지 않는 제2 홈구장 시리즈를 학수고대하는 제2 연고지 지역 팬들이 부지기수라는 점은 제2 홈구장 시리즈의 영향력이 여전하다는 증거가 된다. 제2 홈구장 활용 팀들이 입장 수익 감소를 감수하면서 매년 제2 홈구장에서 시리즈를 개최하는 주 이유라고 봐도 무방하다. 다만 인조잔디는 부상 위험도가 높다. 달궈지는 지열이 사계절 잔디에 비하면 몇 배 이상이다. 날씨가 제법 선선한 봄, 가을과 달리 여름에는 열기가 더 달아오른다. 수비 시 바운드 자체가 크게 튀는 것뿐만 아니라 탄성이 좋은 탓에 맞으면 부상 정도는 심해진다. 또, 화상 위험도가 높다 보니 주루 플레이에 대한 리스크도 늘 안을 수밖에 없다. 열악한 시설과 환경 등에도 제2 홈구장 거주 팬들을 외면할 수 없고, 팬 서비스적인 측면의 파급력을 고려하지 않을 수 없기에 그야말로 '울며 겨자 먹기'식의 개최다.

먼저 울산과 포항은 대한민국을 대표하는 공업 도시들이다. 두 도시 모두 확실한 경제적 기반이 지역 전체를 먹여 살린다는 공통분모가 뚜렷하다. 현대중공업과 포스코라는 거대한 그룹의 존재는 갈수록 침체되는 철강 산업과 조선업의 어려움에도 지역의 아이덴티티를 쭉 이어가게 만든다. 두 도시는 사실 야구보다 축구가 더 유명한 도시들이다. 그도 그럴 것이 울산과 포항은 오랜 세월 라이벌 구도를 이뤄오면서 오늘날까지 '동해안 더비'라는 라이벌 매치의 상품 가치를 더 끌어올린 지역들이다. 이 '동해안 더비'는 국제축구연맹(FIFA) 지정 공식 라이벌 매치에 속할 만큼 두 도시의 축구도시 이미지 고착화에 제격이었다. 거기에 야구와 달리 서포터즈를 중심으로 팬덤이 형성되는 K리그의 문화에 두 팀 팬들의 로열티는 둘째가라면 서러울 정도다. 그런 두 도시에 야구가 새롭게 가세한 점이 흥미롭다. 야구 인프라 개선 및 확충이 이뤄지면서 두 도시에서 야구를 직관할 수 있는 토대가 장만됐다. 두 도시가 제2 홈구장 완공으로 야구와 연을 본격적으로 맺은 시기는 2010년대다. 먼저 포항야구장이 2012년 개장하면서 제2 홈구장 대열에 합류하자 2년 뒤 울산문수야구장 개장과 함께 롯데가 제2 홈구장으로 지정하며 공업도시인 두 도시에서 프로야구가 펼쳐지게 됐다.

2개 지역의 제2 홈구장 지정과 그 배경은 다소 다르다. 오랜 세월 대구-경북 지역을 중심으로 팬 로열티와 열정 등이 뿌리내린 삼성과 달리 롯데는 NC의 제9 구단 창단과 함께 이전 제2 홈구장이 었던 마산야구장이 NC 메인 홈구장으로 지목되면서 생긴 공백을 울산문수야구장으로 채운 것이 차이라면 차이다. 2012년 8월 포항야구장 개장과 함께 제2 홈구장 경기 개최를 쭉 이어간 삼성과 NC의 9구단 창단으로 제2 홈구장을 잃고 새 제2 홈구장 터전을 울산에 잡은 롯데 모두 공업도시를 제2 홈구장 지정하는 공통분모와 함께 제2 연고지 활성화에도 분주함을 잃지 않았다. 두 지역 모두 롯데, 삼성 제2 홈구장 경기 때마다 번화가나 관공서 주변 등을 중심으로 홍보에 팔을 걷어붙이는 것은 물론, 지역 내 학생들과 기관 등의 적극적인 관중 유치로 제2 연고지의 뿌리내림을 덧칠한다. 거기에 제2 연고지에도 직관에 적극성을 잃지 않는 팬들의 성원과 열정 등은 제2 연고지 홈 경기를 더 기대하게 만들며, 두터운 팬덤의 폭발력마저 덩달아 입히는 동력으로 자리한다. 메인 홈구장에 비하면 규격이나 모든 면에서 비할 바 못 되지만, 열기만큼은 결코 떨어지지 않는다. 직관에 대한 굶주림을 시리즈 직관으로 마음껏 풀어내는 모습은 마치 봉인해제를 이룬 것과 같다.

매년 울산은 K리그 1 울산 HD FC 홈 경기 때 울산 서포터즈인 '처용전사(울산 서포터즈 이름)'와 원정 서포터 간 화력 대결에 '빅크라운(울산문수월드컵경기장의 애칭)'이 거대한 스케일을 뿜어낸다. 앰프 없이 육성응원으로 팀 응원 구호와 응원가를 목청껏 외치는 광경은 '빅크라운'을 울산의 한 랜드마크로 만드는 핵심으로 손꼽힌다. 이러한 축구 응원의 특색이 야구에 흡수된다? 이는 하나의 락 공연을 연상케 하는 시나리오가 비디오처럼 그려진다. 거기에 화끈한 텐션과 폭발력을 자랑하는 롯데 응원이라면 더 그렇다. 아니나 다를까 롯데 울산 홈 경기 때마다 롯데 팬들의 텐션은 엄청난 데시벨과 함께 문수벌을 뒤덮는다. 일단, 울산 시리즈 때마다 롯데 쪽 관중석은 늘 인산인해다. 작은 규격과 사이즈에 아랑곳하지 않고 높은 로열티를 증명하는 팬심은 롯데 공격 때마다 선수 응원가, 팀 응원가 제창 등으로 가공할 만한 폭발력을 자랑한다. 선수 개개인별로 다채로운 응원가 및 구호는 'K-응원'의 재미와 멋을 더 입혀주며, '사직노래방' 2호점을 느끼기에도 전혀 부족함이 없다. 사실 좋아하는 수단과 콘텐츠 소비에 있어 거리는 소비자들에게 그다지 중요한 요소가 아니다.

　도심 외곽에 위치한 울산문수야구장의 지리적 특성에도 팬들의 접근을 부채질하는 요인도 분명하다. 먼저 부산과 울산의 거리가 가깝다. 부산 지하철 1호선 노포역에서 울산문수경기장까지 좌석버스가 활발하게 운행된다. 좌석버스 이외 울산 방면 시내버스도 두 도시 시민들의 핵심 이동 수단이다. 이러한 특성은 도심 외곽에 위치한 접근성의 리스크를 극복하고도 남는다. 양 도시에서 팬들의 야구장 왕래는 작은 크기에도 아랑곳하지 않고 뜨거운 응원 열기를 자랑하면서 데시벨을 한껏 높인다. 앰프가 사용되면서 응원 멋이 더 구현되는 야구 응원의 묘미는 울산에 야구라는 콘텐츠의 흡수력을 더 키워주는 요소이며, 축구 응원의 특색과 야구 응원의 결합에 있어서도 색다른 맛을 지역민들에게 느끼기에 충분했다. 울산에 울산공고 야구부가 존재한다고 한들 야구 불모지의 이미지가 짙은 지역이기에 롯데 울산 경기 개최는 야구라는 스포츠의 지역 상품성을 더 끌어올리는 촉매제다. 2012년 8월 개장한 포항야구장은 개장과 함께 삼성의 제2 홈구장으로 사용되고 있는 곳이다. 코로나 19 이전 매년 2~3차례 시리즈가 개최되면서 지역 야구 활성화를 도모한 삼성의 노력이 축구 도시 포항에 야구 바람을 새롭게 몰고 왔다. 개장 10주년을 훌쩍 넘은 시간 동안 이승엽의 KBO리그 최초 통산 400홈런 달성을 필두로 각종 기록들이 나오는 등 KBO리그 역사에 있어서도 의미 있는 장소 중 하나다. 특히 포항은 해병대라는 최고의 명물이 있다. 매년 K리그 1 포항 스틸러스 홈 경기 때마다 포항 스틸야드 상단에서 칼 같은 응원과 군무, 절도있는 동작으로 응원의 맛을 자랑하는 해병대 응원이 포항의 대표 명물로 자리한 클래스가 야구에도 고스란히 전파됐다. 이러한 해병대 특유의 문화는 야구 응원과 더 잘 맞아떨어진다. 야구는 선수 개개인의 응원가와 팀 응원가 떼창에서 팬심의 대동단결이 어우러진다. 서포터즈 주도하에 이뤄지는 축구와 달리 야구는 응원단장과 치어리더의 주도로 뿜어내는 선수 응원가와 팀 응원가의 스케일은 해병대의 각과 맞물려 폭발력을 더한다. 통제된 생활이 뒤따르는 병영 생활에 'K-응원'과 해병대만의 독창성을 적절히 녹여내는 해병대 장병들의 응원은 축구장을 넘어 야구장까지 전파력에서 으뜸이다.

사실 여기서 주목할 부분이 있다. 국군 장병들이 바로 스포츠의 숨은 라이트 팬이라는 것이다. 국군 장병들 대부분 연령대가 20대 초반이다. 이들 중 어린 시절부터 부모를 따라 야구장을 찾은 팬들도 존재하지만, 병영 생활을 통해 야구장과 같은 문화 공간에 첫 연을 맺은 이들도 많다. 국방부나 부대별로 장병들의 사기 진작을 위한 활동에 늘 골몰한다. 최근 병영 생활 개선을 위해 다각도로 노력한다고 해도 여전히 폐쇄적인 문화와 분위기의 특성은 지워지지 않는다. 그래서 일선 부대에서 내놓은 수단이 스포츠 직관을 통한 사기 진작이다. 스포츠 직관은 병영 생활에 있어 플러스가 많다. 병영 생활의 스트레스 해소, 전우애 극대화, 간부들과 장병들의 유대감 강화 등 부수적 가치가 크다. 모든 군인의 공통된 심리가 하나 있다. 바로 여자 아이돌 그룹이나 치어리더들의 공연에 홀딱 빠져든다는 것이다. 그럴 만도 하다. 남정네들이 가득한 병영 생활에 여자 아이돌 그룹과 치어리더의 존재가 메마른 땅에 큰 단비다. 여자 아이돌 그룹과 치어리더들의 공연을 보는 설렘은 너나 할 것 없이 뜨거운 환호성을 자아낸다. 아니나 다를까 치어리더들의 현란한 율동과 몸짓에 장병들의 환호성은 장내를 쩌렁쩌렁하게 만들었고, 특유의 절도있는 동작이 응원가와 환상의 궁합을 자랑하며 '포항 나이트'의 흥을 고취시킨다.

한화의 청주 경기 부활은 그야말로 극적이다. 1986년 빙그레(한화의 전신) 창단과 함께 제2 홈구장으로 지정되며 다수 시리즈가 펼쳐졌지만, 규격이 작은 사이즈와 함께 시설 노후화가 발목을 잡으며 청주 시리즈 개최에 의문점이 짙었다. 제2 홈구장 개최에 있어 시설 노후화라는 리스크는 청주 경기 개최를 바라는 한화 팬들, 이 중 충북권 팬들에게는 몇 없는 직관 찬스가 사라질 수도 있음을 암시한다. 하지만 한화 경기 청주 유치를 위한 청주시의 노력은 청주야구장 개보수로 이어졌다. 청주는 중소도시로서 최근 프로스포츠 재미가 쏠쏠하다. 여자농구 청주 KB스타즈가 2011년 천안에서 청주로 연고지를 옮겨온 이후 활발한 지역 밀착형 마케팅과 스킨십으로 '여자농구 특별시'라는 타이틀을 얻는 중이며, 2023년 창단한 K리그 2 청주FC는 신생팀의 핸디캡 속에서도 지역 사회와 어우러지는 노력과 인기 아이돌 그룹인 샤이니 민호 효과(샤이니 민호는 2024년까지 청주FC를 지휘한 최윤겸 감독의 아들이다.) 등이 결합되면서 빠르게 젖어들고 있다. 이러한 동향에 한화의 청주 경기 유치는 청주시민들이나 충청권 팬들에게는 단비와 같다. 대전은 물론, 청주 인근 지역 팬들까지 한화 청주 경기에 대한 설렘이 크기 때문이다. 특히 청주 인근 지역 팬들은 더 그렇다. 읍면 단위 지역은 말할 것도 없고, 인근 도시들의 취약한 교통 인프라는 제아무리 직관 욕구가 가득해도 쉽게 발걸음을 내딛기에 주저함을 느끼게 된다. 코로나 19 이전 청주에서 2-3차례 시리즈 개최를 학수고대했던 이유가 청주 인근 지역의 불편한 교통이 한몫을 했다.

제2 연고지 활성화라는 명목 하에 청주 개최는 분명 반가움이 크지만, 사실 그간 청주 경기는 팀과 선수들에게는 굉장히 죽을 맛이었다. 그도 그럴 것이 청주는 보수공사 이전 '한국판 쿠어스필드'로 악명이 자자했던 곳이기 때문. 메이저리그 콜로라도 로키스의 홈구장인 덴버 쿠어스필드는 '투수들의 무덤'으로, 메이저리그 전체 홈구장 중에서도 악명이 높은 곳이다. 덴버라는 지역이 해발 고도가 높은 지역이다. 쿠어스필드도 고지대에 위치한 지리적 특성을 띤다. 이에 따라 투수들의 피로도는 일반 평지보다 갑절 이상으로 늘어난다. 박찬호와 김병현, 류현진 등 코리안 메이저리거는 물론, 메이저리그 내로라하는 스타플레이어들도 쿠어스필드만 오면 맥을 못 추는 일이 비일비재했던 지난날 흔적들이 이를 말해준다. 타자 친화적인 구장으로 손꼽히는 요인도 분명하다. 2005년 9월 25일(한국 시간) '써니' 김선우가 콜로라도 소속으로 샌프란시스코전에서 완봉승을 쟁취한 결과물은 20년에 가까운 세월이 흘렀음에도 여전히 재조명될 정도다. 여기서 청주가 '한국판 쿠어스필드'로 불리는지에 의문점을 가질 수 있다. 청주가 고지대에 위치한 지역이 아닌데도 말이다. 청주야구장 규격이 보수공사 이전 상당히 작은 영향이다. 좌우 펜스가 짧은 나머지 한 번 맞으면 여지없이 장타로 연결되는 일이 허다했다. 타자 친화적인 구장의 특성에 투수들이 진땀을 뻘뻘 흘릴 수밖에 없는 구조다.

  2019년을 끝으로 코로나 19에 의해 자취를 감췄던 청주 한화 경기는 2024년 재개됐다. 한화 경기 유치를 위해 청주시에서 시설 개보수에 적극성을 보인 덕분에 2번의 시리즈가 청주에서 펼쳐지게 됐다. 청주 경기를 오매불망 바라봤던 청주 및 충청권 팬들의 설렘은 가득했다. 마치 잊고 살았던 첫사랑을 다시 눈앞에 마주하는 느낌과 크게 다를 바 없었다. 그럴 만도 하다. 한화가 코로나 19 이전까지 청주에서 매년 6-10경기 내외를 소화하면서 제2 연고지의 뿌리를 내렸기 때문이다. 그와 함께 2010년 류현진의 정규이닝 최다 탈삼진 기록(2010년 5월 11일 LG전 9이닝 17개)을 필두로 KBO리그 역사에 의미 있는 발자취가 제법 쓰인 곳이기도 한 청주이기에 한화의 또 다른 '희로애락'이 담겨있다고 볼 수 있다. 한화의 청주 시리즈는 작은 규격과 좌석 숫자에도 열기만큼은 결코 떨어지지 않았다. 특이한 구장 구조(청주는 출입구가 외야 방면으로 쭉 해서 내야로 이어진다.)를 뚫고 안으로 입성하려는 팬들의 줄이 가득했고, 좁은 펜스와 간격 등에 선수들의 워밍업을 가까이에서 선명하게 담으려는 카메라 셔터도 바삐 눌리는 모습이었다.

한화의 청주 홈 경기 개최는 단순히 팬 서비스 확대로 국한되지 않는다. 청주 인근 지역 홍보 수단으로도 활용됐다. 청주와 가까운 괴산군, 진천군 등 지역 프로모션 진행으로 상생 효과를 끌어냈다. 청주야구장 입구 지역 홍보 부스 설치는 많은 팬의 관심을 집중시켰다. 부스 설치 상품 중 단연 눈에 띄는 것은 지역 특산품이다. 많은 이들이 어느 한 지역을 방문할 때 지역 대표 특산품을 맛보고 구매하려는 욕구가 가득하다. 아무래도 주민등록상 거주 지역에서는 쉽사리 보기 힘든 제품들이라 심리적인 충동이 크다. 특산품과 농수산물 홍보를 바탕으로 지역 이미지와 인지도를 높이면서 야구와 접목을 알맞게 가져가는 혜안이 인상적인 대목이다. 경기 중에는 지역 홍보 영상 송출로 이미지 제고를 덧칠하려는 노력까지 더해지는 등 충청권 팬들과 타 지역 팬들에게도 큰 인상을 남겼다.

2024년 제2 홈구장 개최는 여러모로 우여곡절이 짙었다. 2024년이 전 세계가 폭염으로 들끓은 한 해였기 때문이다. KBO리그 사상 초유의 폭염 취소가 인조잔디인 제2 홈구장에서 세 차례나 나왔다. 먼저 지난해 8월 2일 울산 롯데-LG전이 43년 만에 최초의 폭염 취소를 맞았고, 이틀 뒤 다시금 폭염으로 취소되면서 3연전 중 한 경기만 치러진 채 시리즈가 마무리됐다. 울산 시리즈 후폭풍은 엄청났다. 지난해 8월 3일 울산 시리즈 직후 양 팀 선수들 모두 폭염 후유증에 의해 파김치가 되면서 링거 신세를 졌다. 거기에 울산은 그늘 한 점 없을 만큼 햇빛에 취약함을 띤다. 이 부분만 놓고 봐도 경기 강행에 대한 논란 여지를 끓어오르는 불쏘시개가 됐다고 해도 과언이 아니다. 포항도 폭염 취소의 역풍을 피하지 못했다. 매년 2번의 시리즈를 개최한 포항은 2024년에는 1번의 시리즈만 개최됐다. 제58회 대통령배 전국고교야구대회 유치의 영향과 구장 ABS 설치 등에 의해 포항 개최 시기를 물색한 끝에 8월 20일부터 22일까지 두산과 시리즈가 포항에서 펼쳐지게 됐다. 8월 하순에도 여전히 35도를 웃도는 기록적인 더위에 3연전의 마지막 날이 취소되면서 포항시민들의 아쉬움이 짙었다. 폭염 취소로 시리즈를 마감한 두 도시와 달리 청주는 폭염 취소는 없었지만, 지난해 8월 22일 NC와 마지막 시리즈가 우천으로 취소되면서 2024년 청주 경기를 마무리했다.

제2 홈구장 인조잔디 구장의 개최는 2024년 한 해 많은 메시지를 줬다. 바로 건강과 안전이 우선이라는 것이다. 이는 모든 사람에게 가장 중요한 부분이다. 아무리 안전성을 보장받지 못하는 환경에서 노동은 사고의 여지가 다분하다. 가만히만 있어도 땀이 뻘뻘 흐르는 여름이다. 거기에 2024년 한 해 더위는 그야말로 살인적이었다. 열대야 일수가 역대 최다를 기록한 것만 봐도 더위의 위력을 체감하게 만들었다. 온열 질환에 따른 메스꺼움, 두통 등을 호소

한 이들이 즐비했다. 야외에 강한 햇빛과 자외선 노출로 열사병 환자 또한 상당했다. 제아무리 직업적 신분에서 야외 노동, 업무 등을 본다고 한들 개인의 건강이 받쳐주지 못하면 안 한들 못하다는 얘기가 허언이 아니었다. 운동선수라고 예외가 아니다. 신체적으로 아무리 건강함을 자랑한다고 해도 살인적인 더위 앞에는 장사가 없다. 야구와 같이 실외 스포츠는 더위와 한몸을 끼고 있다. 인조 잔디의 어마어마한 지열은 집중력이 떨어지는 것뿐만 아니라 피로도가 빠르게 쌓이면서 건강에 대한 우려를 더 키운다. 이는 안전 불감증으로 직결될 여지도 다분하다.

　제2 연고지에서 홈 경기 개최의 대의는 누구나 공감하지만, 안전이 전제조건으로 붙지 않으면 대재앙을 낳는 것은 순간이다. 지난 2023년에 이어 2년 연속 울산과 포항 경기를 소화한 두산 이승엽 감독이 제2 홈구장 혹서기 개최에 불만을 표출한 이유도 여기에 있다고 본다. 제2 홈구장 개최를 통해 팬 서비스 확대와 지역 야구 활성화 등의 취지가 더 빛을 내려면 안전과 건강이 담보되어야 한다. 2024년을 거울삼아 제2 홈구장 개최 때 날씨와 환경 등을 고려하면서 시리즈가 개최될 필요성이 더욱 대두된다. 건강과 안전만큼 중요한 것은 없다. 선선한 날씨와 쾌적한 환경에서 제2 홈구장 경기 개최가 선수들뿐만 아니라 팬들의 니즈, 만족도 등을 동시에 충족시킬 수 있다는 사실은 자명하다.

축구도시 수원과 야구 KT
- 막내 구단 KT의 성공적 연고 정착

⚾ 경기도 남부에 위치한 수원은 국내 지방 기초자치단체 중 유일하게 4대 프로스포츠(프로야구, 프로축구, 프로농구, 프로배구) 연고팀을 보유하고 있는 지역이다. 이 중 탑 티어는 단연 축구다. K리그 대표 명문구단인 수원 삼성 블루윙즈와 함께 내셔널리그(실업축구리그의 전신) 수원시청을 흡수하면서 2013년 시민구단으로 창단한 수원FC가 K리그 무대에 선을 보이면서 서울(FC서울, 서울 이랜드FC)과 함께 연고지에 두 개 축구팀을 보유한 유이한 지역으로 자리하고 있다. 두 팀 모두 홈구장인 '빅버드(수원월드컵경기장의 애칭)'와 '캐슬파크(수원종합운동장의 애칭)'가 양 팀 서포터즈들과 축구 팬들에게 팀 로열티를 고취시키는 성지라는 상징적 가치가 크다. 이러한 축구의 위세에 야구는 수원에서 그간 찬밥 신세였다. 2000년 현대 유니콘스가 서울 연고 이전의 조건으로 보금자리를 틀었지만, 상업성과 거리가 있었던 당시 환경은 관중몰이에 적지 않은 어려움을 초래했다. 1995년 창단과 함께 1998년과 1999년 K리그 2년 연속 챔피언 타이틀로 빠르게 K리그 대표 명문구단 반열에 올라선 수원 삼성의 위세, 2002 한·일월드컵 수원시 유치 성공 등에 따른 축구도시 이미지를 고착화하던 시기라는 영향도 무시할 수 없었다.

2007년 시즌을 끝으로 현대 유니콘스가 재정난을 이유로 해체되면서 수원은 한동안 야구와 연이 끊겼다. 현대 유니콘스 해체와 함께 사회인 야구와 고교야구 개최 등이 이뤄지긴 했지만, 시설 노후화와 사후 관리 등의 문제를 피하지 못하면서 야구 팬들에게 프로팀이 잠시 연고지로 거쳐 갔던 지역이라는 인식만 가득했을 뿐이다. 그런 수원에 2010년대 들어 변화가 일어났다. 제10 구단 창단 과정에 KT가 경기도 수원을 연고지로 삼은 것이다. 수원이라는 지역이 접근성 자체가 최고 수준인 데다 상업적 가치가 지방에 비하면 월등하다. 수원종합운동장까지 운행하는 좌석버스와 시내버스 노선이 잘 갖춰진 부분도 야구 팬들의 수원 방문 군침을 돋구는 잣대다. 수원종합운동장 주변 상권 형성이 상당히 좋은 만큼 지역 경제에 숨통까지 트여주는 일거양득의 효과를 기대케 했다. 2013년 팀 창단과 함께 연고지를 수원으로 정하면서 다시금 수원에 프로야구 시대가 열렸다.

  수원종합운동장 야구장을 홈구장으로 지정하면서 노후된 구장을 리모델링했다. 시설 리모델링과 함께 수원시에서 시설 네이밍 라이트를 적용하면서 수원종합운동장 야구장이 수원 KT 위즈 파크로 명명됐다. 막내 구단으로서 수원에 뿌리를 내리기 위한 노력은 창단 초창기부터 착실하게 이뤄졌다. 지역 사회와 활발한 스킨십을 통한 홍보에 팔을 걷어붙인 것은 물론, 다양한 마케팅으로 연고지 팬층 확보에 모든 공을 들였다. 구장 내 수원 대표 브랜드 중 하나인 진미통닭과 보영만두를 입점시키며 수원 브랜딩 효과 극대화에 분주함을 잃지 않았고, 팬 서비스 확대를 위해 리모델링

과정에서 노후 시설 개선, 편의시설 확장 등의 가미도 한데 입혔다. 이미 팬층이 고정적으로 확립된 기존 팀들과 달리 기초부터 하나하나 가꿔가야 하는 신생팀의 특성에 이러한 전략은 필수 아닌 필수였다.

다행히 KT의 노력은 차곡차곡 열매를 맺었다. 시발점은 2020년대다. 2015년부터 1군 무대에 선을 보이면서 3년간 최하위, 2018년 9위, 2019년 6위에 머물렀던 KT는 2020년 창단 첫 가을야구 초대장을 품에 안은 것을 기점으로 상승 기류를 탔다. 왕년의 스타플레이어 잠수함 투수 출신인 이강철 감독의 조련 속에 팀 짜임새가 탄탄해지면서 양과 질 모두 군더더기 없는 모습을 나타냈다. 베테랑과 젊은 피들의 신-구 조화 속에 이기는 맛을 터득하기 시작하면서 팀 전체 자신감이 한껏 고취됐다. KBO리그 성패의 전제조건 중 하나인 외국인 선수를 고르는 안목에 있어서도 단연 수준급을 자랑했다. 어느덧 팀의 '공무원'으로 자리한 윌리엄 쿠에바스를 필두로 팀 역대 최고의 외국인 타자 중 한 명인 멜 로하스 주니어와 라울 알칸타라, 데스파이네 등 수준급 외국인 선수들이 KT에서 리그를 주름잡는 외국인 선수로 거듭나며 팀 골격을 단단하게 만들었다. 2020년 페넌트레이스 2위로 창단 최고 성적을 써내린 KT는 플레이오프에서 두산에 1승 3패로 패하며 한국시리즈 진출의 뜻을 이루지 못했지만, 이 감독 체제에서 팀 색채가 정착 가능성을 보여주며 향후 기대감을 부풀렸다. 마침내 이듬해 '마법' 같은 결과물로 구단 역사의 한 페이지마저 새로 썼다. 삼성을 타이브레이크로 제치고 한국시리즈에 직행하더니 한국시리즈에서 두산에 4전 전승으로 시리즈 '스윕'을 달성하며 창단 8년 만에 통합 챔피언의 퍼즐을 끼워 맞췄다. 당시 목발 투혼으로 팬들에 큰 감동을 안긴 박경수를 필두로 베테랑과 젊은 피 할 것 없이 하나로 어우러지는 팀워크는 '마법' 질주에 날개를 달아줬다.

한국시리즈 경험 부족의 리스크 속에서도 타이브레이크 승리의 여운을 그대로 간직하면서 팀워크와 팀 밸런스 등을 잘 유지하며 지칠 대로 지친 두산의 관록을 앞지르는 저력을 뽐냈다. 창단 첫 통합 챔피언과 함께 KT는 꾸준함을 잃지 않았다. 2022년에는 키움에 매치업 전적에서 뒤지면서 4위로 와일드카드 결정전부터 거쳤지만, 준플레이오프에서 키움을 끈덕지게 물고 늘어지며 경험치와 내공 등의 향상 효과를 봤다. 2023년에는 페넌트레이스 2위로 플레이오프에 직행하면서 NC와 5차전까지 가는 치열한 명승부를 벌였고, 먼저 2패를 범하고도 내리 3승을 따내는 '리버스 스윕(역 싹쓸이)'의 마법을 연출하며 한국시리즈 초대장을 품에 안았다. 한국시리즈에 진출해서도 1차전 승리를 필두로 LG를 집요하게 물고 늘어지면서 가을 DNA를 완전히 장착하는 모습을 나타냈다. 비록 LG의 맹렬한 기세에 막혀 'V2'를 이루지는 못했지만, 투-타 짜임새와 벤치 운영, 팀 밸런스 등 흠잡을 곳 없는 모습을 보여주면서 박수갈채를 이끌어냈다. 2024년에는 핵심 자원들의 부상과 FA 이적 등의 악재가 몰려오며 위기감이 감돌았지만, 끈질긴 모습만큼은 어디 가지 않았다. 5년 연속 가을야구 초대장과 함께 와일드카드 결정전에서 또 한 번 KBO리그 역사의 한 페이지를 새로 쓰는 저력을 발휘했다. 4위 두산과 와일드카드 결정전에서 내리 2연승을 거두면서 사상 최초로 와일드카드 5위 팀 업셋을 이뤄낸 것. 2경기 모두 영봉승으로 이뤄낸 업셋은 잠실벌을 열광의 도가니로 내모는 것은 물론, 팀 역사와 커리어의 축적을 동반했다는 상징적 가치 또한 남달랐다. 준플레이오프에서도 '디펜딩 챔피언' LG와 5차전까지 팽팽한 시리즈를 거듭하는 등 강렬한 아우라를 연이어 남겼다. 비록, LG에 2승 3패로 패하면서 마법 같은 여정의 종지부를 찍었지만, 3년 연속 시즌 중반까지 하위권에 맴도는 부진에도 무서운 스퍼트로 가을야구 초대장까지 움켜쥐는 '슬로우 스타터' 기질은 많은 팀에게 공포감을 조성시키는 효과를 제대로 이끌었다.

이러한 KT의 호성적에 팬 숫자가 늘어나는 것은 어쩌면 당연했다. 창단 초창기에는 신생팀의 핸디캡 탓에 휑해 보이는 느낌을 지울 수 없었지만, 지금은 신생팀의 희로애락을 보고 동정심을 느끼면서 KT 팬으로 자리하는 팬들의 빈도가 늘어났다. 오랜 세월 팬층과 팬덤이 뿌리를 내려온 기존 팀들에 비하면 양적으로 턱없이 부족할 수 있으나 팀에 대한 애정, 로열티 등만큼은 기존 팀 팬들과 견줘도 절대 떨어지지 않는 레벨이 됐다. 그 증거가 지난 2023년 한국시리즈와 지난 2024년 포스트시즌이다. KT와 맞붙은 LG와 두산 모두 수도 서울을 연고로 삼으면서 팬들의 로열티와 성원 등이 확고부동한 팀들이다. 숫자는 물론이거니와 응원 화력이나 열정 등 모든 면에서 부족함이 없다. 포스트시즌은 페넌트레이스보다 예매가 몇 배 이상 어렵다. 동시다발적으로 접속이 몰리는 탓에 피 튀기다 못해 살벌한 예매를 뚫어내기가 여간 어려운 일이 아니다. 예매 대란을 뚫고 포스트시즌 직관의 숙원을 이룬 KT 팬들의 2년 연속 가을날 잠실벌 입성은 특별했다. 2023년 한국시리즈의 경우 3루 응원석에 LG 팬들의 숫자가 틈틈이 끼어있음에도 굴하지 않고 목청껏 응원 데시벨을 높이면서 일당백을 자처했고, 지난 2024년 와일드카드 결정전과 준플레이오프에서도 타이브레이크 승리로 달아오른 팬심과 증가한 팬 숫자, 포스트시즌 특유의 텐션 등의 조화가 어우러지며 두산, LG 팬들의 화력에 움츠러들지 않았다. 이러한 KT의 일당백에는 상대팀 팬들조차 박수갈채를 쏟아낼 정도로 통일성이 돋보였다.

가장 먼저 응원단의 존재를 빼놓고 얘기할 수 없다. 10개 구단 응원단장 중 최고령이자 커리어, 경험치 등이 둘째가라면 서러울 김주일 응원단장이 팀 초대 응원단장으로서 굳건하게 응원 단상을 지키면서 팬들과 일심동체 형성에 많은 노력을 쏟았다. 시원시원한 샤우팅과 댄스 가수 못지않은 댄스 실력, 팬들과 호흡 능력 등을 겸비한 김 단장의 존재는 신생팀에게는 든든한 아군이었다. KT 이전 KIA 응원단장으로 오랜 세월 활약해 온 김 단장의 내공과 경험치 등은 신생팀 팬들을 하나로 끌어모으기에 필요충분조건을 갖췄다. 야구는 응원단과 팬들 간 호흡이 대단히 중요하다. 모든 스포츠가 그렇지만, 야구의 경우 선수 개개인의 응원가, 팀 응원가 등에서 박자와 리듬의 일치가 어우러져야 응원의 맛이 더 진해진다. 여기서 응원단과 팬들의 호흡은 실과 바늘의 관계를 형성한다. 김 단장의 단상 지휘에 KT 팬들의 늘어난 호응은 팬층 확장의 지름길이었다. 신생팀인 탓에 숫자는 상대적으로 적을 수밖에 없지만, 숫자에 굴하지 않고 일당백 응원을 자처하는 팬들의 존재는 초창기 저조한 성적에도 큰 에너지원이었다. 김 단장의 응원가 뽑기도 KT의 시그니처 응원가로 자리매김하는 매개체였다. 특히 경기 후반 「마법의 성」 떼창은 화합을 넘어 감동을 일으키기도 할 정도다. 1990년대 초반 '더 클래식'의 히트곡인 이 곡은 '386 세대'뿐만 아니라 젊은 세대에게도 남다른 중독성을 나타내면서 '히트곡'의 위엄이 배가되고 있다. 이러한 대중성은 오늘날까지도 호평 일색이다. 구단별로 시그니처 응원가의 존재는 'K-응원', 그리고 각 구단 응원의 멋을 진하게 물들인다. 더 클래식의 원곡을 개사해서 KT 특유의 시그니처 응원가를 완성한 제조 능력은 신생팀의 팬 응원 문화 정착, 통일성 구현 등 KT만의 응원 문화를 만들어가는 밀알로 자리했다.

또 하나는 명물 워터 페스티벌이다. 워터 페스티벌의 취지가 야구장을 워터파크로 변신시켜 팬들에게 색다른 야구 직관의 맛을 선사하는 데 있다. 야구장 안에서 피서까지 일거양득을 누리게 하는 메리트는 워터 페스티벌의 가치를 드높인다. 코로나 19 팬데믹으로 진행되지 않았던 시기를 제외하면 매년 꾸준하게 진행된 특성도 의미가 깊다. 워터 페스티벌의 기본 포맷을 유지하면서 세부적인 이벤트의 다채로움을 입히는 KT의 노력은 워터 페스티벌을 팬들이 매년 학수고대하는 상품으로 자리매김했다. 무엇보다 여름 휴가철 성수기에 이러한 KT의 마케팅 전략은 효과가 상당하다. 우선 여름 휴가철 관광지나 호캉스(호텔+바캉스)를 즐기려면 비수기보다 값이 갑절 이상 뛴다. 이러한 금전적인 부분은 휴가철 피서객들에게 상당한 부담으로 다가온다. 거기에 최근 가성비를 따지는 팬들이 많다. 제아무리 휴가철 피서 이용 시설이나 환경 등이 좋아도 가성비가 좋지 못하면 소비에 주저함을 느끼는 이들도 즐비하다. 그런 측면에서 볼 때 KT 워터 페스티벌은 가성비 면에서도 갑이다. 입장권을 예매하고 우의 제공하고, 소지품 보관 등이 용이하다. 굳이 장거리를 가지 않아도 야구장 안에서 피서를 즐기는 자체만으로도 팬들에게는 여름 휴가철 큰 메리트가 아닐 수 없다. 워터 페스티벌의 스케일도 상당하다. 1루 내야 관중석에 인공 강우기와 워터 캐논, 스프링클러가 다량으로 설치됐다. 마치 워터파크에서나 볼 수 있는 풍경이다. 단지 공간적 차이가 있을 뿐이다. 여름철 시원한 물놀이를 체감하고 싶은 팬들에게는 저절로 구미가 당긴다. 안타, 득점 때마다 나오는 시원한 물줄기는 말 그대로 불볕더위를 잊게 만든다. 시원한 물줄기에 흠뻑 젖으면서 얻는 재미는 야구장 응원의 흥과 맞물려 더 배가 된다. 워터 페스티벌의 효과는 단순한 물놀이에 국한되지 않는다. 매년 워터 페스티벌 시기에 스페셜 유니폼을 착용하며 팬들의 소비 욕구를 높이는 부분에 있다. 여름을 형상화한 색상과 디자인은 여름 피서의 동질감을 절로 입히며, 이는 자연스럽게 팬들의 폭발적인 구매로 연결되는 매개체로 자리한다. 매년 KT가 여름날 워터 페스티벌로 치러지는 홈경기는 15경기 내외다. 시기도 적절하다. 7월 중순에서 8월 중순까지 약 1달이다. 이때가 소위 관광 성수기이기도 하다. 관광 성수기에 맞게 워터 페스티벌을 개최하면서 피서 분위기를 진하게 물들이는 풍경은 팬들의 휴가철 니즈에도 딱 부합한다고 볼 수 있다.

워터 페스티벌 이외 지역 사회와 어우러지는 노력도 수원에 야구가 흥하는 씨앗이 됐다. 팬들에 가장 선호도가 높은 항목은 역시 먹거리다. 지역 프랜차이즈 음식점인 '진미통닭'과 '보영만두'가 수원 KT 위즈파크 안에 입주하면서 직관과 관광 시너지를 배가시킨다. 야구 직관뿐만 아니라 많은 이들의 관광 코스에서 지역 대표 먹거리 소비를 빼놓을 수 없다. 오랜 세월 동안 뿌리를 내려온 인지도의 영향력과 함께 소비자들의 취향과 기호 등에 맞게 고유 아이덴티티를 잘 계승하는 프랜차이즈 음식점의 존재는 관광에 빼놓을 수 없는 양념이다. 실제로 KT 홈 경기 때마다 진미통닭, 보영만두는 말 그대로 인산인해다. 깊게 박힌 브랜드 인지도와 함께 주변 입소문이 쫙 퍼진 파급력 등에 의해 발 디딜 틈이 쉽사리 나지 않을 정도다. 홈, 원정 팬들 가릴 것 없이 두 개 브랜드의 맛을 음미하면서 직관 분위기를 높이려는 팬들의 수요 폭등에 늘 웨이팅이 가득한 것은 기본이다. KBO리그 10개 구단이 야구장 내 부대 시설 중 신경 쓰는 부분 중 하나가 구장 내 식음료 매장의 다양화다. 야구장 안에서 먹거리를 소비하는 팬들의 수요가 많아진 영향이다. 팬들 취향이나 선호도 등에 따라 식음료 매장 내 메뉴 다양화를 꾀하면서 부대 시설 만족도 증진에 분주함을 잃지 않는다. KT는 프랜차이즈 브랜드 입점과 함께 다양한 점포들로 메뉴가 취향에 맞게 잘 채워지며, 팬들의 직관 만족도 향상과 욕구 폭발 등을 한데 입히고 있다. 이 또한 지역 연고의 뿌리를 다지는 초석이라고 해도 과언이 아니다. 지역 연고가 스포츠에 주는 가치가 아닐까?

COME ON COME ON, 마산 스트리트여!
– 창원 대표 상품으로 거듭난 NC

🎾 인기 그룹 노브레인의 보컬이자 리더인 이성우의 고향은 경남 마산이다. 민선 5기가 갓 출범한 2010년 7월 1일 마산시가 진해시, 창원시와 함께 통합 창원시로 새롭게 출범하면서 행정구역 개편(Ex, 이전- 경남 마산시 회원구, 현재- 경남 창원시 마산회원구)이 이뤄지기 이전까지 마산에서 가수의 꿈을 키워왔고, 서울로 상경하면서 가수가 된 이후에도 SNS 게시물을 통해 고향에 대한 진한 애정을 드러내고 있다. 또 2007년 발매한 정규 5집 수록곡 「COME ON COME ON 마산 스트리트여」를 작사·작곡하면서 노래로 탄생시키는 음악적 감각은 고향의 그리움과 추억을 절로 묻어나게 만든다. 고향에 대한 그리움을 노래로 대중들에게 표출시킨 이성우의 고향 사랑은 NC 응원가 제작으로 이어졌다. 2013년 창단 첫 시즌부터 팀의 응원가로 자리한 위 곡은 많은 팬으로 하여금 심금을 울렸다. "내가 태어난 그곳 마산 스트리트 바닷바람 거친 항구의 도시 특별한 것도 정 갈만한 구석 없어도 난 그곳을 사랑하네". 첫 구절부터 고향의 존재가 현대인에게 얼마나 소중한지를 느끼게 만든다. 고향이란 그런 곳이다. 아무리 미운 감정, 싫은 감정이 들지라도

개인의 뿌리가 고향이라는 사실은 변하지 않는다. 어떤 면에서는 애정을 넘어 애증과도 같은 감정이 들 때도 있다. 이게 다 고향의 소중함과 애향심 등이 있기에 가능하지 않나 생각도 든다.

　NC의 시그니처 응원가이자 통합 창원시를 상징하는 「마산 스트리트」는 지역에 거주하는 토박이들은 물론, 고향을 떠나 타향살이에 나서는 팬들에게 애향심을 절로 고취시키기에 충분했다. 마산 야구장 시절 8회 말 흘러나오는 「마산 스트리트」에 맞춰 모든 관중이 떼창을 이루는 광경은 가히 장관이었다. 신생팀으로서 기존 팀들에 준하는 응원 특색 확립이 필수적이었던 와중에 「마산 스트리트」의 팀 응원가로 탄생은 NC 응원 특색 확립과 창원의 아이덴티티 구현에서도 딱 부합했다. 이 부분 자체가 대중가요가 주는 하나의 매력 포인트나 다름없다. 고향에 대한 그리움을 노래로 표현하는 부분 자체가 얼마나 멋진 일인가? 어린 시절 추억과 낭만이 묻어난 곳을 향한 애정을 스포츠를 통해 표현한다? 이게 주는 가치가 어마무시하다. 타향살이를 하는 이들과 지역에 쭉 거주한 토박이 할 것 없이 고향 사랑으로 대동단결을 외칠 수 있는 수단이라는 점에 있다. 누구에게나 고향에서 추억과 경험, 느끼는 감정 등이 제각각이다. 애향심을 표현하는 것뿐만 아니라 옛 향수를 자극하는 부분에 있어서도 지역적 로열티 강화, 색채 확립 등의 효과를 가져온다. 다만 「마산 스트리트」는 정치적 문제에 의해 진통이 상당했다. 다름 아닌 가사에 있다. 가사 중 '콜라빛 나는 바닷물'이 핵심이었다. 어린 시절 마산을 떠올린 이성우의 순수한 감성과 달리 일부 창원시민들이 깨끗해진 마산 앞바다를 왜곡한다는 가사

구절에 민원 제기를 한 것이다. 뿐만 아니라 정치권에서도 강도 높은 비판으로 트집답기에 나서면서 온갖 갑론을박이 온·오프라인상으로 끊이지 않았다. 급기야 창원시에서 NC에 응원가 사용 자제 요청을 하는 등 이래저래 파장이 컸다. 그렇게 NC 홈 경기 때 후반 클라이맥스를 장식했던 「마산 스트리트」는 한동안 자취를 감췄다.

그러나 구단 시그니처 응원가에 대한 애정만큼은 변하지 않았다. 발단은 2020년 한국시리즈였다. 페넌트레이스 선두로 한국시리즈에 직행한 NC가 시리즈 전적 4승 2패로 두산을 누르고 창단 첫 통합 챔피언의 대위업을 작성하면서 부활의 싹을 트게 했다. 그럴 만도 했다. 위 시기는 코로나 19 여파로 한국시리즈가 중립구장인 고척스카이돔에서 펼쳐지는 특수함을 안고 있었다. 창원NC파크에서 가을야구가 천재지변에 의해 이뤄지지 못한 아쉬움을 연고팀의 한국시리즈 챔피언으로 풀어내면서 팬들의 「마산 스트리트」 열창이 폭발했다. 이러한 팬들의 '떼창'은 야구가 애향심을 고취하는 데 있어 한 축이 된다는 것을 다시금 입증했다고 해도 과언이 아니었다. 그렇게 「마산 스트리트」는 야구장에서 부활하며 '엔팍(창원NC파크의 줄임말)'의 분위기를 더 무르익게 만들었다. 일부 시민들과 정치권의 압력 아닌 압력에도 지역에 대한 애정을 표현한 노래, 지역 아이덴티티를 구현한 노래 등을 염원한 팬들의 성원이 기어코 「마산 스트리트」 부활을 이끈 것이다. 작곡가의 음원 제작의 자유, 감정 표현의 자유 등에 브레이크를 건 일부 시민들과 정치권의 불만도 고향과 지역에 대한 애정 앞에서는 무용지물이었다. 부활과 함께 8회 말과 홈 경기 승리 시 많은 팬이 「마산 스트리트」를 외치는 응원 특색은 '엔팍'의 트레이드마크 중 하나로 자리매김하는 동력이 됐다. 화끈함 하면 마산도 둘째가라면 서러울 지역이다. 경남 특유의 거센 억양 속에서 풍겨오는 정겨움과 에너지가 화끈한 기질을 진하게 입히는 동력으로 오늘날까지 자리하고 있다. 노래 하나가 모든 팬을 하나로 끌어모으는 폭발력은 스포츠와 음악이 주는 대중적 가치와 맞물려 플러스 효과를 더 배가시킨다.

2010년대 이전까지 마산은 롯데가 제2 연고지로 삼은 지역이다. 2000년 준플레이오프 1차전 당시 롯데 홈 경기가 제81회 전국체전 개최의 영향으로 인해 마산에서 치러진 것을 필두로 매년 롯데 제2 홈경기로 2~3차례 시리즈가 치러지면서 지역 팬들의 관심을 한몸에 이끌어냈다. 부산에서 마산까지 40여 분밖에 소요되지 않고, 롯데라는 팀에 대한 연고 의식이 확실하게 박혀있는 로열티는 제2 연고지의 뿌리를 지탱하는 주 요소였다. 그런 창원에 새로운 바람이 불기 시작한 것은 2011년이다. NC가 제9 구단으로 창단되면서 연고지를 창원으로 지정하게 된 것이다. 팀 창단과 함께 신생팀 특별지명 혜택을 부여받으면서 나머지 선수들을 2차 드래프트와 트레이드 등으로 데려오는 방식으로 선수 수급의 활로를 열었다. 창단 2년간 2군 퓨처스리그에서 경쟁력을 키운 NC는 2013년부터 본격적으로 1군 무대에 선을 보이면서 9구단 체제의 힘찬 닻을 열어젖혔다. 창단 첫 시즌 신생팀의 핸디캡에도 9개 팀 중 7위에 오르며 기대 이상의 선전을 펼쳤고, 이듬해 FA로 이종욱(現

삼성 라이온즈 주루코치)과 손시헌(現 SSG랜더스 1군 수비코치)을 데려오면서 몸집을 한껏 불렸다. 불린 몸집에 이듬해부터 KBO리그 판도에 신선함을 몰고 오며 경쟁력을 높였다. 팀 초대 사령탑인 김경문 감독 체제에서 이기는 맛을 터득하기 시작하면서 무게감이 한층 단단해졌다. FA 이적생 이종욱과 손시헌, 이호준(現 NC다이노스 감독), 손민한(現 순천효천고 투수코치) 등 베테랑 선수들의 건재함과 함께 팀 창단 멤버로 입단한 박민우와 나성범(現 KIA타이거즈), 이재학 등 신진 세력들의 포텐 폭발이 어우러지며 어느 팀에 뒤지지 않는 위엄을 뿜냈다. 이어 KBO리그 역대 최고의 외국인 선수 중 한 명으로 손꼽히는 에릭 테임즈와 에릭 해커 등이 팀 플랜과 한국 스타일에 완전히 젖어들면서 외국인 농사의 대풍년을 이뤘고, 김 감독의 믿음 속에 선수들의 동기부여까지 고취되며 강팀의 구색을 확실하게 갖췄다. 2016년에는 삼성의 붙박이 3루수였던 박석민(現 두산 베어스 1군 타격코치)을 FA로 데려오며 대권 쟁취라는 로드맵 수립에 탄력을 냈고, 전성기로 접어든 젊은 피들의 폭발력도 가공할 만함을 더하며 경험치와 내공 등이 쌓였다.

  전력 보강과 창단 멤버들의 성장, 외국인 농사 풍년 등에 결과물이 따라오는 것은 너무나 자연스러웠다. 2014년 팀 창단 최초로 포스트시즌 무대를 밟으면서 팀 커리어 이정표 장만에 서막을 열더니 4년 연속 플레이오프 무대에 초대받으며 신흥 강자의 면모를 한껏 나타냈다. 창원에 새 식구가 된 NC의 빠른 성장세에 신생팀의 최대 난제 중 하나인 팬 유입은 괄목할 만함을 나타냈다. 그런데 이게 참 감정이 묘하다. 연인 관계에서 느끼는 감정이 묻어나는 영향이다. 창원 야구 팬들에게 롯데라는 존재는 오랜 기간 사랑해 온 첫사랑과 같다. 오랜 기간 마산을 제2 연고지로 삼으면서 고취된 로열티나 열정, 애정 등이 첫사랑의 애틋함을 유발한다. 첫사랑과 무르익는 사랑이 사랑 관계의 공들임을 가늠하는 척도임을 감안하면 롯데의 색채가 진하게 물들여진 부분을 부정하기 어렵다. 그런 찰나에 NC의 제9 구단 창단과 함께 창원 연고지 지정은 오랜 기간 사랑해 온 첫사랑과 헤어지고 새로운 사랑을 쌓으면서 새 출발을 나서는 것과 다를 바 없다. 제2 연고지가 아닌 진짜 주인으로서 연고 지역 팀이 생겼다는 자체만으로도 화끈함과 열정 등이 둘째가라면 서러울 창원 팬들의 텐션 장전에 큰 등불이었다. 마침 롯데가 제9 구단 창단 당시 유일하게 반대했던 팀이라는 점에서 새 연고팀과 함께 팬심 도모는 팬층 형성이나 팬덤 확장 등에도 큰 영향을 미쳤다고 해도 무방했다. 이에 당시 홈구장이었던 마산종합운동장 야구장(이하 마산야구장)은 NC 팬들의 뜨거운 성원과 열정으로 가득했다. 신생팀의 핸디캡에 아랑곳하지 않고 장내를 쩌렁쩌렁 울리게 만드는 텐션은 이전 롯데의 제2 홈구장 시절과 견줘도 손색없는 위엄을 자랑했다.

휘문고 재학 시절부터 초고교급 내야수로 각광받은 박민우, 연세대 시절까지 좌완 파이어볼러로 활약하다 프로 입단 이후 타자로 전향한 나성범 등 아마야구 최고의 스타플레이어들이 팀의 차세대 프랜차이즈 스타를 넘어 KBO리그 정상급 스타플레이어로 거듭나면서 선수 개개인과 팀 전체 인지도는 더욱 상승했고, 이와 함께 치어리더팀 '랠리 다이노스'를 필두로 지역 사회와 어우러지는 노력이 다방면으로 껍질을 깨면서 창원 연고팀으로서 점차 뿌리를 내렸다. 창단 첫 포스트시즌 무대를 밟은 2014년 준플레이오프에서 LG에 1승 3패 업셋으로 보따리를 싼 것을 필두로 이후 3년간 챔피언 문턱에서 두산의 벽(2015년 플레이오프 2승 3패, 2016년 한국시리즈 4전 전패, 2017년 플레이오프 1승 3패)을 넘지 못하며 신생팀 최단 기간 챔피언 타이틀의 뜻을 이루지는 못했지만, 신생팀이자 '스몰 마켓'의 특성 속에서도 신흥 강자로서 기존 팀들에 긴장 기류를 조성시키는 힘만큼은 인상적이었다. 2018년 도중 김경문 감독 체제의 종말과 함께 팀 창단 이래 처음으로 최하위를 맛본 NC에게 이듬해 팀과 지역 전체에 큰 변곡점을 제시한 사건이 존재했다. 다름 아닌 새 구장 시대의 도래다. 기존 마산야구장 노후된 시설과 환경 등을 벗고 바로 옆에 새 구장이 들어서면서 창원NC파크라는 네이밍 라이트를 부착하게 된 것이다.

최신식 구장으로서 시설이나 환경 등의 쾌적함을 넘어 지역 네이밍 라이트 부착과 함께 지역 이미지 제고와 지역을 대표하는 문화 공간 장만 등의 부수적 가치 창출이라는 파급력도 엄청났다. 새 구장 특수를 기대케 하는 대목이었다. 다만 새 구장 특수를 누리기 위해서는 넘어서야 할 과제들도 상당했다. 우선 팬들의 이동 수단이다. 많은 팬이 대중교통을 이용해 야구장을 찾는다. 그런데 창원은 프로야구 연고지 중 유일하게 지하철 노선이 다니지 않는 지역이다. 마산 양덕동 고속버스터미널은 창원NC파크까지 도보로도 이동이 가능한 거리이며, 마산 합성동 시외버스터미널과 마산역에서 거리도 가깝다. 그런데도 대중교통 이용의 고충이 초래되는 요소는 바로 막차 시간이다. 평균 3시간~3시간 30분가량 소요되는 야구라는 스포츠의 경기 시간에 버스 막차 시간을 이용해 귀갓길을 재촉하는 일이 여간 고된 일이 아니다. 수도권과 달리 지방은 버스 노선의 배차 간격이 다소 긴 데다 막차 시간마저 자정 넘어 운행되는 수도권에 비하면 짧다. KTX 경전선 운행 횟수도 일반 경부선에 비하면 턱없이 모자르다. 이러한 대중교통 인프라의 열악함이 지방 도시들에 뻗쳐있는 동향은 창원이라고 한들 예외가 될 수 없었다. 그럼에도 창원NC파크 방문 효과는 이전 마산야구장 시절과 비교할 수 없을 정도로 컸다. 일단, 창원NC파크 자체가 기존 구장들과 차별성을 띄는 부분이 크다. 외야 부근 2개 진입광장에서 계단 없이 콘코스로 이뤄진 부분이 팬들에 큰 편리함을 안겨준다. 구장 한 바퀴를 계단 없이 돌 수 있는 메리트는 창원NC파크의 공간 효과를 더 배가시킨다. 이처럼 최신식 구장에 입장 통로부터 좌석까지 편리한 이동은 직관 만족도 충족을 입혀준다. 이어 중간 이동을 위한 에스컬레이터 설치는 층간 이동의 원활하게 만들고, 1, 2층 일반 관중석 전체가 막힘없는 360도 개방형 콘코스로 구성, 국내 최초 야구장 옥상 정원 설치 등 입이 떡 벌어지게 만드는 환경이다. 팬 친화적인 구장으로 칭송받는 대목으로 불린다. 환경 개선을 위한 NC와 창원시의 노력까지 곁들여지며 야구팬들에 찬사 일색이다.

여기서 또 하나 눈에 띄는 부분이 있다. 야구장 내 시민들의 여가를 위한 문화 공간의 장만이다. 창원NC파크 안 2층 스타벅스 리저브 매장은 라이프 스타일의 향유로 제격이다. 매장에서 야구장 뷰를 만끽하면서 짜릿한 승부의 향연을 즐기는 광경은 낭만과 즐거움을 동시에 유발한다. 본래 사람 대 사람이 마주할 때 공감대가 형성이 되어야 커뮤니케이션이 물 흐르듯이 이어지는 법이다. 야구뿐만 아니라 스포츠를 좋아하는 팬들이 직관 이전 커피숍에서 삼삼오오 모여서 스포츠 이야기꽃을 피우는 모습은 팬들 사이에서 일상이며, 최애 수단으로 자리할 정도다. 창원NC파크 스타벅스 리저브 매장에서 야구를 함께 보면서 야구 이야기를 각자 견해에서 풀어놓는 그림은 야구장 내 고객 유치를 통한 주요 고객 확보 등에도 플러스가 많다. 야구장 내부 커피숍 야구가 없는 날에도 상시 운영이 되면서 창원시민들의 여가 향유를 도모하는 역동성은 지역 이미지에도 자연스럽게 영향을 끼친다. 스타벅스 리저브 매장 이외 야구장 3층 피트니스센터 입점도 매력적이다. 건강 증진과 함께 여가 수단 활용에 큰 에너지다. 시민들의 건강한 삶이 곧 지역의 자산이라는 말이 괜히 나오는 것이 아니다. 신 구장 개장을 토대로 지역 문화적 가치를 끌어올리는 일거양득이 지역 대표 랜드마크를 만드는 동력으로 손색없는 이유다. 신 구장의 훌륭한 여건에 "물 들어올 때 노 저으라"는 격언은 딱 맞았다.

2010년 7월 1일 통합 창원시 출범의 기념에 맞게 매년 7월 초 창원시민의 날 개최로 지역 연고와 아이덴티티 극대화에 분주함을 나타내는 것을 필두로 다채로운 유니폼이 매년 팬들의 니즈를 충족시키면서 소비 욕구를 높인다. 창원시민의 날과 충무공, 민트 등 다양한 색상을 지닌 유니폼을 특정 시리즈 때마다 착용하면서 지역 브랜딩을 강화하는 부분도 잃지 않았다. 티켓 종류의 다양화로 팬들에 가성비 높은 상품을 제공하면서 지역 팬들에 더 가까이 가려는 노력도 인상적인 부분이며, 스몰마켓의 핸디캡을 딛고 독창성을 나타내는 방향으로 자리하는 한 요소다. 창원NC파크 개장과 함께 쓰는 팀과 선수의 역사 창조도 KBO리그의 큰 자산으로 자리한다. 창원NC파크 개장 첫 시즌이던 2019년 KT와 마지막까지 5강 턱걸이를 놓고 치열한 경합을 벌인 끝에 가을야구 탑승권을 움켜쥔 NC는 와일드카드 결정전에서 LG에 패하며 조기에 시즌을 마감한 아쉬움을 2020년 말끔히 치유했다. 전 세계를 뒤흔든 코로나 19로 인한 무관중 경기가 너무나 야속할 정도로 시즌 내내 보여준 기세가 강렬했다. 팀 2대 사령탑인 이동욱 감독 체제 2년 차를 맞아 선수단 전체 믿음, 선수단 운용 및 관리 등이 적재적소에 빛을 내면서 시즌 개막부터 줄곧 선두 자리를 놓치지 않았다. 2019년 5월 3일 창원 KIA전에서 주루 도중 십자인대 파열로 시즌 아웃됐던 나성범이 부상에서 성공적으로 컴백하면서 팀 무게감이 제 궤도를 찾았다. 십자인대 파열 부상에 의해 FA 자격 취득이 1년 미뤄진 나성범이 폭발적인 장타력과 클러치 생산성을 바탕으로 박석민, 양의지, 노진혁 등과 함께 팀 화력을 책임졌다. 거를 것 없는 타선에 나성범의 부활은 화력을 활활 타오르게 만들었고, 중장거리 스타일인 애런 알테어가 장타력과 운동능력 등의 강점을 십분 발휘하면서 기존 선수들과 시너지를 더했다. 에이스 드류 루친스키가 에이스 노릇을 다해내며 '2년 차 징크스' 우려를 불식시켰고, 마이크 라이트와 이재학, 구창모 등 나머지 자원들도 고군분투하며 루친스키와 함께 선발 마운드 높이 강화를 도모했다. 계투진의 불안을 선발 높이로 채우는 마운드의 힘은 활화산 같이 타오른 방망이의 위력과 함께 더 배가됐다. 이는 시즌 막판까지 경쟁팀들의 맹렬한 저항에도 선두 자리를 줄곧 고수하면서 한국시리즈 직행의 열매를 맺는 든든한 씨앗이었다.

한국시리즈에서 그간 챔피언 길목마다 번번이 발목을 잡은 두산과 마주한 NC의 '3전 4기'를 향한 열망은 기어코 구단 역사의 한 페이지를 화려하게 창조했다. 물론 역사 창조까지 난관이 없었던 것은 아니다. 한국시리즈 1차전 승리 이후 2, 3차전을 내리 헌납하며 또 한 번 '단기전 곰 트라우마'의 재현 우려를 키운 것. 더군다나 당시 두산이 페넌트레이스 최종전 3위로 포스트시즌에 합류한 기세가 준플레이오프 LG에 2승, 플레이오프 KT에 3승 1패로 각각 승리로 따내고 한국시리즈까지 오르는 동력이 되면서 심리적인 압박감은 더욱 커질 여지가 다분했다. 그러나 창단 첫 통합 챔피언의 열망은 두산의 남다른 '가을 DNA'마저 뿌리쳤다. 4차전부터 6차전까지 연거푸 승리를 따내며 팀 창단 최초의 통합 챔피언이라는 쾌재를 만끽했다. 준플레이오프, 플레이오프를 거치면서 체력이 부칠 대로 부친 두산의 떨어진 리듬과 페이스 등을 집요하게 물고 늘어진 집념의 산물과도 같았다. 코로나 19에 의해 당시 한국시리즈가 고척스카이돔에서 펼쳐진 것이 유일한 옥에 티였을 뿐 시즌 초반부터 마지막까지 이어진 리듬이나 분위기 등은 챔피언의 품격을 한껏 드높였다.

창단 첫 통합 챔피언의 역사 창조와 함께 이후 동향은 그야말로 롤러코스터였다. 2021년 코로나 19 방역 수칙 위반으로 박민우, 박석민, 권희동, 이명기 등 핵심 자원들이 출장 정지의 징계를 받으면서 팀 플랜이 초토화됐다. 전반기 종료 직전 터져 나온 핵심 자원들의 방역 수칙 위반은 팀은 물론, KBO리그 전체에 엄청난 영향을 미칠 만큼 파급력이 컸다. 급기야 2021년 페넌트레이스 7위에 머무르며 가을야구 탈락의 쓴잔을 들이켰다. 2022년을 앞두고 박건우와 손아섭을 FA로 데려오며 나성범의 FA 고향팀 KIA 이적 공백을 최소화한 NC는 시즌 막판 매서운 뒷심을 발휘하며 가을야구 막차 탑승권 뒤집기에 기대감을 내비쳤지만, 지난 2022년 9월 22일부터 23일까지 창원 KIA 2연전을 모두 내준 여파가 결정타로 다가오면서 또 한 번 탈락의 쓴잔을 피하지 못했다.

2023년은 그간 외국인 선수 스카우트 시장에서 독보적인 수완을 뽐낸 내공의 효과와 함께 또 하나의 거물 등장에 열광했다. 주인공은 에릭 페디다. 사실 에릭 페디는 일찍이 '탈아시아급'으로 검증받은 자원이다. 2022년까지 내셔널리그 워싱턴 내셔널스에서 풀타임 메이저리거로 나름 로테이션의 한 축을 도맡으면서 경쟁력을 뽐낸 자원이다. 2022년 시즌 직후 워싱턴 내셔널스에서 방출되면서 '자유의 몸'이 된 페디의 KBO리그 입성은 많은 이들에 놀라움을 자아내기에 충분했다. 마침 KBO리그 외국인 선수 샐러리캡이 도입되는 시기라 몸값 충당에 있어 부담감이 이만저만 아니었기 때문. 그럼에도 NC의 계산은 옳았다. 루친스키의 메이저리그 진출로 생긴 공백을 페디로 채우면서 선발 높이를 재정비하게 됐다. 빅리그 재진입을 위한 기착지로 KBO리그를 삼은 페디의 열망도 NC의 니즈와 부합하게 되면서 자연스럽게 활약상에 시선이 고정됐다. 뚜껑을 열자 풀타임 메이저리거의 클래스는 남달랐다. 큰 키에서 뿜어져 나오는 위력적인 '스위퍼(변형 슬라이더를 일컫는다)' 가 난공불락의 위엄을 자랑하면서 'NC표 효자 외인'의 계보를 물려받았다. 스위퍼와 함께 다양한 구종으로 타자들의 타이밍을 뺏는 공격적인 투구는 경기 운영의 묘를 한껏 드높이며, 에이스로서 이닝이터의 면모까지 풍기는 꾸준함 역시 역대 레전드들을 저절로 소환했다. 페디가 2023년 시즌 KBO리그에서 거둬들인 스탯도 가히 압권이었다. 20승 6패 평균 자책점 2.00 209탈삼진으로 다승, 탈삼진, 평균 자책점을 모두 석권하며 '트리플크라운'을 완성했다. 1986년 선동열 이후 37년 만에 20승과 200탈삼진을 모두 달성한 선수에 이름을 올린 것은 물론, 외국인 투수로는 최초로 KBO리그 역사를 새롭게 창조했다.

역대 최소경기 두 자릿수 승수 돌파를 필두로 각종 투수 부문 기록 브레이킹은 보너스였다. 2023년 시즌 강인권 감독 체제에서 첫 시즌 NC가 토종 자원들의 부상과 부진 등의 악재에도 당초 예상을 깨고 4위로 3년 만에 가을야구 초대장을 확보할 수 있었던 핵심 원동력이 페디의 에이스 본능에 있었다. KBO리그를 평정한 페디의 압도적인 퍼포먼스와 함께 또 한 번 빅리그 역수출 바람은 NC라고 한들 피할 수 없었다. 빅리그 재진입 레이더망에 시즌 내내 끊임없이 포착된 페디를 빅리그 구단들이 그냥 지나칠 리 만무했다. 여러 팀의 구애 속에 시카고 화이트삭스로 둥지를 틀면서 아쉬운 이별을 마주해야 했다. 페디의 빅리그 역수출과 함께 2024

년은 그야말로 롤러코스터였다. 페디의 대체자로 합류한 카일 하트가 팀의 에이스로서 페디에 준하는 투구 내용과 퍼포먼스를 뽐내며 팀의 에이스 노릇을 다해냈고, 새로 데려온 거포 맷 데이비슨이 시원시원한 장타를 펑펑 때려내며 거포 본능을 폭발시켰다. 데이비슨의 장타력과 박민우, 박건우, 손아섭 등의 중장거리 조화가 어느 팀에 견줘도 뒤질 것이 없는 레시피를 자랑하면서 시즌 초반 KIA의 대항마로 부상했다.

그러나 NC의 기쁨은 오래가지 못했다. 한 해 많은 일이 일어나는 라이프는 스포츠팀에게도 예외가 아니다. 예상치 못한 돌발상황은 힘찬 항해의 발목을 잡는다. 돌발상황에 따른 계산의 출혈 또한 크다. 이러한 세상의 이치는 결코 쉽게 거스르지 못한다. 시즌 초반 이후 NC에게 '호사다마(好事多魔)'라는 수식어를 절로 붙이게 했다. 선두 추격의 분수령이었던 지난해 5월 17~19일, 5월 28~30일 창원에서 열린 KIA와 2차례 시리즈를 모두 스윕패를 당한 것을 시작으로 순위가 급속도로 내리막길을 탔다. 이어 이재학과 신민혁, 김시훈 등 토종 선발 자원들의 부상 이탈에 하트에 대한 의존도가 더 높아졌고, 카스타노의 기복이 심한 경기력도 강인권 감독을 비롯한 코칭 스태프들에게 큰 고민을 안겼다. 무엇보다 NC의 2024년 운명을 송두리째 운명을 바꿔놓은 시기는 바로 7월이었다. 그도 그럴 것이 팀의 핵심 코어인 손아섭과 박건우가 차례로 부상으로 전열에 이탈하게 된 것. 먼저 손아섭이 지난해 7월 4일 창원 SSG전에서 수비 도중 무릎 인대가 파열되는 부상을 입으면서 팀 플랜에 큰 차질을 빚었다. 외야 수비와 지명타자를 병행하는 와중에 손아섭의 부상 이탈은 팀 공격의 연결고리 손실뿐만 아니라 팀의 리더를 잃는 것과 마찬가지라 공백은 엄청나다. 개인의 KBO리그 역사 창조라는 지향점에도 큰 마이너스였다. 다름 아닌 16년 연속 100안타 기록이다. 양준혁, 박한이에 이어 역대 3번째 16년 연속 100안타 돌파는 '안타제조기'로서 이름 석 자를 다시 한번 새기는 척도이기에 그렇다. 진단 결과 전치 2~3개월 진단을 받은 터라 기록 달성을 향한 질주에도 브레이크가 걸린 것과 같다. 손아섭에 이어 박건우의 부상 이탈도 대단히 치명적이다. 손아섭과 다른 스타일을 지닌 박건우의 존재는 공-수 양면에서 팀 경기력과 오더 운영 등에도 절대적인 비중을 차지한다. 그런 박건우가 지난해 7월 27일 창원 롯데전에서 2회 말 상대 에이스 박세웅의 볼에 손등을 맞는 부상을 입으면서 손등 골절상을 입었다. 진단 결과 6주 진단을 받으면서 팀 무게감은 더 떨어졌다. 우타자 최초로 9년 연속 3할 타율 돌파(9년 연속 이상 3할 타율을 때린 박용택, 양준혁, 장성호 모두 좌타자다.) 전선에도 빨간불이 들어왔다. 든 자리는 몰라도 난 자리는 안다고 하지 않나. '차-포'를 다 떼면서 타선 운영에 적지 않은 홍역을 치른 여파는 결과로 드러났다. 데이비슨과 박민우, 서호철 등이 고군분투하며 팀 타선을 끌고 갔지만, 손아섭과 박건우의 공백은 쉽게 채울 수 있는 요소가 아니었다. 팀 창단 이래 최다 연패 기록 경신의 불명예를 안으면서 가을야구의 희망은 더 옅어졌고, 시즌 막판 강인권 감독이 물러나면서 한 해 엔딩의 씁쓸함도 더했다.

　이래저래 다사다난한 시즌을 보냈지만, 마냥 소득이 없었던 것은 아니었다. 가장 큰 소득은 홈구장인 창원NC파크가 지역 랜드마크를 넘어 홈 팬들과 원정 팬들에게도 하나의 투어리스트로 자리했다는 것이다. 잘 갖춰진 여건에 생동감을 크게 느낄 수 있는 구장의 특성은 투어리스트의 재미와 스릴을 절로 부채질한다. 야구장 안에 스타벅스 리저브 매장과 다양한 프랜차이즈 상호 먹거리, 부대 시설의 편리함 등은 '팬 퍼스트'에 있어 팬 친화적 구장의 메리트를 더 빛내게 한다. 스몰마켓의 핸디캡을 뛰어넘고도 남는 NC와 창원시의 노력은 그래서 박수받기에 충분하다. 어엿한 창원 연고의 야구팀으로서 지역 연고 뿌리를 확실하게 내린 NC의 향후 행보가 더 기대되며, '마산 스트리트'의 가사 내용 그대로 읊으면 NC 야구와 창원NC파크가 창원의 대표 상품이라는 상품성은 앞으로도 야구장을 더 뜨겁고 화끈하게 물들일 것임에 자명하다.

"내가 태어난 그곳 마산 스트리트 바닷바람 거친 항구의 도시 특별한 것도 정 갈만한 구석 없어도 난 그곳을 사랑하네. 콜라빛 나는 바닷물이 흘러 흐르고 아줌마의 구수한 마산 사투리 정든 그곳을 등지고서 난 떠나왔네. 꿈을 가득 안고서 흘러가는 한강의 가물이여~. 마산항으로 내 마음 보내다오. Come on! Come on! 마산 스트리트여! Come on! Come on! 나의, 나의 친구여! Come on! Come on! Come on! 마산 스트리트여! 뛰어올라라! Come on! Come on! Come on! 마산 스트리트여! Come on! Come on! 나의 친구여! Come on! Come on! 마산 스트리트여! 뛰어올라라! 쥑인다!"

셀링클럽의 한계,
그럼에도 '공포의 최하위'로 쾅!

– 키움 2년 연속 고춧가루 부대

🎾 국내 프로스포츠의 구조는 모기업의 돈 지갑 없이는 생명줄 연명이 버겁다. 모기업에 대한 높은 의존도가 자생력을 띠기에 취약성을 나타낸다. 저마다 자생력 강화에 많은 노력을 기울이고 있지만, 만성적인 적자 폭을 최소화하기엔 아직 역부족인 면이 짙다. 그 와중에 시·도민들의 혈세로 운영되는 K리그 시도민구단을 제외하고 유일하게 모기업 없이 자생력을 띠고 있는 팀은 셀링클럽의 비애 속에서도 살림살이의 고군분투함을 잃지 않는다. 바로 키움 히어로즈의 얘기다. 10개 구단 중 유일하게 모기업이 없다. 키움증권이 네이밍 스폰서로 활약하고 있을 뿐 입장 수익이나 MD 상품 판매 수익 등을 토대로 살림살이를 꾸려가야 하는 독특한 구조를 지니고 있다. 이러한 구조는 셀링클럽의 비애를 부채질한다. 스타플레이어들을 높은 몸값에 보내면서 젊은 선수들 위주로 저비용 고효율을 추구한다. 핵심 자원들의 트레이드로 신인드래프트 지명권을 넘겨받는 비즈니스 전략으로 육성의 콘셉트가 뚜렷하다. 핵심 자원들의 계속된 이적에 선수 팔아넘기는 구단이라는 비난이 늘 따라붙지만, 젊은 자원들을 육성해서 최고의 상품으

로 키워내는 수완 만큼은 탁월하다. 키움의 콘셉트는 최근 KBO리그에 새로운 모델로 자리하고 있다. 여기에 결과물도 나름 짭짤하다. 강정호와 박병호, 김하성, 이정후 등의 미국 진출로 얻은 포스팅 비용으로 구단 살림살이를 충당하면서 재정 부담을 덜고 있다. 메이저리그 진출 사관학교로 불리면서 젊은 선수들의 꿈과 동기부여 촉진에 안성맞춤인 터전으로도 확실하게 자리매김하고 있다.

히어로즈가 2007년 현대 해체 이후 새롭게 창단된 탓에 아직 팀 역사에서 한국시리즈 챔피언 타이틀은 없다. 그러나 전신 넥센 시절부터 꾸준하게 가을야구 초대장을 받은 팀으로서 보여준 경쟁력만큼은 결코 빅마켓 구단에 뒤질 것이 없었다. 2014년 삼성, 2022년 SSG에 한국시리즈 전적 각각 2승 4패로 패퇴하며 챔피언 타이틀 쟁취의 뜻을 이루지 못했지만, 끈질긴 투지와 짜임새 높은 경기력 등을 바탕으로 집요하게 물고 늘어지며 강렬한 인상을 남겼다. 2019년에는 두산에 4전 전패로 패했음에도 준플레이오프에서 LG에 3승 1패, 플레이오프에서 SSG에 3승으로 각각 시리즈 승리를 따내면서 한국시리즈까지 초대받은 저력은 많은 이들의 뇌리에도 강하게 박히게 만들었다. 2017년 7위를 제외하면 10년간 가을야구에 9번이나 초대받은 키움의 콘셉트는 2023년부터 완전히 고착화됐다. 2023년 전반기까지 LG, SSG 등과 치열한 선두권 싸움을 벌이다가 후반기 시작과 함께 투-타 기둥인 이정후와 안우진의 부상 이탈로 리빌딩으로 노선을 튼 것. 선수층이 두껍지 못하고 경험이나 노련미 등에서 타 팀에 열세를 보이고 있는 터라 리스크가 컸다. 더군다나 대한민국 정서가 성과주의가 판을 치는 구조 속에 팬들의 민심이나 외적인 부분 등 또한 고려하지 않을 수 없었다. 그럼에도 키움은 리빌딩 노선을 거침없이 탔다.

시작은 2023년 7월 29일 LG와 2-1 트레이드였다. 팀의 핵심 선발 자원인 최원태를 LG로 보내고 LG 차세대 기대주 이주형(24)과 김동규(22)를 받으면서 신인드래프트 1라운드 지명권까지 양도받았다. 당시 확실한 선발 자원이 필요했던 LG와 젊은 자원들 위주로 리빌딩 조각을 맞춘 키움의 니즈가 일치되면서 트레이드 데드라인 직전 KBO리그 판도를 요동치게 만들었다. 이미 2022년 시즌 초반 간판 포수 박동원을 KIA로 보내고 김태진을 받으면서 KIA의 신인드래프트 2라운드 지명권까지 넘겨받은 데 이어 또 하나의 '키움발 대형 트레이드'는 저비용 고효율 추구로 미래 청사진을 그리는 시초로 자리했다. 2023년 시즌 후반기 때부터 리빌딩 노선을 타면서 성적은 곤두박질쳤지만, 최하위로서 4할이 넘는 승률(.411)을 기록하며 나름 가능성을 보였다. 2024년을 앞두고 이정후의 미국 진출과 안우진의 군 입대 등으로 전력 약화가 불가피했던 키움의 전망은 밝지 못했다. 젊은 자원들 위주로 팀이 짜인 탓에 기존 팀들보다 전력의 취약함을 지우기 힘들었다. 김혜성과 송성문 정도를 제외하면 젊은 타자들의 체력 문제와 경험 부족, 확실한 토종 선발 부재, 포수 김동헌의 팔꿈치 수술에 따른 시즌 아웃 등의 리스크 또한 키움의 발목을 붙잡는 요소였다.

시즌 전 약체라는 평가에도 키움의 2024년은 초반부터 나름 수확물이 짭짤했다. 세간의 예상을 깨고 시즌 초반 기대 이상의 선전을 펼치며 놀라움을 자아냈다. 이닝이터의 진면목이 묻어나는 후라도와 좌완 에이스 헤이수스의 외인 '원-투 펀치'의 위력은 어느 팀과 견줘도 뒤질 것이 없었고, 지난 2023년 도중 한국 땅에 입성한 로니 도슨의 높은 효율, 풀타임 첫 시즌을 맞은 이주형의 가공할 만한 폭발력 등이 초반 상대 마운드를 초토화시키며 '약체의 반란'을 연일 써내렸다. 투-타에서 짜임새 높은 경기력에 결과물은 덩달아 따라왔다. 지난해 3월 23일 KIA와 개막전 이후 NC와 창원 원정 2경기를 내리 패할 때만 해도 세간의 예상대로 흘러가는 듯했으나 홈 개막 시리즈였던 LG전을 2승 1패로 마무리하며 분위기 반전을 이뤘다. 곧바로 달구벌 원정에서 삼성에 2연승을 따내며 승패 마진을 좁혔다. 무엇보다 류현진의 데뷔 첫 고척 시리즈 등판으로 관심을 끈 4월 첫째 주 주말 한화와 고척 3연전 싹쓸이는 키움발 돌풍의 위력을 제대로 선사했다. 3연전 첫날 경기 중반 무서운 집중력으로 류현진에 집중타를 터뜨리며 승리를 따낸 기세가 주말까지 쭉 이어졌고, 3연전 마지막 날은 김혜성의 데뷔 첫 끝내기 홈런으로 고척스카이돔을 열광의 도가니로 내몰며 시리즈 전체 매진에 대한 '팬 서비스'도 확실하게 했다. 최원태의 트레이드에 따른 지명권 양도로 픽한 신인 전준표를 필두로 신진급 자원들의 경험치 충전과 승리의 일거양득은 장기적인 안목에서 거둬들인 소득을 풍족하게 만들었다.

초반 페이스가 너무 좋았던 것일까? 젊은 선수들 위주로 라인업이 구성된 팀 특성상 초반 기세가 쭉 이어지기란 쉽지 않았다. 풀타임으로 첫 시즌 초반부터 불방망이로 김혜성과 함께 팀 공격을 지휘하던 이주형이 햄스트링 부상으로 전열에 이탈하면서 공격 무게감이 약화됐고, 토종 선발 자원의 부재가 상대에 큰 먹잇감으로 자리하면서 초반 벌어놓은 승수를 금방 까먹었다. 오랜 세월 부상과 부진 등으로 신음하다가 부활의 기지개를 켠 하영민 정도를 제외하면 나머지 자원들이 경험 부족의 핸디캡을 여실히 절감한 영향은 곧 후라도와 헤이수스의 의존도 심화라는 부메랑을 낳았다. 지난해 4월 16일부터 18일까지 고척 KT와 시리즈 루징 이후 곤두박질친 성적은 어느새 지난 2023년에 이어 또 한 번 최하위로 밀려나게 됐다. 최하위 추락과 함께 또 한 번 팀의 미래 자원과 신인 드래프트 지명권을 맞바꾸는 '딜'의 모험을 감행하며 젊은 피 수혈을 통한 리빌딩 기조의 대못을 이어갔다. 지난해 5월 28일 심야 시간 야구계를 떠들썩하게 했던 박병호와 오재일의 1-1 맞트레이드가 터진 지 불과 하루도 채 되지 않은 시점에서 팀의 미래 코어인 김휘집을 NC로 보내고, NC의 신인드래프트 1라운드 지명권을 받아오는 트레이드는 키움 팬들은 물론, 야구 팬들에 큰 충격을 안겼다. 고영우와 이재상 등 내야에 젊은 피들이 즐비한 계산과 또 한 번 팀 주요 자원을 트레이드로 넘기는 비즈니스의 평행선은 모기업 없는 셀링클럽의 비애를 단적으로 드러낸 대목이다.

트레이드와 함께 부상 악령도 키움에 큰 치명타였다. 지난 2023년 도중 팀에 합류해 어느새 '복덩이'로 자리한 로니 도슨의 부상 이탈은 팀 공격력 약화를 넘어 외야 코어 붕괴를 불러왔다. 가뜩이나 풍족하지 못한 살림에 정교한 타격 능력과 뛰어난 생산성 등으로 고군분투한 것은 물론, 남다른 친화력으로 팀 전체에 미소를 만개하게 만드는 도슨이 지난해 7월 31일 고척 NC전에서 수비 도중 십자인대 파열로 시즌 아웃되며 홍원기 감독을 비롯한 코칭 스태프의 근심은 더 가득했다. 대체 외국인 선수 없이 나머지 토종 선수를 축으로 도슨의 빈자리 채우기에 분주함을 나타냈지만, 클러치 상황에서 확실한 한 방을 때려낼 수 있는 용병 타자의 부재는 핀치 상황에서 명확하게 드러날 수밖에 없었다. 시즌 중반 최하위로 밀려난 순위는 변동 폭이 없이 그대로 이어지면서 2년 연속 최하위의 멍에를 썼지만, 승률은 .401(58승 86패)을 기록하며 '공포의 최하위'로서 면모는 확실하게 보여줬다. '강강약약'은 타 팀들이 키움을 쉽게 얕잡아보지 못하는 주 요인이었다.

지난 2024년 키움의 매치업 전적 중 가장 눈에 띄는 스탯은 '디펜딩 챔피언' LG전 10승 6패의 우위다. 공교롭게도 LG와 매치업 때마다 후라도, 헤이수스 카드를 내놓는 여건이 장만되면서 선발 매치업의 우위를 점했고, 핀치 상황에서 타자들의 집중력이 빛을 내는 등 고척에서 3차례 시리즈 모두 위닝 시리즈로 장식하는 저력을 뽐냈다. 이어 삼성전 선전도 눈에 띈다. 시즌 초반 달구벌 원정 2경기를 내리 쓸어담으며 삼성에 8연패를 선사했고, 지난해 5월 28일부터 30일까지 달구벌 시리즈, 6월 7일부터 9일까지 고척 시리즈를 각각 2승 1패의 위닝 시리즈로 마무리하며 진땀을 뻘뻘 흘리게 만들었다. 또, 지난해 7월 26일부터 28일까지 고척 KIA 시리즈에서는 KIA에 10개 구단 체제에서 선두팀이 경기 개최일 기준 최하위 팀에 2번의 스윕패를 안기기 직전까지 내몰았을 정도로 순위만 최하위였을 뿐 경기력 자체는 결코 만만치 않았다. LG, 삼성 이외 타 팀들에 열세를 보이면서 강팀에 선전을 보인 부분이 다소 퇴색된 점이 너무나 야속할 따름이었다. 그럼에도 키움을 향한 팬들의 지지와 성원은 굳건했다.

　최근 여성 팬들의 비약적인 증가에 적극 흡수되고 있는 팀 중 하나가 키움이다. 타 팀들과 달리 키움은 팬들도 성장의 느낌이 뚜렷한 팀이다. 젊은 자원들이 많은 팀 특성상 '미완의 대기'들이 팀의 주축으로 발돋움하면서 플랜의 한 축으로 자리하는 모습은 팀 전체에 큰 자산이다. 팬들에게도 희열을 느끼기에 충분한 구조다. 성장의 희열은 이루 말할 수 없다. 경험치와 내공 등이 쌓이면서 하드웨어와 소프트웨어의 단단함을 입히는 인간의 생리처럼 숱한 희로애락이 담겨있는 야구라는 스포츠는 마치 인간의 성장기와 크게 다를 바 없다. 지속적인 경험 축적, 다양한 상황 체감 등을 통한 팀과 개인의 내실 증대는 성장이 주는 큰 가치다. 온갖 돌발상황과 시행착오 속에서도 성장의 동력만큼은 잃지 않는 이유가 여기에 있다. 팬들에게도 성장의 희열과 함께 팬심을 고취시키는 연쇄작용을 한다. 처음 야구를 접한 팬들은 순간의 짜릿함이 소위 입문을 부채질하는 경우가 많다. 키움은 젊고 유망한 자원들이 즐비하다. 최근 젊은 팬들의 특성 중 하나인 젊은 선수들을 향한 동질감, 연민 등의 감정이 다양하게 어우러지고 있는 추세는 팬으로서 팬심의 성장을 촉진한다. 팬심이 성장하면 로열티나 팬덤 확장 등은 부수적으로 따라온다. 실제로 젊고 유망한 '미완의 대기'들이 팀의 주요 플랜으로 경험치와 내공 등을 충전하면서 성장 곡선을 그려가는 키움의 시스템은 팬들에게도 오늘의 인고가 훗날 풍성한 열매의 밑알로 자리하고 있다. 셀링클럽의 비애에 핵심 자원들의 이적과 해외 진출 등이 특정 선수 고객 인식에 영향을 주지만, 적어도 성장 과정을 지켜보는 재미가 팬들로 하여금 자긍심과 긍지를 심어주기에는 충분하다. 이러한 양면성이 흥미로울 따름이다.

 팬심과 성적의 반비례는 키움에 딱 해당된다. 팀의 프랜차이즈 스타인 이정후와 안우진이 각각 빅리그 진출과 군 입대 등으로 빠졌음에도 김혜성과 송성문, 이주형 등 기존 자원들이 팀의 코어를 지켜주면서 뽐낸 퍼포먼스는 타 팀 핵심 자원들과 견줘도 뒤질 것이 없었다. 또, 후반기부터 팀 선발 로테이션에 합류한 김윤하와 공격형 포수의 싹을 보인 김건희 등 루키들이 기존 선배들과 좋은 시너지를 연출하며 미래를 밝혔다. 젊은 '미완의 대기'들의 좌충우돌 성장기에 팬들과 팀 전체 미소는 자연스럽게 만개된다. 공포의 최하위로 기존 팀들의 진땀을 뻘뻘 흘리게 만든 키움의 성장은 키움 팬들과 많은 야구 팬들로 하여금 성장 일기의 재미를 더 붙여주지 않을까 생각되는 바이다.

5. NEW GOLDEN GENERATION

- 2003년생 양띠 센세이션한 활약

'몬스터'급 활약상에 모두 미소
- KIA 김도영의 미친 폭발력

⚾ 야구선수로서 '5툴 플레이어'의 수식어는 시장 가치를 드높이는 큰 플러스 알파다. 타격, 주루, 수비, 센스, 정확성을 모두 겸비한 선수들에게 붙여지는 '5툴 플레이어'의 존재는 상대하는 투수들에 여간 피로감을 선사하는 것이 아닐뿐더러 팀 입장에서 활용도를 유연하게 가져가면서 운영의 묘를 높이는 일거양득이 크다. '5툴 플레이어'를 논할 때 가장 먼저 거론되는 이름은 역시 '바람의 아들' 이종범(55, KT위즈 수비코치)이다. 광주일고-건국대를 졸업하고 1993년 해태에 1차 지명으로 입단한 이종범은 입단 첫해부터 뛰어난 야구 센스와 폭발적인 주루플레이를 기반으로 공-수 양면에서 범상치 않은 퍼포먼스를 뽐내며 팀의 한국시리즈 챔피언을 이끌었고, 팀 선배인 김정수(63, 현 김정수 피칭 아카데미 대표)에 이어 신인으로는 2번째로 한국시리즈 MVP에 오르며 향후 리그를 대표할 슈퍼스타로서 향기를 피어오르게 만들었다.

기라성 같은 스타플레이어들이 즐비한 해태의 라인업에 신인이 한국시리즈 MVP에 오른 자체만으로도 성공적인 데뷔 시즌으로 불리기에 충분했다. 한국시리즈 MVP와 함께 이듬해 리그 MVP와 타격 5관왕에 오른 이종범은 일본 진출 직전 마지막 시즌이었던 1997년 한국시리즈에서도 MVP에 오르며 통산 2회 한국시리즈 MVP에 이름을 올렸고, 팀의 한국시리즈 4회 챔피언(1993, 1996~1997, 2009), 골든글러브 수상 6회(1993~1994, 1996~1997, 2002~2003), 도루왕 4회(1994, 1996~1997, 2003) 등으로 KBO리그 대표 슈퍼스타의 진면목을 어김없이 뽐냈다. 상대 배터리를 쉴 새 없이 흔드는 주루플레이와 센스, 2루까지 번개같이 뛰어드는 스피드 등은 은퇴 이후에도 많은 야구 팬들의 뇌리에 강하게 박혔을 정도다. 또, 1994년 기록한 84도루는 30년이 흐른 지금까지도 깨지지 않는 대기록으로 KBO리그 역사에 남아있다. 당분간 깨지지 않을 전인미답으로 자리할 공산이 매우 크다.

코로나 19가 기승을 부린 2021년 '이종범의 재림'으로 불리는 이의 등장은 많은 야구 팬의 설렘을 절로 자극했다. 주인공은 KIA 차세대 프랜차이즈 스타 김도영(22)이다. 사실 이 해 10개 구단 중 신인 선발에 있어 가장 고뇌가 깊었던 팀 중 하나가 바로 KIA였다. 그도 그럴 것이 당시 고교 최정상급 투수로 불린 문동주(당시 광주진흥고, 現 한화 이글스)와 '5툴 플레이어' 김도영이 연고지 출신 선수들에게 부여받는 1차 지명의 주인공이기 때문. 특히 2021년을 끝으로 프로야구 신인 1차 지명 제도가 역사적으로 사라지게 되는 터라 둘 중 누가 '호랑이 군단'의 새 식구가 될지에 대한 관심은 KIA뿐만 아니라 타 팀에게도 주목도가 컸다. 고심 끝에 KIA가 내린 1차 지명의 주인공은 김도영이었다. 일단, 김도영의 특색 자체가 너무 매력적이었다. 광주동성고(광주상고의 전신) 입학과 함께 빠른 발과 정확한 타격, 폭발적인 장타력, 뛰어난 센스, 폭발적인 주루 플레이 등 '5툴 플레이어'의 면모를 어김없이 표출하며 '원석'의 탄생을 알렸다. 1학년 때부터 고학년 선배들의 틈바구니 속에서 보여준 퍼포먼스 또한 가히 압권이었다. 고교 2학년이던 2020년 청룡기 대회에서 팀의 준우승을 이끈 김도영은 고학년 진급 이후에도 투-타에서 꾸준한 활약상을 이어가며 연고팀 KIA뿐만 아니라 나머지 팀들의 레이더망에도 자연스럽게 포착됐다. 2021년 협회장배(이후 이마트배로 대회 명칭이 개편됐다.) 준우승을 필두로 고교 3년간 전국대회 챔피언 타이틀을 빼면 각종 대회 때마다 뿜어낸 폭발력은 단연 탑 티어였다. 결국에는 연고팀 KIA의 마지막 1차 지명으로 입단하게 되면서 어린 시절 로망을 기어코 실현하게 됐다. 고교 시절 주로 유격수로 활약한 김도영이지만, 3루수까지도 소화할 수 있는 내야 유틸리티의 특색은 미래 팀의 코어를 단단하게 입혀줄 최적화된 카드이기에 그렇다.

2022년 KIA 1차 지명 입단과 함께 많은 스포트라이트를 받은 김도영의 프로 연착륙은 여느 신인들과 마찬가지로 우여곡절이 컸다. 데뷔 첫 시즌 신인으로서는 처음으로 시범경기 타격왕에 오르면서 화려한 스포트라이트를 독차지하더니 함께 개막전 리드오프(야구에서 1번 타자를 리드오프로 칭한다.)의 중책을 맡는 파격적인 행보를 거듭했다. 그러나 시범경기와 페넌트레이스는 완전히 딴 세상이었다. 아마추어와 달리 프로의 높은 벽은 결코 만만한 산이 아니었다. 프로 투수들의 다양한 변화구 구사와 144경기의 강행군, 상대 치밀한 분석 등은 이제 갓 입문한 김도영이라도 쉽게 볼 요소가 아니었고, 아니나 다를까 시범경기 타격왕의 기세가 신기루처럼 꺾이면서 냉혹함을 절감했다. 거기에 부상 악령도 김도영의 발목을 붙잡았다. 데뷔 첫 시즌 수비 도중 손가락 부상을 입으면서 전열에 이탈하더니 2년 차이던 2023년에는 4월 2일 인천 SSG와 개막 시리즈 2차전에서 주루플레이 도중 왼쪽 중족골(새끼발가락) 골절상을 입으면서 장기간 전열에 이탈했다. 힘찬 날갯짓을 펼치려는 시점에서 연이은 부상은 김도영에게 프로 무대의 냉혹함과 함께 심신의 괴로움을 안겨다 주는 요소였다. 그럼에도 김도영은 흔들리지 않았다. 지난 2023년 11월 APBC U-23 챔피언십에서 손가락 골절상을 딛고 2024년 프로 3년 차로서 완전히 알을 깼다. 핵심은 KBO리그 기록 브레이킹이다. 시즌 초반 타격 페이스가 다소 주춤했음에도 4월부터 무서운 몰아치기를 뽐내며 KIA의 고공비행을 책임졌다. 클러치 상황에서 무시무시한 폭발력을 자랑하며 팀 화력을 돋구더니 지난해 4월 25일 고척 키움전에서 시즌 10호 홈런 가동으로 월간 10(홈런)-10(도루) 클럽을 달성하며 KBO리그 역대 최초로 월간 10-10 클럽의 주인공이 되는 영예를 안았다.

이범호 감독의 전폭적인 지지와 신뢰 속에 타순이 3번으로 고정되면서 폭발적인 장타력과 주루플레이 등의 특색이 더욱 배가됐다. 적극적인 자세를 통해 상대 투수와 수 싸움에서도 이전 2시즌보다 여유가 한껏 가미되면서 무시무시한 타자로 진화했다. KBO리그 역대 최초 월간 10-10 클럽 가입과 함께 월간 MVP는 당연히 김도영의 몫이었다. 4월에 보여준 경이로운 폭발력은 예열에 불과했다. 상대 집중견제가 더욱 거세지는 와중에도 멈출 줄 모르는 화력쇼를 선보였다. 이는 상대 투수들에게 강력한 쓰나미를 양산했다. 클러치 상황에서 클러치 능력, 누상에 출루해서 폭발적인 주루플레이, 단타와 홈런의 앙상블 등 어메이징의 연속이었다. 클러치 상황에서 생산성은 당연히 으뜸이다. 김도영의 폭발력은 KIA 타선의 지뢰밭을 더 단단하게 쌓았다. 지난해 6월 23일 광주 한화와 더블헤더 1차전에서 '괴물' 류현진에 대포를 뽑아내며 시즌 20호 홈런을 완성했고, 만 20세 8개월 21일의 나이로 KBO리그 역대 최연소 20-20 기록을 갈아치우며 또 한 번 KBO리그 역사에 자신의 이름 석 자를 남겼다.

20-20 클럽 가입 이후에도 꾸준한 생산성을 유지한 김도영은 기록 브레이킹에 대한 중압감 속에서도 의미 있는 기록을 또다시 수립했다. 지난해 7월 23일 광주 NC전에서 역대 31번째 사이클링히트(히트 포 더 사이클) 달성이다. 안타-2루타-3루타-홈런을 순서대로 뽑아내는 괴력을 뽐내며 '내추럴 사이클링히트'의 퍼즐을 멋지게 끼워 맞췄다. 특히 '내추럴 사이클링히트'를 4타석 만에 완성한 폭발력은 불볕더위가 기승을 부린 여름날 홈 팬들에 뜨거운 환호성을 불러왔다. '내추럴 사이클링히트'의 기세는 꺾이지 않았다. 지난해 7월 27일 고척 키움전에서 3경기 연속 홈런과 함께 역대 최연소 및 최소경기 100득점 기록을 경신했다. 1999년 이승엽과 2015년 테임즈가 가지고 있던 최소경기 100득점 기록이었던 99경기를 2경기나 단축했고, 만 20세 9개월 25일의 나이에 1998년 이승엽이 가지고 있던 최연소 100득점 기록(만 22세 1개월 15일)에서 무려 2년이나 앞당기는 괴력을 뽐냈다. 3경기 연속 홈런과 함께 기록 브레이킹이 잠시 주춤하는 듯했지만, 2024년 기록 브레이킹의

초석이 된 고척은 김도영에게 또 하나의 의미 있는 업적을 장만하는 '약속의 땅'과 같았다.

지난해 8월 15일 고척 키움전에서 시즌 30호 홈런을 달성하며 역대 최소경기 30-30 클럽 가입자에 등극했다. 만 20세 10개월 13일의 나이로 종전 박재홍이 데뷔 첫 시즌인 1996년 가지고 있던 만 22세 11개월 27일의 기록을 가뿐히 넘어섰고, 시즌 111경기 만에 30-30 달성으로 2015년 에릭 테임즈(당시 NC다이노스)가 가지고 있던 최소경기 기록인 112경기를 1경기 차로 경신했다. 김도영의 30-30 클럽 가입은 2015년 에릭 테임즈에 이어 9년 만에 나온 기록이자 토종 타자로는 2000년 박재홍(당시 현대 유니콘스, 現 MBC SPORTS+ 해설위원) 이후 24년 만이라는 점에서 호타준족 등장에 목말랐던 KBO리그에 큰 단비를 내리게 만들기에 부족함이 없다. 뿐만 아니라 지난해 8월 28일 광주 SSG전에서는 시즌 33호 홈런으로 종전 이승엽이 1997년 세운 역대 단일 시즌 최연소 홈런 기록인 32개를 뛰어넘었고, 이 또한 당분간 전인미답으로 자리할 여지가 크다.

휘황찬란한 업적을 자랑하는 타이거즈 프랜차이즈 역사에 있어서도 김도영의 기록 브레이킹은 쉼표가 없었다. 각종 KBO리그 기록 브레이킹을 통해 내로라하는 레전드들의 업적을 재소환하게 만들더니 기어코 레전드들의 발자취를 계승하며 타이거즈 프랜차이즈 역사의 한 축을 형성했고, 종전 2009년 김상현이 가지고 있던 타이거즈 프랜차이즈 선수 단일 시즌 최다 홈런 기록인 36개마저 깨며 팀 프랜차이즈 역사를 새롭게 창조했다. 초미의 관심사였던 토종 타자 최초 40-40 클럽 달성에는 아쉽게 홈런 2개 차로 무산됐지만, 김도영의 2024년 위대한 여정에 아낌없는 찬사가 쏟아지는 것은 너무나 당연했다. 클러치 상황에서 무시무시한 장타쇼를 선보이는 화력은 상대에 큰 화약고로 불렸다. 경기를 거듭할수록 상대 투수와 수 싸움도 점차 눈을 뜨기 시작하면서 타석에서 적극성 또한 업그레이드됐다. 강한 손목 힘과 빠른 배트 스피드에 타구의 질이 자연스럽게 향상됐다. 투수 유형을 가리지 않고 안타를 뻥뻥 때리는 효율 또한 가히 압권이었다. 거기에 상대 배터리를 흔드는 주루플레이와 센스는 보너스다. 폭발적인 운동능력을 기반으로 베이스를 휘젓는 스피드는 타의 추종을 불허할 정도였다. 대표적인 예가 지난해 7월 10일 잠실 LG전이었다. 9회 초 1-2로 뒤진 상황에서 1사 1루 최형우의 안타 때 번개 같은 스타트로 3루를 넘어 홈까지 파고들면서 득점까지 이뤄낸 장면은 많은 야구 팬들의 뇌리에 강하게 박히게 만들었다. 타구와 동시에 1루에서 스타트를 끊는 폭발적인 운동능력과 상대 수비 움직임을 간파하는 기밀함에 LG 수비와 배터리는 그야말로 혼비백산이 됐고, 9회 역전승과 함께 파급력이 더 컸다. 이러한 김도영의 팔방미인 기질은 상대 배터리에 큰 피로감을 선사하며 장타력과 기동력의 절묘한 컬래버레이션을 연출했다. 비록 수비에서 30개 실책을 쏟아낸 부분은 옥에 티로 지적되지만, 시즌 내내 공격에서 보여준 폭발력과 생산성은 수비의 흠을 지우고도 남았다.

　김도영의 이러한 특색을 재소환하게 만드는 이가 바로 원조 레전드 이종범이다. 김도영의 2024년 활약상이 이종범의 전성기 시절과 마치 데칼코마니를 이뤘다. 대학을 거치고 프로에 입단한 이종범과 달리 김도영은 고교 졸업 이후 바로 프로에 입단했다. 고졸과 대졸이라는 신분, 4년이라는 시간의 차이와 함께 1990년대와 2020년대 현재의 리그 환경, 특성 등의 변화로 직접적인 비교에는 어폐가 분명하게 존재하나 2024년 김도영의 경이로운 폭발력에 전·현직 대표 '5툴 플레이어'의 활약상을 비교하는 이들이 즐비했다. 그 정도로 22살 김도영의 2024년 시즌은 센세이션, 어메이징함 그 자체다. '타고투저' 양상이 기승을 부린 2024년 김도영의 최종 스탯은 역대 레전드들과 견줘도 전혀 뒤질 것이 없다. 141경기에 나와 타율 .347 189안타 38홈런 109타점 143득점 40도루 출루율 .420 장타율 .647. 143득점은 2014년 서건창이 가지고 있던 역대 한 시즌 최다득점 기록인 135득점을 경신한 수치다. 경기당 1득점이 넘는 평균 득점은 파워와 기동력이 어우러지면서 더 빛을 냈다. 잠깐의 타격 페이스가 주춤거림은 있었어도 4월부터 페넌트레이스 종료 시점인 9월까지 일관성을 잘 유지하면서 스탯의 경이로움이 더 도드라졌다. 시즌 막판 팀의 한국시리즈 진출이 확정된 시점에 리드오프로 중용받으면서 KBO리그 역대 최초 토종 타자 40-40 클럽 가입이 세간의 큰 관심을 집중시켰다. 클린업트리오보다 타석에 서는 빈도가 많은 리드오프 기용은 KIA의 페넌트레이스 챔피언 등극이 확정되고 이뤄낸 시기라 판이 잘 맞춰졌다.

비록 좋은 페이스를 뽐내고도 막판 상대 집중견제와 심리적 조급증 등에 의해 꿈의 40-40 돌파가 이뤄지지는 못했지만, 2024년 시즌 동안 KBO리그를 들썩이게 만든 스타성은 '김도영 신드롬'을 몰고 왔다. 경이로운 퍼포먼스와 폭발력에 시즌 득점왕과 장타율왕을 잇따라 석권하며 타격 2관왕의 영예를 안았다. 또 장타율과 출루율을 합친 OPS는 무려 1.067에 달한다. 팀 승리 기여도의 척도인 WAR도 7.34로 타자 부문에서 선두다. 2024년 한 해 김도영의 위엄이 얼마나 대단했는지를 상징적으로 보여주는 수치다. 페넌트레이스 때와 달리 한국시리즈에서는 타격 컨디션이 다소 주춤했지만, 클러치 상황에서 남다른 스타성은 여전했다. 무엇보다 김도영의 뛰어난 클러치 능력은 시리즈 분위기를 KIA 쪽으로 몰고 오는 결정적인 복선이었다. 사상 초유의 2박 3일 서스펜디드로 큰 홍역을 치른 한국시리즈 1차전에서 경기 막판 쐐기를 박는 적시타를 때려내며 팀의 5-1 역전승을 이뤘고, 곧바로 치러진 2차전에서는 생애 첫 포스트시즌 대포를 가동하며 안방 2연승에 앞장섰다.

  모든 스포츠가 그렇듯 공격으로만 팀에 기여할 수 있는 것은 아니다. 그도 그럴 것이 스포츠계 대표적인 속설은 이를 제대로 뒷받침한다. 바로 "공격은 승리를 부르지만, 수비는 챔피언을 부른다"는 속설이다. 단기전은 작은 것 하나가 대단히 중요하다. 핵심은 수비다. 수비에서 안정감과 집중력을 얼마나 잘 가져가느냐에 따라 시리즈 전체를 요동치게 만들기에 그렇다. 실제로 수비 에러로 인해 시리즈의 희비가 극명하게 교차된 전례가 그간 비일비재했던 것을 감안하면 야수진들의 안정된 수비는 투수들의 심리적인 안정감 페넌트레이스 때 수비에서 다소 아쉬움을 남겼던 김도영의 환골탈태한 수비력은 공격이 능사가 아니라는 것을 몸소 일깨웠다. 핫코너 포지션에서 땅볼 타구를 안정적으로 처리하면서 상대 공격의 리듬을 끊었고, 포구와 송구 모두 군더더기 없는 모습을 나타내며 내야 방어벽을 더했다. 데뷔 첫 한국시리즈를 치르는 선수라곤 믿기지 않을 정도로 강한 어깨와 넓은 수비 범위 등의 특색이 껍질을 깨면서 심리적 중압감을 지워냈고, 데뷔 첫 챔피언 반지를 손에 쥐면서 찬란했던 2024년의 해피엔딩을 완성하는 열매도 두둑하게 따라왔다.

챔피언 반지와 함께 연말 시상식은 말 그대로 김도영을 위한 무대였다. 첫 스타트는 KBO리그 페넌트레이스 MVP였다. 2024년 KBO리그 최다안타 신기록인 202개를 때려낸 빅터 레이예스와 구자욱 등을 제치고 압도적인 표 차로 생애 첫 MVP를 수상하며 트로피 수집에 시동을 걸었다. 김도영의 MVP는 KIA 소속으로는 2017년 양현종 이후 7년 만에 수상이며, 팀 역대 통산으로는 10번째 수상의 훈장이다. 팀 선배인 양현종, 이종범 등 레전드들의 발자취를 그대로 계승하며 KBO리그 역대 야수 최연소 MVP의 가치 또한 드높였다. 페넌트레이스 MVP 수상과 함께 일구회 최고타자상과 조아제약 프로야구대상 MVP 등을 모두 석권하며 상복이 두둑하게 터졌다. 포지션별로 최고의 활약을 보인 이들에게 주어지는 골든글러브 시상식에서도 압도적인 지지로 3루수 부문 골든글러브를 쟁취하며 2024년 한 해 피날레 마저 화려하게 장만했다. '김도영의, 김도영을 위한, 김도영에 의한' 시즌이었던 2024년 KIA의 유행어가 하나 있다. 이 유행어는 김도영의 미친 활약상에 의해 완성됐다. 광주기아챔피언스필드에 직관 온 한 팬이 스케치북으로 적은 문구가 엄청난 파급력을 낳으며 2024년 KIA를 상징하는 유행어로 완전하게 자리를 굳혔다. 바로 "너

땀시 살어야(전라도 사투리로 너 때문에 산다는 말이다)."다.

팀 역대 한국시리즈 12전 전승의 신화를 그대로 계승하며 역사적 이정표를 또 하나 늘린 김도영의 판타스틱함은 KIA 팬들을 절로 미소 짓게 했다. 그럴 만도 하다. 최근 KIA가 1차 지명 선수들의 성공적인 연착륙으로 재미를 쏠쏠하게 본 배턴을 김도영이 그대로 이어받았기 때문. 정해영, 이의리가 1군 마운드의 핵심 자원으로 자리매김한 상황에서 김도영에 대한 기대치는 자연스럽게 높을 수밖에 없었다. 150km가 넘는 파이어볼러를 제치고 내야 '5툴 플레이어'를 마지막 1차 지명으로 지명한 만큼 김도영의 향후 활약은 미래 지향적인 가치 창출에도 확실한 용광로다. 당장 눈앞의 성과에 의존할 수밖에 없는 국내 스포츠의 현실에 미래 자원들의 1군 연착륙은 현재와 미래의 순환에도 엄청난 플러스다. 야구뿐만 아니라 모든 스포츠, 그리고 사회 각계분야에서 지방 인재들의 수도권 유출이 심화되고 있는 현실에 광주 지역의 우수한 팜은 지역 프랜차이즈화에도 든든한 젖줄이다. 이처럼 1차 지명 선수들의 연착륙은 팀과 팬들 모두가 바라는 시나리오다. 이러한 마음을 헤아린 것일까? 지난 2년을 거울삼아 김도영은 올 시즌 '폭풍 성장'을 줄곧 거듭하며 스타성을 확실하게 각인시켰다.

야구 팬들의 구단 최애 상품 중 하나인 유니폼 판매에서 김도영의 인기는 '넘사벽'이다. 매년 각 구단은 기존 홈-원정 유니폼뿐만 아니라 다양한 유니폼 제품을 내놓는다. 구단 올드 유니폼을 필두로 스페셜 유니폼과 컬래버레이션 유니폼 등 매년 유니폼 레퍼토리 다변화를 아끼지 않으며 팬들의 지갑을 열게 만든다. 여기서 김도영의 진가는 도드라진다. 2024년 KIA 홈-원정 유니폼뿐만 아니라 올드 유니폼, 스페셜 유니폼 등이 불티나게 팔렸는데, 유니폼 마킹 지분에서 김도영의 마킹 판매량은 폭발적이다 못해 판매 대란을 몰고 올 정도였다. 물 들어올 때 노 저으라고 한다. 김도영의 각종 기록 브레이킹과 함께 KIA가 용품 스폰서인 '아이앱스튜디오'와 협업을 통해 김도영의 기록 상품 스페셜 유니폼을 내놓으면서 제품의 판매 욕구가 자연스럽게 달아올랐고, 아니나 다를까 출시와 함께 매진될 만큼 김도영의 유니폼 구하기는 하늘의 별 따기에 가까웠다. KIA 유니폼 선수 마킹에서 김도영이 차지하는 비중이 대개 좋은 활약을 보이고 있거나 개인 코트 및 취향 등에 따라 팬들의 유니폼 마킹 구매가 이뤄진다. 김도영의 마킹 구매 폭발도 예외가 아니다. 어린 나이답지 않은 성숙된 마인드와 감성 등을 지닌 김도영의 매력은 팬들이 자연스럽게 유니폼 구매를 통해 흠뻑 빠져들게 만들었다. 팬들도 장내·외로 함께 호흡하면서 홈-원정 가릴 것 없이 '김도영 앓이'를 진하게 물들였다. 2024년 김도영의 경이로운 퍼포먼스에 마킹 구매는 봇물 터지듯이 나왔고, 구단 매출 또한 이전과 비교하면 천정부지로 상승하며 '김도영 효과'의 위력이 KIA뿐만 아니라 KBO리그 전체에도 미소를 절로 만발하게 만들었다고 해도 과언이 아니다. 김도영의 유니폼 매출에 따른 파급력은 선수가 하나의 상품으로 자리하면서 수익성까지 창출할 수 있다는 메시지를 심어주는 것과 같다. 선수들이 유니폼 마킹키트에 대한 일정액의 초상권료를 받기에 그렇다.

새로운 스타플레이어의 등장은 언제나 신선하다. 스타플레이어들이 많아질수록 볼거리가 넘쳐나면서 리그의 질이 향상되는 것 또한 자명하다. 그래서 김도영과 같은 젊은 스타플레이어의 탄생이 반갑기만 하다. 비단 야구뿐만 아니라 타 종목, 타 분야에서도 새로운 인물들이 그 분야에 태풍을 몰고 오는 센세이션이 모든 이들에게 신선함을 절로 불러일으킨다. 이러한 신선함은 걷잡을 수 없을 정도로 전파력이 더해지기도 한다. 2024년 김도영이라는 스타플레이어의 등장은 순전히 어느 하나만 잘해서 이뤄진 것이 아니다. 지난 2년간 부상 악령에 의해 시즌을 정상 완주하지 못한 아쉬움을 해갈하려는 김도영의 노력에 긴 안목을 가지고 지역 출신 프랜차이즈 스타 발굴을 도모한 코칭 스태프의 혜안, 스타 마케팅 효과 배가를 위해 동분서주한 구단의 노력 등까지. 모든 요소가 딱딱 맞아떨어졌다. 이게 스타플레이어 탄생을 통한 스타 마케팅과 지역 프랜차이즈화 등의 가치다. 앞으로 '제2의 김도영'을 만들기 위한 노력이 KIA뿐만 아니라 KBO리그 전체에 잘 뿌리를 내렸을 때 리그의 산업, 상업화에 있어 시너지가 크다는 것을 잊지 말아야 한다. 그리고 스타는 순전히 선수의 땀방울, 노력으로만 만들어지지 않는다. 구단의 투자와 노력, 중·장기적인 비전 확립, 유관 단체들의 적극적인 자세, 니즈 충족 등이 딱딱 맞아떨어져야 한다. 이 부분이 가미되지 않으면 미래 세대들로 순환, 상품 가치 증대 등이 공염불되고 말 것이다.

성공적인 롤 변신에 클로저 본능 폭발

– KT 박영현

◎ 아나운서와 개그맨의 공통점이 하나 있다. 바로 기수 문화가 엄격하다는 것이다. 상명하복 체계가 오랜 세월 뿌리 내린 한국 사회에서 엄격한 기수 문화의 형성은 일제식민지 시절 유산과 군사정권 체제 시절의 대물림이 오늘날까지 전파되고 있다는 지적이 끊이지 않는 이유가 된다. 그런데 참 흥미로운 것이 있다. 방송사 공채 시험을 통해 선별된 기수들의 왕성한 활약상을 두고 '어벤저스', '황금기수'라고 칭하는 부분이다. 각자 특성과 재능, 끼 등이 제각각인 와중에 동일 기수들이 다양한 장르, 분야에서 영역 확장을 도모하는 교집합이 아나운서와 개그맨 세계에 존재한다. 한 예를 들면 공영방송사인 KBS에서 1991년 제7회 대학개그제와 2006년 아나운서 공채로 들어온 이들이 소위 '어벤저스' 라인업으로 불린다. 1991년 제7회 대학개그제를 통해 유재석, 김국진, 김용만, 박수홍, 남희석 등이 배출됐고, 10년 무명 생활을 딛고 어느새 만인의 MC로 거듭난 유재석을 필두로 각자 캐릭터와 끼, 특색 구현 등을 통해 30년이 넘는 세월 동안 방송계에서 롱런을 거듭하며 대중적 영향력을 행사하고 있다.

개인사업자 신분인 개그맨과 달리 아나운서는 채용과 함께 엄연히 회사원 신분이라 결은 다르지만, 2000년대 들어 아나운서들의 방송 진출이 활발하게 이뤄지면서 보수성이 강한 아나운서를 향한 대중들의 시선도 확 달라졌다. 직업적 신분에 의해 감춰둔 끼와 재능을 방송 출연을 통해 마음껏 표출한 것은 물론, 웬만한 연예인들에 버금가는 싹도 드러낸 것이 이를 대변해 준다. 안정적인 신분을 버리고 '프리랜서'라는 생야생으로 뛰어드는 빈도가 증가하는 이유다. 이 중 KBS 공채 32기 인물들이 자연스럽게 '어벤저스' 수식어를 드높인다. KBS 아나운서 입사 이전 언론고시 2관왕(YTN 앵커, 『조선일보』 기자)을 이룬 전현무와 '아나테이너(아나운서와 엔터테이너를 합친 합성어)' 오정연, 최송현, 이지애가 아나운서 시험 통과와 함께 지역 순회 근무(KBS를 필두로 지상파 방송 아나운서들은 공채 시험 통과 이후 1~2년간 지방 총국 근무를 거쳐서 본사로 올라오는 시스템이다.)를 거쳐 2006년 KBS 아나운서 공채 32기로 입사했고, 아나운서 시절부터 예능적인 끼가 남달랐던 전현무를 필두로 발레 전공의 오정연, 최송현, 이지애 모두 저마다 다른 끼와 특성 등을 프리랜서 전향 이후에도 십분 발휘하며 각자 입지를 다져가고 있다. 흔히 상하 관계에서 한 기수가 가장 무섭다고 한다. 이들의 프리 선언에 이어 2010년대 중·후반 이들의 한 기수 선·후배인 조우종, 이정민(KBS 아나운서 공채 31기), 박은영(KBS 아나운서 공채 33기)이 프리 선언을 했다. 이와 비교하면 한 기수에 입사한 4명 모두 60세까지 정년이 보장된 아나운서 신분을 벗고 프리랜서로 전향한 결과물은 지상파 역사에도 찾아보기 힘들다. 4명이 각기 다른 특색과 끼를 가지고 다양성을 꾀하려고 하는 부분은 프리 선언의 본질과도 같다.

아나운서, 개그맨과 마찬가지로 스포츠도 서열 하면 둘째가라면 서러운 분야다. 다만 서열의 특성에 차이가 있다. 스포츠는 엄격한 선·후배 관계에서 학년이 우선시된다. 상명하복 체계에 학년 간 서열의 명확함은 유급생과 기존 학년생(공백없이 쭉 학년을 이수한 이들을 말한다.) 할 것 없이 똑같이 적용된다. 스포츠는 한 학년에 좋은 자원들이 많이 쏟아지는 세대를 황금세대로 칭한다. 포지션별로 좋은 자원들이 어느 한 해에 무더기로 쏟아지는 것 자체가 구단이나 팬들 모두에게 미래에 대한 기대감을 증폭시킨다. 세상 영원한 것 없다는 것처럼 베테랑들의 은퇴를 대비해야 하는 숙제를 각 구단이 떠안고 있는 만큼 팜의 탄탄함을 잘 구축하는 것이야말로 미래의 등불을 밝혀줄 요소다. 모든 선수가 각자의 재능 등을 인정받고 프로 무대에 야심 차게 뛰어들지만, 1군 무대에 성공적으로 연착륙하는 이들은 극소수다. 약육강식의 세계에서 살벌한 경쟁 구도는 젊은 피들에게 프로 무대의 냉혹함을 여실히 절감하게 만들며, 투수와 타자들의 레벨, 주변 환경 및 분위기 등 또한 아마추어 시절과는 천차만별이다.

그 와중에 프로야구는 숱한 황금세대들을 배출해 왔다. '코리안 특급' 박찬호와 고(故) 조성민, 임선동, 박재홍, 정민철(MBC SPORTS+ 해설위원) 등 야구를 넘어 스포츠계 대표 레전드 학번인 92학번, 고교 3학년이던 2000년 캐나다 애드먼턴 세계청소년야구선수권 챔피언 주역들인 김태균(KBSN스포츠 해설위원), 이대호, 추신수, 정근우(이상 은퇴) 등 82둥이(프로야구가 출범한 1982년 출생자들을 칭하는 말), 박건우(NC다이노스), 정수빈(두산 베어스), 안치홍(한화 이글스),

오지환(LG트윈스), 허경민, 김상수(KT위즈), 김재윤(삼성 라이온즈) 등 고교 3학년이던 2008년 캐나다 에드먼턴 세계청소년야구선수권 '타이틀 방어'를 책임진 '에드먼턴 키즈'들까지. 아마추어 시절 커리어와 인지도 등을 토대로 프로 무대에 성공적으로 자리 잡은 황금세대들의 존재는 프로야구에 소중한 자산들로서 많은 야구 팬의 뇌리에도 강하게 박히게 만든다. 선배들이 남긴 위대한 발자취에 2000년대 태어난 젊은 세대들의 겁 없는 활약은 또 하나의 황금세대로 설렘과 환호성 등을 동시에 이끌어냈다.

2000년대 출생자 중 단연 도드라지는 연령대는 바로 2003년 양띠 출생자들이다. 전 세계를 떠들썩하게 만들었던 2002 한·일 월드컵 때 세상에 나오지도 않았던 이들의 프로 무대 연착륙은 그야말로 '판타스틱'에 가깝다. 그럴만한 사정이 분명했다. 바로 고교 3학년이던 2021년이 '코로나 19'가 대유행으로 몸살을 앓았던 시기이기 때문. 대회 출전과 훈련 참여 등의 제약이라는 불가항력적인 요소에 의한 고충이 엄청났다. 당시 확진자와 밀접 접촉자 대상의 무조건 자가격리 지침을 필두로 코로나 19 방역 지침 또한 엄청난 부담감을 가중시켰다. 당연히 개인의 시장성을 증명할 수 있는 여력도 가미되지 못했다. 엎친 데 덮친 격으로 U-18 야구월드컵이 전 세계 '팬데믹' 여파로 취소되면서 소중한 경험 축적을 도모할 수 있는 찬스를 날려 보냈다. 가뜩이나 인력 풀이 넓지 않은 KBO리그 현실을 고려하면 개인과 국가 전체의 손실 또한 이만저만 아니었다. 하지만 2024년은 이들의 존재와 시장성이 물음표에서 느낌표로 바뀐 해였다. 2024년 KBO리그 전체가 김도영에 팍 꽂힐

만큼 '김도영 신드롬'이 대세를 이뤘지만, 김도영 이외 자원들의 포텐 폭발 또한 결코 만만치 않았다. 2022년 입단해 프로 3년 차에 접어들면서 가지고 있는 특색을 마음껏 표출시키며 팀에 없어서는 안 될 주요 플랜으로 자리매김했다. 지속적인 경기 출전을 토대로 경험치와 내공 등을 한껏 키우면서 팀 미래 프랜차이즈 스타로서 어필도 확실하게 했다.

데뷔 첫 시즌부터 KT의 주요 불펜 자원으로 활약하던 박영현의 마무리 연착륙은 KBO리그를 넘어 대표팀 차세대 클로저로서 탄생을 알린 초석이었다. 타 지역과 달리 연고 '팜'이 넓지 않은 수원이지만, 연고 학교인 유신고 시절부터 팀의 에이스로 맹위를 떨친 박영현의 재능은 또래 레벨 중 탑 클래스 수준이었다. 구속과 구위는 타자들이 방망이를 헛돌기 일쑤였을 정도로 상당한 위력을 나타냈다. 핀치 상황에서 '포커 페이스'를 잃지 않는 담력은 나이에 걸맞지 않은 완숙미를 철철 풍기게 했다. 유신고 입학과 함께 투수로 툴이 고정되면서 롤을 늘리더니 고교 1학년 때부터 2년 선배 소형준, 허윤동(現 국군체육부대, 삼성 라이온즈) 등과 함께 유신고의 막강한 마운드를 구축하는 데 일조했다. 최정, 정수빈을 필두로 다수의 스타플레이어들을 배출한 유신고발 '슈퍼 탤런트' 탄생을 알렸다. 구속과 구위는 물론, 담력과 배포 등을 두루 겸비한 특색은 쉽게 지나치기 어려운 시장성을 지니기에 충분하고도 남았다. 2019년 메이저대회 2관왕(황금사자기+청룡기) 일조와 함께 고교 3학년이던 2021년 고교야구 최고의 투수에게 주어지는 고교 최동원상을 품에 안는 등 각종 대회 때마다 보여준 퍼포먼스는 가히 압권이었다. 데뷔 첫 시즌이던 2020년 신인왕 타이틀을 거머쥐며 화려하게 데뷔한 선배 소형준의 뒤를 잇는 유신고 발 매물 등장에 KT는 팀의 마지막 1차 지명자로 주저 없이 박영현을 지목하기에 이르렀다. 2022년 KT 입단과 함께 친형 박정현(現 국군체육부대, 한화 이글스)과 프로 무대를 누비는 '가문의 영광'도 안았다.

프로 무대에서도 박영현의 가치는 KT에 맛소금을 팍팍 뿌려줬다. 150km를 넘나드는 빠른 볼과 묵직한 구위 등을 뽐내며 레전드 투수 출신인 이강철 감독의 이목을 사로잡았다. 핀치 상황에서 흔들림이라곤 전혀 찾아볼 수 없는 배짱과 담력 등은 강심장 그 자체였다. 이에 프로 첫 시즌부터 팀의 주요 불펜 자원으로 활약하며 빠르게 프로 무대에 젖어들었다. 손동현, 김민수 등과 함께 KT 계투진의 높이를 강화하면서 무게감을 채워주는 박영현의 재능은 개인과 팀 모두에게 시너지를 배가시키는 밑천이었다. 생애 단 한 번뿐인 신인왕 타이틀은 아쉽게 놓쳤지만, 데뷔 첫 시즌 KT의 숙원이기도 했던 수원 KT위즈파크에서 가을야구 개최라는 어린 시절의 로망을 실현한 것만으로도 의미가 깊었다. 팀이 페넌트레이스 최종전 LG전 패배로 키움에 매치업 전적에서 뒤진 4위로 와일드카드 결정전부터 치러야 하는 지뢰밭을 걷게 됐지만, 중압감과 무게감이 차원이 다른 가을야구에서도 가진 재능을 십분 발휘했다. 키움과 준플레이오프 2차전에서 세이브를 추가하며 만 19세 6일의 나이로 2007년 임태훈(당시 두산)이 가지고 있던 포스트시즌 역대 최연소 세이브 기록을 19일이나 앞당겼다. 빠른 볼과 묵직한 구위를 바탕으로 마운드 위에서 공격적인 모습을 이어갔고, '포커 페이스'로 수 싸움의 우위를 도모하는 기질 또한 놀라움을 금치 못하게 만들었다. 5차전까지 가는 대혈전 끝에 준플레이오프 탈락의 쓰라림에도 KT가 희망을 노래할 수 있었던 것도 박영현의 등장이 한몫을 했다.

　데뷔 첫 시즌을 거울삼아 박영현은 더 진화했다. 오히려 모든 스포츠 선수들에게 해당하는 '2년 차 징크스'를 보기 좋게 깨뜨렸다는 점에서 박수가 쏟아졌다. 여유가 한껏 가미된 덕분에 구속과 구위 등이 더 강력해졌다. 1년 동안 지속적인 출전을 통해 다져진 학습력은 타자들과 수 싸움, 볼 배합 등에서 여유를 표출시키는 결과를 가져왔다. 힘 대 힘의 정공법으로 찍어누르는 파워가 타자들에 알고도 못 당하는 위압감을 나타냈다. 잦은 등판과 많은 투구 수 소화 등으로 혹사 논란이 불거진 와중에도 투철한 사명감은 팀에 큰 플러스 알파를 심어줬다. 이러한 박영현의 '2년 차 징크스' 타파는 KBO리그 역사의 신기원을 이룩하는 일거양득도 함께 누리게 했다. 지난 2023년 역대 최연소 30홀드는 개인 커리어에 있어 큰 훈장이다. 2023년 9월 13일 창원 NC전에서 홀드를 추가하면서 만 19세 11개월 2일의 나이로 2014년 한현희(現 롯데 자이언츠)가 가지고 있던 최연소 30홀드 기록(만 21세 3개월 20일)의 기록을 갈아치웠고, 2023년 32홀드를 기록하면서 2013년 한현희가 가지고 있던 역대 최연소 홀드왕 기록(한현희- 1993년 6월 25일생, 박영현- 2003년 10월 11일생)마저 경신했다. 2000년부터 신설된 KBO리그 홀드 부문의 잇따른 신기원을 2개나 써내린 기록 브레이킹은 개인 타이틀의 역사를 더 풍족하게 만들었다. 홀드 부문 기록 브레이킹과 함께 2022 항저우아시안게임에서 대표팀의 3회 연속 금메달을 지휘한 박영현은 NC와 플레이오프에서도 팀의 리버스 스윕 달성에 앞장선 것뿐만 아니라 한국시리즈에서도 고군분투하며 KT의 한국시리즈 준우승을 이끌었다. 한국시리즈 2차전 당시 4-3으로 앞선 8회 말, 박동원에게 역전 투런 홈런을 얻어맞고 패전의 멍에를 썼지만, 빠른 볼과 구위의 위력만큼은 굳건했다. 2년 차를 맞아 더 진화된 모습을 보여준 박영현의 기질은 KT판 가을동화를 써내리는 백미 중 하나였다.

그런 박영현이 2024년 새로운 시험대에 올랐다. 바로 셋업맨에서 클로저로 보직 전향이다. 2023년까지 부동의 클로저로 활약하던 김재윤이 FA 자격을 얻고 삼성과 4년, 65억 원의 대형 계약을 체결하면서 클로저 자리가 공석이 된 것. 확실한 클로저의 이적과 함께 공석이 된 클로저 자리 확보는 KT에 큰 숙제 중 하나였다. 샐러리캡을 고려하지 않을 수 없는 상황에 김재윤의 대체자로 박영현을 점찍으면서 마운드 개편에 나섰지만, 셋업맨과 클로저의 무게감은 확연히 다르다. 경기 후반 1~2이닝을 버텨주면서 원활한 경기 리듬, 페이스 등을 도모하는 자리가 셋업맨이라면 클로저는 팀 승리를 지켜야 한다는 특성이 초보 클로저의 어깨를 짓눌렀다. 시즌 초반 이 같은 우려가 고스란히 드러날 때만 해도 든 자리는 몰라도 난 자리는 안다는 속설이 그대로 이어지는 듯했다. 클로저 보직의 중압감과 함께 강점인 빠른 볼과 구위 등의 위력이 반감되면서 상대 타자들에 집중타를 연이어 내줬다. 핀치 상황의 불안감에 블론세이브 빈도 또한 높은 모습을 나타내며 불안감은 더 가중됐다. 최근 2년간 '슬로우 스타터' 기질을 뽐냈던 KT라고 한들 클로저 박영현의 거듭된 난조는 팀 전체에 깊은 우려를 자아내는 요인이 될 여지가 다분했다. 그럼에도 박영현은 시즌 초반 난조를 딛고 클로저 보직의 적응력을 높이면서 제 궤도를 찾았다. 150km를 넘나드는 빠른 볼의 위력이 살아나면서 구위가 자연스럽게 회복됐다. '포커 페이스'를 잃지 않는 마운드 위의 평정심에 힘 대 힘으로 상대 타자들을 요리하는 정공법 또한 '언터처블'에 가까웠다.

시즌 초·중반 4~5점대 평균 자책점을 기록하던 수치는 여름을 기점으로 3점대까지 확 낮아졌다. 세이브 상황에서 팀 승리도 확실하게 지켜내면서 초반 많았던 블론세이브의 빈도도 확 낮아졌다. 박영현의 페이스 회복 효과는 KT에 또 한 번 '마법'을 위한 시발점이 됐다. 선발-중간-마무리로 이어지는 마운드 운영이 원활하게 이뤄진 덕분에 지난 2년과 마찬가지로 여름 이후 승수 쌓기가 탄력이 붙었다. 박영현 또한 클로저 포지션임에도 웬만한 선발투수에 버금가는 승수를 기록하며 데뷔 첫 두 자릿수 승수(10승)를 돌파하는 영예를 안았다. 76.2이닝을 소화하면서 삼진을 무려 87개를 솎아내는 공격적인 투구를 기반으로 어느새 승률왕 타이틀을 넘보는 위치까지 올라섰다. 그렇게 KT는 KBO리그 43년 역사상 최초로 5위 타이브레이크까지 가는 혈전 끝에 SSG를 돌려세우며 5년 연속 가을야구 초대장 확보의 열매를 맺었고, 박영현은 10승 2패 승률 .833로 하트(現 샌디에이고 파드레스, 2024년 당시 13승 3패 승률 .813)를 제치고 승률왕 타이틀을 쟁취하며 2년 연속 투수 부문 개인타이틀 홀더에 오르는 영예를 안았다.

가을야구에서도 박영현의 위엄은 여전했다. 두산과 와일드카드 결정전 2연전에 내리 등판해 빠른 볼과 구위로 찍어누르는 투구 내용은 '난공불락'이었다. 힘과 움직임 등의 조화가 절묘하게 어우러진 박영현의 투구에 두산 타선 방망이는 타이밍을 제대로 맞추지 못했을 정도로 임팩트가 강렬했다. 와일드카드 결정전 2연전에서 KT의 역대 최초 5위 팀 와일드카드 결정전 '업셋' 마법이라는 엔딩을 책임진 박영현의 기세는 준플레이오프에서도 쭉 이어졌다. 오히려 지난 2023년 한국시리즈의 아쉬움을 씻으려는 전투력이 한껏 폭발했다. LG와 준플레이오프 1차전에서 팀의 3-2 승리 엔딩을 끼워 맞춘 것뿐만 아니라 4차전에서도 클로저 임무를 충실히 소화해내며 연장 11회 역전극의 발판을 놨다. 2023년 한국시리즈 2차전 당시 역전 홈런으로 패전의 아픔을 안긴 박동원에 복수혈전을 제대로 펼치는 '싸움닭' 기질은 고취된 전투력의 플러스 알파였고, 시즌 중·후반부터 '언터처블'의 위엄도 그대로 이어가며 클로저로서 첫 시즌 짭짤한 수확물을 이뤘다. 약육강식의 세계인 프로 세계에서 입단하자마자 자신의 영역을 착실하게 다지는 일은 말이 쉽지 상당한 난제다. 자신의 특색을 표출하는 것뿐만 아니라 주변 상황, 환경, 팀 코드 등 모든 면에서 물 흐르듯이 일치되어야 하기에 그렇다. 선배들의 경험과 내공, 노련미 등은 갓 프로에 입문한 프로 초년병들이 쉽게 감당할 수 있는 요소가 아니다. 또, 아마추어와 달리 기나긴 장기 레이스로 치러지는 프로 무대의 타이트한 스케줄도 결코 만만치 않다. 이처럼 프로 초년병들에게 프로 입단은 새로운 시작이라는 말이 허풍으로 봐서는 안 되는 이유다. 환경 변화는 물론, 시스템과 분위기 등 모든 면에서 수두룩한 적응 과제를 안게 되는 것이 초년병들의 숙명이다. 그러나 박영현은 프로 입단과 함께 꿋꿋하게 프로 연착륙을 도모하며 어느새 KT의 보물로 자리하고 있다. 본연의 특색과 재능을 프로 무대에서도 그대로 드러내는 담대함은 팀 동료들과 코칭 스태프, KT 팬들에 큰 신뢰와 믿음 등을 안기고 있다. 경험치와 내공 등을 충전하면서 쌓은 자신감과 여유는 경기가 거듭될수록 더 올라갔고, 클로저로 보직 전향 초기의 시행착오 속에서도 본연의 가치를 잃지 않는 멘탈도 강철에 가깝다.

20대 초반의 나이는 사회적으로 모든 면에서 서툰 게 많은 연령대다. 법적으로 성인 신분에 올라섰다고 한들 개인의 정체성이나 가치관, 사고 등이 온전하게 정립되기 힘들다. 이 부분을 놓고 보면 아직은 어린 티가 많이 남아있을 수밖에 없다. 하지만 박영현의 성장기를 보면 어린 티는 전혀 찾아보기 어렵다. 오히려 선배들보다 더 완숙미와 여유가 철철 흐르는 모습은 클로저의 조건을 그대로 답습하고 있다는 평가다. 클로저 보직 전향 초기의 시행착오를 학습의 모토로 삼으면서 진보를 거듭하는 박영현의 성장기는 향후 비슷한 연령대 MZ 세대들과 후세대들에게도 환경의 변화, 보직 전향 등을 숙명처럼 마주하게 되는 파도에도 특색과 재능 등의 표출이 얼마나 중요한가를 대변해 준다고 봐도 어색하지 않다. KT의 차세대 프랜차이즈 스타를 넘어 KBO리그 대표 클로저로서 무한한 싹을 지닌 박영현의 성장기가 얼마나 더 화려하게 쓰일지 그래서 궁금증이 커진다.

차세대 왼손 거포의 가공할 만한 폭발력
- 삼성 김영웅

◎ 젊은 자원들을 잘 활용해서 성공적인 세대교체를 도모하는 일은 스포츠팀뿐만 아니라 모든 사회 집단에 반드시 필요한 부분이다. 젊고 유망한 자원들이 가진 재능이나 특색 등을 잘 표출할 수 있는 터전이라는 인식을 생성하기 위한 노력이 가미되어야 한다. 어차피 젊은 나이에는 경험치나 내공 등이 기존 세대들보다 한없이 부족하다. 사회 초년병의 티가 한껏 묻어나기에 여러모로 미진하고 미숙함이 도출되는 것은 너무나 당연하다. 경험치와 내공 등은 연차가 거듭되면 착실하게 쌓이는 부분이다. 가진 재능과 특색 등의 표출을 장려하면서 기존 시스템의 이해와 흡수 등을 꾀하는 것이 성공적인 세대교체를 부르는 핵심이다. 한창 배워야 될 시기에 눈앞에 상황이나 결과에 옭아맨 나머지 특색과 재능 등을 억누르는 방향은 집단의 발전을 가로막는 큰 리스크다. 겉으로는 인재 발굴을 외치면서 뒷구멍으로는 젊고 유능한 인재들의 성장을 가로막는 이중적인 행태는 현대 사회의 서글픈 단면 중 하나다. 스포츠팀과 모든 사회 집단이 젊은 자원들의 개개인별 특색이나 재능 등을 마음껏 표출할 수 있도록 장려하는 방향이 그래서 중요하다. 성공적인 세대교체를 넘어 집단의 순환성을 띠면서 중·장

기적인 '마스터 플랜' 확립 등을 도모하는 레퍼토리는 적극 장려해야 하는 사항 중 하나다.

그 와중에 2024년 KBO리그에서 젊은 피들의 성장에 가장 미소를 지은 팀이 있다. 다름 아닌 삼성 라이온즈다. 오랜 암흑기 속에서도 야수 포지션에 있는 젊은 피들이 하나둘 싹을 드러내는 시점에 2024년은 젊은 유망주들의 싹이 화려하게 트면서 시즌 전 하위권의 예상을 보기 좋게 뒤집었다. 팀 내야의 미래이자 차세대 거포 김영웅(22)은 2024년 KBO리그에서 김도영 못지않은 최고의 히트상품으로 불려도 손색없었다. 물금고(경남) 시절부터 뛰어난 타격 능력과 펀치력, 빠른 배트 스피드 등으로 각광받은 김영웅은 2022년 2차 1라운드 3순위로 삼성에 입단해 지난 2년간 프로 무대의 냉혹함을 절감했지만, 프로 3년 차인 올 시즌 친구 김도영과 함께 KBO리그 대표 '영건'으로 눈도장을 제대로 찍었다. 마침 삼성의 혜안은 김영웅의 비상에 날개를 활짝 펼치게 했다. KT와 원정 개막 2연전 스윕에도 내리 8연패에 당하며 허우덕대던 팀 상황에 젊은 피 위주로 실타래 마련을 모색한 박진만 감독과 코칭 스태프의 계산은 일종의 '겜블'이었다. 가야 할 길이 구만리인 상황에 경험이 일천한 자원들의 출전 빈도를 늘렸다가 좋지 못했을 때 후폭풍, 젊은 피들의 경험 부족에 따른 라인업 변화의 화살 등 팀과 코칭 스태프들로 하여금 비난의 표적이 되기 좋은 구조였다. 그러나 삼성의 '겜블'은 대성공이었다. 이에 김영웅은 폭발적인 장타력을 선보이며 삼성 타선의 화력을 더했다. 프로 3년 차, 한국 나이 22세라곤 믿기 어려울 정도로 타석에서 침착함을 잃지 않으며 상대 투수의 볼 배합, 구종 등에 대한 시야를 키웠다.

　적극적인 스윙을 토대로 양질의 타구를 양산하며 가성비 '갑(甲)'을 뽐냈다. 빠른 배트 스피드로 무시무시한 타구 속도를 나타내는 타구의 질은 타자 친화적인 대구삼성라이온즈파크와 안성맞춤이었다. 빠른 배트 스피드와 손목 힘의 시너지가 환상적으로 어우러지면서 장타 생산은 더 위력이 배가됐다. 홈런공장장의 한 축으로서 펑펑 쏘아올리는 대포는 '빅 볼' 색채를 더 진하게 물들였다. 2024년이 사실상 첫 풀시즌이었던 탓에 시즌 중·후반을 거듭할수록 체력적인 부분에서 많은 어려움이 존재했지만, 클러치 상황에서 폭발력은 상대 투수들에 큰 화약고로 불렸다. 실제로 삼성의 '김영웅 효과'는 엄청났다. 팀의 프랜차이즈 스타 구자욱과 박병호, 강민호 등 쉬어갈 틈새라곤 보이지 않는 팀 타선의 위엄에 콘택트 능력과 장타력 등을 두루 겸비한 김영웅의 존재는 상대 투수가 승부를 거르기 어려운 환경을 조성했다. 공격적인 승부를 즐기는 성향상 삼진 빈도가 많기는 해도 클러치 상황에서 가공할 만한 장타력은 존재 자체만으로도 어마어마한 위압감을 조성했다. 상대로 하여금 경기 중·후반 긴장의 끈을 더욱 놓을 수 없는 팀의 이미지를 생성시키는 효과를 낳았다. 공교롭게도 김영웅의 등장과 함께 팀 성적도 동반 상승을 이뤘다. 그야말로 팀과 개인의 '윈-윈'이다.

　KT와 개막 원정 시리즈 스윕승 이후 8연패로 내리막길을 탔던 팀 성적이 8연패 탈출의 시발점이던 광주 KIA와 2차전 승리 이후 다시금 연승 모드로 전환되면서 상승 궤도를 탔다. KIA 원정 위닝 시리즈와 함께 곧바로 롯데와 사직 3연전을 모두 쓸어담으며 승패 마진을 양수로 만들었다. 이후 KIA, LG와 치열한 선두권 싸움을 벌이면서 환골탈태함을 뽐냈다. 2016년부터 대구삼성라이온즈파크 시대를 연 삼성은 2024년 시즌 무시무시한 대포를 양산하며 상대 투수들에 큰 피로감을 안겼다. 그간 홈런과 피홈런 비율이 음수를 나타냈던 수치가 2024년에 비로소 양수를 넘어서며 구장 특수를 누렸다. 무수한 홈런포 속에 김영웅이 올 시즌 페넌트레이스에서 쏘아 올린 홈런은 28개다. 시즌 개막 후 약 2주 정도 흐른 시점부터 스타팅에 고정되면서 이뤄낸 것임을 감안하면 엄청난 숫자다. 개막부터 풀타임으로 고정됐으면 30홈런은 충분히 넘어설 수 있었다. 더군다나 시즌 중반 햄스트링 부상으로 이탈한 시간까지 꽤 길었던 터라 장타 생산에 따른 폭발력과 효율은 '혜자' 수준이다. 지난 2023년 시즌까지 기나긴 암흑기를 벗고 재도약의 기틀 장만에 분주함을 나타낸 삼성이 2024년 시즌 하위권이라는 예상을 깨고 줄곧 상위권을 유지할 수 있었던 주동력에서 김영웅의 폭발력을 빼놓고 얘기하기 어려웠다. 그러면서 내야 리빌딩 틀 완성이라는 일거양득도 확실하게 누렸다. 페넌트레이스에서 튼 싹은 포스트시즌까지 쭉 이어졌다.

데뷔 처음으로 포스트시즌 엔트리에 이름을 올린 것도 모자라 큰 경기에서도 가공할 만한 폭발력을 양산했다. 오히려 큰 경기의 중압감이라곤 전혀 찾아볼 수 없었다. LG와 플레이오프 1, 2차전에서 연거푸 대포를 쏘아 올리며 시리즈 분위기를 달궜다. 단기전의 특성상 대포 한 방에 의해 분위기가 요동치는 판세는 김영웅의 대포 생산과 함께 삼성 쪽을 향하는 주 요인이었다. 3차전에서는

7회 초 0-1의 핀치 상황에서 우익수 방면으로 총알 같은 타구로 라인드라이브성 3루타를 만들었다. 후속타 침묵에 아쉬움을 삼켰어도 빠른 배트 스피드와 타구 속도로 LG 수비 진땀을 빼는 타구의 질은 말 그대로 나무랄 데 없었다. 4차전 결승 홈런으로 시리즈를 종결시킨 강민호의 결승 홈런이 워낙 큰 임팩트를 남기면서 다소 가려진 감은 있지만, 시리즈 내내 LG의 진땀을 뻘뻘 흘리게 만들기에는 충분했다. 더군다나 김영웅의 1, 2차전 홈런이 2015년 이후 9년 만에 한국시리즈 입성이라는 결과물 쟁취에 디딤돌이 됐다는 것은 누구도 이의를 달지 못한다. KIA와 한국시리즈에서도 김영웅의 대포는 멈출 줄 몰랐다. 사상 초유의 2박 3일 서스펜디드 여파로 '빛고을' 광주에서 2연패를 범하고, 달구벌 대구로 이동한 3차전 홈런포로 팀에 귀중한 4-2 승리를 안겼다. 5차전에서는 1회 초 '대투수' 양현종에 솔로 홈런을 뽑아내며 초반 팀 분위기를 달궜다. 특히 김영웅의 포스트시즌 기간 뽑아낸 홈런 4방은 KBO리그 역사의 한 페이지를 새롭게 쓰는 결과를 낳았다. 바로 단일 포스트시즌 최연소 홈런 기록이다. 1999년 54홈런을 쏘아 올리며 야구계를 떠들썩하게 했던 이승엽의 종전 포스트시즌 최연소 홈런 기록인 23세 2개월 2일을 무려 2년(21세 2개월 4일)이나 앞당긴 것이다. 무엇보다 2024년이 풀타임으로 소화한 첫 시즌이라는 점에서 더욱 놀라움을 자아낸다. 포스트시즌 시리즈의 중압감에 아랑곳하지 않고 본연의 특색을 마음껏 표출하며 홈런 타자로서 싹이 무한함을 그대로 증명했다.

최근 고졸 야수들의 홈런 타자 품귀 현상이 가속화되는 추세, 그리고 타 포지션에 비해 진입 장벽이 높은 야수 포지션의 풍토 등 모든 면을 고려할 때 김영웅의 단일 포스트시즌 홈런 신기록은 당분간 깨지기 힘든 업적으로 자리할 가능성이 크다. 2014년 이후 10년 만에 한국시리즈 정벌의 뜻은 이루지 못했어도 2024년 한 해 김영웅이 보여준 폭발력은 기나긴 암흑기를 청산하고 명가재건을 꿈꾸는 삼성의 비전을 더 밝히게 했고, 내야 리빌딩의 틀 완성으로 팀 짜임새를 더하는 효과를 기대케 하기에 충분했다. 양산시와 지역 유관 단체 등의 적극적인 지원과 투자를 바탕으로 2015년 창단한 물금고 야구부 출신의 첫 프로선수인 김영웅의 성장 그래프가 우상향으로 쭉 이어질지 궁금해지는 바이다. 그리고 서로 다른 스타일을 지닌 친구 김도영과 같은 포지션에서 향후 라이벌 구도 형성으로 라이벌리 연출에도 기대가 더 커진다. 각기 다른 스타일 속에서 피어오르는 폭발력을 지켜보는 재미가 남다른 만큼 김도영과 라이벌 구도는 향후 KBO리그와 한국 야구에도 큰 플러스 알파가 될 전망이다.

'신데렐라'의 탄생, 그리고 1군 연착륙
– 롯데 윤동희

⚾ 사람은 살면서 많은 변화와 마주한다. 빠르게 급변하는 세상의 흐름에 맞게 저마다 한 인격체로서, 한 직업군의 일원으로서 일어나는 변화는 각자 라이프에 떼려야 뗄 수 없는 실과 바늘과도 같다. 운동선수의 세계도 예외는 아니다. 아니 일반 사회보다 더하면 더했지, 덜하지 않다. 프로라는 무대는 그야말로 '초정글'이다. 아무리 보여준 스탯이나 퍼포먼스가 좋아도 경쟁이라는 필수 불가결인 요소가 늘 도사린다. 여기에는 내·외부 요인이 다 숨어있다. 비즈니스인 프로의 특성에 매년 선수단 개편은 포지션별로 긴장감을 잔뜩 불어넣으며, 취약 포지션 보강을 통한 전력 강화는 기존 자원에 비상등을 자연스럽게 켜게 만든다. 거기에 내부 경쟁자들의 생존을 위한 발버둥도 여간 부담스러운 요소가 아니다. 이 부분 자체가 선수로서 가치 구현에 대단히 영향을 미친다. 살벌한 경쟁 구도 속에서도 다른 방법으로 생명줄을 연명하려는 경우들이 즐비하다. 핵심은 포지션 변화다.

아마추어에서 프로 무대로 올라오는 선수들에게 포지션 변화는 팀 사정과 개인 특색 등에 맞게 이뤄진다. 먼저 해당 포지션 포화 상태의 영향에 있다. 제아무리 아마추어 무대에서 좋은 활약상을 보여준 이들이라고 한들 프로 무대에서 경험치와 내공 등이 단단한 자원들을 넘어서는 작업은 계란으로 바위를 치는 것 못지않게 버겁다. 144경기의 장기 레이스는 아마추어와 달리 훨씬 타이트하고 피로감이 더하며, 경기 운영과 분석 등 또한 치밀하다. 또 하나는 훈련이나 경기 때 공-수 양면에서 특색이 포지션 변화와 맞물리면 더 물들여질 것이라는 코칭 스태프의 계산이다. 해당 포지션에서 한 가지의 특색이 뚜렷하거나 경쟁력 저하 판단 등을 이유로 포지션 변화가 이뤄진다. 선수로선 커리어에 새로운 국면을 맞이하는 상황에 이른다. 이를 거울삼아 내부 순환 구조를 더 확립하려는 계산도 깔려있다. 기존 자원의 포지션 이동을 통해 해당 포지션 경쟁 구도를 더 끌어올리고, 내부 순환 구조 확립으로 팀과 개인의 '윈-윈'을 도모하기 위한 복안이다. 야구뿐만 아니라 타 종목을 통틀어도 포지션 변화를 통해 선수로서 큰 터닝포인트를 맞은 이들이 즐비하다.

롯데 자이언츠 신성 윤동희(22)는 포지션 변화를 통해 선수 커리어를 새롭게 열어젖힌 케이스 중 하나다. 고교 시절 안산공고에서 야탑고(이상 경기)로 전학 온 윤동희는 체력 부담이 큰 포지션 중 하나인 유격수 포지션에서 장타력과 파워, 주루 등을 두루 겸비한 자원으로 일찍이 각광받았다. 장타력과 파워 등을 겸비한 유격수 자원들의 희소가치는 프로팀의 군침을 절로 돌궜고, 2022년 롯데에 2차 3라운드로 입단하면서 프로 커리어를 열어젖혔다. 프로 입단과 함께 롯데의 취약한 내야 포지션 미래로 불렸지만, 프로 무대의 냉혹함은 윤동희에게도 예외가 아니었다. 데뷔 첫 시즌인 2022년 4경기에 출전하며 높은 벽을 절감했다. 경험과 노련미의 부족이 여실히 드러난 데다 같은 포지션에 이학주와 박승욱, 2023년 FA로 롯데에 입단한 노진혁 등이 버티고 있어 비집고 들어갈 틈이 보이지 않았다. 하지만 뛰어난 장타력과 파워를 겸비한 자원이라는 특색은 쉽게 지나치기 어려웠다. 내야보다 타격에 전념하기 수월한 외야수로 포지션 전향은 되려 '신의 한 수'가 되는 전화위복을 불러왔다.

프로 2년 차인 2023년부터 출전 시간을 차츰 늘린 윤동희는 뛰어난 장타력과 파워 등을 바탕으로 팀 플랜에 빠르게 연착륙했다. 외야 포지션에 대한 흡수력과 노력 등이 더해지면서 낯선 포지션의 적응 리스크도 최소화했다. 마침 팀 상황도 윤동희에게 든든한 날개였다. 2023년 시즌 당시 안권수와 황성빈 등 외야 자원들의 줄부상은 자연스레 윤동희의 활용도 극대화를 불러왔다. 유격수 출신으로서 강한 어깨와 송구능력 등을 외야에서도 십분 발휘하며 팀 최고의 '신데렐라'로 자리매김했다. 2023년 당시 5월까지 선두를 놓고 치열하게 경합하다가 얇은 선수층과 투-타 엇박자 등의 한계에 발목 잡히며 가을야구 탈락의 쓴잔을 들이킨 롯데에도 외야 부상 악령 속에서도 혜성같이 등장해 팀에 큰 기여도를 세운 윤동희의 발견은 '걸작'이었다. 일천한 경기 경험과 첫 풀시즌 소화 등의 리스크를 딛고 엄청난 파워와 장타력을 선보이며 팀 타선에 소금을 팍팍 뿌렸고, 빼어난 운동능력과 빠른 발 등을 기반으로 상대 배터리를 흔드는 역할도 마다하지 않았다.

2023년 시즌 초반부터 보여준 윤동희의 포텐은 기어코 국제무대까지 휘몰아 감았다. 다름 아닌 2022 항저우아시안게임 대표팀 승선에 있다. 윤동희의 아시안게임 엔트리 승선은 한 편의 휴먼 드라마에 가깝다. 부동의 외야 자원으로 불린 이정후(現 샌프란시스코 자이언츠)가 부상으로 낙마한 상황에 최지훈(SSG랜더스)과 김성윤(삼성 라이온즈), 최원준(KIA타이거즈)으로 외야 엔트리를 추리면서 윤동희의 자리는 보일 수 없었다. 투수 1명이 소중한 국제무대의 특성을 고려할 때 외야수 1명을 충원하는 후폭풍 또한 간과하기 어려웠다. 그런데 여기서 반전이 일어났다. 당초 엔트리 합류가 유력시됐던 이의리(23, KIA타이거즈)가 부상과 부진으로 신음하자 대체 선수로 윤동희의 광저우발 비행기 탑승이 극적으로 이뤄진 것이다. 윤동희의 공격력을 통해 팀 화력을 더 높이면서 레이스를 끌고 가려는 류중일(62) 감독의 용단은 파격적이었다. 그렇게 해서 윤동희의 생애 첫 태극마크가 실현됐다. KBO리그와는 다른 국제무대의 특성과 중압감이 어깨를 짓눌렀지만, 윤동희의 폭발력은 대표팀에 큰 에너지였다. 노시환, 강백호(KT위즈) 등과 대표팀 타선을 책임지면서 중추적인 역할을 소화해냈다. 중·장거리 타자로서 뛰어난 장타 생산에 클러치 상황의 폭발력은 새로운 '국제용' 타자의 탄생을 알리기에 충분했다. 드라마틱한 대표팀 승선과 함께 선물 보따리도 두둑했다. 운동선수뿐만 아니라 대한민국 남성들의 가장 큰 골칫덩어리인 병역 문제를 금메달 획득으로 단번에 해결하며 공백기 없는 커리어 연명과 개인 훈장 등의 선물 보따리를 두둑하게 챙겼다. 항저우아시안게임 출전과 함께 11월 아시아프로야구챔피언

십(U-23)에도 출전해 노시환, 김도영 등과 대표팀 타선을 책임지며 여전한 존재 가치를 나타냈고, 1년에 돈 주고도 못 살 경험치를 2번이나 쌓으면서 잊지 못할 한 해를 장만했다.

2023시즌 종료 직후 김태형 감독 체제로 팀이 개편되면서 새로운 국면을 맞은 와중에도 윤동희의 활약상은 여전했다. 오히려 중장거리 타자로서 스탯이 향상되면서 팀 플랜의 대체 불가로서 롯데 팬들의 설렘을 한없이 자극했다. 풀시즌 2년 차를 맞아 경험치가 한껏 축적되면서 상대 투수와 수 싸움에 대한 대처가 좋아졌다. 끈질긴 승부를 통해 상대를 물고 늘어지면서 상대 투수들의 심리적인 압박감을 더 키웠다. 그러면서 타석에서 여유가 생기는 것은 자연스러운 단계였다. 무엇보다 눈에 띄는 부분은 바로 장타력이다. 고교 시절부터 장기였던 장타력과 파워가 강한 리드오프의 특색과 함께 자연스럽게 빛을 냈다. 프로 데뷔 3년 만에 두 자릿수 홈런을 때려내며 팀 화력을 높였다. 중장거리 타자로서 가진 재능이 껍질을 깬 것이다. 홈런 이외 강한 손목 힘을 바탕으로 타구 속도를 더하는 파워는 클러치 상황의 생산성을 높였다. 올 시즌 20홈런을 넘긴 타자가 전무했던 롯데 타선에 윤동희가 기록한 14개 홈런은 크나큰 단비였다. 일시적인 타격 주춤과 잔 부상에도 김태형 감독의 윤동희를 향한 신뢰는 풀시즌을 완주하는 데 큰 밑알이 됐다. 자이언츠 프랜차이즈 역대 최연소 한 시즌 150안타(156안타)까지 돌파하며 롯데의 차세대 프랜차이즈 스타로서 면모도 확실하게 뽐냈다.

손아섭(NC다이노스)의 FA 이적과 전준우의 체력 부담 등에 외야

세대교체 작업을 최근 분주하게 진행한 롯데의 씨앗이 뿌려지고 있는 증거가 윤동희의 성장세에 그대로 담겨있다. 팀은 또 한 번 가을야구 탈락의 쓴잔을 들이켰지만, 지난 2023년 풀시즌 완주와 2차례 국제대회 경험을 통해 진일보한 윤동희에 롯데와 롯데 팬들의 '엄빠 미소'는 멈출 줄 몰랐다. 윤동희의 유니폼과 굿즈를 착용하고 야구장을 방문하는 팬들의 빈도가 나날이 늘어나는 추세다. 젊은 선수들의 재능과 포텐, 각양각색의 매력 등에 흠뻑 빠져든 젊은 팬들의 동질감이 결합하면서 윤동희의 인지도는 더욱 상승 곡선을 그려가고 있다고 해도 과언이 아니다. 선배들의 뒤를 잇는 차세대 프랜차이즈 스타로서 무궁무진한 싹 또한 롯데 팬들의 미소를 절로 만개하게 만든다. 모든 스포츠에서 젊은 피의 등장은 팀의 세대교체 순환을 이뤄주는 매개체다. 젊은 피들이 전열에 합류하면서 기존 자원들과 시너지를 냈을 때 신-구 조화의 완성도가 높아진다. 그러면서 팬들의 지지도와 로열티 등이 고취되는 효과 또한 어마무시하다. 열광적인 팬덤으로 유명한 롯데에서 차세대 프랜차이즈 스타 윤동희의 등장은 스타 마케팅에도 탄력을 붙여주리라 기대하는 바이다.

3년 차에 터진 포텐 폭발로 심쿵
– 삼성 이재현, 두산 이병헌

⚾ 대한민국 모든 학교 운동부의 인지도를 가늠하는 척도가 하나 있다. 바로 재학생과 졸업생들의 프로 및 실업팀 입단이다. 학교 운동부라고 예외가 아닌 대한민국 교육 피라미드 구조 속에서 재학생과 졸업생들의 프로 및 실업팀 입단은 재학생들에 큰 동기부여를 심어주는 것뿐만 아니라 학습 효과 증진, 팀 명맥 계승 등에 있어서도 파급력이 크다. 뿐만 아니라 재학생과 졸업생들의 취업에 따른 취업률을 보고 해당 학교로 입학을 원하는 학부모들로부터 쫙 퍼지는 입소문은 학교 운동부 인지도를 더 높이는 결과를 가져온다. 대개 운동부 인지도는 소위 명문 학교로 불리는 팀들에 많이 쏠려있다. 각종 대회에서 호성적뿐만 아니라 배출된 스타플레이어들의 존재, 오랜 역사와 전통 등이 뿌리 깊게 박힌 영향이 크다. 인재 양성이라는 모토 하에 모든 노력을 아끼지 않은 코칭 스태프들과 학교의 노력이 선수 스카우트, 운동 환경 조성, 운동부 투자 강화, 운동부 이미지 제고 등의 부가 가치 창출로 직결되는 부분도 쉽게 간과할 수 없다. 운동선수로의 꿈을 키워가는 자식을 좋은 학교에 보내고 싶어 하는 학부모들의 심리와 운동부 인지도의 상관관계가 인지도 향상과 맞물리면서 더 고착화된다고 볼 수 있는 부분이다.

대구 수성구와 함께 대한민국에서 높은 교육열의 '쌍두마차'를 이루는 서울 강남 8학군에는 오랜 역사와 전통을 가진 고교 야구팀이 3팀이나 있다. 개교 100년이 넘은 경기고와 휘문고, 8.15 해방 이듬해인 1946년 개교한 서울고는 일반 학생들의 학업뿐만 아니라 야구로도 대한민국 야구 발전의 뿌리를 지탱해 온 학교들이다. 1907년 조선 학교 최초로 야구부를 창단하면서 쭉 맥을 이어가고 있는 휘문고와 창단과 해체를 거쳐 야구부가 재창단한 경기고, 서울고 모두 다수의 스타플레이어가 배출되면서 인지도를 높이는 공통분모를 안고 있다. 이 중 1973년 재창단한 서울고는 최근 재학생 및 졸업생들의 성공적인 취업에 미소를 짓는 학교 중 하나다. 김동수와 이상훈, 박건우, 안치홍 등 야구 팬이라면 이름만 들어도 알 만한 전·현직 스타플레이어들이 거쳐 간 학교로 인지도가 자자한 데다 재학생 및 졸업생이 취업 시장에서 프로팀의 픽을 활발하게 받으면서 취업 시장의 숨은 강자로 군림하고 있다.

　2018년 신인왕 강백호와 2019년 신인왕 정우영(LG트윈스)을 필두로 최원준(KIA타이거즈), 최원태(삼성 라이온즈), 장현식(LG트윈스) 등이 각 팀에서 왕성한 활약상을 뽐내며 야구부와 교내 위상을 한껏 드높이고 있다. 2022년을 끝으로 역사의 뒤안길로 사라진 KBO리그 1차 지명에서 서울고 출신 2명이 각 팀의 마지막 1차 지명자로 이름을 남기는 이정표는 최근 서울고의 취업 강세를 더 도드라지게 만들었다. 주인공은 좌완 파이어볼러 이병헌과 전천후 유격수 이재현이다. 어제의 적이 오늘의 동지가 되고, 어제의 동지가 오늘의 적이 되는 운명은 철저한 비즈니스 세계인 스포츠의 세계에서 흔하게 볼 수 있는 광경이다. 각자 특색과 재능이 팀의 니즈, 비즈니스 코드로의 일치가 이뤄져야 하는 것은 물론, 팀의 밸런스, 구성원과 시너지 등도 빼놓을 수 없다. 모든 면에서 종합적으로 어우러지는 것도 필수적이라 재회와 이별의 반복은 스포츠에서 하나의 코스와도 같다. 사실 이들의 인연은 상당히 흥미롭다. 우리네 흔히 어린 시절 기억을 떠올리면 된다. 어린 시절 교우 관계에서 친구 혹은 선·후배와 심하게 싸우다가 입은 상처가 평생 가는 일은 아마 많은 이들이 겪어봤을 것이다. 이게 장난이든, 진짜든 싸우면서 입은 상처는 내면을 멍들게 만든다. 그런데 스포츠에서 싸움은 물리성과는 거리가 있다. 오히려 제도라는 테두리 안에서 정당성에 의한 싸움이다. 이병헌과 이재현의 어린 시절이 딱 그랬다.

2015년 제12회 씨앤앰케이블TV기 초등야구대회 파이널에서 투-타 매치업은 서로 희비를 극명하게 교차시켰다. 역삼초(이병헌)와 이수초(이재현) 유니폼을 입고 벌인 투-타 매치업은 마치 프로 선수들을 연상케 했다. 먼저 이병헌이 1회 초 이재현을 삼진으로 돌려세우며 미소를 지었지만, 3회 초 0-0 상황에서 이재현이 이병헌을 맞아 선제 솔로포를 때려내며 매운맛을 제대로 선사했다. 서로 투-타 매치업에서 '장군멍군'을 불렀지만, 야구는 역시 팀 스포츠였다. 투수 겸 타자로 나선 이재현이 연타석 홈런으로 팀의 3득점을 모두 책임지며 원맨쇼를 뽐내고도 정작 파이널 결과는 역삼초의 6-3 승리로 종결됐다. 한창 자라나는 연령대에 배움의 모토를 구현하면서 가진 특색을 마음껏 표출한 이들의 매치업은 스포츠가 주는 교육적 가치 구현에도 딱이었다. 팀의 패배와 함께 뜨거운 눈물을 흘리면서 아쉬움을 삼킨 이재현과 팀 챔피언으로 미소를 지은 이병헌의 희비는 교차됐지만, 향후 성장 그래프를 그리는 데 있어 좋은 자양분과도 같다는 사실은 너무나 자명했다.

초등학교 졸업 이후 영동중(이병헌), 선린중(이재현)으로 진학하면서 꿈을 거듭 키워간 이들은 야구 명문 서울고에서 비로소 한솥밥을 먹게 됐다. 서울고 진학 이후 이들은 각자 특색과 재능을 각종 대회에서 어김없이 표출하며 주가를 높였다. 먼저 이병헌은 좌완임에도 150km에 육박하는 빠른 볼과 위력적인 구위로 파이어볼러의 싹을 피어오르게 했다. 고교 2학년이던 2020년 주말리그와 각종 대회에서 엄청난 퍼포먼스를 뽐내며 강렬한 임팩트를 남겼다. 힘으로 타자들을 압도하는 파워는 또래 레벨에서는 가히 최고 수준이었고, 봉황대기 대회에서는 팀의 준우승과 함께 감투상을 수상하며 시장성을 높였다. 3학년 진급과 함께 서울권 1차 지명 후보로 강력하게 대두된 이병헌은 3학년 때 왼쪽 팔꿈치 부상으로 주춤하면서 날갯짓이 꺾이는 듯했지만, 2학년 때 보여준 투구 내용과 포텐, 가진 특색 등만큼은 확실하게 인정받으면서 두산의 마지막 1차 지명자로 이름을 올렸다. 3학년 여름 왼쪽 팔꿈치 부상으로 수술대에 오르면서 기나긴 재활을 거치게 된 이병헌에게는 프로 무대 연착륙을 위한 충전의 시간과 다를 바 없었다. 두산 또한 팀의 미래를 책임질 유망주를 관리하고 육성하는 데 있어 일보전진을 위한 2보 후퇴나 마찬가지였다. 긴 재활을 거쳐 데뷔 첫 시즌인 2022년 9경기에 등판하며 나름 학습력을 키운 이병헌은 이승엽 감독 체제로 개편되면서 팀내 입지를 조금씩 넓혀나갔다.

2023년 시즌 주로 추격조에 포진하면서 36경기에 나와 5홀드를 기록하며 향후 필승조 도약 가능성을 높였다. 왼손 계투진이 부족한 두산의 팀 상황에 이병헌과 같은 젊은 왼손 계투 자원의 발굴은 좌우 밸런스 유지와 계투진 높이 강화 등에 있어 플러스를 가져오기에 충분했다. 2년간 1군 무대 면역력을 키운 이병헌은 3년 차가 된 2024년 마침내 가진 포텐을 만개했다. 이승엽 감독을 비롯한 코칭 스태프의 전폭적인 지지와 신뢰 속에 추격조에서 필승조로 신분이 상승하면서 팀 내 비중이 더 커졌고, 위력적인 구위와 함께 빠른 볼과 슬라이더를 고루 섞는 투구 패턴으로 운영의 묘를 더하며 팀의 핵심 셋업맨으로 거듭났다. 잦은 등판에 따른 혹사 논란이 끊이지 않고도 투철한 사명감을 바탕으로 멀티 이닝도 마다하지 않으며 좌완 계투진 갈증을 말끔히 해갈시켰다. 경기 중·후반 이병헌이 좌타자들을 효과적으로 제어해 준 덕분에 선발 로테이션 붕괴에 따른 '불펜 야구' 의존도 심화의 우려에도 줄곧 5강권을 유지할 수 있었다. 무엇보다 좌병헌-우택연의 영건 불펜 듀오 결성은 계투진의 무게감을 입히면서 어느 팀과 견줘도 뒤지지 않는 계투진 높이를 구축하게 됐다. 이병헌이 좌타자 스페셜리스트로 상대 타선을 봉쇄하면 곧바로 클로저 김택연이 배턴을 물려받는 레퍼토리는 두산의 승리 공식으로 자리했다. 이는 두산이 2024년 선발 로테이션 붕괴에도 생명줄을 늘리는 동력이었다.

KBO리그 투수 중 가장 많은 77경기에 나와 6승 1패 1세이브 22홀드 평균자책점 2.89의 스탯은 타고투저 양상 속에서도 정상급 계투의 진면목을 드러내는 지표다. '마당쇠' 기질을 한껏 뽐낸 이병헌의 헌신은 팀 역사와 KBO리그 홀드 역사마저 새로 쓰는 결과를 낳았다. 9월 14일 잠실 KT 전에서 홀드를 추가하며 2001년 차명주가 가지고 있던 역대 베어스 좌완 최다 홀드 기록인 18홀드 기록을 뛰어넘었고, 사흘 뒤 잠실 삼성전에서도 홀드를 보태면서 만 21세 3개월 13일의 나이로 종전 정우람이 2006년 세운 KBO리그 역대 최연소 좌완 20홀드(만 21세 3개월 23일)의 기록을 열흘 앞당기면서 KBO리그 홀드 부문 신기원을 써내렸다. 팔꿈치 수술이라는 큰 리스크에도 파이어볼러로서 싹과 포텐 등을 보고 1차 지명자로 이병헌을 지목한 두산의 혜안과 안목은 기어코 좌완 계투 확보와 계투진 높이 강화 등의 일거양득을 이끌어냈다. 사실상 첫 풀시즌과도 같았던 2024년 한 해 이병헌의 퍼포먼스는 큰 수확으로 선수단과 팬들 모두를 미소 짓게 만들었다.

 운동선수에게 부상은 치명적이다 못해 수명과도 연관된다. 더군다나 아직 여물지 않은 연령대에 부상은 더 그렇다. 피지컬이나 체격 조건의 완성이 덜 된 상태에서 부상은 정도에 따라 수명을 낮추는 결과를 초래한다. 제아무리 혈기왕성한 연령대라도 아픈 것 앞에는 장사 없다는 말이 괜한 얘기가 아닌 이유다. 야구뿐만 아니라 모든 스포츠에서 어린 시절 유망주로 칭송받은 이들이 성인이 된 이후 꽃피우지 못하고 일찍이 필드를 떠나는 주 요인이 부상에 있다고 봐도 무방하다. 그래서 부상에 따른 인내는 굉장히 쓰다. 그럼에도 이병헌은 팔꿈치 수술에 따른 재활을 오히려 전화위복으로 삼으면서 가진 포텐과 재능을 활짝 꽃피운 케이스다. 잦은 등판에 따른 피로도 심화와 혹사 논란 등의 우려에도 팀을 위해 모든 에너지를 불태우는 헌신은 학습효과의 증대와 맞물려 동기부여를 더 촉진시키는 자산과도 같다. 나무가 아닌 숲을 보라는 말을 한다. 이 말은 눈앞의 것에 너무 옭아매는 것이 아닌 긴 안목을 가지고 바라봐야 한다는 말이다. 당장 눈앞의 상황에 옭아맨 나머지 다음을 보지 못하거니와 놓치는 일들이 현대 사회에 너무나 비일비재하다. 속도전에 얽매인 서글픔이 아닐 수 없다. 그런 측면에서 이병헌의 2024년 포텐 만개는 의미가 깊다. 수술과 재활 등의 인고의 시간 속에서도 긴 안목을 가지고 1군 무대 연착륙을 위한 과정을 잘 밟으면서 맺어진 결과물이라 더 그렇다. 대개 파이어볼러들의 특징 중 하나인 제구력 불안이 여전한 개선점으로 대두되고 있지만, 경험치와 내공 등의 향상을 토대로 하나하나 채워가면 마운드 위에서 파워를 더 배가시킬 여지가 높다. 두산의 마지막 1차 지명자로서 비로소 팀의 주요 자원으로 거듭난 이병헌의 성장 그래프가 우상향을 쭉 나타낼지 더 궁금증이 증폭되는 바이다.

어린 시절 경험은 발전적인 방향에 큰 자양분이 된다. 아직 모든 것이 완벽하지 않은 나이대에 미숙함을 노출하는 것은 너무나 자연스러운 일이다. 본래 술도 첫술에 배부를 수 없다고 하지 않는가? 모든 사람에게 100% 완벽은 존재하지 않는다. 어차피 어린 시절에는 부딪히고 숱한 깨짐이 다반사다. 하지만 어린 시절 축적한 경험이 적어도 자신만의 스타일과 특색 등이 정립되는 모토가 된다는 것만큼은 부정하기 어렵다. 특히 고졸 신인 선수들에게 경험은 대단히 중요하다. 아마추어와 차원이 다른 프로의 세계에서 1군 무대의 경험치 충전은 돈 주고도 못 살 소중한 자산이다. 어차피 프로 무대에 오면 아마추어 시절 이름이 있는 선수들이라고 한들 타자와 투수 할 것 없이 상대 선수들에게 숱하게 깨지는 코스를 거쳐야 한다. 프로 무대의 치밀한 분석과 함께 투수와 타자들의 경험치와 내공 등도 갓 고교를 졸업한 선수들이 쉽게 넘볼 수 있는 요소가 아니다. 그러나 하나 변하지 않는 것이 있다. 바로 학습이다. 신인급 시절부터 쌓은 경험치를 통해 학습력을 더하는 부분이야말로 1군 무대에서 땀방울의 열매를 위한 코스다. 이러한 학습력은 선수들에게 1군 무대의 모토를 더 확립시킨다. 삼성 라이온즈 내야의 차세대 주자 이재현(22) 또한 신인 시절부터 쌓은 경험치를 바탕으로 입단 3년 차에 자신의 포텐을 폭발시킨 것이다. 많은 팬의 '최애' 선수로 거듭난 '원석'이다.

서울고 시절부터 촉망받는 유격수 자원으로 칭송받은 이재현의 삼성 입단은 어쩌면 운명에 가까웠다. 그도 그럴 것이 2019년 이후 직전 시즌 최하위 3팀을 대상으로 1차 지명 대상을 전국구로 확대한 시장성에 있다. 2020년 시즌 삼성이 8위로 시즌을 마무리하면서 전국구 1차 지명을 행사할 수 있게 된 것이다. 당시 내야 세대교체 작업에 골몰하던 삼성의 플랜에 이재현이 레이더망에 딱 포착됐고, 연고지 대구-경북 출신 선수들을 제치고 서울 출신인 이재현을 1차 지명하며 세대교체의 초석을 다졌다. 1년 선배 안재석(두산 베어스. 現 현역 입대)과 함께 2020년 봉황대기 준우승을 지휘하면서 이듬해 고교 3학년 진급 이후 뛰어난 수비력과 기본기, 강한 펀치력과 파워 등 공-수에서 자신의 특색을 마음껏 분출한 이재현의 포텐과 재능은 내야 세대교체뿐만 아니라 팀 미래 지향적인 가치 창출에 있어 분명 매력이 넘쳤다.

고교 최정상급 내야 자원으로 높은 시장 가치를 나타냈던 이재현은 2022년 삼성 입단과 함께 경험치를 착실하게 쌓으며 팀 내 입지를 다졌다. 데뷔 첫 시즌 주로 김상수의 백업으로 활용되는 와중에도 안정된 수비력과 핸들링, 캐칭 능력 등을 토대로 센터 라인의 수비력을 강화시켰다. 타석에서도 7개의 홈런을 때려내며 20대 초반의 당돌함을 뽐냈다. 데뷔 첫 시즌 공-수에서 차세대 내야 기둥으로 자신의 이름 석 자를 어필한 이재현에게 이듬해부터 라인업 고정은 날갯짓을 더 펼쳐 보이게 만든 기폭제였다. 김상수가 2번째 FA 자격을 얻고 KT로 이적하면서 팀의 유격수 자리를 꿰찬 이재현은 베스트로 첫 시즌을 마주하는 중압감, 유격수 포지션의 체력 부담이라는 이중고에도 젊은 선수답지 않은 수비력을 뽐내며 김상수의 그림자를 점차 지워나갔다. 데뷔 2년 만에 두 자릿수 홈런(12개)을 쏘아 올리는 펀치력을 자랑하며 팀 내야의 코어로 자리 잡았다. 뿐만 아니라 체력적인 부담 속에서도 강철 체력을 잃지 않으며, 시즌 내내 부상에 신음하던 팀에 어둠 속의 한 줄기 빛이 되었다. 투철한 사명감으로 팀 공헌도를 드높이며 에너지 공급을 덧칠했다. 시즌 막판 부상을 우려한 코칭 스태프의 판단에 144경기 전 경기 출전이 무산된 것은 아쉽지만, 빡빡한 스케줄 속에서도 143경기에 출전하는 투혼과 헌신은 박진만 감독을 비롯한 코칭 스태프들의 흐뭇함을 안기기에 충분했다.

대개 2년 차 선수들이 겪는 '2년 차 징크스' 없이 오히려 데뷔 시즌보다 진일보된 모습을 보인 이재현의 성장 그래프는 상향 곡선을 띠었다. 2023년과 달리 2024년은 어깨와 손목 등의 부상이 겹치면서 결장 경기가 많았지만, 세부적인 부분에서 2023년보다 발전된 모습을 보여주며 팀 화력의 무게감을 높였다. 클러치 상황에서 생산성과 집중력이 한층 좋아졌다. 선구안과 시야 등 역시 2023년 풀시즌 완주를 거울삼아 향상된 모습을 나타냈다. 무엇보다 적극적인 승부로 상대 투수를 끈질기게 물고 늘어지는 진득함은 볼 카운트 싸움에서 배터리들에 진절머리를 유발시켰다. 볼을 커트하면서 투수의 볼 개수를 늘리는 효과도 자연스럽게 불러왔다. 구자욱과 박병호, 강민호 등 언제든지 대포를 때려낼 수 있는 지뢰밭 타선에 중·하위 타순에서 이재현의 펀치력과 파워는 상대 배터리들에 공포감을 조성하는 것뿐만 아니라 전체적인 팀 타순의 연결고리를 매끄럽게 이뤄냈다. 타율이 2023년 .249에서 .260으로 1푼 이상 증가하면서 홈런 14개, 타점 66개로 지난 2023년보다 2홈런, 6타점이 올라갔다. 장타 지표의 향상과 함께 사사구와 삼진 숫자의 비율 또한 낮아지는 이상적인 방향을 나타냈다. 출루율과 장타율이 모두 상승을 이루는 것은 보너스였다. 부상 여파로 109경기에 출전한 것을 고려하면 성장세가 도드라짐을 엿볼 수 있다.

입단 3년 만에 포스트시즌 무대에 이름을 올린 이재현은 LG와 플레이오프 2차전에서 주루플레이 도중 발목 부상을 입으면서 많은 걱정과 우려를 자아냈지만, 오히려 부상에 아랑곳하지 않고 투혼을 불사르며 팀 내야 코어를 든든하게 지켜냈다. 타격보다 수비에서 공헌도가 높았다. 땅볼과 뜬공 타구를 물 흐르듯이 처리하는 핸들링과 포구로 LG의 찬스를 번번이 끊어냈다. 넓은 수비 범위를 뽐내면서 포구부터 송구까지 이어지는 침착함은 단기전=기본 구현의 공식을 그대로 정립했다. 그러면서 팀 분위기가 한껏 올라가는 것은 당연했다. LG와 플레이오프 2차전 당시 입은 발목 부상 여파에 의해 KIA와 한국시리즈에서는 다소 주춤했지만, 그래도 나름 의미 있는 결과물은 만들어냈다. 4차전에서 생애 첫 포스트시즌 대포를 가동한 부분에 있다. 4차전 당시 3회에만 7점을 헌납하며 일찍이 승기를 뺏긴 삼성 입장에서는 이재현이 기나긴 부진의 늪에서 손맛을 봤다는 자체만으로도 자그마한 위안이 되기에 충분했다. 이러한 이재현의 2024년은 삼성에 미소를 절로 만개하는 매개체로서 오늘보다 더 나은 내일을 기대하는 한 메아리라고 해도 과언이 아니었다.

흔히 젊은 세대들을 보고 나이가 깡패라는 얘기를 종종 한다. 이 말은 열정과 패기 등에서 기와 에너지가 펄펄 끓는 젊음이 주는 무기라서 그렇다. 100% 완벽함은 없다. 더군다나 20대 초반은 법적으로 성인 타이틀을 부여받지만, 여러 가지 면에서 여물지 않은 연령대. 그 과정에 미진함과 어설픔 등도 많이 노출된다. 깨지면서 발전한다고 하지 않는가? 20대 초반의 젊은 나이에도 거침없이 경험치와 내공 등을 축적시키면서 본연의 포텐을 드러내는 이재현의 성장 드라마가 앞으로 어떻게 써내려질지 궁금증이 커진다. '굴비즈(굴비처럼 줄줄이 붙어 다니며 친하게 지내는 부분에서 붙여진 별명. 삼성에서 김현준, 김지찬, 이재현을 일컫는다.)의 한 축인 이재현에 삼성 팬들의 미소가 더 번지는 일이 많아지는 초석과도 같으니까.

6. KBO리그 차세대 주자들의 자존심 싸움, 기록 브레이킹과 개인 타이틀

- 상성의 흥미로움, 땀의 열매

고교 시절부터 '천적'의 상관관계,
지켜보는 재미 UP!
– 노시환 vs 원태인, 정해영

⚾ 새로운 천 년의 시대가 열린 2000년. 20세기 마지막이자 제2 천년기를 마무리하는 해라는 상징성이 전 세계적으로 컸던 해이다. 2000년은 한국 사회에 의미가 깊은 해 중 하나다. 다름 아닌 2000년에 출생아 숫자가 반짝 증가 추세를 보였기 때문. 1990년대 후반 한국 사회를 뒤흔든 IMF를 전후 출생아 숫자 감소가 눈에 띄게 도드라지는 시점에 '밀레니얼' 시대 출범에 맞게 자녀들을 출생하려는 X세대 부모(2000년 출생자 부모들 연령대 상당수가 1970년대 초반 출생자들이다.)들의 욕구가 출생아 숫자의 반짝 증가를 부추기면서 2000년에만 63만7880명에 달하는 신생아가 세상으로 나왔다. 2000년 출생자를 두고 '밀레니엄 베이비', 우리말로 하면 '즈믄둥이'라고 칭한다. 사회 각계에서 2000년 출생자의 상징성이 강조되고 있는 와중에 스포츠 또한 예외가 될 수 없다. 특히 야구는 2000년 출생자가 '야구 붐'의 도화선을 지핀 연령대라는 점에 의미가 깊다. 위 연령대의 취학 직전인 2006년 WBC(월드베이스볼클래식) 4강의 업적은 어린이들로 하여금 야구에 대한 관심도를 더욱 끌어올리는 매개체가 됐고, 취학 이후에는 2008 베이징올림픽 '9전 전

승'의 신화가 대한민국 올림픽 역사상 하계 올림픽 남자 단체 구기 종목 첫 금메달로 이어지면서 야구에 입문하는 학생들이 증가했다.

야구 입문 학생들의 증가는 곧 고교야구 신생팀 창단 러시를 재촉하면서 짭짤한 파급력을 뽐냈다. 2006 WBC, 2008 베이징올림픽 등 국제대회 호성적과 함께 이를 지켜보고 꿈과 희망을 키우려는 학생들의 욕구 또한 덩달아 높아졌다. 이를 두고 '베이징 키즈'라고 불린다. '베이징 키즈'란 2008 베이징올림픽을 보고 야구를 시작한 선수들을 일컫는데, 2000년 출생자 역시 '베이징 키즈'의 범주에 속한다. 예년과 마찬가지로 위 시기 역시 지역별로 쓸만한 인재들이 줄줄이 쏟아진 연령대다. 지역 연고를 기반으로 출범한 프로야구의 토대에 각 지역의 우수 자원들이 고교를 넘어 한국 야구를 대표할 수 있는 차세대 자원으로 스포트라이트를 한몸에 받으면서 세간의 기대감은 증폭됐다. 이들이 고교 3학년이던 2018년 투-타 많은 새싹들의 무한한 포텐이 제대로 꿈틀댔다.

핵심 주자는 바로 노시환(25, 한화 이글스)과 원태인(25, 삼성 라이온즈)이다. 이들은 고교 시절부터 범상치 않은 아우라를 뽐내면서 많은 이들의 시선을 절로 고정시켰다. 경남고(부산) 입학과 함께 팀의 4번 타자를 꿰찰 정도로 파워와 장타력이 일찍이 탈고교급으로 불린 노시환은 1년 선배 한동희(26, 상무 야구단)와 함께 막강한 '쌍포'를 형성하면서 강렬한 아우라를 생성시켰다. 주말리그와 각종 대회 때마다 4번 타자의 진면목을 어김없이 뿜어내며 차세대 거포로 각광받았다. 과거 실업야구 제일은행에서 활약한 원민구 전 감독

(前 협성경복중 감독)의 아들인 원태인은 경북고 입학과 함께 저학년 때부터 팀의 에이스로서 투철한 책임감과 안정된 경기 운영 등을 바탕으로 가치를 드높였다. 고교 3학년이던 2018년 김기훈(現 KIA 타이거즈, 당시 광주동성고), 서준원(前 롯데 자이언츠, 당시 경남고)과 함께 고교 투수 영·호남 '트로이카'를 형성하면서 스포트라이트 세례가 집중됐다.

　스포츠에서 꼭 만나면 결과가 유독 잘 풀리거나 안 풀리는 경우가 존재한다. 여기서 투수와 타자 간의 천적 관계가 성립된다. 알고도 속는 스포츠의 생리에서 서로 스타일과 성향 등을 면밀하게 연구하고 경기에 들어서지만, 이상하리만치 서로와 매치업이 됐을 때 질긴 고리가 끊어지지 않는 일들이 비일비재하다. 공교롭게도 어린 시절부터 소문난 '절친'인 원태인과 노시환의 '천적' 관계가 고교 시절부터 프로까지 쭉 이어졌다는 점이 흥미롭다. 시발점은 2018년 제73회 청룡기 전국고교야구선수권 16강이다. 고교야구 대표 명문이자 한국 야구를 지탱해 온 젖줄로 오랜 세월 뿌리를 내려오고 있는 경남고와 경북고의 치열한 자존심 싸움은 8강전선에서 단연 불을 뿜었다. 매치업의 백미는 경북고 에이스 원태인과 경남고 4번 타자 노시환의 투-타 매치업 성사였다. 다음을 기약할 수 없는 토너먼트 대회의 특성상 서로 간 매치업은 곧 두 학교의 대회 성패를 가늠하는 지표라고 해도 과언이 아니었다. 객관적인 전력 이외 시합 당일 컨디션, 리듬 등에 의해 숱한 변수가 쏟아지는 고교야구이기에 더 그렇다.

　치열한 자존심 싸움 속에 투-타 매치업에서 미소를 지은 쪽은 노시환이었다. 0-0으로 팽팽히 맞선 6회 초 경기 후반 원태인을 상대로 2타점 적시 2루타를 때려내며 팀의 8강 진출을 인도했다. 토너먼트 대회에서 선제점의 어마무시한 상징성에 상대 에이스 원태인을 두들긴 장타력은 분위기를 경남고 쪽으로 몰고 오는 핵심 열쇠였다. 노시환은 4번 타자로서 클러치 능력을 또 한 번 증명하면서 2018년 초고교급 투-타 자원 간 매치업에서 원태인에 판정승을 이끌어냈다. 청룡기 대회 16강 매치업은 더 풍성한 스토리를 위한 예열에 가까웠다. 이들의 자존심 싸움은 프로 진출 이후에 더 절정을 이뤘다. 2019년 삼성 1차 지명으로 입단한 원태인과 2019년 2차 1라운드 전체 3순위(당시 위 순위는 대한야구소프트볼협회 등록 선수 중 가장 높은 순번이다.)로 한화에 입단한 노시환 모두 입단 때부터 많은 스포트라이트를 받으면서 팀 미래를 책임질 자원으로 분류됐기에 매치업 성사는 시간문제나 마찬가지였다. 특정 대회가 아니면 타 지역 선수들과 매치업을 벌일 기회가 드문 고교야구와 달리 프로는 선발투수 로테이션 순번, 기존 자원 부상 등에 따라 한 시즌에 많게는 4~5경기까지도 서로 간 매치업 성사가 이뤄질 수 있다.

  2019년 프로 입단과 함께 팀의 차세대 자원으로 경험치를 한껏 먹은 이들의 자존심 싸움이 본격화된 것은 지난 2023년부터다. 이미 프로 3년 차인 2021년 14승을 달성하면서 '푸른 피의 에이스'로 확실하게 자리매김한 원태인과 달리 2022년까지 세간의 기대에 미치지 못했던 노시환이 2023년 시즌 KBO리그 첫 2000년대생 홈런왕과 타점왕 타이틀 쟁취로 가진 포텐을 본격적으로 폭발시키며 자존심 싸움의 페이지가 하나둘씩 쌓였다. 이에 이들의 매치업을 지켜보는 스릴은 야구를 지켜보는 팬들에게 크나큰 볼거리 중 하나로 자리하기에 충분했다. 2023년부터 이들의 투-타 매치업 전적을 환산하면 노시환의 절대 우위다. 수치가 어마어마하다. 17타수 8안타 타율 .471 3홈런 7타점이다. 10번 중 3번만 성공해도 대단히 높은 평가를 받는 야구라는 스포츠임을 고려할 때 대단히 놀라운 수치다. '천적' 관계의 공식이 그대로 적용된다고 볼 수 있다. 더 흥미로운 것은 노시환과 매치업을 벌인 원태인의 승패에 있다. 2023년 5월 10일 대전에서 매치업을 벌일 당시 6이닝 5피안타 4탈삼진 3실점(3자책)으로 퀄리티스타트(6이닝 이상 3자책점 이하로 막을 때 기록된다.)를 기록하고도 정작 노시환에 연타석 홈런을 얻어맞고 아쉽게 패전투수의 멍에를 썼던 것과 달리 2024년 6월 1일 대구에서는 노시환에 2타수 2안타 1홈런을 허용하고도 6이닝 6피안타 1탈삼진 4실점(3자책)으로 퀄리티스타트를 채우면서 승리투수를 이뤄낸 점이 재밌다. 팀의 에이스로서 투철한 사명감이 연차를 거듭하면서 더욱 농익은 원태인의 진면목과 웨이팅 서클에서 원태인의 구종과 패턴 등을 면밀하게 관찰한 부분을 토대로 맹타를 휘두른 노시환의 폭발력이 그라운드에서 절묘한 앙상블을 이뤘다고 해도 과언이 아니었다.

각 팀을 대표하는 투-타 핵심으로서 멋진 선의의 경쟁을 한껏 덧칠하며 팬들의 환호성을 더 폭발시켰다. 2000년생 용띠로서 나름 '갑진년' 청룡의 해에 용처럼 힘찬 승천을 바라본 2024년에도 6타수 4안타 1홈런 4타점으로 노시환이 원태인에 압승을 이뤄내며 천적 관계의 질긴 고리는 계속 이어졌지만, 향후 이들의 투-타 매치업이 KBO리그의 크나큰 동력임을 부정하기 어렵다. 노시환으로 연결된 천적 관계는 또 하나의 걸작과도 고스란히 맞닿아있다. 걸작은 다름 아닌 '호랑이 군단'의 클로저 정해영(24, KIA타이거즈)이다. 노시환, 원태인보다 1년 후배인 정해영은 1990년대 해태 왕조를 이끌었던 정회열(57) 동원대 감독의 차남으로서 이들과 마찬가지로 고교 시절부터 범상치 않은 싹을 드러낸 자원이다. 아버지 정 감독과 마찬가지로 야구 명문 광주일고 출신인 정해영은 1학년 때부터 가능성을 증명하더니 2018년 고학년 선배들과 함께 팀의 주요 투수 자원으로 맹위를 떨쳤다. 140km대 중·후반을 찍는 빠른 볼과 낙차 큰 변화구, 두둑한 배짱, 담력 등을 잘 녹여내며 팀의 2관왕(황금사자기+전국체전) 달성에 혁혁한 공을 세웠다. 무엇보다 고교 2학년이던 황금사자기 대회 준결승에서 노시환과 투-타 매치업의 희비는 팀 운명을 송두리째 돌려놨다. 영·호남 대표 명문 간 매치업으로 당시 대회 최고의 '메인 이벤트'였던 위 경기에서 8회 말 두 번째 투수로 등판한 정해영은 2학년이라곤 믿기 어려울 만큼 마운드에서 두둑한 배짱과 담력을 어김없이 표출했다. 낙차 큰 변화구로 타이밍을 적절히 뺏은 것은 물론, 힘 대 힘으로 밀어붙이는 '정공법'으로 강점인 공격적인 투구의 위력을 배가시켰다. 이를 토대로 8회 말 2사 3루의 위기에서 노시환을 헛스윙 삼진으로 처리하며 경남고 화력을 원천 봉쇄했다. 거포들의 한 방에 의해 경기가 요동치는 일이 다반사인 야구의 생리와 예측이 더 불가한 고교 야구의 특성에 초고교급 거포 노시환의 장타 봉쇄는 개인과 팀의 심리적인 안정감을 절로 촉진시켰다. 당시 대권 후보 0순위로 꼽혔던 경남고를 제치고 승부의 추를 광주일고 쪽으로 점차 돌려놓는 큰 기폭제가 됐다.

경남고전 3-2 승리는 팀이 파이널에서 대구고를 10-2로 제치고 2015년 대통령배 대회 이후 3년 만에 메이저대회 제패하는 데 큰 복선을 제시했다. 이후 정해영의 주가는 더욱 치솟았다. 주말리그와 토너먼트 대회의 활약상을 토대로 3학년 진급 이후 1년 후배 이의리(23, KIA타이거즈)와 함께 팀의 '원-투 펀치'로 각종 대회에서 발군의 활약상을 뽐내면서 포텐을 입증했다. 고교 동기인 박시원(24, NC다이노스)과 1차 지명을 놓고 치열한 경합을 벌인 끝에 연고팀 KIA에 1차 지명으로 입단하는 영예를 안았다. 무엇보다 정해영의 1차 지명은 여느 선수보다 특별하다. 아버지 정 감독과 함께 KBO리그 사상 최초의 부자 동일 팀 1차 지명에 이름을 올린 상징성이다. 신인 1차 지명이 역사의 뒤안길로 사라진 상황이라 '부자(父子)' 동일 구단 1차 지명은 기념비적인 타이틀로 자리한다. 광주일고-연세대를 거치고 1990년 해태에 1차 지명으로 입단한 정 감독이 '무등산 폭격기' 선동열과 '까치' 김정수, '싸움닭' 조계현, 이강철, 이대진 등 내로라하는 투수들과 배터리로 짝을 이루면서 '해태 왕조'에 이바지한 업적은 정해영에게도 큰 동기부여가 되기에 충분했다. 대개 운동선수 2세는 부모를 동경의 대상으로 보고 자라기 마련이다. 부모가 뛰었던 공간을 누비는 대물림은 '가문의 영광'으로 칭하기에 의미가 더하다. 정해영 또한 어린 시절부터 동경의 대상이었던 팀에 기어코 부름을 받으면서 KIA 코칭 스태프들과 팬들의 기대치를 더욱 증폭시켰다.

여느 신인들과 마찬가지로 2군 베이스 캠프지인 함평에서 1군 무대 합류를 위해 비지땀을 쏟아내면서 미래를 바라보는 듯했지만, 메이저리그 대표 스타플레이어 출신의 레전드 사령탑인 맷 윌리엄스 당시 감독은 정해영의 재능을 그냥 지나치지 않았다. 입단 당시 선발 수업을 착실하게 받았던 정해영의 두둑한 배짱과 담력, 공격적인 투구 등의 특색이 당초 예상보다 빠르게 1군 무대 입성을 덧칠했다. 프로 데뷔전부터 기대 이상의 투구를 선보이며 '호랑이 군단'의 미래로 눈도장을 확실하게 찍었다. 마침 코드도 잘 맞았다. 2020년 7월 1일 광주 한화 전에서 프로 데뷔전 당시 1-3으로 뒤지던 9회 초에 등판해 1이닝을 무실점으로 틀어막았고, 팀이 9회 말 4-3 역전승을 완성하면서 프로 데뷔 첫 승을 따냈다. 평생 잊지 못할 하루를 데뷔전에서 장식하는 엔딩은 팀의 주요 계투 자원으로 자리 잡는 한 밑알이었다. 데뷔전 이후 배짱과 담력 등이 가미된 공격적인 투구를 바탕으로 뒷단속을 철저하게 해냈다. 이듬해부터 팀의 클로저로서 착실하게 세이브를 쌓아 올리며 '호랑이 군단'의 클로저 자리를 꿰찼다.

참 아이러니하다. 고교 시절 황금사자기 대회 준결승에서 노시환에 판정승을 거뒀던 정해영이지만, 프로 입단 이후에는 매치업 전적의 양상이 역전됐다. 번번이 노시환의 타격 부진 탈출에 제물이 되며 운명의 장난을 낳고 있다. 상황도 절묘하다. 2023년 노시환이 43타석 연속 무안타로 지독한 타격 부진에 허덕이고 있을 때

5월 24일 대전 KIA전에서 정해영을 제물로 부진 탈출의 신호탄을 쐈다는 것에 있다. 시즌 초반 3할대 중반을 넘나드는 고타율의 불방망이를 휘두르다가 43타석 연속 무안타의 치욕적인 수치로 타율이 곤두박질을 치면서 적지 않은 마음고생을 했다. 슬러거 노시환의 부진에 팀과 코칭 스태프의 애간장도 진하게 녹였지만, 가장 답답한 것은 당사자인 노시환이었다. 그런데 KBO리그 역대 최다 타석 연속 무안타의 불명예를 쓰기 직전 정해영에 뽑아낸 홈런은 슬러거로서 체면치레를 하게 해준 소중한 한 방이었다. 비록 팀은 패했어도 기나긴 타격 부진의 늪에서 깨어난 4번 타자의 대포 가동이 클로저에 이뤄진 부분은 분명 긍정적인 신호였다. 이를 계기로 노시환은 무섭게 대포를 가동하면서 팀의 4번 타자로서 미친 폭발력을 자랑했다. 하위권에 머문 팀 성적에도 생애 첫 홈런왕과 타점왕 타이틀을 동시에 품에 안으면서 '커리어 하이' 시즌의 퍼즐을 멋지게 끼워 맞췄다.

2023년 KBO리그 역사에 치욕스러운 결과물을 써내리기 직전 홈런포를 뽑아낸 여운은 2024년에도 여지없이 이어졌다. 지난 5월 4일 광주 KIA전에서 정해영에 또 한 번 대포를 가동하며 '절친' 원태인에 이어 또 하나의 천적 관계 상성을 그대로 증명했다. 2023년 홈런왕과 타점왕 타이틀에 3루수 부문 골든글러브 수상으로 2024년 시즌에 대한 기대치가 더욱 커진 상황에 시즌 초반 대포 가동이 주춤거리면서 코칭 스태프의 진한 애간장을 녹였지만, 시즌 개막과 함께 무결점 클로저의 위엄을 드러내던 정해영을 상대로 손맛을 보면서 페이스 회복 기미를 보였다는 점은 분명 의미가 깊었다. 지난 2024년 5월 4일 대포 가동에 이어 또 한 번 정해영에 안타를 뽑아내면서 정해영과 매치업 전적은 2타수 2안타. 지난 2023년과 합산하면 무려 5타수 4안타다. KIA를 넘어 KBO리그 대표 클로저로서 꾸준한 성장세를 보여주고 있는 정해영에 극강의 우위는 마치 고교 시절 내면에 있던 응어리를 해소하는 듯한 느낌도 짙다.

까까머리를 한 고교 시절(일부 학교들 두발 규정 완화에도 현재까지 까까머리를 고수하는 학교들도 존재한다.) 흰 유니폼(노시환, 원태인, 정해영의 출신 고교인 경남고, 경북고, 광주일고 유니폼 색상이 모두 흰색이다.)을 입고 두뇌 싸움의 닻을 달궜던 이들은 프로 무대에서도 각자 다른 유니폼을 입고 서로의 칼날을 겨누는 데 골몰하지만, 천적 관계의 상성에 의해 희비가 마냥 교차된 것만은 아니었다. 이들 모두 2018년 일본 미야자키에서 열린 U-18 아시아청소년야구선수권대회에 나란히 승선하면서 9년 만에 정상 정벌을 합작하는 데 크게 일조했다는 부분이다. 서준원, 김기훈 등과 함께 대표팀의 마운드를 책임진 원태인과 2학년 신분임에도 당당히 U-18 대표에 이름을 올린 정해영 모두 국제무대의 중압감 속에서도 공격적인 투구를 뽐내며 마운드의 벽을 쌓았다. 노시환은 당시 대회 MVP를 수상한 김대한(당시 휘문고, 現 두산 베어스), 김창평(당시 광주일고, 現 SSG랜더스) 등과 함께 대표팀의 화력을 주도하면서 향후 국제용 타자로서 위엄을 기대케 했다. 이정후(샌프란시스코 자이언츠)와 김혜성(LA다저스), 고우석(마이애미 말린스) 등이 주축이던 2016년 당시 준결승에서 대만에 통한의 패배로 쓰라림을 맛본 선배들의 '한(恨)'까지 말끔히 치유하면서 더 의미가 깊었다.

　프로 입단 이후 숱한 시행착오를 겪으면서 롤러코스터를 거듭한 이들의 국제무대 재회는 5년이 흐른 2023년 25세 이하 선수들이 축을 이루는 아시아프로야구챔피언십에서 이뤄졌다. 최근 국제대회에서 잇따른 부진과 함께 젊은 자원들을 축으로 세대교체를 시도하면서 재도약을 노린 대표팀의 구상에 이들이 레이더망에 딱 포착된 것이다. 대표팀 엔트리 중 유일하게 WBC와 아시안게임을 모두 소화한 원태인과 아시안게임에 이어 또 한 번 대표팀에 이름을 올린 노시환, 아시안게임 탈락을 딛고 엔트리 승선의 기쁨을 누린 정해영에게 국제대회는 그간 경험치와 재능을 증명할 수 있는 최적의 무대였다. APBC U-23 챔피언십에서 묵직한 구위와 두둑한 배짱 등을 바탕으로 좋은 투구를 선보이며 향후 한국 야구의 미래를 책임질 계투로서 무한한 포텐을 증명했다. 2022 항저우아시안게임 엔트리 유력 후보라는 평가에도 시즌 동안 부진한 투구로 탈락의 쓰라림을 해갈하려는 동기부여가 마운드 위에서 담대함으로 고스란히 드러났다. 비록 일본과 파이널에서 끝내기 안타를 내주며 씁쓸하게 입맛을 다신 부분이 옥에 티지만, 생애 첫 국제무대의 중압감에 아랑곳하지 않고 본연의 특색을 표출한 점은 향후 국제대회를 더 기대케 하는 대목이다.

　원태인은 2023년 KBO리그 선수 중 유일하게 모든 국제대회에 출전하며 차세대 '국대 에이스' 탄생을 알렸다. 연차가 쌓이면서 터득한 운영의 묘는 타자들과 수 싸움의 용이함을 가져왔고, 긴 이닝 소화를 토대로 이닝이터의 진면목까지 뽐내며 완숙미를 더하고 있다. 에이스로서 투철한 사명감과 책임감을 국제대회에도 잘 접목시킨 원태인의 담대함은 향후 한국 야구에도 큰 자산이다. 노시환은 슬러거로서 클러치 생산을 가동하며 국제대회에서 경쟁력을 확인했다. 2022 항저우아시안게임과 2023 APBC 챔피언십에서 클러치 상황 때마다 나름의 생산성을 뽐내며 대표팀 화력을 책임졌고, 거포 3루수라는 특색 또한 향후 국제대회를 더 기대케 하는 대목이다.

  프로 입단과 함께 숱한 시행착오를 딛고 소속팀과 KBO리그의 자산으로 거듭난 이들의 싹은 여전히 잘 가꿔지는 중이며, 향후 KBO리그에서 매치업 때 이어질 선의의 경쟁 역시 더 기대케 한다. 타자 노시환의 리그 대표 에이스 원태인, 대표 클로저 정해영과 매치업 성사에 많은 이들의 시선이 고정되는 것 또한 자명하다. 우리네 사회도 그렇다. 아무리 비즈니스 상성이 일치되지 못하더라도 상호 간 선의의 경쟁은 건강함을 입혀주는 자양분이라고 말이다. 결과의 좋고 나쁨은 나중 문제다. 서로 위치에서 니즈 충족과 비즈니스 발전 등을 도모하는 것이 더 중요한 과제다. 상성은 그저 숫자일 뿐이다. 스포츠는 알면서도 속는 생리를 띤다. 상성 유지 혹은 극복의 전제조건은 바로 특색 표출이다. 특색을 얼마나 잘 끌어내느냐가 중요하다. KBO리그 투-타의 대표 젊은 피들인 이들 세 명과 더불어 현대 사회도 각기 다른 관계, 요인들에 의한 상성이 뚜렷하다. 상성에 따른 흥미가 그래서 더 고조된다.

고교 시절 라이벌 구도, 프로에서도 ~ing!
– 두산 곽빈 vs KT 강백호

⚾ 2017년 7월 16일 목동구장에서 펼쳐진 제72회 청룡기 전국고교야구선수권대회 파이널. 고교야구 4대 메이저대회(황금사자기, 대통령배, 청룡기, 봉황대기) 중 가장 깊은 역사와 전통을 자랑하는 청룡기 대회 왕좌를 위한 '마지막 승부'의 주인은 배명고와 서울고였다. 두 팀은 2017년 시즌 당시 고교야구 전반기 주말리그(고교야구 주말리그는 전·후반기로 나눠 치러지며, 권역 리그 순위에 따라 전반기 왕중왕전인 황금사자기, 후반기 왕중왕전인 청룡기 대회 출전권을 부여한다.)에 서울권 B 권역에 속하면서 서로에 대해 너무 잘 아는 상황이었다. 당시 서울고가 배명고에 8-1 승리를 따내면서 미소를 지었지만, 리그전과 토너먼트 대회는 엄연히 다른 성향을 띤다. 고교야구가 분위기, 리듬 등에 따라 요동치는 일이 다반사이기에 쉽사리 승부를 예측하기가 어려웠다. 마침 고교야구 최대어로 불렸던 두 학교 '거물'들의 활약상은 대회 '마지막 승부'를 흥미롭게 달궜다.

두 '거물'들은 바로 곽빈(現 두산 베어스, 당시 배명고)과 강백호(現 KT 위즈, 당시 서울고)였다. 청룡기 대회 왕좌를 학교에 안기려는 두 '거물'들의 자존심 싸움은 관심도가 자연스럽게 집중될 수밖에 없었다. 이미 두산 1차 지명을 받으면서 가치를 인정받은 곽빈과 중학교 시절 전학 규정에 의해 1차 지명 대상군에서 제외된 강백호 모두 고교 시절 메이저대회 제패 경력이 아직 없는 상황이었기에 졸업 선물을 장만하려는 동기부여 또한 충만했다. 경기 내내 팽팽한 대결을 벌인 두 팀의 '마지막 승부'에서 끝내 미소를 지은 쪽은 배명고였다. 살얼음판 레이스 속에 2-1, 1점 차 승리를 따내면서 팀 창단 이래 처음으로 청룡기 대회를 제패하는 영예를 안았다. 1992년 이경필(당시 3학년), 김동주(당시 2학년) 등이 주축으로서 전국대회 3관왕(황금사자기+봉황대기+전국체전)을 이뤄낸 이후 오랜 쇠퇴기를 딛고 이뤄낸 결과물이라 더 의미가 남달랐다. 2016년 덕수고(서울)에 져 준우승에 만족했던 서울고는 1년 전 쓰라림 해소에 모든 에너지를 다 쏟았으나 마지막 고비를 넘기지 못하면서 또 한 번 준우승에 만족해야 했다(이후 서울고는 대통령배 대회에서 경남고를 제치고 챔피언 타이틀을 품에 안았다).

두 팀의 '마지막 승부' 최고 하이라이트였던 곽빈과 강백호의 자존심 싸움은 서로 '장군멍군'이었다. 7회 초 강백호가 2사 만루에서 곽빈을 좌익수 플레이로 돌려세우자 곽빈이 7회 말 2사 3루에서 강백호를 좌익수 플라이로 처리하며 응수했다. 그러나 최종 결과는 곽빈의 판정승이었다. 곽빈은 7회 말 스코어링 포지션 저지와 함께 서울고의 추격 의지를 잠재웠고, 에이스로서 지배력 또한 어김없이 드러내며 모교에 챔피언 타이틀을 선사했다. 투수와 포수를 겸하면서 맹위를 떨친 강백호는 2년 연속 청룡기 대회 '2인자' 신세를 지면서 씁쓸하게 발걸음을 돌렸다.

메이저대회 파이널 문턱에서 희비가 극명하게 교차되는 가혹한 운명을 맞은 이들의 자존심 싸움은 프로 진출 후에도 계속됐다. 프로 입단 이후 걸어온 길은 달랐다. 2018년 두산 1차 지명으로 입단한 곽빈이 입단과 함께 팔꿈치 수술로 숨 고르기에 들어간 반면, 2018년 2차 전체 1순위로 KT에 입단한 강백호는 입단하자마자 KT 라인업 한 자리를 꿰차면서 스타플레이어 반열에 올라섰다. 본격적인 자존심 싸움의 닻을 올린 시기는 2021년부터였다. 곽빈이 팔꿈치 수술을 딛고 2021년 중반부터 본격적으로 팀 플랜에 합류하면서 투-타 매치업이 성사됐다. KBO리그 간판 타자로 입지를 다져가고 있는 강백호와 고교 시절 안우진(現 키움 히어로즈, 당시 휘문고)과 서울권 최대어로 불렸던 싹 회복에 분주함을 나타낸 곽빈 모두에게 프로에서 투-타 매치업은 고교 시절 못지않은 볼거리로 손꼽혔다. 단지 차이가 있다면 둘 다 고교 시절 '이도류(투수와 타자를 겸업한다는 뜻)'가 아닌 투수(곽빈)와 타자(강백호)로 포지션을 고정한 것에 있다. 포지션 롤의 고정과 함께 각자 특색을 토대로 서로를 겨냥하는 기 싸움은 상당했다. '파이어볼러'인 곽빈의 빠른 볼과 '천재 타자'라는 수식어로 남다른 재능을 지닌 강백호의 파워 매치업은 힘 대 힘의 전형이었다. 그런데 아이러니하게도 매치업 결과는 고교 시절 '데자뷔' 조짐이다. 2021년부터 곽빈과 강백호의 매치업 결과는 24타수 3안타(2021년 한국시리즈 1, 4차전, 2024년 와일드카드 결정전 1차전 포함)로 곽빈의 절대 우위다. 2021년 한국시리즈 1차전과 2024년 와일드카드 결정전에서 강백호가 곽빈에게 안타를 때려내며 시리즈 분위기를 KT 쪽으로 몰고 오는 데 큰 디딤돌을 놨지만, 힘 싸움에서는 곽빈이 압도하는 모습이 거듭됐다. 곽빈의 구위에 강백호의 방망이가 헛돌기 일쑤였다는 부분에서 수치를 대변한다고 볼 수 있다.

이게 참 묘하다. 투수나 타자할 것 없이 꼭 매치업 전적에서 지독하게 상성이 비대칭을 이루는 케이스들이 즐비하다는 것이다. 이는 개인 재능, 스탯 등과는 무관하다. 서로를 마주하는 개인의 심리 상태가 매치업 상성의 고착화를 불러오는 영향이 크다고 볼 수 있다. 거기에 서로에 대해 너무 잘 아는 얄궂음까지. 마치 가위바위보 싸움에서 펼치는 두뇌 싸움과 크게 다를 바 없다. 결정적인 펀치 상황에서 짜릿한 기억은 사람 일생에 오래 남는다고 한다. 더군다나 운동선수들에게는 이 짜릿함이 개인 커리어에 있어 한 축이 되기에 그렇다. 곽빈과 강백호의 매치업 전적 희비도 투-타에서 서로 심리 상태에 따른 결과라는 점을 부정하기 어려울 것 같다. 비단 스포츠뿐만 아니라 일반 분야에서도 어떠한 상황에 따른 결과의 상성을 많이 따진다. 상성을 토대로 결과 연출에 대한 자신감과 기대감이 가득하기도 하고, 반대로 상성을 깨고 희망의 동아줄을 잡으려고 혈안이 되기도 하기 마련이다. 물론, 이러한 상성이 전부는 아니다. 통계가 무조건을 보장하지 않기에 더 그렇다. 아직 창창한 이들의 야구 커리어에서 매치업을 벌일 날들이 너무나 많다. 상성 우위를 그대로 이어가려는 곽빈과 상성을 깨고 천적 관계 청산을 바라는 강백호의 매치업은 향후에도 세간의 관심을 더 집중시킬 것이다.

상성은 극명하게 대비되고 있지만, 이들은 1999년 토끼띠 동갑내기로서 한국 야구에 큰 자산과도 같은 존재들이다. 2017년 캐나다 에드먼턴에서 펼쳐진 U-18 야구월드컵(이전 세계청소년선수권)에서 대표팀의 준우승 달성에 크게 일조했던 이들은 소속팀과 대표팀의 미래 자원으로서 입지를 다져가고 있으며, 저마다 다른 시련과 우여곡절 속에서도 각자 가지고 있는 재능만큼은 여전히 매력적인 자원들이다. 세대교체에 한창인 한국 야구 플랜에서 향후 이들이 국제대회 때 퍼포먼스의 궁금증도 크다. 소속팀 유니폼을 입었을 때는 박 터지는 두뇌 싸움을 벌이는 이들이지만, 대표팀 유니폼을 입고 벌일 파트너십은 한국 야구의 미래 동력으로 자리한다. 학창 시절 청소년 대표로 한솥밥을 먹으면서 U-18 야구월드컵 준우승을 이뤄낸 추억과 경험 등은 이들 모두에게 커리어에 소중한 이정표였다. 프로 선수로 거듭나는 씨앗을 줬다. 태극마크를 달고 같은 유니폼을 입으면서 또 다른 추억과 커리어를 장만하는 방향도 뚜렷하다.

'베이징 키즈'들의 주요 자원인 곽빈과 강백호. 20대 중후반에 접어들면서 절정기로 접어든 이들의 글러브와 방망이가 그라운드를 수놓을 것이라 의심치 않는 이유다. 소속팀 유니폼은 달라도 어린 시절부터 함께 성장해 온 이들과 경쟁은 상호 보완성을 띠면서 건강함을 입히게 한다. 앞으로 곽빈과 강백호가 그라운드에서 벌일 투-타 매치업은 서로 발전에 큰 에너지로 자리하기에 충분하다고 볼 수 있는 이유다.

첫술에 배부를 순 없다!

– KIA 윤영철, 한화 황준서 좌완 영건 매치업

⚾ 최근 10개 구단 열성 팬들의 관심도를 끄는 요소가 있다. 다름 아닌 아마야구 유망주들의 드래프트 지명에 있다. 열성 팬들은 팬 로열티가 남다른 것뿐만 아니라 응원하는 팀에 대한 분석, 성향 등에 대한 식견이 웬만한 전문가 이상이다. 아니 능가한다는 표현이 더 정확할 수 있겠다. 매년 신인드래프트가 열리는 9월경이 되면 팀 취약 포지션에 따라 어떠한 인재가 팀에 지명될지를 예상하고 소망하는 것은 기본이다. 젊고 유망한 자원들의 드래프트 지명이 곧 미래 가치 창출로 직결되는 불변의 진리와 취약 포지션 보강으로 미래 청사진을 팬들 나름대로 그려보는 가상 시나리오의 하모니는 팬들에게 신인드래프트를 지켜보는 즐거움이다. 물론, 지명 대상자에게는 초조함과 불안감이 가득하지만 말이다.

2020년대 초반 고교에 입학한 이들은 이른바 '코로나 세대'들이다. 고교 입학과 함께 코로나 19가 기승을 부린 탓에 여러 가지로 가치 구현이나 팀 훈련 소화 등 제약이 상당했다. 전 세계적인 대재앙과 더불어 한창 자라나야 할 연령대에 훈련량 부족과 능률 저하 등은 대단히 치명적인 요소가 아닐 수 없다. 그러나 여느 스포츠와 마찬가지로 악조건 속에서도 인재들은 하나둘씩 나오는 법이다.

1살 터울(윤영철- 2004년생, 황준서- 2005년생)인 윤영철(21, KIA타이거즈)과 황준서(20, 한화 이글스)는 고교 시절 초고교급 투수로 많은 스포트라이트를 받은 자원들이다. 야구 명문인 충암고(윤영철), 장충고(이상 서울, 황준서) 출신으로서 1학년 때부터 고학년 선배들의 틈바구니를 뚫고 출전 빈도를 가져가는 싹은 2학년 진급과 함께 베일을 벗었다. 투수는 좋은 포수를 만나면서 시장 가치가 더 치솟는다. 마운드 위에서 심리적인 안정감을 촉진시키는 포수의 존재가 볼 배합이나 경기 운영 등의 완성도를 높여주는 핵심이다. 그러면서 가지고 있는 재능이 더 진일보한다. 윤영철에게는 '소울 메이트'인 김동헌(現 키움 히어로즈)이라는 포수의 존재가 시장 가치 향상에 큰 디딤돌이 됐다. 연계 학교인 충암중 시절부터 김동헌과 배터리로 짝을 이루면서 눈빛만 봐도 척척 들어맞는 호흡은 강력한 무기였다. 대개 투수들이 포수의 스타일 적응과 특성 이해 등에 일정 시간이 소요되기 마련인데, 윤영철에게는 이러한 리스크가 존재하지 않았다. 오리온 초코파이의 모델명처럼 말하지 않아도 안다고 한다. 김동헌과 함께 충암고에 진학하면서 호흡은 더 무르익었다. 준수한 공격력과 수비력, 블로킹 등이 강점인 김동헌과 배터리 궁합은 팀 동료들은 물론, 이영복 감독(現 충암고 감독)을 비롯한 코칭 스태프들에 큰 신뢰감을 안길 만큼 팀 전력의 절반 이상을 차지했다. 확실한 배터리 궁합과 함께 윤영철의 재능도 덩달아 폭발했다. 구속은 빠르지 않지만, 마운드 위에서 침착함과 두둑한 배짱 등을 바탕으로 공격적인 승부를 즐기는 '싸움닭' 기질은 2학년 진급과 함께 시장 가치를 높이면서 세간의 관심도 또한 커지게 만들었다.

고교 2학년이던 2021년 팀을 메이저대회 2관왕(청룡기+대통령배)으로 이끌면서 윤영철의 주가는 더 치솟았다. 특히 청룡기 대회에서는 팀 역사의 커리어 그랜드슬램(황금사자기+대통령배+청룡기+봉황대기 모두 제패)을 달성하는 데 큰 일등공신이 됐다. 1990년 심재학(現 KIA타이거즈 단장, 당시 3학년), 최기문(現 파주 챌린저스 감독, 당시 2학년) 등을 축으로 대통령배와 황금사자기를 모두 제패했던 영광을 31년 만에 재현하며 충암고 야구부 역사의 한 페이지 장만에도 앞장섰다. 2학년 때 소위 고교 무대를 씹어먹는 퍼포먼스를 자랑한 윤영철은 3학년 진급 이후 김서현(現 한화 이글스, 당시 서울고), 심준석(現 피츠버그 파이어리츠, 당시 덕수고) 등과 함께 투수 최대어로 손꼽히면서 상위 픽 후보로 군림했고, 청룡기 대회에서는 팀의 준우승을 이끌며 꾸준함을 이어갔다. 2022년 당시 대한야구소프트볼협회의 행정 착오로 황금사자기 대회에 출전하지 못하는 촌극의 악재에 아랑곳하지 않고 주말리그와 청룡기 대회를 통해 가치 어필을 확실하게 하면서 고교 최대어의 이름값을 제대로 했다.

윤영철이 좋은 포수의 존재를 바탕으로 재능이 폭발한 케이스라면 황준서는 좋은 동료들로 파생되는 메리트로 재능과 포텐을 드러낸 케이스다. 최근 고교야구에서 상위권을 줄곧 유지해온 장충고에서 1년 선배 이진하(現 롯데 자이언츠)와 동기 육선엽(現 삼성 라이온즈), 조동욱(現 한화 이글스), 김윤하(現 키움 히어로즈), 원종해(現 NC다이노스) 등 수준급 자원들의 존재는 황준서에게 큰 날개였다. 투구수 제한 규정에 의해 투구수 관리가 생명줄인 고교야구에서 수준급 투수들이 많은 메리트는 팀과 개인에게도 엄청난 무기다. 고교 2

학년이던 2022년 신세계 이마트배(대한야구협회장배 대회에서 명칭 개편된 대회) 대회에서 팀의 준우승을 이끈 황준서는 이후 각종 대회에서 팀의 마운드를 책임지며 고학년을 능가하는 존재감을 자랑했다. 140km대 중·후반의 빠른 볼과 낙차 큰 변화구 등을 절묘하게 섞는 운영능력은 또래 레벨 중 단연 최고 수준이었고, 안정된 제구력과 두둑한 배짱 등까지 장착하며 자신의 이름 석 자를 강하게 각인시켰다. 이를 토대로 3학년 진급 후에는 농익은 투구 내용을 뽐내면서 에이스 기질을 마음껏 표출했고, U-18 야구월드컵에 2년 연속 승선하면서 대표팀의 동메달 달성을 이끄는 등 고교 최대어의 입지를 더 단단하게 다졌다.

1년 터울인 이들은 2022년 U-18 야구월드컵 당시 나란히 엔트리 한 자리를 꿰차며 차세대 좌완 주자로서 눈도장을 제대로 찍었다. 당시 김서현, 신영우(現 NC다이노스, 당시 경남고)를 필두로 우완 자원들과 좌우 밸런스를 맞추는 부분에서 좌완 자원 중 최고 레벨을 자랑한 윤영철과 2학년 신분으로 고학년 후보군들을 제치고 대표팀 엔트리를 확보한 황준서의 재능과 특색은 대표팀 마운드 높이 강화에 제격이었다. 국제무대에서도 이들의 존재감은 남달랐다. 김서현과 함께 대표팀 마운드의 핵심으로서 고군분투하며 좌완 투톱의 진면목도 드러냈다. 당시 대표팀이 최종 4위로 노메달의 아쉬움을 남겼지만, 유이한 좌완 자원인 이들의 두둑한 배짱과 투철한 사명감 등만큼은 큰 위안이 되기에 충분했다. 고교 시절 초고교급 투수라는 수식어를 달고 화려한 스포트라이트를 받은 이들은 신인드래프트에서도 기어코 상위 픽을 움켜쥐었다. 유력한 1순위 후보들의 메이저리그 진출(2023년 덕수고 심준석- 피츠버그 파이어리츠, 2024년 마산용마고 장현석- LA다저스)로 시장이 요동친 와중에도 고교 3년간 최고의 퍼포먼스를 뽐낸 이들의 재능과 싹을 그냥 지나칠 리 만무했다. 윤영철은 2023년 신인드래프트 전체 2순위로 KIA에 지명됐고, 황준서는 2024년 신인드래프트 전체 1순위로 한화에 입단하면서 어린 시절부터 꿈꿔왔던 프로선수의 꿈을 실현했다. 고교와는 차원이 다른 프로 무대에서 이들은 혹독한 시행착오를 겪으면서 프로의 매운맛을 체감하고 있지만, 입단과 함께 경험치 만큼은 착실하게 충전하면서 성장기를 그려나가고 있다.

윤영철은 데뷔 첫 시즌이던 2023년 122.2이닝을 소화하면서 8승 7패 평균 자책점 4.04로 준수한 기록을 남겼다. 어린 나이답지 않은 침착함과 배포가 코칭 스태프를 사로잡으며 팀 선발 로테이션 한 자리를 꿰찼고, 제구력과 경기 운영 등을 바탕으로 기교파의 면모를 드러내며 구속이 전부가 아니라는 진리도 몸소 증명했다. 이듬해 시즌 중반 허리 피로 골절로 장기간 이탈하는 악재 속에서도 81.2이닝 동안 7승 4패 평균 자책점 4.19로 팀의 5선발 롤을 충실히 소화했다. 팀이 크로우와 이의리 등 선발 자원들의 부상 이탈이라는 악재를 마주하고도 부상 이탈 전까지 가진 재능을 십분 발휘하며 '2년 차 징크스'에 대한 우려도 불식시켰다. 생애 첫 한국시리즈 엔트리에도 이름을 올린 윤영철은 시리즈에 등판하지는 못했음에도 챔피언 반지를 쟁취하며 개인 커리어에 의미 있는 족적을 남겼다.

황준서는 프로 데뷔전이던 지난해 3월 31일 대전 KT 전에서 5이닝 1실점으로 승리투수가 되면서 KBO리그 역대 10번째로 데뷔전 선발 승리투수에 이름을 올렸다. 이날 등판 예정이던 김민우가 담 증세로 임시 선발을 기용하는 고육지책이 소위 대박을 쳤다고 해도 과언이 아니었다. 한화 소속으로는 2006년 류현진 이후 18년 만에 나온 기록이라는 점에서 구단 역사에 의미 있는 발자취를 하나 늘렸다. 그러나 데뷔전 승리의 기쁨은 잠시였다. 장기 레이스에서 체력 문제와 제구 불안, 장타 허용 증가 등이 발목을 잡으면서 프로의 냉혹함을 제대로 체감했다. 이후 1군과 2군과 오가면서 경험치를 충전한 황준서는 시즌 중·후반 이후 불펜으로 전환하면서 내성을 키웠고, 36이닝 2승 8패 평균 자책점 5.36을 기록하며 아쉬운 데뷔 시즌 성적표를 받아들였다.

고교 무대에서 소위 대장 노릇을 하다가 프로 무대의 매운맛을 제대로 본 이들에게 지난해 6월 21일은 서로 기억에 남는 하루로 야구 커리어에 남을 것이다. 그럴만한 이유도 충분하다. 2022년 청룡기 대회 준결승(당시 충암고 4-0 승리)에서 각 팀의 에이스로서 박 터지는 자존심 싸움을 벌인 이후 2년 만에 매치업을 벌이게 됐기 때문이다. 당시에는 선발투수로 등판한 황준서와 중간 계투로 등판한 윤영철의 롤 차이가 존재했지만, 이번에는 서로 간 선발 매치업이 성사되면서 세간의 시선을 집중시켰다. 고교 시절 실현되지 못했던 카드가 프로 입단과 함께 이뤄지면서 동기부여가 충만했다. 2년 차 시즌 기존 선수들과 함께 선발 로테이션을 정상적으로 돈 윤영철과 선발과 계투를 오가면서 1군 무대 학습력을 키운 황준서의 순번이 절묘하게 맞아떨어지며 자존심 싸움의 닻을 올렸다. 공교롭게도 이들의 선발 매치업은 'AGAIN 2021-04-15'다. 2021년 4월 15일은 다름 아닌 좌완 영건인 이의리와 김진욱(롯데 자이언츠)가 광주에서 선발 매치업을 벌인 날이다. 이의리와 김진욱 모두 고교 시절 좌완 최대어로 불린 자원들이다. 광주일고 출신의 이의리는 선배 정해영과 함께 저학년 때부터 팀의 원-투 펀치로 맹위를 떨치면서 일찍이 주가를 높였고, 강릉고 출신의 김진욱은 고교 2학년이던 2019년 고교 최동원상 수상을 필두로 신흥 강호 강릉고의 에이스로 최고의 투구를 뽐내며 '블루칩'의 면모를 나타냈다. 2021년 KIA 1차 지명으로 입단한 이의리와 2021년 롯데 2차 전체 1순위로 입단한 김진욱이 고교 3학년이던 2020년 황금사자기 1회전(당시 강릉고 5-0 승리) 이후 약 1년여 만에 매치업 무대를 프로로 옮겨와 영건 매치업을 벌이는 부분은 당시 많은 이들의 시선을 광주기아챔피언스필드로 고정시켰다. 이날 매치업에서 이의리가 4이닝 3피안타 4볼넷 7탈삼진 3실점, 김진욱이 3.2이닝 3피안타 6볼넷 2탈삼진 5실점으로 부진한 투구를 면치 못하면서 잔칫상의 진을 빠지게 했지만, 까까머리 고교생 신분이 아닌 어엿한 성인으로서 좌완 영건 대표 주자 간 매치업으로 마운드 위의 경쟁 구도를 수놓은 점만으로도 의미가 깊었다. 그로부터 3년이 흐른 2024년 좌완 영건 간 매치업의 바톤을 윤영철과 황준서가 이어받았다.

팀의 미래이자 차세대 에이스로 손꼽히는 이들의 매치업은 서로 마운드 위에서 경쟁 닻을 점화시키는 매개체가 됐다. 기대가 너무 컸던 탓일까? 두 팀 팬들과 많은 야구 팬의 시선 또한 이들의 매치업에 집중됐지만, 뚜껑을 열어보니 결과는 싱거웠다. 프로 입단과 함께 한화를 상대로 좋은 모습을 보여온 윤영철이 무결점의 투구로 한화 타선을 요리하면서 승부의 추를 KIA 쪽으로 돌려놨다. 스트라이크 존에 정확하게 꽂아넣는 제구력은 한화 타선의 타이밍을 절묘하게 뺏었고, 침착한 경기 운영으로 마운드 위에서 '포커페이스'를 잃지 않았다. 6이닝 2피안타 3볼넷 7탈삼진 3실점(비자책)의 쾌투로 퀄리티스타트의 가치는 더 치솟았다. 그에 반해 황준서는 KIA 타선을 맞아 제구 불안에 제대로 발목이 잡혔다. 2.1이닝 동안 실점은 1점에 불과했지만, 무려 8개의 볼넷을 내준 것이 화근이었다. 8개의 볼넷은 말 그대로 상대 타자들이 걸어서 2점을 뽑아냈다는 것이다. 볼넷 남발에 제구력이 불안함을 노출하면서 심리적인 압박감을 더 가중시켰고, 급기야 마운드에서 조기 강판되면서 패전투수의 멍에를 써야만 했다.

 첫 매치업 결과는 싱겁게 막을 내렸지만, 20대 초반의 불타는 청춘인 이들에게는 앞으로 성사될 수 있는 매치업 나날은 많다. 물론, 프로라는 직업적 신분에 비즈니스 가치 향상을 도모하는 노력과 방향 등이 전제조건으로 붙는다고 해도 20대 초반의 젊음은 어차피 부딪히고 깨지면서 성장의 동력을 삼는 나이대다. 흔히 나이가 깡패라고 하지 않는가? 젊음이라는 단어 자체만으로도 이들에게도 큰 무기다. 살벌한 정글의 세계에서 아직 프로 초년병에 가까운 이들에게 숱한 시행착오는 거센 파도와도 같다. 하지만,

KBO리그를 대표하는 좌완 자원으로서 발전 가능성과 포텐 등은 무궁무진하다. 양현종과 류현진이라는 걸출한 대선배의 뒤를 잇는 에이스로서 팀과 팬들이 거는 기대치도 굳건하다. 첫 매치업 결과는 극명하게 갈렸지만, 이러한 유망주들 간 선발 매치업 성사는 KBO리그 발전에 있어서도 큰 플러스다. 최근 쏟아지는 우완 자원들에 비해 좌완 자원들은 씨가 말라가고 있다는 평가가 뒤따르고 있는 만큼 이들의 성장은 세대교체 작업에 분명 가속 페달을 밟게 해줄 수 있다. 앞으로 벌일 이들의 매치업 성사 여부뿐만 아니라 향후 젊은 유망주들 간 매치업 등이 관심을 더 끄는 이유다. 윤영철과 황준서 두 영건들의 성장세에 기대가 모이는 바이다.

기록의 위대함
– 베테랑과 젊은 피, 효자 외국인이 쌓아 올린 역사 창조

⚾ 모든 스포츠에서 기록이 주는 가치는 특별하다. 종목을 막론하고 기록적인 부분이 하나하나 쌓였을 때 팀과 개인의 이정표가 되는 것은 물론, 소중한 유산으로서 발전에 큰 동아줄이 된다. 이러한 기록의 위대함은 개인과 팬들에게도 큰 'PRIDE'다. 그러면서 종목의 발자취를 더 다채롭게 만든다. 많은 이로 하여금 박수갈채를 이끌어내는 핵심으로 자리한다. KBO리그는 43년간 매년 숱한 기록들이 양산됐다. 투-타 할 것 없이 기존 선배들이 쌓아 올린 기록을 경신하기 위해 비지땀을 쏟아내는 후배 선수들의 노력과 열정은 팬들로 하여금 기록 경신에 대한 기대감을 한껏 고조시킨다. 난공불락처럼 여겨졌던 기록들이 새롭게 쓰일 때 기록의 위대함은 더 배가되며, 선배들 역시도 아낌없는 축하와 박수로 후배들의 기록 경신을 빛내는 품격으로 전쟁터인 그라운드를 빛낸다.

2024년 KBO리그도 시즌 개막부터 깨지기 힘들 것처럼 여겨졌던 기록들이 하나둘씩 쌓이면서 새롭게 스토리를 풍족하게 만들었다. 가장 먼저 테이프를 끊은 기록은 KBO리그 역대 최다출전 기록이다. 종전 박용택(46, 現 KBS 해설위원)이 가지고 있던 KBO리그 역대 최다출전 기록인 2,237경기가 삼성 안방마님 강민호(40)

에 의해 깨졌다. 2004년 롯데 2차 3라운드로 입단해 20년의 세월 동안 매 시즌 100경기 이상을 소화하면서 KBO리그 대표 안방마님으로 자리매김한 강민호는 지난해 3월 28일 잠실 LG전에 선발 출전해 통산 경기 출전 수를 2,238로 늘리며 박용택의 기록을 갈아치웠다. 공-수 겸장의 특색과 함께 탄탄한 경험과 내공 등을 토대로 후배들의 발전 전도사 노릇도 다해내고 있는 강민호는 체력 부담이 극심한 포수라는 포지션의 특성에 아랑곳하지 않고 투철한 사명감과 헌신으로 팀의 대체 불가 자원으로서 여전한 경쟁력을 뽐내고 있다. 포수 포지션의 특성상 온몸이 성할 곳이 하나 없지만, 안정된 투수 리드와 볼 배합 등을 앞세워 매 시즌 안방을 굳건하게 지키는 체력은 베테랑의 진면목을 드러내는 잣대다. 강민호의 존재는 투수들에 심리적인 안정감 촉진과 멘탈 케어 등에 있어서도 든든함을 절로 불러온다. 거기에 클러치 상황에서 대포를 펑펑 쏘아 올리는 장타력은 타선의 무게감을 업그레이드시키는 촉매제고, 타순과 관계없이 상대 투수에게 주는 위압감 또한 강력하다. 이러한 강민호의 최다출전 기록 경신은 철저한 자기관리와 꾸준함 등이 빚어낸 산물이다.

강민호의 최다출전 기록 경신과 함께 KBO리그 대표 베테랑들도 기록 경신의 배턴을 이어받았다. 지난해 4월 24일 부산에서 쓴 2개의 위대한 기록은 '소년장사' 최정(38)과 '추추 트레인' 추신수(43. SSG랜더스 구단주 보좌역 겸 육성총괄)의 방망이에서 나왔다. 마침 2개의 기록이 주는 가치와 상징성은 특별했다. 유신고(경기)를 졸업하고 2005년 SK(SSG의 전신)에 1차 지명으로 입단한 최정은 데뷔 2

년 차이던 2006년부터 매 시즌 두 자릿수 홈런을 때려내며 KBO리그 대표 거포로 군림해 왔다. 2024년 시즌 이전까지 458홈런을 기록하며 이승엽이 가지고 있던 KBO리그 통산 최다홈런 기록(467개)에 9개 차로 다가선 상황이었다. 홈런 생산 능력만 놓고 보면 기록 경신은 시간문제였지만, 언제 경신이 이뤄지느냐가 초미의 관심사였다. 시즌 개막과 함께 무시무시한 대포를 양산하며 이승엽의 기록과 타이를 이룬 최정은 소위 사직 '성담장(롯데는 성민규 단장 재임 시절 외야 펜스를 높이면서 홈런 억제를 도모했다.)'이라고 불리는 외야 펜스를 훌쩍 넘기면서 기어코 새 역사를 창조했다. 경기 중반 좌월 솔로 홈런을 기록하며 SSG 원정 팬들 뿐만 아니라 홈팀 롯데 팬들마저 기립박수를 보냈다. 이처럼 KBO리그 대표 '리빙 레전드'인 최정의 기록 경신에서 보여준 품격은 스포츠의 본질인 동업자 정신이 얼마나 중요한지를 일깨워준다. 19년 연속 두 자릿수 홈런의 대위업과 함께 KBO리그 역대 최다홈런 기록을 경신하는 상징적 가치를 더 높였다. 30대 후반에 접어든 나이임에도 클러치 상황에서 여전한 생산성과 장타력을 뽐내는 최정의 '클러치 본능'은 클래스는 영원하다는 것을 절로 입증한다고 해도 과언이 아니다.

'추추 트레인' 추신수도 팀 후배 최정과 같은 날 커리어에서 잊지 못할 훈장을 하나 장만했다. 이는 다름 아닌 한·미 통산 2,000안타다. 메이저리그에서 '5툴 플레이어'로 맹위를 떨치면서 1,671안타를 양산한 추신수는 2021년 SSG로 유턴한 이래 4월 24일 이전까지 328안타를 쌓아 올렸다. 마침내 4월 24일 안타 1개를 추가하며 한·미 통산 2,000안타를 달성했다. 추신수에게 한·미 통산 2,000

안타는 하나의 낭만과도 같았다. 야구선수의 꿈을 키워주게 한 곳이 부산이기 때문. 롯데 자이언츠의 대표 '악바리' 박정태의 외조카로 부산고 시절부터 이미 대형 유망주로 칭송받은 까까머리 소년이 불혹을 넘기고 밟은 고향 땅에서 한·미 통산 2,000안타를 써내린 부분 자체가 한 편의 드라마다. 비록 롯데가 아닌 상대편 유니폼을 입은 차이는 존재하나 어린 시절부터 동경하고 꿈꿔 온 사직야구장의 녹색 잔디에서 고향 부산 팬들에 환대를 받고 기록을 자축하는 광경도 쉽게 실현되기 힘들다. 각 분야를 막론하고 고향 땅을 떠나 타향살이에 나서는 이들이 많지만, 운동선수라면 고향을 떠나 타향살이를 도모하는 과정에서 고향 사람들의 뜨거운 환대와 박수갈채를 받는 로망은 따뜻하다 못해 특별하다. 누구나 고향 땅을 밟으면서 필드를 누비는 시나리오를 머릿속에 상상하고 그리곤 한다. 몸은 고향을 떠나있다고 한들 지역 출신이라는 인식이 고향 팬들에게 강하게 사로잡힌 터라 더 그렇다. 2001년 부산고 졸업 이후 머나먼 이역만리 땅으로 건너간 추신수가 '눈물 젖은 빵'을 씹으면서 보낸 인고의 세월을 딛고 빅리그 무대에서 동양인 야수로서 한국의 위상을 높인 자체만으로도 한·미 통산 2,000안타 달성 가치를 높인다. 마흔이 되고 고국으로 건너와 후배들에 전혀 뒤지지 않는 재능을 뽐내는 모습은 팬심을 떠나 고향 부산 팬들에게는 하나의 긍지를 심어주기에 부족함이 없는 이유다.

 1986년생 호랑이띠들이 고교 3학년이던 2004년 고교야구는 차세대 거포 등장에 반색을 표했다. 그때와 현재 고교야구의 환경은 많이 다르다. 현재는 나무배트 사용을 원칙으로 하고 있지만,

그 당시에는 나무배트가 아닌 알루미늄 배트 사용이 규정화된 시기라는 점에서 차이가 존재한다. 2004년은 고교야구의 알루미늄 배트 사용 마지막 해였다. 동계훈련을 거쳐 3월 새 학기 시작과 함께 초고교급 거포의 활약상에 시선이 모이는 것은 자연스러운 수순이었다. 당시 초고교급 거포의 주인공은 바로 박병호(39, 삼성 라이온즈)다. 박병호의 싹은 성남고(서울) 시절부터 일찍이 검증받았다. 1루수 포지션에서 또래 레벨을 뛰어넘은 파워와 장타력은 시장 가치를 초고교급을 넘어 KBO리그의 미래를 책임질 거포라는 평가로까지 연결됐다. 고교 3학년이던 2004년 대통령배 대회에서 고교야구 사상 최초의 4연타석 홈런을 쏘아 올리며 남다른 폭발력을 뽐냈다. 당시 박병호의 4연타석 홈런 기록은 오늘날까지도 고교야구 역사에서도 범접할 수 없는 위업으로 남아있고, 프로 무대에서도 2000년 박경완(53, LG트윈스 배터리 코치)이 현대 시절 5월 19일 대전 한화 원정에서 4연타석 홈런을 때려낸 이후 아직도 깨지지 않을 기록으로 남을 만큼 임팩트 자체가 넘사벽에 가깝다. 초고교급 거포라는 세간의 평가 속에 2005년 LG에 1차 지명으로 입단한 박병호는 프로 입단과 함께 인고의 세월을 보내면서 고교 시절 평가가 퇴색되는 듯했으나 2011년 7월 넥센 이적 이후 거포 본능이 제대로 폭발하며 KBO리그를 대표하는 거포로 완전히 자리매김했다. 2012년부터 2015년까지 4년 연속 홈런왕 타이틀은 이승엽, 이대호 등 선배들도 이루지 못한 기념비적인 업적이며, 2014년과 2015년 2년 연속 50홈런 기록 또한 넘사벽으로 자리한 전인미답이다. 2016년과 2017년 메이저리그 미네소타 트윈스에서 활약하며 국내 무대를 떠났던 탓에 FA 자격 취득이 동기들보다 늦었던 박병호는 2022년 정든 키움을 떠나 KT로 옮겨온 첫 시즌 홈런왕 타이틀을 추가하며 통산 5번째 홈런왕에 등극했고, 이후 극심한 부침 속에 지난 2024년 시즌 도중 오재일과 1-1 맞트레이드로 삼성에 보금자리를 틀었다. 삼성 이적과 함께 박병호의 장타력은 타자 친화적인 대구삼성라이온즈파크와 천생연분이었다. 거기에 구자욱과 강민호를 필두로 얼마든지 장타를 양산할 수 있는 타자들이 앞뒤로 버티고 있다는 부분 또한 '홈런 공장'의 생산을 유연하게 덧칠해 줄 요소였다. 오른손 거포가 필요했던 삼성의 니즈에 박병호는 기나긴 침묵을 깨고 멋지게 일어섰다. 지난해 6월 13일 대구 LG전에서 2회 말 손맛을 보면서 한·미 통산 400홈런의 업적을 작성했다. 한·미 통산 400홈런을 뽑아낸 맞상대가 프로 커리어 첫 시작을 열어준 친정팀 LG였기에 의미는 더 남다르다. 이후에도 클러치 상황 때마다 시원시원한 대포를 가동하며 클래스를 증명했다. 그러면서 지난해 9월 4일 대구 삼성전에서 KBO리그 역대 3번째로 400홈런 고지를 돌파하며 의미 있는 업적을 하나 더 추가했다. 프로 입단 이후 극심한 부침과 2차례 트레이드, 미국에서 인고의 시간 등을 딛고 이뤄낸 산물이라는 점에서 2개 업적의 위대함은 프로 커리어를 쌓은 세월만큼이나 위대하다.

매년 꾸준함을 유지하기란 결코 쉽지 않다. 변화하는 환경과 다양한 제도 변화 등이 모든 현대인을 옥죄기에 그렇다. 약육강식의 세계에서 매년 꾸준함을 잃지 않고 가치를 증명하는 일이 그래서 어렵다. 살벌한 정글에서 질긴 생명력을 뽐내면서 노력과 근성 등이 받쳐주지 않으면 꾸준함이라는 단어 자체가 공염불로 자리한다. '오빠 므찌나' 손아섭(37, NC다이노스)은 악바리 근성으로 무장하면서 매년 꾸준함을 유지하는 대표적인 선수다. 부산고를 거쳐 2007년 롯데에 입단한 '부산 토박이'인 손아섭은 데뷔 초창기 프로의 높은 벽에 변변한 활약을 보여주지 못했지만, 꾸준하게 가치 표출을 위한 칼날을 다듬으며 비상을 꿈꿨다. 제리 로이스터 감독 시절 '노피어(두려움이 없는)' 야구로 '구도' 부산을 뜨겁게 달궜던 2008년에서 2010년까지 3년간 롯데는 불붙은 화력쇼가 인상 깊은 팀이었다. '빅볼'과 '스몰볼'의 환상적인 하모니에 한 번 몰아치면 무섭게 몰아치는 화력이 상대 마운드에 큰 쓰나미를 몰고 오면서 '용광로'처럼 활활 타올랐다. 제리 로이스터 감독의 임기 마지막 시즌인 2010년부터 롯데를 지탱한 '로컬 보이'의 등장은 부산 팬들의 설렘을 자극했다. 이 '로컬 보이'가 바로 손아섭이다. 첫 풀시즌이던 2010년 129안타를 때려내며 '노피어' 야구의 한 축으로서 면모를 뽐내더니 2018년까지 9년 연속 타율 3할과 100안타를 동시에 기록하면서 KBO리그 대표 교타자로 이름 석 자를 확실하게 각인시켰다. 정교한 콘택트 능력과 함께 상대를 끈질기게 물고 늘어지는 투지와 전력질주로 1루까지 내달리는 근성은 '허슬의 대명사'로서 '악바리'의 이미지를 진하게 물들였다. 근성과 투지로 무장한 손아섭에 열광하는 주요인으로 자리했다. 이와 함께 3차례 최다안타왕(2012~2013, 2017), 골든글러브 4회 수상(2011~2013, 2017)을 이뤄내며 화끈하기로 정평이 나있는 부산 팬들의 환호성을 불러왔다. 2019년 KBO리그 박용택(2009~2018)에 이어 역대 2번째 10년 연속 3할 타율이 무산되면서 잠시 주춤한 손아섭은 이후 2년간 3할 타율에 100안타 고지를 돌파하며 제 위용을 회복했다. 롯데의 저조한 팀 성적에도 선배 이대호, 전준우와 함께 롯데 타선의 믿을맨으로 고군분투하며 팬들에 위로를 안겼다. 그런 손아섭이 2021년 시즌 이후 인생과 야구 커리어에 있어 새로운 도전을 마주했다. 정든 고향 부산을 떠나 NC로 이적하면서 타향살이를 맞았다. 야구선수로서 시장 가치를 평가받고 싶은 욕구, 나성범이 FA로 고향팀 KIA에 이적하면서 발생된 NC의 외야 출혈 등 여러 니즈가 맞아떨어진 영향이다. NC 입사 동기가 된 박건우와 함께 팀 외야 한 축을 도맡은 손아섭은 이적 이후에도 꾸준함을 잃지 않더니 2023년 시즌 타격 2관왕(타율+최다안타)에 지명타자 부문 골든글러브를 수상하면서 '악바리'의 위엄을 다시금 피어오르게 했다. 2010년부터 2023년까지 14년 연속 100안타 고지는 박한이, 양준혁 등 레전드들만 밟은 기록으로서 꾸준한 활약상과 자기관리가 빚어낸 결과물이며, 마침내 2024년 6월 20일 잠실 두산전에서 안타 1개를 추가하며 박용택이 가지고 있던 KBO리그 역대 최다안타 기록인 2,503개를 훌쩍 넘었다. 최다안타 기록 경신 이후 7월 4일 창원 SSG전에서 수비 도중 십자인대 파열 부상으로 이탈하면서 양준혁, 박한이가 가지고 있던 16년 연속 100안타(1993~2008 양준혁. 2001~2016 박한이) 기록 경신은 물거품 됐지만, 근성과 투지를 바탕으로 프로 무대에서 연명을 거듭하고 있는 손아섭의 최다안타 기록 경신이 주는 가치는 모든 일에 한 번 반짝이 아닌 꾸준함을 가지고 하나하나 착실하게 쌓아야 더 치솟는다는 메시지를 확실하게 심어줬다고 해도 과언이 아니다. 시작은 다소 미약해도 꾸준함을 가지고 정진하면 큰 열매가 자연스럽게 따라오는 세상의 진리는 속도가 아닌 방향의 중요성을 제대로 역설한다.

KIA 해결사 최형우(42)는 전형적인 대기만성형의 표본이다. 전주고(전북)를 졸업하고 2002년 삼성에 입단해 2군 신세를 전전하다가 한 번 방출의 칼바람을 맛봤지만, 야구에 대한 동기부여와 열정만큼은 굳건하게 가져가며 스파이크 끈을 더 강하게 조였다. 경찰청 제대와 함께 다시금 삼성의 부름을 받은 이후 최형우는 그야말로 꽃길을 걸었다. 무엇보다 경찰청 복무 시절 퓨처스리그를 주름잡던 방망이 하나는 최형우의 1군 롱런에 빼놓을 수 없는 매개체다. 2008년 중고신인 자격으로 신인왕 타이틀을 거머쥔 것을 시작으로 2011년 홈런왕 타이틀을 품에 안으며 KBO리그 대표 강타자의 진면목을 뽐냈고, 정교한 콘택트 능력과 뛰어난 장타력, 강력한 파워 등을 바탕으로 '삼성 왕조'를 지탱했다. 특히 '삼성 왕조' 시절 이승엽, 박석민 등과 이룬 지뢰밭 타선은 상대 투수들에 강력한 화약고였고, 클러치 상황에서는 가공할 만한 폭발력으로 팀 공격력을 배가시키는 생산성 또한 어마무시했다. 본래 포수로 프로에 입단했다가 진갑용(51, KIA타이거즈 2군 감독)이라는 거대한 그늘에 가렸던 최형우는 외야수로 포지션 전향의 효과가 공격에서 폭발력 배가라는 앙상블을 이루면서 이름 석 자를 확실하게 어필했다. 삼성 소속으로 골든글러브도 3번(2011, 2013~2014)을 이뤘고, 2011년(타점-장타율-홈런)에 이어 2016년(타격-타점-최다안타)에 또 한 번 타격 3관왕에 오르며 커리어의 이정표를 늘렸다. 2016년 직후 FA로

4년 100억 원에 연고팀 KIA의 유니폼을 입으면서 KBO리그 사상 최초의 FA 계약 100억 원대 시대를 연 최형우의 가치는 KIA 이적 후에도 어김없이 도드라졌다. 이적 첫 시즌 팀의 활화산 같은 화력에 한 축을 도맡으면서 통합 챔피언 달성에 힘을 실었다. 개인 5번째 챔피언 반지와 함께 외야수 부문 골든글러브를 3년 만에 품에 안으며 '모범 이적생'의 사례를 남겼다. 2017년 이후에도 뛰어난 생산성과 꾸준함으로 건재함을 뽐내더니 지난 2023년 이승엽이 가지고 있던 KBO리그 최다타점 기록을 갈아치웠다. 최형우의 기록 브레이킹은 2024년에도 진행형이었다. 지난해 6월 12일 문학 SSG 전에서 통산 4,078루타를 달성하며 KBO리그 최다 루타 신기록(종전 이승엽- 4,077루타)을 새로 써내렸다. 불혹이 훌쩍 넘은 나이에도 후배들의 틈바구니 속에서 전혀 뒤지지 않는 활약상을 뽐내며 팀을 7년 만에 통합 챔피언에 올려놨다. 2024 올스타전에서는 만 40세 7개월 4일의 나이로 '미스터 올스타'에 선정되면서 종전 이병규(2011년, 36세 9개월 11일)가 가지고 있던 KBO리그 역대 최고령 '미스터 올스타' 기록도 경신하는 등 '리빙 레전드'로서 기록 브레이킹 진행에 속도를 더 높이고 있다. 뿐만 아니라 2024년 피날레를 장식하는 골든글러브 시상식에서는 지명타자 부문의 수상자로 선정되면서 만 40세 11개월 27일의 나이로 이대호가 가지고 있던 역대 최고령 골든글러브 수상(만 40세 5개월 18일) 기록을 가뿐히 갈아치웠다. 불혹이 훌쩍 넘은 나이임에도 꾸준함을 줄곧 유지하는 최형우의 회춘은 베테랑의 가치가 무엇인지를 그대로 뿜어낸다. 20대 초·중반 젊은 시절 '눈물 젖은 빵'을 딛고 이뤄낸 최형우의 기록 브레이킹은 연차가 거듭될수록 더욱 빛을 내고 있다. 이러한 클래스는 까마득한 후배들에 뒤지지 않는 열정과 노력 등의 가미로 풍족한 열매를 이끌었다고 해도 과언이 아니다. 2010년대 KBO리그는 '좌완 3대장'의 트로이카 결성이 마운드를 관통했다. 류현진, 김광현, 양현종으로 이어지는 '좌완 3대장'의 팀 내 영향력과 재능, 가치는 소속팀을 넘어 한국 야구에도 큰 버팀목이었다. '아기 호랑이'에서 어느새 '대장 호랑이'로 거듭난 양현종(37)의 존재는 괜히 '대투수'라는 수식어가 붙는 것이 아니었다. 광주동성고 시절부터 1년 선배 한기주와 함께 팀의 마운드를 책임지면서 차세대 에이스로 각광받은 양현종은 데뷔 초창기 제구 불안으로 프로 무대 적응에 적지 않은 어려움을 겪었지만, 2009년부터 에이스의 껍질을 조금씩 깼다. 2009년 데뷔 첫 두 자릿수 승수(12승) 달성과 함께 팀의 통합 챔피언 등극에 힘을 더하면서 KBO리그에 이름 석 자를 본격적으로 각인시켰다. 투철한 사명감과 불굴의 투지 등으로 '이닝이터'의 면모를 드러내며 팀 마운드를 견고하게 책임졌다. 책임감과 사명감, 그리고 마운드 위에서 승부욕에 연차가 거듭될수록 경험치와 노련미 등이 무르익으면서 에이스로서 완숙미 또한 철철 풍기게 만든다. 2017년에는 1995년 이상훈 이후 22년 만에 토종 선발로 20승을 돌파하더니 팀의 통합 챔피언과 함께 페넌트레이스와 한국시리즈 MVP를 모두 석권하며 커리어의 발자취를 늘렸다. 당시 팀 동료인 헥터 노에시와 공동 다승왕, 투수 부문 골든글러브 수상까지 '양현종 천하'를 열었다. 2019년에는 시즌 초반 한때 평균자책점 8점대를 찍는 극심한 부진에도 5월부터 놀라운 반등을 연출하며 평균자책점 1위(2.29)로 조시 린드블럼(당시 두산)의 투수 트리플크라운을 저지했다. 2015년에 이어 통산 2번째 평균 자책점 1위에 오르며 토종의 자존심을 지켰다. 2021년 메이저리그 텍사스 레인저스로 건너가 1년간 활약한 것을 제외하면 줄곧 고향팀 KIA 유니폼을 입고 마운드를 지킨 양현종은 지난해 8월 21일 광주 롯데전에서 종전 송진우가 가지고 있던 KBO리그 역대 최다 탈삼진 기록(2,048개)을 경신하며 탈삼진 부문 맨 꼭대기에 자신의 이름을 새겼다. 2024년 이전까지 1,947개 탈삼진을 기록했던 양현종은 롯데전 등판 이전까지 기록 경신에 단 3개만 남겨놓으며 홈 팬들 앞에서 성대한 자축을 목전에 뒀고, 3회 초 윤동희를 상대로 3번째 탈삼진을 기록하며 기립박수를 이끌어냈다. 이강철, 장원준(前 두산 베어스)에 이어 역대 3번째로 10년 연속 세 자릿수 탈삼진 달성과 함께 10년 연속 170이닝 돌파라는 전무후무한 대위업도 작성하며 대투수의 품격을 더했다. 환경적인 변화와 제도 개편 등이 급속도로 이뤄진 와중에도 에이스로서 사명감과 투지 등을 잃지 않은 양현종의 존재는 후배 선수들에 큰 귀감이 되는 것은 물론, 자라나는 새싹들에게도 동기부여를 끌어올리는 부수적인 가치까지 크게 작용하고 있다. 한 시대의 아이콘이자 워너비로 많은 지지와 사랑을 독차지하면서 타이거즈 '원 클럽 맨'의 상징성 또한 드높이고 있다. 2023년 9승으로 9년 연속 두 자릿수 승수 달성에 실패하면서 이강철이 가지고 있던 10년 연속 두 자릿수 승수(1989~1998) 경신은 무산됐지만, 두 가지 의미 있는 기록을 통해 리그 역사를 새롭게 써내리는 양현종의 발걸음 하나하나가 역사적 발자취를 질기게 이어줄 것이라는 점에 이의를 다는 이는 아무도 없다.

SSG 마당쇠 노경은(41)은 말 그대로 늦게 피는 꽃의 아름다움을 그대로 피어오르게 한다. 사실 노경은은 성남고(서울) 재학 시절 초고교급 투수로 많은 스포트라이트를 받은 자원이었다. 2003년 두산에 1차 지명으로 입단할 당시 계약금 4억4000만 원은 노경은을 향한 기대치가 얼마나 큰지를 그대로 대변해 줬다. 그러나 노경은의 프로 커리어는 파란만장함 그 자체였다. 프로 입단과 함께 잦은 부상이 발목을 잡으면서 인고의 시간을 거듭했다. 수술과 재활의 반복에 프로 무대에서 날갯짓을 펴려는 움직임도 번번이 꺾이면서 마음고생이 적지 않았다. 우여곡절 속에 2012년과 2013년 내리 10승을 돌파하며 재기의 몸부림에서 깨어나는 듯했지만, 2016년 초반 구단과 마찰로 은퇴를 선언했다가 번복하면서 롯데의 유니폼을 입었다. 롯데 유니폼 입후에도 굴곡진 커리어는 여전했다. 부진과 노쇠화 등이 밀려오면서 방출의 칼바람이라는 시련이 닥쳤다. 2021년 시즌 종료 직후 롯데와 2년 계약이 만료되는 시점에 방출 통보를 받으면서 졸지에 '낙동강 오리알'로 전락했다. 롯데에서 방출된 이후 현역 연장에 대한 야심을 숨기지 않은 노경은에게 SSG가 손을 내밀었다. 2021년 시즌 계투진 불안으로 가을야구 탈락의 쓴맛을 본 SSG에게 노경은의 경험치와 내공 등은 불펜 강화의 한 퍼즐로 자리하기에 충분했다. 팀과 코드 일치에 노경은은 화려하게 날아올랐다. 2022년 시즌 팀의 주요 계투 자원으로서 영양가 높은 공헌도를 뽐내며 SSG의 '와이어 투 와이어(개막부터 줄곧 1위를 놓치지 않은 것을 말한다.)' 챔피언에 힘을 보탰고, 철저한 자기관리와 노력, 후배들에 뒤지지 않는 열정 등을 바탕으로 노익장을 한껏 뽐냈다. 그런 노경은에게 2024년은 아름다운 꽃의 만개처럼 개인과 KBO리그 역사에 큰 의미를 남긴 한 해였다. 77경기에 나와 8승 5패 평균 자책점 2.90 38홀드로 커리어 하이 시즌을 써내리며 팀의 마당쇠로서 롤을 200% 이상 소화했다. 잦은 등판과 혹사 논란 등에 아랑곳하지 않고 투철한 사명감과 승부욕을 뽐내며 베테랑의 품격을 증명했다. 지난 2023년 자신이 가지고 있던 KBO리그 역대 최고령 30홀드 기록을 가뿐히 갈아치운 것은 물론, KBO리그 최초로 2년 연속 30홀드의 주인공으로 자리하면서 홀드 부문의 새 기록을 써내렸다. 또, 생애 첫 개인타이틀 쟁취와 더불어 40대 선수로는 처음으로 타이틀 홀더에 이름을 올리는 등 KBO리그 역사 창조도 덧칠했다. 비슷한 연배 선수들의 은퇴가 하나둘씩 늘어나는 상황에 베테랑으로서 관록과 노련미, 경험치 등을 토대로 오히려 진일보된 모습을 잃지 않는 노경은의 왕성한 활약상은 젊은 후배들뿐만 아니라 같은 베테랑들에게도 큰 희망을 선사하는 잣대다. 무엇보다 노경은의 기록은 여느 선수들과 차원이 다르다. 20년이 넘는 프로 생활 동안 온갖 우여곡절 속에서도 열정을 잃지 않은 열매가 두둑하게 따라온 점에서 가치가 더 치솟는다. 인생이라는 마라톤은 온갖 난관이 늘 숙명처럼 따라다닌다. 더군다나 프로 세계는 정글의 세계다. 이 정글의 세계에서 연명하기 위한 핵심 수단은 열정이다. 고독함과 어려움 등이 도사리는 상황 속에서도 열정을 잃지 않으면 언젠가 빛을 보는 날은 오기 마련이다. 일반 사회도 마찬가지다. 안일함과 매너리즘 등에 사로잡힌 나머지 열정을 잃으면 낙오되는 것은 순간이다. 개인의 스펙이나 커리어 등은 아무런 의미가 없다. 주어진 위치나 신분에서 열정을 얼마나 잘 보여주느냐가 더 중요하다. 대부분 많은 이들이 화려한 커리어나 스펙 등에도 낙오되는 이유가 열정의 등한시가 상당한 지분을 차지한다. 부상과 은퇴 번복, 방출, 부진 등 프로 생활 내내 파란만장함을 거듭했던 노경은의 스토리가 열정과 땀방울의 비례를 입증하는 바이다.

 베테랑들의 기록 경신뿐만 아니라 젊은 피들의 새로운 기록 창조도 KBO리그 기록의 역사적 가치를 높인다. '호랑이 군단' 클로저 정해영의 역대 최연소 100세이브 경신은 베테랑들이 득실거린 클로저 포지션의 새로운 이정표를 제시하는 사건으로 자리한다. 프로 2년 차이던 2021년부터 팀의 클로저 보직을 꿰찬 정해영은 2021년 34세이브, 2022년 32세이브로 타이거즈 역사상 최초로 2년 연속 30세이브를 밟으면서 팀의 위대한 역사를 창조했다. 지난 2023년 23세이브로 다소 주춤하면서 아쉬움을 남겼지만, 제 위용을 회복하는 데 오랜 시간이 걸리지 않았다. 2024년 개막과 함께 무섭게 세이브를 쌓아 올리며 '언터처블'의 위엄을 뽐냈다. 2024년 이전까지 90세이브를 기록했던 정해영은 2024년 들어 떨어졌던 구위와 구속이 살아나면서 클로저의 안정감을 회복했다. 지난해 4월 25일 고척 키움전에서 시즌 10세이브를 달성하며 만 22세 10개월 2일의 나이로 종전 임창용이 가지고 있던 KBO리그 최연소 100세이브 기록(만 23세 10개월 10일)을 1년 가까이 앞당겼다. 이후 5월 25일 광주 두산 전, 6월 11일 문학 SSG전 블론세이브를 제외하면 세이브 상황마다 줄곧 팀 승리를 지켜낸 정해영은 지난해 6월 23일 광주 한화와 더블헤더 1차전 직후 어깨부상 여파로 한동안 팀 전열에 이탈했지만, 부상 복귀 이후 묵직한 구위와 두둑한 담력 등을 토대로 뒷 단속을 철저하게 해내면서 31세이브로 생애 첫 구원왕 타이틀에 오르는 영예를 안았다. 2023년 아쉬움을 전화위복으로 삼으면서 본연의 특색을 마운드에서 표출한 정해영의 2024년은 팀 역대 레전드들의 발자취 계승에 있어 좋은 동력으로 손색없다는 평가다.

두산이 야심 차게 지명한 김택연(20)의 데뷔 첫 시즌 아우라도 KBO리그 역사를 새롭게 창조하는 매개체였다. 인천고 시절부터 초고교급 투수로 맹위를 떨친 김택연은 2024년 신인드래프트 전체 2순위로 두산에 입단해 데뷔 첫 시즌부터 '이승엽의 황태자'로 군림하며 팀 플랜에 없어서는 안 될 보물이 됐다. 시즌 초반 프로 무대의 높은 벽을 절감했지만, 강철 같은 멘탈과 침착함 등을 토대로 프로 무대에 빠르게 연착륙하며 마운드 높이 강화에 힘을 실었다. 김택연의 진짜 가치는 6월부터 본격적으로 싹을 피웠다. 마침 개막부터 클로저 자리에 고민이 가득했던 두산이 홍건희 대신 김택연을 클로저로 고정한 전략이 '신의 한 수'였다. 그러면서 상호 '윈-윈'도 한데 이뤘다. 150km를 웃도는 빠른 볼의 위력은 상대 타자들이 알고도 못 당하는 치명적인 매력을 선사했다. 핀치 상황에서도 흔들림이라곤 전혀 찾아볼 수 없는 침착함과 담력은 갓 고교를 졸업한 풋내기라고는 도저히 믿기지 않을 정도였다. 마치 고수의 냄새를 절로 풍겼다. 클로저 전향과 함께 세이브를 착실하게 쌓아 올린 김택연의 기록 브레이킹은 어느 때보다 더위가 기승을 부린 여름날 탄력이 붙었다. 지난해 7월 23일 잠실 키움전에서 세이브를 추가하며 만 19세 1개월 10일의 나이로 종전 정해영(KIA. 2021년 만 20세 23일)이 가지고 있던 역대 최연소 단일 시즌 10세이브 기록을 갈아치웠다. 클로저 전향 1달 갓 넘은 시점에서 이뤄낸 결과임을 감안하면 기록의 가치가 더 폭등한다. 지난해 8월 22일 포항 삼성전에서는 종전 나승현(現 롯데 자이언츠 1군 매니저, 당시 롯데)이 가지고 있던 2006년 16세이브 기록을 뛰어넘으며 역대 신인 한 시즌 최다 세이브 기록을 경신했다. 뿐만 아니라 역대 최연소 단일 시즌 전 구단 상대 세이브 기록(만 19세 2개월 18일)도 신인 클로저로서 쌓기 힘든 기록 중 하나로 자리했고, 지난해 7월 11일 수원 KT전에서는 3타자 연속 3구 삼진의 괴력마저 발휘하는 등 판타스틱 그 자체였다. 시즌 중반부터 클로저 자리를 맡으면서 쌓은 19세이브는 여느 클로저들과 견줘도 뒤질 것이 없었다. 경기고(서울)-단국대를 졸업하고 2005년 삼성에 입단한 오승환도 데뷔 첫 시즌 중반부터 클로저 자리를 꿰차면서 세이브 사냥에 속도를 냈음에도 김택연의 스탯에는 미치지 못했을 정도다. 풀타임으로 뛰었으면 30세이브 이상도 충분히 노려볼 수 있다는 평가가 자자했다. 동기인 황준서(한화 이글스)와 전미르(롯데 자이언츠) 등이 프로 무대 높은 벽을 절감하면서 주춤거린 틈새에 신인왕 레이스에서도 독주 체제를 공고히 했다. 두산의 차세대 프랜차이즈 스타로서 팬들의 사랑과 지지 등도 나날이 늘어만 갔다. 클로저 전향과 함께 잦은 등판과 멀티이닝 소화 등으로 혹사 논란이 끊이지 않았지만, 오히려 침착한 운영능력과 '싸움닭 기질' 등을 통해 멀티이닝 소화를 마다하지 않는 투혼을 뽐내며 젊음의 힘을 보여줬다. 팀이 와일드카드 결정전에서 KT에 '업셋'을 당하며 사상 최초의 와일드카드 업셋이라는 달갑지 않은 결과물 속에 시즌 내내 선발진의 줄부상과 계투진 부상 등에 의해 몸살을 앓았던 두산에서 김택연의 연착륙은 어둠 속의 빛을 내리쬐게 만들었다. 동기 황준서와 전미르 등이 프로 무대 적응에 어려움을 겪은 것과 달리 시즌 개막부터 일관된 페이스를 잘 유지한 김택연에게 생애 단 한 번뿐인 신인왕 타이틀은 당연한 몫이었다. 2022년 정철원(現 롯데 자이언츠) 이후 2년 만에 두산 소속 신인왕이자 순수 고졸 루키로는 2007년 임태훈(現 은퇴) 이후 17년 만에 두산 소속 고졸 루키 신인왕에 등극하며 구단 역사의 소중한 발자취에 이름 석 자를 새겼다. KBO리그 신인왕과 함께 각종 프로야구 시상식에 신인왕 부문을 모조리 휩쓸면서 연말 상복도 두둑하게 안았다. 스포츠에서 화려한 스탯과 팀 동료와 융화, 타국 문화에 대한 이해와 존중 등을 두루 겸비한 외국인 선수를 두고 '효자 외인'이라고 칭한다.

 타국살이의 고충에 아랑곳하지 않고 꾸준하게 팀에 기여도를 높이는 외국인 선수들의 존재는 팀에 큰 동력이다. 외국인 선수 스카우트가 한 해 농사에 차지하는 상당한 지분을 고려하면 외국인 선수 스카우트에 따른 희비는 매년 각 팀을 울고 웃게 만든다. 지난 2022년과 2023년 외국인 타자에 상당한 골머리를 앓은 롯데에게 빅터 레이예스는 '효자'나 다름없다. 스위치 타자라는 특성에 콘택트 능력과 타격 기술 등의 우수함은 롯데 타선의 무게감을 향상시킬 엔진이었다. 롯데의 안목은 옳았다. 시즌 개막부터 타의 추종을 불허하는 안타 생산력을 뽐내며 새로운 '안타제조기' 탄생을 알렸고, 투수 유형을 가리지 않는 타구의 질 또한 안타 생산의 위력을 더 극대화시켰다. 스위치 타자이면서 중장거리 스타일인 레이예스가 KBO리그 역사적 발자취 경신을 위해 탄력을 낸 타이틀은 바로 역대 한 시즌 최다안타 기록이다. 2014년 서건창(KIA타이거즈)이 KBO리그 최초 한 시즌 최다안타 기록인 201안타는 10년이 지난 시점까지 깨지지 않는 '넘사벽'으로 자리하고 있다. 당시 KBO리그의 시스템이 팀당 128경기 체제였음을 감안하면 가히 놀라운 안타 생산력이었다. 서건창 이후 손아섭과 전준우, 최형우 등이 200안타 고지 도달에 분주함을 나타냈지만, 아쉽게 특정 시기 부진과 페이스 저하 등에 의해 발목이 잡혔다. 144경기로 경기 수가 증가된 이후 200안타 고지는 나오지 않았다. 깨지지 않을 것 같던 201안타의 벽을 레이예스가 기어코 깨뜨렸다. 시즌 내내 꾸준히 최다안타 부문 선두를 지켜온 레이예스는 지난해 10월 1일 창원 NC와 최종전에서 멀티히트(한 경기 2안타 이상을 뜻하는 말)를 때려내며 시즌 202번째 안타를 달성했다. 서건창의 기록 경신과 함께 KBO리그 역대 한 시즌 최다안타 및 외국인 최다안타(2020년 두산 페르난데스 199안타) 기록마저 훌쩍 넘어서며 역사에 이름 석 자를 확실하게 이름을 올렸다. 많은 팀이 롯데 타선들과 승부에서 쉽사리 거르지 못한 핵심도 레이예스의 존재가 한 축을 이뤘다. 좌-우 타석을 가리지 않고 활발한 안타 생산력을 뽐내는 레이예스가 KBO리그 첫 시즌부터 남긴 발자취는 롯데 구단을 넘어 KBO리그 역대 효자 외국인 선수 반열에 올라서기에도 부족함이 없었다.

여느 시즌과 마찬가지로 2024년 KBO리그는 숱한 기록들이 양산됐다. 분야를 막론하고 모든 기록은 역사에 영원히 남는 사료다. 걸어온 발자취에 있어 지난날 기록은 역사적 가치를 높이면서 새로운 기록이 경신될 때 자연스럽게 재조명된다. 이에 새로운 기록이 경신되고 또 다른 창조를 향한 발자취는 소중한 지표와도 같다. 그래서 모든 스포츠에서 새로운 기록이 경신될 때 스포트라이트가 집중되는 것도 이러한 맥락에서 풀이가 가능하다. 지난 2024년 역시 투-타에서 새로운 기록을 쓰면서 기록적 가치를 드높이는 것은 물론, 지난 기록이 재조명되는 위대함은 세대를 막론하고 쌓인 역사를 통한 하나의 배움을 제시해 준다. 기록까지 과정이 하나하나 잘 쌓이면서 고지에 도달하는 루트가 마치 등산에 오를 때 고지가 가파를수록 숨이 턱 밑까지 차오르는 부분과 크게 다를 바 없었다. 베테랑과 젊은 피 할 것 없이 KBO리그 새 역사 창조를 위해 지난날부터 흘린 땀방울이 시즌 내내 팬들에 큰 감동과 울림을 선사하면서 기록의 위대함을 증명했고, 새 기록 경신과 함께 또 다른 창조의 일념으로 기록 경신을 바라보는 선수들의 열정과 노력은 앞으로도 KBO리그를 수놓을 것이다.

물론, 기록이란 언젠가 깨지기 마련이다. 새로운 기록이 세워지는 순간 기존 기록은 묻히곤 한다. 그러나 깨지기 전까지 기록을 경신한 주인공의 땀과 열정은 변하지 않는다. 후배들에 뒤지지 않는 경쟁력을 뽐내기 위해서, 선배들의 야성에 당당히 도전하기 위해서의 코드가 베테랑과 젊은 피들에게 다르게 형성되지만, 선수로서 더 나은 스탯 창출과 가치 향상 등의 공통분모만큼은 확실하다. 모든 기록에는 육하원칙이 포함되어 있다. 이는 역사가 만들어지는 과정이기도 하다. 스포츠에서 기록은 지켜보는 보는 재미를 살 찌우게 만든다. 선수와 팀에게는 큰 PRIDE다. 기록이라는 부분 자체가 돈으로 환산할 수 없는 무형의 가치를 띤다. 차곡차곡 쌓이면서 이뤄진 기록들이 걸어가는 역사 앞에 영구히 자리한다. 내년, 내후년, 그 이후에도 기존 기록을 경신하기 위한 열정은 창조까지 도달하는 한 과정으로서 종목의 역사를 더 다채롭게 덧칠해 주리라 확신한다.

개인 타이틀의 의미
- 삼성 원태인, 두산 곽빈 공동 다승왕

◎ 살면서 상을 한 번이라도 받아본 이보다 받아보지 못한 이들이 많다. 상 수상 여부가 가치를 가늠하는 무조건적인 척도는 아니지만, 수상 이력이 개인에게 큰 플러스 알파가 된다는 점은 부정하기 어렵다. 모든 인간이라면 어떠한 경기나 대회 등에서 수상하는 그림을 머릿속에 되새기고는 한다. 상황이나 환경 등에 맞게 각자 역량 표출에 안간힘을 쓰는 이유다. 수상까지 이어지는 단계로 연결은 개인 재능 이외 여러 가지 운도 복합적으로 작용한다. 오죽하면 운칠기삼이라는 얘기가 있지 않은가? 개인 재능 못지않게 주변 구성원들이나 지지자들의 마음을 사로잡아야 하기에 상 수상은 과정이 뒷받침되지 않고서는 이뤄지기 힘들다. 각 분야의 특성, 개개인의 지위, 주어진 롤 등에 따라 상의 체감 온도가 천차만별인 부분도 간과할 수 없다. 모든 운동선수에게 개인 타이틀은 선수 커리어에 있어 큰 훈장이다. 시즌 내내 보여준 활약상뿐만 아니라 공헌도와 경기 지배력 등까지 인정받는 척도라는 점에서 의미가 깊다. 개인 타이틀 수상을 토대로 시장 가치가 향상되는 것은 자연스러운 단계이며, 경쟁력도 덩달아 끌어올리는 일거양득을 누리게 한다. 향후 발전적인 방향에 있어서도 큰 동기부여를 생성한다.

최근 KBO리그는 차세대 우완 에이스들이 속속히 등장하면서 팀과 리그에 바람을 일으키는 모양새다. 지난 2023년을 끝으로 사회복무요원 복무를 위해 잠시 곁을 떠난 안우진(26, 키움 히어로즈)을 필두로 소형준(24, KT위즈), 문동주 등 젊은 우완 에이스들이 각 팀에서 입지를 착실하게 다져놓으며 팬들의 로열티와 'PRIDE' 등을 고취시키고 있다. '푸른 피의 에이스' 원태인과 '반달곰 에이스' 곽빈(26, 두산 베어스)은 차세대 우완 에이스의 대표 주자들로서 팀에 절대적인 비중을 차지하는 자원들로 완전히 거듭났다. 이들의 연착륙은 지역 연고 출신을 기반으로 진행된 두 팀의 1차 지명 스카우팅 대성공으로 이어졌다. 물론, 이들이 프로 입단 이후 걸어온 길은 판이하게 다르다. 원태인이 2019년 프로 데뷔 이후 줄곧 1군 무대에서 경험치를 착실하게 쌓은 반면, 곽빈은 2018년 프로 입단과 함께 팔꿈치 수술로 기나긴 재활을 거치면서 인고의 시간을 보낸 것이 대조를 이룬다. 프로 입단 이후 온갖 시행착오를 거치면서 성장통을 앓은 이들이지만, 일찍이 팀의 미래를 책임질 차세대 에이스로 각광받은 재능이나 포텐은 여전히 팀에 믿을 구석이었다.

프로 데뷔 2년간 팀의 선발 자원으로 충실한 과정을 거친 원태인은 2021년 14승, 2022년 10승과 함께 규정이닝(144이닝 이상)을 꼬박 채우면서 팀의 에이스로서 가치를 한껏 드높였다. 지난 2023년 시즌에는 WBC와 아시안게임, U-23 프로야구 챔피언십에 모두 출전하면서 쌓은 경험치와 내공 등을 토대로 규정이닝을 채우는 수완을 뽐내며 에이스의 조건 중 하나인 투철한 사명감을 증명했다. 지난 2023년의 경우 좋은 투구 내용을 선보이고도 승운이 따라주지 않은 탓에 7승에 머물렀지만, 마운드에서 노련미가 장착되는 모습을 보여주면서 내실을 더했다. 2017년 청룡기 대회 챔피언을 이끈 지배력 회복에 모든 신경을 곤두세웠던 곽빈은 2021년을 기점으로 비로소 본래 위엄을 드러냈다. 그러면서 '파이어볼러'의 특색 또한 자연스럽게 드러냈다. 2021년 시즌부터 1군 무대에서 조금씩 입지를 다지더니 2022년에 데뷔 첫 규정이닝 돌파(147.2이닝)로 팀 내 선발 로테이션의 주요 자원으로 자리매김했다. 2023년 시즌 이승엽 감독을 비롯한 코칭 스태프의 전폭적인 지지와 신뢰 속에 데뷔 첫 두 자릿수 승수(12승)를 밟으면서 차세대 에이스로서 가치를 어김없이 표출했다.

  각자 재능과 스타일을 바탕으로 에이스 수업을 하나하나 잘 거친 이들 두 명의 에이스 본능은 2024년 시즌 완전히 껍질을 깼다. 시즌 초반부터 두 우완 에이스들의 활약상은 그야말로 군계일학이었다. 2024년 시즌 코너 시볼드, 데니 레예스와 함께 팀의 선발 마운드를 책임진 원태인은 개막 2경기 부진을 딛고 5월 중순까지 한때 1점대 평균 자책점을 찍는 놀라운 투구로 삼성의 기막힌 반전에 앞장섰다. 라울 알칸타라와 브랜든 와델이 부상과 부진으로 신음하면서 비중이 더 커진 곽빈은 150km를 웃도는 묵직한 패스트볼의 위력과 강력한 구위를 바탕으로 KBO리그 5월 MVP를 수상하는 등 선발 마운드의 최후 보루로서 두산의 고군분투함을 덧칠했다. 이들 모두 여름 이후 무더위에 따른 페이스 저하로 평균 자책점이 치솟는 와중에도 한결같이 에이스 기질을 폭발시켰다. 원태인은 지난해 8월 2일 대구 SSG전에서 9이닝 3실점 3자책 퀄리티스타트로 생애 첫 완투승을 기록한 것을 비롯, 줄곧 5이닝 이상을 소화하면서 선발 야구에 큰 힘을 실어줬다. 지난해 7월 13일 잠실 두산 전에서 초반 헤드샷으로 퇴장당하며 강판된 것을 제외하면 '이닝 먹방'을 꾸준하게 가져가며 에이스의 투철한 사명감과 책임감, 승부욕 등을 아낌없이 뽐냈다. 곽빈은 외국인 선수들의 부상과 부진의 장기화, 일시 대체 외국인 선수인 시라카와의 부진 등 온갖 악조건이 가득한 두산 선발진에서 투철한 사명감과 싸움닭 기질로 팀을 지탱하며 이 감독을 비롯한 코칭 스태프들의 시름을 조금이나마 덜어냈다. 시즌 내내 선발 로테이션을 꾸준하게 지키면서 승수를 착실히 쌓은 이들은 시즌 중반부터 생애 첫 다승왕 타이틀을 놓고 열띤 레이스를 벌이면서 또 다른 재미를 선사했다. 최근 몇 년간 외국인 선수들의 텃밭과도 같았던 다승왕 자리에 토종 선수들의 이름을 새기는 것이 팀은 물론, 토종 다승왕 탄생을 오매불망 바라본 KBO리그 전체에도 반가운 일이었다.

토종 자존심과 함께 생애 첫 개인타이틀 수상이 목전에 다가온 시점에서 최종전 등판 유무가 타이틀을 요동치게 만들었다. 시즌 막판까지 KT, SSG와 치열한 3위 싸움을 벌인 두산과 달리 삼성은 3경기를 남겨놓고 페넌트레이스 2위를 확정 지은 상황은 다승왕 전선에도 크나큰 영향을 미칠 수밖에 없었다. 공동이냐, 단독이냐의 기로에서 양 팀의 선택은 갈렸다. 두산은 지난해 9월 26일 사직 롯데전에서 에이스 곽빈 카드를 주저 없이 꺼내 들며 4위 확정에 사활을 걸었다. 그에 반해 삼성은 시즌 막판 일부 주축 선수들의 체력 안배와 페이스 조절 등으로 플레이오프 대비 모드에 돌입하면서 원태인에게 휴식을 부여했다. 결국, 곽빈이 롯데 원정에서 6이닝 1피안타 7탈삼진 무실점 쾌투로 15승 고지를 밟으면서 원태인과 동률을 이뤘고, 2021년 에릭 요키시(당시 키움 히어로즈)와 데이비드 뷰캐넌(당시 삼성 라이온즈) 이후 3년 만에 공동 다승왕에 등극했다. 2017년 양현종의 20승 이후 7년 만에 토종 선수로 다승왕 고지를 밟는 영예는 덤이었다. 이들의 생애 첫 다승왕 타이틀은 두 팀 모두에게도 특별했다. 두산은 원년인 1982년 '불사조' 박철순 이후 42년 만에 토종 다승왕을 배출하면서 구단 역사에 한 페이지를 새롭게 썼다. 삼성은 2013년 윤성환(14승) 이후 11년 만에 토종 다승왕을 배출하며 배영수(44. SSG랜더스 2군 투수코치)의 뒤를 잇는 '푸른 피의 에이스'를 구단 커리어와 역사에 남기게 했다.

한동안 우완 에이스 기근에 몸살을 앓았던 KBO리그에서 원태인과 곽빈의 연착륙은 향후 세대교체에서도 큰 빛을 내리쬐게 만들며, 팀의 중·장기적 비전 확립에도 엄청난 시너지를 낳을 수 있는 기대 요소를 더 크게 만든다. 최근 너무 속도에만 얽매이는 현실이 서글프다. 이는 강박관념에서 비롯된 현상이다. 속도에 얽매이면 놓치는 부수적인 부분이 너무나 많다. 마치 자동차 운행에서 가속 페달만 힘차게 밟은 나머지 상황 인식의 결여로 사고를 초래하는 것과도 크게 다르지 않다. 기본적인 방향성과 특색 등을 잃고 이도 저도 아닌 상황이 연출되는 경우 또한 허다하다. 빠르게만 간다고 해서 결과물이 확 나타나지 않는다. 꽃도 물을 착실하게 주면서 화려하게 가꿔진다. 모든 인과관계는 과정의 시행착오를 거치면서 형성된다. 데뷔 직전부터 화려한 스포트라이트를 받고 프로에 입성한 이들 모두 각자 다른 시행착오를 겪으면서 부침이 존재했지만, 경험치와 내공 등의 충전을 토대로 1차 지명 당시 느낌표를 그대로 증명하면서 커리어에 있어 큰 이정표를 남기게 됐다. 시행착오와 부침 속에서 한 개인은 자란다. 그러면서 더 큰 발전을 그려나간다. 20대 중반의 나이에 생애 첫 다승왕 타이틀을 움켜쥔 원태인과 곽빈의 2024년 여정이 이 땅에 많은 MZ 세대에게도 시행착오와 부침이 발전 과정에 자양분이라는 메시지를 심어준 이유다.

젖줄인 대학야구의 위기, 더 의미 깊은 '황소 후예'들의 동반 개인 타이틀

– LG 홍창기, 두산 조수행 대졸 출신들의 '워너비'로 등극

오랜 세월 한국 사회를 관통해 온 키워드가 있다. 바로 대학 졸업장 취득이다. 대학 졸업장 취득을 통해 노동 시장에 진출하는 코스는 입시 경쟁의 과열과 학벌주의 고착화 등의 부작용을 불러오는 한편, 개인에게는 명문 대학 진학이 커리어의 한 축으로 자리하는 파급력이 엄청나다. 대학 진학을 바탕으로 졸업장까지 취득하면서 노동 시장 진출을 도모하는 루트가 대다수 현대인에게 공통분모로 자리한다. 이는 오늘날까지도 현재 진행형으로 대물림되고 있다. 운동부라고 예외는 아니다. 더군다나 운동 세계는 타 직종과 본질이 완전히 다르다. 직업적 수명이 짧다. 일반 직종들과 달리 30대 중반만 되면 환갑 소리를 듣는다. 100세 시대에 도래한 현 추세에 환갑은 청춘이라는 말을 종종 하지만, 30대 중반을 기점으로 기능이 하나둘씩 저하되는 부분 만큼은 부정하기 어렵다. 과거에는 야구뿐만 아니라 대다수 운동선수가 대학 졸업장 취득을 필수 코스로 삼았다. 이는 은퇴 후 재사회화 과정에서 대학 졸업장 취득이 미치는 영향력이 어마무시하다는 것에 있다.

판이 좁은 스포츠계가 학연, 지연, 혈연으로 얽혀진 고리의 줄이 상당히 촘촘하게 형성된 특성은 대학 졸업장 취득의 상징성을

절로 부채질한다. 송충이는 솔잎을 먹어야 한다고 한다. 은퇴 이후 선수들의 재사회화를 통한 직종이 한정적인 운동선수의 세계에 대부분 지도자로 전향하는 루트를 선망하기 마련이다. 아마추어의 경우 지도자 채용 요강에 대학 졸업장 취득 여부가 대단히 중한 비중을 차지하며, 프로 또한 대학 졸업장 취득이 은퇴 후 개인 커리어에 있어 메리트가 쏠쏠하다. 근본적으로 대한민국은 체육의 태생이 해외 선진국들과 완전히 다르다. 생활체육을 기반으로 인프라 형성이 이뤄진 해외 선진국들과 달리 국가 차원에서 엘리트 체육에 대한 투자를 공격적으로 단행한 영향이 태생적 차이를 불러왔다.

제3공화국 시절 엘리트 체육 육성과 투자를 국가 체육의 방향으로 설정하는 과정에서 학교 운동부 창단이 활발하게 이뤄졌다. 초-중-고-대를 막론하고 운동부 러시가 가속화되면서 카테고리별 육성 시스템의 뼈대가 맞춰졌다. 창단 숫자의 증가에 대학에서 우수 자원들을 수급하는 부분의 플러스 효과가 커졌다. 야구도 마찬가지다. 프로야구 출범과 함께 대부분 선수가 대학을 거치고 프로에 입문했다. 대졸 출신들의 완성도가 고졸 선수들보다 낫다는 부분은 즉시 전력을 원하는 프로팀의 니즈와 딱 맞았다. 이는 대졸 선수들이 입단하자마자 각 팀의 주축으로서 범상치 않은 아우라를 뽐내는 시초였다. 2010년대 초반까지(1980년대 중·후반~1990년대 초반 출생자 대상) 대졸 선수들의 활용도가 팀별로 1~2명씩 쭉 이뤄지고 있었지만, 이러한 기조는 2010년대 중·후반을 기점으로 확 바뀌었다. 바뀐 영향은 대학스포츠 환경 변화가 결정적이다. 핵심은 스카우트다. 아마추어 스포츠는 스카우트 싸움이 농사를 가늠하는 지표다. 니즈에 맞는 자원들의 스카우트가 취업 전선에도 고스란히 영향을 미친다. 2010년대 초반까지는 스카우트의 본질이 그런대로 나왔다. 감독이 원하는 자원들을 스카웃해서 팀을 꾸려가고, 이에 맞게 훈련과 경기로 최상의 결과물을 도출하는 단계는 스카우팅을 통한 농사의 핵심 씨앗이자 비료다. 그러나 대학스포츠협의회가 내건 조항인 사전 스카우트 금지는 대학야구에 큰 후폭풍을 몰고 왔다. 정확하게는 2014학년도부터다. 이전에는 팀과 코드, 감독의 성향, 개인의 특색 등을 감독들이 연습경기와 고교 대회 참관 등으로 면밀하게 체크하면서 선수 스카우트가 이뤄졌다. 이는 감독의 권한이 스카우트에 있어 절대적인 요소라는 증거다. 하지만 2014학년도부터 사전 스카우트 금지 조항 채택과 함께 양상이 확 바뀌었다. 감독의 성향과 선수 스타일, 선수와 팀 코드 등과 무관하게 신입생 수혈이 이뤄지는 이상하고 오묘한 스카우트 제도가 도입된 것이다. 포지션별 인원 제한도 없다.

그런데 참 여기서 모순점이 나온다. 대학별로 처한 상황이 천차만별이다. 해당 연도 취약 포지션을 신입생 선수들로 채워가는 스카우트는 팀 운영의 핵심이다. 포지션별로 밸런스를 맞춰가면서 팀 전력의 순환을 이루게 만든다. 사전 스카우트 금지 조항과 함께 감독들의 권한이 축소되면서 포지션별 불균형이 더 심화됐다. 감독이 아닌 현장과 전혀 연관성이 없는 교수진, 학교 입학처가 체육특기자들의 입학을 권장하다 보니 온갖 잡음이 끊이지 않는 것은 너무나 당연하다. 선수들의 피눈물을 더 쓰리게 만든다. KBO리그의 인재 공급소로서 역량을 다하던 대학야구의 질적 하락도 동시에 불러왔다. 정작 각 포지션에서 출중한 재능을 지닌 선수들이 체육특기자 전형으로 대학 입학 전형에 원서를 접수하고도 합격 문턱을 넘지 못하는 일이 다반사처럼 되어버렸다. 각 대학 코칭 스태프들의 신입생 충원에 따른 고충 또한 상상을 초월한다. 그러다 보니 프로 진출의 기착지로서 순환성을 띠는 것은 공염불로 자리한다. 공부하는 운동선수 육성의 명목으로 인해 정작 선수들의 훈련량 감소, 피로도 심화 등의 부작용이 잔뜩 초래됐다. 2010년대 들어 평일 리그제 도입, 방학 기간 토너먼트 대회 출전의 시스템을 권장하게 되면서 대학 선수들의 능률 저하는 부채질 됐고, 설상가상으로 2017년부터 'C0(C0 이하 학점 취득 선수들은 한 학기 경기 출전 불허하는 규정)' 룰을 도입한 대학스포츠협의회의 행정은 대학 선수들에게는 더욱 큰 마이너스를 야기했다. 이는 2016년 한국 스포츠계를 넘어 사회를 뒤흔든 '정유라 사태'가 결정타였다. 최순실의 딸인 정유라의 이화여대 체육특기자 입시 및 학사관리 특혜 의혹에 따른 비리가 사건화되면서 각 대학의 체육특기자 학사 관리가 더 강화됐다. 엄격해진 학사 관리와 함께 학업과 운동의 병행이 필수 아닌 필수로 자리하게 된 것이다.

두 가지를 병행하는 과정에 선수마다 강의 시간이 천차만별이라 함께 훈련할 수 있는 여건이 여의치 못하다. 실제로 많은 대학이 훈련량 부족에 몸서리를 치는 이유가 여기에 있다. 표면적으로 보면 저변이 취약한 부분을 지적할 수 있겠으나 기본적으로 대한민국과 해외 선진국의 체육 분야의 태생적 차이가 큰 점을 감안해

야 될 필요성이 있다. 모든 대학 선수들이 프로 선수가 될 수 없는 상황에 대학 선수들의 졸업장 취득을 통한 진로 개척의 명목으로 학업과 운동 병행을 꾀하겠다는 취지는 좋다. 하지만 운동 세계의 현실과 이상향의 괴리감이 너무나 크다. 그러다 보니 대졸 선수들의 프로 지명률 또한 2010년대 중반 이후 크게 감소했다. 이 또한 구조적 차이에 있다. 고졸 선수들은 20세, 대졸 선수들은 24세에 첫 시즌을 각각 마주한다. 더군다나 대한민국은 병역 의무가 징병제 국가다. 이 말은, 모든 남성이라면 피할 수 없다는 의미다. 육성에 있어 4년이라는 시간적 차이와 함께 군 복무를 이행해야 하는 신분적 위치까지 고려하면 성과와 육성을 모두 잡아야 하는 국내 실정에서는 부담감이 제법 크다. 거기에 선수들의 인식도 고교 졸업 이후 프로 진출을 타진하는 선수들이 절대 다수로 자리하게 됐다. 이로 인해 대학 진학은 고교 시절 프로 미지명자들에게 일종의 '패자부활전'으로 전락했다. 대학에서 숙성기를 거치고 프로 진입에 실패했을 때 낙오자라는 타이틀의 고착화를 불러오게 되는 등 이래저래 대졸 리스크가 커졌다. 그래도 척박한 환경 속에서도 자원들은 가뭄에 콩 나듯 해도 나온다.

1990년대 중·후반 출생자부터 대졸 선수들이 거의 전멸하다시피 한 상황에 2024년 대학 동기의 동반 개인 타이틀 취득은 대졸 선수들에 하나의 워너비로 자리하는 메시지를 심어줬다. LG 홍창기와 두산 조수행의 얘기다. 안산공고(경기, 홍창기), 강릉고(강원, 조수행) 출신인 이들은 건국대 생활체육학과 12학번 동기다. 대학 2학년이던 2013년 대통령기 대학야구대회에서 팀의 챔피언 정벌을 지휘한 것은 물론, 2015년 광주 하계 유니버시아드대회에도 동반 승선하는 등 4년 동안 대학야구 대표 명문이자 '황소 군단' 건국대에서 '테이블세터'로 좋은 시너지 효과를 냈다. 홍창기는 뛰어난 콘택트 능력과 정교한 타격, 빼어난 선구안 등을 바탕으로 대학 최정상급 리드오프로 맹위를 떨쳤다. 조수행은 폭발적인 스피드와 주력을 앞세운 주루플레이와 폭넓은 수비 범위 등으로 대학 최고의 '대도(大盜)'로 군림했다. 이들 모두 대학 시절 자연스럽게 프로 스카우터들의 레이더망에 포착됐고, 조수행이 2016년 2차 1라운드로 두산, 홍창기가 2016년 2차 3라운드로 LG에 각각 지명되는 결과를 낳았다. 프로 입단 이후 이들은 각자 가진 특색을 잘 표출해내며 프로 무대에서 생명줄을 쭉 늘려가고 있다.

홍창기는 2020년대 들어 KBO리그 최고의 외야수로 확실하게 거듭났다. 말도 많고 탈도 많은 스트라이크 존 변화에 아랑곳하지 않고 끈질긴 승부로 상대 투수들의 볼 개수를 늘리는 선구안은 프로에서도 트레이드마크로 자리한 지 오래다. 본격적으로 팀의 베스트 한 자리를 확보한 2020년부터 5년간 출루율왕 타이틀만 3차례(2021, 2023~2024)를 거머쥐며 '출루머신'의 수식어가 붙었고, 뛰어난 콘택트 능력과 타격, 폭넓은 수비 범위 등을 토대로 공-수에서 존재감 또한 으뜸이다. 포지션 중 가장 수상 경합이 불을 뿜는 외야수 부문 골든글러브를 2차례(2021, 2023)를 거머쥔 것뿐만 아니라 2023년 팀의 29년 만에 한국시리즈 챔피언 정벌에도 크게 일조하는 등 대체 불가의 존재로 팬들의 사랑과 지지를 한몸에 받는다. 특히 2024년 시즌에는 ABS 도입에도 4할이 넘는 출루율을 자랑하며 환경 변화에 유연하게 대처했고, 2년 연속 출루율왕 타이틀을 거머쥐며 출루율=홍창기의 공식도 성립했다.

조수행은 두산의 탄탄한 외야 라인에 가려 상대적으로 가려진 케이스였다. 그럴 만도 했다. 조수행이 입단한 2016년은 민병헌, 김재환, 박건우, 정수빈 등 외야 라인 자체가 어느 하나 비집고 들어갈 틈이 없었다. '화수분 야구'라는 팀 특성에 김현수의 대체자로 김재환, 박건우가 포텐을 폭발시킨 영향이 컸다. 그럼에도 조수행에게는 확실한 무기가 있었다. 바로 스피드와 주력이다. 이는 야구라는 스포츠가 타 종목과 다른 속성을 띄고 있는 부분에 있다. 한 가지만 잘해서 롱런이 불가한 타 종목과 달리(Ex, 최근 현대 축구의 흐름에서 최전방 스트라이커가 공격만 해서는 가치 퇴색되는 것처럼 말이다.) 야구는 선수의 특색이 하나라도 뚜렷하면 얼마든지 코칭 스태프의 중용 여하에 따라 가치가 달라질 수 있다. 대학 시절 이미 주루 센스와 스피드는 타의 추종을 불허했던 조수행에게 프로 입단 이후 대주자와 대수비 롤 부여는 생명줄이었다. 당시 김태형 감독 체제에서 대주자와 대수비로서 수비와 주루 센스, 스피드 등의 특색을 십분 발휘하며 팀 기동력과 수비력을 끌어올렸다. 입단 첫 시즌 2016년 한국시리즈 엔트리에 진입하지 못하면서 챔피언 반지 쟁취에는 실패했으나 이후 2시즌 동안 한국시리즈 엔트리 한 자리를 꿰차며 입지를 다졌다. 2018년 시즌 직후 상무에 입대한 조수행은 제대와 함께 팀에 합류하면서 대주자와 대수비로 중용받았고, 이승엽 감독 체제로 2년 차를 맞은 2024년 시즌 팀의 베스트 외야 한 자리를 확보하면서 출전 시간이 부쩍 늘어났다. 여전히 타격에서는 다소 아쉬움을 남겼지만, 폭발적인 스피드를 앞세운 주루 센스와 베이스 러닝은 '발야구'의 공포감을 한껏 조성했다. 투수 유형에 가리지 않고 '그린 라이트'를 부여받으면서 끊임없이 상대 베이스를 물고 늘어지는 조수행의 스피드는 도루 생산에 날개를 달아줬고, 상대적으로 낮은 출루율(.334)에도 누상에 출루했을 때 위압감은 상대 배터리들에 여간 피곤한 요소가 아니었다. 우익수와 좌익수를 병행하면서 커리어 최다인 130경기에 나선 조수행은 64도루로 생애 첫 도루왕 타이틀을 품에 안으며 대학 시절 최고의 대도라는 수식어가 괜히 얻어진 것이 아님을 프로 입단 9년 만에 증명했다.

아무리 학창 시절 좋은 추억과 기억 등을 많이 쌓아도 영원히 같이할 수는 없는 법이다. 사람마다 각자 특색과 비즈니스 코드, 지향하는 방향성, 환경적 요인의 형성 등이 제각각인 데다 인간의 본성이 다 같을 수 없다는 진리는 이별이라는 단어를 때로는 가속화시키는 결과를 낳기도 한다. 더군다나 운동선수의 세계는 학창 시절부터 프로까지 쭉 이어지기가 가뭄에 콩 나는 격에 가깝다. 프로는 비즈니스다. 팀 코드와 개인 특색의 일치가 어우러져야 만남이 실현되고, 이에 따라 연이 더 길게 지속되는 세계다. 그럼에도 운동선수들에게 학창시절 함께한 파트너의 존재는 프로 진출해서도 큰 동기부여이자 든든한 버팀목이다. 서로 다른 유니폼을 입고 있다고 해도 학창 시절 추억과 기억 등은 각자 인생에 있어 좋은 점으로 자리한다. 비즈니스 코드 실현을 통한 가치 향상의 노력의 과정을 보고 학습하는 효과도 크다. 2016년 건국대 졸업 이후 각자 프로에서 걸어온 길이 다르지만, 서로 각기 다른 특색을 프로에서도 잘 녹여내는 홍창기와 조수행의 2024년 시즌 동반 개인 타이틀이 각자 야구 커리어에 있어 큰 점으로 자리하는 이유다.

건국대의 상징 동물인 황소처럼 우직하게 프로 무대에서 입지를 다져가는 이들은 많은 시사점을 야구계에 던지는 존재가 됐다. 최근 대학야구는 큰 위기다. 아니 고사 직전이라는 말이 가깝다. 굳이 비유하자면 뿌리째 뽑혀가는 기둥이 언제 터져도 이상하지 않은 건물들과 크게 다를 바 없다. 먼저 고교 선수들의 선호도가 이전과 달리 대학이 아닌 프로로 직행으로 쏠려있다. 한 해라도 빨리 프로 무대에 진출해 체계적인 훈련 시스템과 관리 매뉴얼 등을 바탕으로 시장성을 도모하고 싶은 욕구가 선수들에 전방위적으로 확산됐다. 훈련장까지 버스로 적지 않은 시간 이동해야 하는 대학의 운동 환경, 운동에 전념하기 힘든 풍토 등도 고졸 선수들의 프로 러시를 부추긴다. 학생부 성적에 따른 최저학력제 반영 비율을 더 높인 대학들과 대학스포츠협의회의 변하지 않는 탁상행정에 의해 순환이 아닌 기형적인 쏠림만 더 심화된다. 그럼에도 대졸 출신 선수들의 존재가 대학야구는 물론, KBO리그와 한국 야구 전체의 기본 뿌리 중 하나라는 점에 이의를 다는 이는 아무도 없다. 초-중-고-대로 이어지는 시스템의 순환 확립은 전반적인 토양 조성에도 지대한 영향을 미친다.

해를 거듭할수록 대졸 선수들의 프로 지명 숫자는 현저하게 줄어들고 있다. 홍창기와 조수행의 존재는 트렌드 역주행(이는 다름 아닌 고졸 대세의 프로 진출을 말한다.)도 하나의 동아줄이 될 수 있음을 심어줬다. 고교 졸업 이후 프로 미지명의 쓰라림을 대학 4년간 전화위복으로 삼으면서 프로 연착륙을 도모한 이들의 가치는 대졸 선수들의 인식 개선과 함께 희망의 불쏘시개로 향후 자리할 여지가 다분하다. 이들의 케이스만 놓고 봐도 대학야구와 KBO리그의 상생이 반드시 필요한 이유다. 더 나아가 야구 뿌리에도 커다란 영향을 미칠 것임에 자명하며, 비단 야구에만 국한되는 것이 아닌 것은 더더욱 아니라고 말이다.

7. 한 해 농사 수확을 위한 향연

- 가을야구 스릴과 스토리 완성

다음은 없다! 타이브레이크의 가혹함
- KT vs SSG 가을야구 막차 향한 '마지막 승부'

◎ 타이브레이크라는 용어는 주로 테니스에서 많이 사용된다. 7경기(남자), 6경기(여자)의 서브 게임을 따내야 한 게임을 가져오는 테니스의 특성에 게임 스코어 5-5(여자), 6-6(남자)으로 팽팽히 맞섰을 때 타이브레이크로 승부가 가려지게 되는데, 이때 2경기를 먼저 가져올 때 게임 획득이 이뤄진다. 이러한 타이브레이크의 가혹함은 선수들에게 고도의 집중력을 요구하게 되며, 장내 관중들에게는 쫄깃쫄깃함 그 자체를 선사하면서 레이스의 절정을 무르익게 만든다. 야구는 메이저리그에서 지구 순위 동률이거나 와일드카드 순위 동률 시 타이브레이크로 상위 순위와 와일드카드 탑 승팀을 가리는 방식이 채택되고 있으며, KBO리그도 지난 2020년부터 상호 동률 시 매치업 전적 우위 팀에 상위 순위를 부여하는 방식을 버리고 1위와 5위 동률 시 타이브레이크 제도를 도입하면서 순위 결정의 잡음을 없앴다.

2021년 KT와 삼성이 페넌트레이스 선두와 한국시리즈 직행이라는 두 가지 모토를 놓고 최초의 타이브레이크를 벌인 것이 순위 결정 방식의 개편 이후 유일한 타이브레이크였는데 3년 후 2024년 와일드카드 막차 탑승을 위한 최초의 5위 타이브레이크가 또

한 번 팬들의 시선을 고정시켰다. 이는 2024년 유례없는 순위 싸움이 빚어낸 카드였다. 시즌 막판까지 가을야구 탑승을 위한 열띤 레이스를 거듭하던 두 팀의 타이브레이크 조짐은 9월 20일과 21일 양일간 매치업을 통해 조금씩 피어올랐다. 패배는 곧 순위 전선에 크나큰 치명타로 다가오는 만큼 두 팀 모두 주말 2연전 올인 선언은 너무나 당연했다. 매치업 이전까지 양 팀의 격차는 2경기 차. 2연전 시리즈 스윕은 가을야구 굳히기와 가을야구 낙오라는 극명한 희비 교차를 불러오는 상징성이 엄청났다. 상황만 놓고 보면 KT가 유리한 것은 분명했지만, 시리즈는 역시 상황의 유불리로 판가름나지 않는 법이다. 이때 SSG가 KT 원정 2연전을 모두 쓸어 담으며 KT와 동률을 이뤘고, 시즌 최종전까지 나란히 승수를 차곡차곡 쌓아 올리며 최종 전적 72승 2무 70패로 페넌트레이스를 마무리했다. 그렇게 해서 KBO리그 역사상 최초의 5위 타이브레이크가 성사됐다.

9월 30일 SSG의 페넌트레이스 최종전 직후 다음 날 타이브레이크 예매를 위한 팬들의 '티켓팅' 전쟁은 불을 뿜었다. 마침 타이브레이크 날은 국군의 날이었다. 국군 장병들과 군인들의 사기 진작을 위해 1990년 이후 34년 만에 국군의 날이 대체공휴일로 지정되면서 타이브레이크의 판이 더 풍성해졌다. 두 팀 팬들은 물론, 타 팀 팬들의 시선까지 자연스럽게 집중됐다. 수원 KT위즈파크 주변에는 SSG와 KT뿐만 아닌 타 팀 유니폼을 착용한 팬들의 모습이 심심찮게 발견됐다. 지인이나 가족, 연인 등과 다른 팬심을 지니더라도 꿀맛 같은 대체공휴일을 함께 나누고 싶은 욕구, 팬심을 떠나 야구를 즐기면서 직관의 맛과 멋 체감 등이 야구장 직관 러시에 날개를 달았다. 이러한 광경에 티켓이 만원 사례를 이루는 것은 당연했다. 예매 오픈과 함께 피 튀기는 티켓팅을 뚫어낸 팬들의 열정, 첫 5위 타이브레이크의 상징성 등까지 가을야구 초대장을 향한 '외나무다리 혈투'의 관심도를 증명했다. 두 팀 2024년 매치업 전적은 8승 8패로 동률이다. 다만 타이브레이크 홈 시드 확보를 위해서는 매치업 전적 다음으로 적용되는 사항이 매치업 간 다득점이다. 다득점에서 KT가 92-87로 SSG에 우위를 점하면서 홈 어드밴티지를 부여받았다. 지난해 9월 28일 키움과 홈 최종전을 끝으로 이틀간 휴식을 취하면서 SSG의 결과를 살핀 KT와 전날 키움과 최종전 혈전을 치르고 바로 수원으로 넘어오게 된 SSG의 상황은 분명 판이한 차이를 보인다. 그럼에도 두 팀 모두 최근 가을에 남다른 'DNA'를 뿜어낸 팀들이다. 다음이 없는 승부 특성과 최근 리듬, 분위기 등을 고려할 때 승부의 추를 쉽사리 예측하기 힘들었다.

타이브레이크 시작 전부터 수원 KT위즈파크 주변은 커피숍과 식당가 할 것 없이 북새통을 이뤘다. 2024년 한 해 야구 라이프의 종지부를 찍을지도 모르는 애절함은 팬들 심리를 더 끓어오르게 했다. 타이브레이크 승리로 가을 향기를 진하게 맡으려는 양 팀 팬들의 동기부여가 선수단 못지않게 후끈 달아오르는 것은 당연했다. 양 팀 모두 김주일 응원단장과 박민수 응원단장(SSG)을 필두로 응원단이 총출동하며 응원 데시벨을 한껏 높였다. 경기 전 '영혼의 단짝'인 프로농구 스타 출신 하승진과 전태풍의 익살스러운 시구가 시원한 웃음을 선사하면서 스릴이 고조됐다. 엄상백(KT)과 엘리아스(SSG)의 선발 매치업으로 닻을 올린 '마지막 승부'에서 먼저 포문을 연 쪽은 홈팀 KT였다. 1회 말 2번 타자로 나선 로하스가 1사 주자 없는 상황에서 엘리아스를 맞아 좌중간 펜스를 넘기는 솔로 아치를 그려내며 선제점을 완성했다. 4년 만에 국내로 돌아와 시즌 내내 2020년 MVP의 클래스를 어김없이 이어간 로하스의 시원한 대포는 1루 KT 응원단의 텐션을 한껏 드높이는 촉매제였다. 그럼에도 경기 향방은 안갯속이었다. SSG가 타순이 한 바퀴 돌자마자 3회 초 1사 이후 최지훈과 정준재의 연속 안타로 기어이 승부의 균형을 이뤘고, 5회 초 1사 이후 최지훈, 정준재, 최정의 연속 안타가 터져 나오며 리드를 가져왔다. KT가 최지훈의 안타와 함께 엄상백에서 소형준으로 투수를 바꾸는 초강수를 두는 와중에도 정준재의 두둑한 담력과 최정의 클러치 생산이 적절한 하모니를 이룬 SSG의 스코어링 포지션 효율은 KT의 '패'를 기어코 깨부수는 결과를 낳았다. 두 팀 모두 경기 중반 이후 활용 가능한 투수 자원들을 대거 가동시키며 필승의 의지를 불태웠고, 팽팽한 투수전 양상에 8회 초 SSG가 1사 이후 최정의 중월 솔로 홈런으로 3-1을 만들며 승기를 굳히는 듯했다. 그러나 진짜 클라이맥스는 8회 말이었다. KT가 선두타자 심우준이 노경은에 우전안타를 때려내며 득점 생산의 물꼬를 트자 SSG는 에이스 김광현을 투입하며 맞받아쳤다. 시즌 막판 팀의 클로저로서 절정의 구위를 자랑하던 조병현 카드가 남아있던 상황이었기에 모두가 의아함을 자아낸

SSG 선택이었다. 거기에 지난해 9월 28일 대전 한화 전에 선발 등판해 적지 않은 투구 수를 기록했던 김광현이었기에 등판 자체가 무리수였던 것은 누구도 부정하기 어려웠다. 그럼에도 SSG 벤치는 김광현 카드를 강행하는 '겜블'을 폈다. 팀 에이스로서 타이브레이크를 끝내려는 확고한 승부욕 앞에 벤치도 백기를 들었다. 이에 김광현 등판과 함께 KT는 곧바로 왼손 거포 오재일을 대타 카드로 내놓으면서 스코어링 포지션 연결을 도모했다.

8회 말 결과가 두 팀의 2024년 운명을 송두리째 바꿔놓기에 두 팀 벤치의 수 싸움은 장내 긴장감을 더 감돌게 했다. 이날 타이브레이크의 최고 클라이맥스로 손꼽혔던 김광현과 오재일의 매치업 결과의 부메랑은 기어코 타이브레이크 운명을 완전히 돌려놨다. 오재일이 김광현에 안타를 뽑아내면서 만든 무사 1, 2루에서 로하스가 김광현의 실투를 놓치지 않고 좌월 스리런 홈런으로 연결하며 승부를 뒤집은 것. 노림수를 놓치지 않은 오재일의 '조커' 기용이 제대로 먹혀든 전략과 로하스의 폭발력이 환상의 하모니를 연출하면서 SSG 계산을 완전히 파괴했다. 로하스의 역전 스리런 홈런 순간 양 팀 팬들의 희비는 자연스럽게 교차됐다. 1루 KT 팬들의 환호성은 장내를 쩌렁쩌렁하게 만든 반면, 3루 SSG 팬들 분위기는 말 그대로 초상집으로 전락했다. 클로저 조병현 대신 김광현을 투입한 자충수는 SSG에게 돌이킬 수 없는 화살로 다가왔고, KT는 8회 말 역전과 함께 곧바로 클로저 박영현을 투입하며 굳히기에 나섰다. 결국, 9회 초 박영현이 1점 차 리드를 지켜내면서 4-3, 짜릿한 역전극을 연출했고, 2020년 이후 5년 연속 가을야구 초대장을 쟁취하며 막차 탑승의 기쁨을 맛봤다. SSG 입장에서는 8회 말 '갬블'의 실패가 너무나 뼈아프게 다가왔고, 가을야구 막차 탑승의 야심 또한 산산조각 나면서 한 해 여정을 마무리했다.

타이브레이크의 잔혹한 희비는 두 팀의 밤을 다른 의미로 잊지 못하게 만들었다. KT는 역대 최초로 타이브레이크 2회 승리 팀에 이름을 남기게 되면서 또 한 번 가을날 '마법' 연출에 대한 기대감을 증폭시킨 반면, SSG는 엘리아스가 퀄리티스타트(6이닝 2피안타 1실점)를 기록한 이후 노경은과 김광현을 내보내고도 통한의 역전패를 당하자 경기 직후 팬들이 장내·외로 시즌 내내 이숭용 감독을 비롯한 코칭 스태프의 팀 운영에 대한 강한 불만을 숨기지 않으며 물씬 풍겨오는 가을 향기가 씁쓸하게 다가왔다. 타이브레이크의 용어 의미대로 지켜보는 이들에게는 스릴과 재미를 동시에 움켜줄 수 있는 확실한 카드임이 분명하지만, 정작 타이브레이크를 치르는 선수단은 죽을 맛이다. 체력 소모가 페넌트레이스보다 갑절 이상 많은 단기전의 특성에 한 경기를 더 치르는 부담감은 심신의 피로도를 더 가중시키는 요소다. 벤치의 경기 운영이나 선수들의 컨디션 등 모든 면에서 변수 또한 너무나 많다. 기본적인 부분에 의해 운명이 판가름나는 단기전은 이러한 부분을 얼마나 유연하게 대처하느냐가 최대 관건이라고 해도 과언이 아니다.

이래저래 고생길이 가득하지만, 나름 타이브레이크가 주는 맛도 있다. 똑같은 성취물에 대한 대가와 보상을 평가받기 위한 무대가 만들어지는 것 자체가 공정성과 형평성에 있어 분명 의미가 깊다.

타이브레이크를 토대로 페넌트레이스 매치업 전적 열세를 뒤집을 수 있는 묘미가 매력적이다. 이러한 스토리의 형성은 리그 역사를 더 풍성하게 만드는 수단으로 자리하게 되며, '언더독'의 미끼 투척이 주는 감동과 여운 또한 팀 커리어에 큰 자산이 된다. 다음이 없는 무대에 승패로 인한 희비 또한 가혹하지만, 적어도 바짓가랑이를 잡는 심정으로 지향하는 바를 향해 나아가는 모토만큼은 굳건함을 더한다. 타이브레이크가 공식 일정으로 기록되지 않는 탓에 이날 만원 관중은 관중 집계에 포함되지 않지만, 국군의 날 수원 KT위즈파크를 찾은 만원 관중의 함성과 열정만큼은 KBO리그 역사상 2번째 타이브레이크를 화려하게 수놓았다고 해도 과언이 아니었다. 이러한 MLB 와일드카드와 같이 5위 타이브레이크에 대한 관심도가 가을야구의 큰 도화선이나 마찬가지다. 지난 2021년 삼성과 KT의 선두 타이브레이크와 마찬가지로 2024년 5위 타이브레이크 모두 공통된 지향점 속에 쫄깃쫄깃한 레이스가 스릴을 높였다. 타이브레이크 도입에 따른 포스트시즌 제도 개편의 효과가 아닐까 생각된다. 다만, 타이브레이크에 대한 선수들과 팬들의 온도 차가 극명하다는 것은 지워지지 않는다. 타이브레이크 없이 하루라도 더 휴식을 취하고 가을야구를 맞이하고 싶은 선수들과 좋아하는 팀과 선수들의 경기를 한 경기라도 더 보고 싶은 팬들의 욕구가 묘하게 충돌하는 아이러니함이 '동상이몽'을 낳는다. 그래도 타이브레이크의 또 다른 본질은 패자부활전이다. 매치업 전적에서 열세를 보인 팀들에게는 타이브레이크가 가을야구 초대장을 위한 황금 같은 찬스다. 패자부활전 자체가 온갖 유불리를 떠나 모두에게 동등함을 지닌다는 것을 의미한다.

현대 사회 모든 집단과 현대인들에게도 저마다 다른 패자부활전을 치르면서 희망의 동아줄을 잡는 동력이 마련된다. 숱한 실패와 시행착오도 다 과정이다. 언제나 희극일 수만은 없지 않은가? 지나간 것에 너무 옭아매는 것이 아닌 주어진 상황에 맞게 열정을 불태우는 모습. 패자부활전이 집단과 현대인들에게도 나름 상징적 메시지를 주는 무대인 이유다. 그게 결과를 떠나 패자부활전의 과정이 주는 가치다. 스포츠의 타이브레이크 또한 승자와 패자의 운명이 가혹하게 나뉘는 상황임에도 지향하는 바를 실현하기 위해 발버둥 치는 열정의 폭발만큼은 기본과 과정의 이행을 통한 결과 쟁취의 단계를 더 멋스럽게 칠해주니까.

단기전의 묘미와 '리벤지'의 향연
– 확률 파괴의 스릴

⚾ KBO리그는 포스트시즌 운영 시스템이 계단식이다. 시드 별로 하위 시드팀들이 단계를 거치면서 시리즈가 연명되는 스릴은 단기전의 묘미를 한껏 고취시킨다. 이 부분을 놓고 보면 NPB를 연상시킨다. NPB는 센트럴리그와 퍼시픽리그의 양대 리그에서 상위 3개 팀이 포스트시즌 초대장을 부여받는다. NPB는 2, 3위 팀 간의 클라이맥스 시리즈 1라운드, 1라운드 승자와 양대 리그 선두 팀과 클라이맥스 시리즈 최종 라운드를 각각 치르면서를 치르면서 상위 팀에 1승 어드밴티지를 부여받는 특성이 KBO리그와 차이가 있지만, 닛폰 시리즈 진출까지 계단식의 운영 시스템은 와일드카드 결정전부터 계단식으로 단계를 거치는 KBO리그와 공통분모로 자리한다.

2024년 KBO리그의 가을야구는 초장부터 불이 붙었다. 핵심은 페넌트레이스 매치업 전적이다. KBO리그 사상 최초 5위 타이브레이크를 뚫고 포스트시즌 막차 탑승권을 움켜쥔 KT와 지난 2023년 와일드카드 결정전 탈락의 쓰라림 해소에 강한 야심을 내비친 두산의 와일드카드 결정전은 두산의 우위를 점친 시각이 대부분이었다. 페넌트레이스 매치업 전적에서 KT에 12승 4패로 절대 우위를 자랑한 데다 지난해 9월 28일 창원 NC와 페넌트레이스 최종전 이후 약 사흘간 회복 기간을 거치고 포스트시즌을 맞이하는 메리트를 무시할 수 없었다. 페넌트레이스보다 체력 소모가 갑절 이상 많은 단기전의 특성은 전날 SSG와 타이브레이크 대혈전을 치른 KT에 비해 조건적 우위를 부채질했다. 역시 뚜껑을 열어봐야 아는 것이 스포츠의 묘미다. 막상 뚜껑을 열자 매치업 전적의 상성을 완전히 파괴했다. 4위 팀에 1승 어드밴티지를 부여하는 와일드카드 결정전에서 5위 팀이 4위 팀에 업셋을 이룬 확률이 0%였던 수치는 오히려 KT의 전투력을 고취시켰다. 1차전 초장부터 두산 에이스 곽빈을 초토화시키며 4점을 뽑아낸 기세가 마운드의 물량 공세와 시너지를 내면서 분위기를 가져왔고, 4-0 리드를 9회까지 잘 지켜내며 시리즈의 균형을 이뤘다. 2차전 '단두대 매치'는 양 팀 모두 초장부터 팽팽했다. 최승용(두산)과 벤자민(KT)이 서로 무결점 투구를 뽐내면서 '0'의 행진이 이어졌다. 팽팽한 투수전에 두 팀의 피는 더 바짝바짝 말라갔고, 장내·외 긴장 기류는 더 고조됐다.

집중력 싸움이 최대 열쇠가 된 시점에 두 팀의 희비는 가른 것은 집중력이었다. 두산이 5회 말 양석환이 무리한 주루플레이로 홈에서 아웃되면서 공격 흐름이 딱 끊겼고, 그에 반해 KT는 6회 초 강백호가 선제 적시타를 때려내며 리드를 쥐었다. 두산은 클로저 김택연을 필두로 이병헌, 홍건희 등 필승조를 풀가동하며 뒤집기에 가속도를 높였다. 이에 질세라 KT도 벤자민에 이어 소형준과 고영표 등을 차례로 등판시키며 굳히기 모드에 나섰다. 서로 마운드 물량 공세를 통해 가진 '패'를 다 짜내면서 1점 차 숨 막히는 레이스를 줄곧 거듭했다. 타선 침묵이 거듭되며 벤치의 애간장은 더 진하게 녹이던 상황에 집중력의 우위를 KT가 점하면서 새로운 역사가 창조됐다. KT는 9회 말 클로저 박영현이 상대 타선을 꽁꽁 틀어막으며 1점 차 리드를 지켜냈다. 2021년 선두 타이브레이크에 이어 또 한 번 타이브레이크 승리로 타이브레이크 2전 전승과 함께 KBO리그 사상 최초로 와일드카드 5위 팀 업셋을 일으키는 마법을 연출하며 최근 가을 내공을 다시금 증명했다. 두산은 KBO리그 역사상 최초로 포스트시즌 2경기 연속 무득점이라는 불명예를 써내리며 '업셋'의 희생양으로 전락했다. 지난 2023년 와일드카드 결정전 패배를 딛고 더 나은 결과물 쟁취의 야심도 산산조각 났다. 와일드카드 결정전의 역사 창조는 '리벤지'의 복선이 됐다. 지난 2023년 한국시리즈 챔피언 타이틀을 놓고 다퉜던 '디펜딩 챔피언' LG와 KT가 2년 연속 가을야구 매치업을 벌이게 된 것이다. LG는 '디펜딩 챔피언'의 PRIDE와 함께 지난 2023년의 내공과 경험치 등의 극대화로 또 한 번 포스트시즌 KT 시리즈 승리에 강한 의욕을 나타냈다. 2024년 내내 발목을 잡았던 계투진의 불안감 해소를 위해 엘리에이저 에르난데스를 계투로 돌리는 초강수를 두는 등 준플레이오프 시리즈 운영의 묘를 높이기 위한 카드도 확실하게 장만했다. 그에 반해 KT는 타이브레이크 승리와 와일드카드 결정전 '업셋'으로 분위기가 최고조에 달한 상황이다. 마운드 물량 공세의 위력이 타이브레이크와 와일드카드 결정전에서 여실히 증명됐고, 지난 2023년 한국시리즈의 아쉬움 해소를 위한 선수단의 충만한 동기부여가 좋은 리듬과 페이스 등으로 고스란히 직결되고 있었다.

　두 팀의 시리즈는 예상대로 용호상박이었다. 시리즈 전체의 큰 열쇠인 1차전에서 KT가 고영표의 쾌투와 문상철의 결승타로 3-2 승리를 따내면서 먼저 기세를 올렸지만, LG도 2, 3차전을 연거푸 쓸어담으며 시리즈 전적 우위를 만들었다. 2차전 임찬규, 3차전 손주영의 선발 쾌투에 타선의 집중타가 조화를 이루면서 달구벌 열차 탑승의 희망을 더 부풀렸다. KT도 가만히 있을 리 만무했다. 연장 11회 대혈전 끝에 4차전을 6-5로 잡아내면서 기어코 시리즈를 잠실로 끌고 갔다. 4차전 초반 박해민, 김현수에 내리 대포를 얻어맞고 불안한 출발을 보였음에도 끈덕지게 물고 늘어지는 뒷심과 투지가 LG를 압박하면서 자칫 시즌 마지막 홈 경기가 될 수 있는 4차전을 끝내기 승리로 장식하는 수완을 뽐냈다. 기어코 막다른 골목까지 온 두 팀의 5차전은 2차전 리벤지였다. LG는 2차전 당시 쾌조의 투구로 승리투수가 된 임찬규를 선발로 내세우며 확실한 피니시를 꿈꿨다. KT는 2차전 당시 다소 아쉬움을 남겼던 엄상백을 선발 카드로 내놓으며 확률 싸움의 우위로 달구벌 열차 탑승의 희망을 더 불태웠다. 두 팀 모두 마운드에서 가진 패들을 어김없이 대기시키는 등 스릴 높은 매치업의 판을 확실하게 깔았다. 그렇게 두 팀의 리벤지 피날레 닻이 올랐다. 먼저 포문을 연 쪽은 LG였다. LG는 1회 말 1사 이후 신민재와 오스틴의 연속 안타, 김현수의 우월 2루타로 2점을 뽑아내며 칼자루를 쥐었다. 엄상백을 집요하게 물고 늘어지면서 집중력을 발휘한 LG의 계산이 그대로 들어맞은 대목이었다. LG는 3회 말 1사 3루에서 오스틴의 희생타로 격차를 더 벌렸다. KT가 엄상백의 부진한 투구로 조기에 마운드 물량 공세를 편 틈새를 역이용하는 운영의 묘는 KT 허를 제대로 찔렀다. 이후 팽팽한 투수전 양상에 3점 차 스코어가 유지되면서 살얼음판 레이스가 이어졌다. LG는 임찬규가 6회까지 무실점 투구를 펼치면서 마운드 운영의 계산을 더 탄력적으로 지탱했다. KT는 엄상백의 이른 강판에도 손동현과 소형준, 고영표 등이 차례로 나와 LG 타선을 꽁꽁 틀어막으며 호시탐탐 반격의 동아줄 잡기에 나섰다.

살얼음판 레이스 속에서 경기 중후반 점수는 두 팀의 운명을 가늠하는 핵심 지표였다. 점수 추가를 위해 모든 에너지를 다 짜낸 두 팀의 희비는 7회 사실상 갈렸다. 7회 초 KT가 1사 만루에서 배정대의 1루 땅볼 때 1점을 추가하면서 격차를 좁혔지만, 곧바로 오윤석이 삼진으로 돌아서며 득점 찬스를 날려보냈다. 절체절명의 위기를 넘긴 LG는 7회 말 1사 이후 박해민의 안타와 도루로 만든 1사 2루 찬스를 문성주가 1타점 적시타로 연결하며 승기를 굳혔다. LG는 9회 초 시리즈 5경기 모두 등판의 전무후무한 기록을 남긴 에르난데스가 1이닝을 무실점으로 틀어막으며 달구벌행 열차 탑승의 뜻을 실현했다. KT는 확률 싸움의 우위를 토대로 리벤지 설욕을 꿈꾼 야심이 5차전 투-타 엇박자에 의해 어긋나면서 시즌을 마무리했다. 끝장 승부로 마지막까지 쫄깃쫄깃함을 선사한 두 팀의 리벤지는 또 다른 리벤지를 낳았다. 전자업계 라이벌인 삼성과 LG가 22년 만에 가을야구에서 매치업을 벌이게 된 부분에 있다.

오랜 세월 전자업계 라이벌로서 각축을 벌여온 두 팀의 역대 포스트시즌 시리즈 전적은 2승 2패(삼성- 1993 PO, 2002 KS, LG- 1997, 1998 PO)다. 가장 최근에 펼쳐진 시리즈가 2002년 한국시리즈로 어언 22년이나 흘렀다. 이때 두 팀의 6차전은 가혹한 희비 교차를 낳았다. 6차전 이전까지 시리즈 전적 3승 2패로 우위에 있던 삼성은 6-9로 뒤진 9회 말 이승엽이 LG 클로저 이상훈에 동점 3점 홈런을 때려내며 승부의 균형을 맞췄고, 곧바로 마해영이 바뀐 투수 최원호에 우측 담장을 넘어가는 끝내기 홈런을 터뜨리며 1982년 프로 출범 이래 처음으로 한국시리즈 제패를 이뤘다. 2002년 이전까지 한국시리즈 챔피언 문턱에서 번번이 쓴맛을 보면서 2인자 신세가 고착화됐기에 기쁨과 값어치는 더 남달랐다. 그에 반해 LG는 2002년 한국시리즈 준우승 이후 기나긴 암흑기에 빠지면서 1990년대를 호령하던 위용을 완전히 잃었다. 2003년부터 2012년까지 가을야구 탈락의 기록은 역대 KBO리그 최장기간 가을야구 탈락으로 남아있다. 그렇게 포스트시즌 시리즈의 가혹한 희비는 팀의 위상과 입지 등을 송두리째 바꿔놓는 무서운 파급력을 낳았다. KT와 준플레이오프 시리즈를 대혈전으로 치르고 올라온 LG와 페넌트레이스 최종전 이후 약 보름간 준비 기간을 거친 삼성의 플레이오프 시리즈는 양 팀 모두 콘셉트가 뚜렷했다. 삼성은 타자 친화적인 라팍 특수를 앞세운 '빅볼', LG는 적극성을 가미한 '스몰볼'로 각각 서로를 겨냥했다. 다만, 1, 2차전이 큰 열쇠였다. 라팍 특수를 바탕으로 폭발적인 대포를 양산한 삼성의 대포를 LG 마운드가 얼마나 제어하느냐가 시리즈 운명을 가늠하는 척도였다. 체력과 선발 싸움에서 삼성의 우위를 점하고 있는 상황에 대포 양산과 억제의 각기 다른 코드 이행 여부는 두 팀 모두에게 대단히 중요했다.

일찍이 만원 사례를 이루면서 흥행 대박을 이룬 두 팀의 시리즈는 삼성이 1, 2차전 가공할만한 대포로 LG 마운드를 초토화시키며 쾌재를 불렀다. 1차전 홈런 3방, 2차전 홈런 5방을 각각 때려내는 폭발력은 준플레이오프 기간 좋은 투구를 뽐냈던 LG 투수들을 혼비백산으로 만들었다. LG를 상대로 좋은 모습을 보여온 윤정빈을 1차전 2번 타자, 2차전 선발 손주영을 대비해 김헌곤을 2번 타자로 각각 내세운 과감한 라인업 변화와 임기응변이 LG 허를 제대로 찌르면서 1차전 선발 레예스와 2차전 선발 원태인의 퀄리티스타트 가치를 더 높였다. 달구벌에서 홈런쇼에 KO 당한 LG도 가만히 있을 리 만무했다. 3차전에서 팽팽한 투수전 양상 속에 1-0 승리를 따내면서 반격의 실타래를 마련한 것이다. 임찬규가 KBO리그 역대 포스트시즌 선발 최다승 타이기록인 3승째를 달성하면서 삼성 화력을 원천 봉쇄한 결과가 1점 차 승리의 두둑한 열매로 따라왔다. 3차전 LG 승리와 함께 시리즈 향방은 오리무중이었다. 라팍보다 규격이 훨씬 큰 잠실야구장의 사이즈에 자취를 감춘 삼성의 대포, 삼성 해결사 구자욱의 부상, LG 오스틴의 침묵 등 변수가 차고 넘쳤다. LG는 4차전 선발 카드로 엔스, 삼성은 4차전 선발 카드로 레예스를 각각 빼 들며 총력전을 시사했다. 4차전 양상은 두 팀 선발투수들의 명품 투구가 수놓았다. 엔스와 레예스 모두 무실점 투구로 상대 타선을 무력화시키며 에이스 노릇을 다해냈다. 시리즈의 중압감에 아랑곳하지 않고 투구 리듬과 페이스를 잘 가져가는 이들의 투수전은 단기전다운 묘미를 아낌없이 선사했다.

  7회까지 '0'의 행진이 줄곧 이어지면서 쫄깃쫄깃함이 더해진 두 팀의 운명을 가른 것은 8회 초였다. 삼성이 8회 초 강민호가 LG 손주영을 상대로 좌중간 펜스를 넘어가는 솔로 홈런을 터뜨리며 선제점을 뽑아냈다. 이전까지 실타래 마련에 애로점을 겪던 상황에서 나온 대포 한 방은 오아시스에 가까웠다. 강민호의 홈런 한 방은 순식간에 경기 분위기를 삼성 쪽으로 끌고 왔다. 삼성은 강민호의 홈런 한 방과 함께 김윤수와 김재윤 등 계투진을 즉각 풀가동하며 굳히기에 나섰고, 클로저 김재윤이 1점 차 리드를 끝까지 지켜내며 3차전 0-1 패배를 앙갚음했다. 역대 플레이오프 1차전 승리 팀의 한국시리즈 진출 확률 75.7%를 이어간 삼성은 2015년 이후 9년 만에 한국시리즈 진출과 함께 22년 만에 LG와 포스트시즌 시리즈 판정승으로 역대 LG와 포스트시즌 시리즈 전적 3승 2패 우위를 만들었다. 지난 2021년 플레이오프 당시 두산의 '미러클'에 막혀 한국시리즈 진출의 뜻을 이루지 못했던 아쉬움도 눈 녹듯이 사라졌다. LG는 마운드의 고군분투함을 바탕으로 시리즈 '업셋'에 강한 야심을 드러냈으나 마지막 2%를 채우지 못하면서 2년 연속 한국시리즈 챔피언 타이틀의 꿈이 물거품 됐다.

  페넌트레이스와 포스트시즌은 무게감이 확실히 다르다. 그러나 유독 2024년은 더 도드라졌다. 핵심은 확률의 파괴다. 개인과 집단 할 것 없이 각자 추구하는 방향에서 나름의 확률을 계산한다. 주어진 환경이나 상황 등에 따라 계산기가 바삐 돌아가는 계산법은 개인과 집단 모두 적용된다고 볼 수 있다. 그러면서 저마다 상황의 유불리에 따른 확률을 책정한다. 그런데 모든 일은 숫자로만 이뤄지는 것이 아니다. 또, 확률이라는 단어 자체가 무조건성을 담보로 하지 않는다. 단지 유불리를 가늠하는 핵심 수치일 뿐이다. 확률이 낮다고 해서 바라는 바가 실현되지 말라는 법이 없는 것처럼 말이다. 이 부분을 놓고 보면 세상만사에 있어 확률은 모 아니면 도에 가깝다. 또, 모든 눈에 드러나 있는 확률과 드러나지 않는 확률 모두 공통된 사항이기도 하다. 스포츠는 눈에 드러난 확률에 많은 시선이 집중된다. 챔피언 등극 확률을 필두로 다양한 상황과 가정에 따른 확률 등이 늘 껌딱지처럼 붙어 다닌다. 이 부분이 무조건성으로 연결되지 않더라도 확률이 팀과 선수들에게 미치는 영향력은 크다고 볼 수 있다. 포스트시즌만 되면 확률에 대한 흥미는 더 고조된다. 1차전 승리 팀이 다음 시리즈 직행 확률, 챔피언에 오를 확률 등의 수치는 선수단과 팬들의 기대 심리를 고취시킨다. 한국시리즈 이전 3개의 시리즈 중 2개 시리즈가 확률 파괴로 시리즈 전적이 판가름나는 엔딩은 스포츠에서 확률은 참고용이라는 것이 입증된다. 먼저 10개 구단 체제로 개편된 2015년부터 2024년 이전까지 역대 5위 팀이 와일드카드 결정전을 업셋으로 장식한 확률은 0%이었다. NPB 클라이맥스 시리즈처럼 상위 팀에 1승 어드밴티지를 부여하는 제도의 특성은 하위 시드 팀들에 계란으로 바위를 치는 격과 다를 바 없다.

한 번의 패배가 곧 시즌 종료로 직결되는 가혹함은 엄청난 압박감을 낳는다. 그러나 KT가 와일드카드 결정전 2연전에서 보여준 마법은 가히 돋보였다. 5년 연속 가을야구 초대장을 받으면서 다져진 내공과 경험치 등은 3년간 슬로우 스타터로 가을야구에 탑승한 기질과 맞물려 더 위력을 발산했다. 마운드의 견고함과 함께 상황에 따른 임기응변이 적재적소에 빛을 내면서 리듬과 페이스 등을 잃지 않았다. 1차전 선발 쿠에바스, 2차전 벤자민이 긴 이닝을 끌어주면서 물량 공세의 효력 또한 위력적이었다. 역대 최초의 역사 창조를 위한 투혼과 집중력 등이 잠실벌을 수놓는 것은 자연스러운 단계였다. 1루 두산 관중들의 화력에 전혀 움츠러들지 않은 KT 팬들의 뜨거운 환호성은 역사 창조의 엔딩을 멋지게 끼워 맞추게 한 핫소스였다. 참 아이러니하다. 확률에 울고 웃는 일이 스포츠에서는 비일비재하다. 역대 최초의 와일드카드 결정전 5위 팀 업셋이라는 업적을 남긴 KT에게 딱 해당됐다. 그도 그럴 것이 준플레이오프 1차전 승리 팀의 플레이오프 진출 확률이 무려 87.9%(29/33)이었다. 1차전 3-2 승리할 때만 해도 확률 파괴와 유리함의 상극을 이어가는 것처럼 보였다. 하지만 확률 파괴를 도모한 LG의 저력은 가히 '디펜딩 챔피언'다웠다. 2, 3차전 승리와 4차전 끝내기 패배로 냉·온탕을 오간 와중에도 5차전 초반 기동력과 적극성을 바탕으로 KT를 압박하며 칼자루를 쥐었다. 1점의 중요성이 두말하면 잔소리에 가까운 단기전에서 기동력과 적극성을 통해 득점을 착실히 쌓은 LG의 집중력과 내공은 5차전 선발 엄상백을 조기에 끌어내는 핵심이었다.

　초반 집중력을 잘 유지하면서 운영의 묘를 더한 것이 기어코 확률 파괴로 연결됐다. 대개 포스트시즌에서 확률에 따른 유불리를 지켜보는 맛은 짭짤하다 못해 말로 표현하기 어려운 판타스틱함을 선사한다. 확률을 통해 통계의 우위를 이어가려는 쪽과 확률 파괴로 시리즈 역사를 새로 쓰려는 쪽의 동상이몽은 포스트시즌을 더욱 풍족하게 만든다. 선수들과 코칭 스태프 입장에서는 매 시리즈가 죽을 맛이지만, 지켜보는 팬들에게는 이만한 '꿀잼' 조건이 없다. 그래서 확률 파괴는 야구뿐만 아니라 타 스포츠, 세상만사에 있어 걸어온 발자취를 더 흥미롭고 가치 있게 만들어주는 잣대로 자리할 수 있다. 2024년 포스트시즌이 준 메시지는 간단하다. 확률이 전부는 아니라는 것이다. 확률의 높고 낮음을 떠나 개인과 집단의 발자취를 써내리기 위한 과정을 잘 밟으면 결과는 분명 따라온다. 그러면서 확률 파괴로 개인의 삶, 분야의 역사 등이 풍족함을 더하게 된다. 확률에 너무 연연할 필요가 없는 이유가 분명하다.

31년 만에 KS가 낳은 진귀한 광경
– 고속버스 운행 횟수 증가

⚾ 서로에 총구를 겨누면서 방아쇠를 당겨야 하는 전쟁의 가혹함. 스포츠라고 예외가 될 수 없다. 야구는 가을만 되면 이러한 현상이 더 고착화된다. 그럴 수밖에 없다. 페넌트레이스와 달리 포스트시즌은 특정 팀과 단기간에 박 터지는 시리즈를 펼쳐야 한다. 각자 무기를 극대화하면서 빈틈을 보이는 상대 틈새를 향해 방아쇠 장전을 해야 하는 단기전의 생리는 지켜보는 이들에게는 꿀잼, 직접 치르는 선수단에게는 온몸의 파김치를 각각 선사한다. 2024년 KBO리그는 포스트시즌에도 그야말로 역대급 흥행 대박을 이뤘다. 인기 구단들의 포스트시즌 진출과 함께 매 시리즈 풍성한 스토리와 스릴 넘치는 레이스 등이 한데 어우러지면서 팬들의 직관 러시를 부추겼다. 포스트시즌 예매와 함께 티켓이 일찍이 동났을 정도로 티켓팅 자체가 낙타 구멍을 통과하는 것보다 어려웠고, 예매에 실패한 팬들은 씁쓸하게 입맛을 다실 수밖에 없었다. 뿐만 아니라 소위 디지털 취약 계층들에게는 포스트시즌 직관을 엄두도 못 내는 등 흥행몰이가 빚어낸 광경이 티켓 예매에서도 고스란히 드러난 것이다.

가을야구의 꽃은 뭐니뭐니해도 한국시리즈다. 왕좌를 쟁취하기 위한 두 팀의 치열한 여정은 한 시즌 성대한 피날레의 화룡점정이다. 챔피언 타이틀이 곧 팀의 역사를 늘리는 지표이자 선수들에게는 개인 커리어에 있어 가치의 척도다. 또, 팬들에게는 응원하는 팀의 로열티를 드높인다. 이처럼 한국시리즈 챔피언이 주는 상징성은 선수단과 팬 할 것 없이 남다를 수밖에 없다. 최근 한국시리즈는 수도권 팀들을 빼놓고 논하기 어려웠다. 2006년 삼성과 한화를 제외하면 2000년대는 줄곧 수도권 팀들의 한국시리즈 진출은 계속됐다. 이 또한 우연의 일치다. 잘 갖춰진 전력과 단기전 내공, 경험치 등의 효력이 껍질을 깬 결과물로서 한국시리즈 진출 팀들 모두 진출 과정에서 집중력과 리듬 등을 잘 유지해 온 결과로도 해석할 수 있다. 2024년 한국시리즈는 지방팀들 간의 매치업이 모처럼 성사되면서 이목이 더 집중됐다. 영·호남 대표 라이벌로서 오랜 세월 뿌리를 내려온 KIA와 삼성이 1993년 이후 31년 만에 한국시리즈에서 매치업을 벌이게 됐기 때문. 역대 한국시리즈 '불패' 신화를 줄곧 이어가고 있는 KIA와 2014년 마지막 챔피언 이후 10년 만에 한국시리즈 무대를 밟은 삼성 모두 한국시리즈 챔피언 타이틀에 대한 동기부여가 충만한 터라 '빛고을'과 '달구벌' 일대가 떠들썩한 것은 당연했다. 두 팀 모두 팬들의 로열티와 열정이라면 둘째 가라면 서러울 팀들인 데다 지난 세월 동안 쌓은 스토리와 라이벌 의식 등 어느 하나 빠짐이 없기에 한 해 최대 잔칫상의 먹거리도 풍족했다.

 2024년 페넌트레이스 매치업 전적은 12승 4패로 KIA의 절대 우위였다. 그러나 막상 알맹이를 벗어던지면 전혀 달랐다. 만날 때마다 쫓고 쫓기는 레이스의 스릴은 그야말로 초대형 블록버스터를 방불케 했다. 서로 에이스들과 필승조를 집요하게 두들기는 방망이의 폭발력은 긴장의 끈을 한시도 놓지 못하게 만드는 핵심이었다. 실제로 두 팀 모두 서로와 매치업 때 방망이의 화력이 더욱 달아오르는 모습을 보여줬고, 이를 더 극대화하기 위한 양 팀 코칭 스태프들의 오더 싸움과 순간 임기응변 등에서도 물러섬이라곤 찾아보기 어려웠다. 와일드카드 결정전, 준플레이오프, 플레이오프와 달리 한국시리즈는 시리즈 직전 미디어데이 개최로 임하는 출사표 전달과 1차전 선발투수 공개 등이 이뤄진다. 31년 만에 한국시리즈의 '달빛시리즈'는 시리즈 전부터 충만한 동기부여로 팬들의 비장함까지 끌어냈다. 2024년 페넌트레이스 내내 강팀의 진면목을 어김없이 뿜어낸 KIA는 7년 만에 통합 챔피언과 함께 'V12'로 한국시리즈 '불패'의 휘황찬란한 업적을 계승하려는 욕구가 뚜렷하게 내재됐고, 오랜 암흑기를 벗고 페넌트레이스 2위로 포스트시즌에 합류한 삼성은 플레이오프에서 '디펜딩 챔피언' LG를 3승 1패로 돌려세운 여세를 몰아 10년 만에 한국시리즈 제패로 암흑기 청산의 확실한 엔딩을 맺기 위한 태세로 가득했다.

무엇보다 두 팀 시리즈의 초미 관심사는 바로 2003년생 양띠 차세대 스타 김도영(KIA)과 김영웅(삼성)의 대포 대결이었다. 이들 모두 2024년 두 팀의 최고 히트상품이다. 김도영은 시즌 내내 경이로운 퍼포먼스를 뽐내며 KIA는 물론, KBO리그를 대표하는 스타 플레이어로서 확실하게 자리매김했고, 김영웅은 홈런 타자로서 가공할만한 폭발력을 양산하며 삼성 '굴비즈'의 핵심 주자로서 KBO

리그 차세대 스타플레이어의 싹을 드러냈다. 서로 스타일이 다른 이들의 활약에 대한 기대감이 큰 이유는 분명하다. 바로 나머지 타자들의 존재다. KIA는 소크라테스 브리토, 최형우, 나성범, 김선빈 등 클러치 상황에서 생산 능력이 탁월한 타자들이 즐비하고, 삼성 역시도 '캡틴' 구자욱과 디아즈, 강민호, 박병호 등의 장타력과 폭발력이 어마무시하다. 쉬어갈 틈새가 없는 타선에 김도영, 김영웅에 무작정 승부를 거를 수 없는 이유다. 이는 클러치 상황 때 각자 재능을 표출할 수 있는 여건이 확실하게 마련됐다는 것을 의미한다. 한국시리즈라는 큰 무대의 경험과 함께 서로 자존심 싸움은 훗날 선의의 라이벌 구도로서 싹을 트게 할 씨앗과도 같기에 이들의 활약 여부에 시선이 고정되는 것은 당연했다. 프로 데뷔 21년 만에 처음으로 한국시리즈 무대를 밟은 강민호와 2024년 이전까지 챔피언 반지를 5개나 쟁취한 최형우의 베테랑 회춘 매치업도 백미에 가까웠다. 3루수로 포지션이 같은 김도영, 김영웅과 달리 서로 다른 포지션에서 성향마저 판이해 직접적인 비교는 어불성설이다. 그러나 이들 모두 2024년 시즌 나이를 거꾸로 먹은 듯한 퍼포먼스로 노익장을 뽐내며 불혹의 나이에도 대체 불가의 위엄을 증명했다. 강민호는 체력 소모가 가장 큰 포수 포지션에서 3할 타율을 때려내며 공-수 겸장의 안방마님으로서 이름값을 제대로 했고, 최형우는 클러치 상황에서 뛰어난 생산성과 장타력으로 김도영, 나성범 등과 환상적인 시너지 효과를 연출하며 여전한 클래스를 뽐냈다. 큰 무대 경험치와 내공 등이 탄탄한 두 베테랑이 후배 선수들과 시너지 효과를 얼마나 잘 이끌어내면서 본연의 특색을 보여줄지에 대한 궁금증도 증폭됐다.

초보 감독답지 않은 경기 운영으로 선수단을 잘 통솔한 이범호 감독(KIA)과 박진만 감독(삼성)의 지략 대결도 관심사였다. 코치 시절부터 경험치와 내공 등을 탄탄하게 쌓으면서 미래의 감독감으로 불렸던 두 감독 모두 2024년 시즌 적재적소에 맞춤형 카드와 임기응변을 가미하는 기밀함이 돋보였고, 강단 있는 리더십을 통한 선수단 장악에 있어서도 초보라곤 믿기 어려울 정도였다. 현역 시절 숱한 챔피언 반지를 쟁취한 박 감독과 2017년 챔피언 당시 선수로서 KBO리그 첫 챔피언 반지를 낀 이 감독에게 선수와 감독으로서 챔피언 타이틀은 저마다 지도자 커리어에 있어 큰 자산이 되기에 충분하다. 무엇보다 선수단 못지않게 한국시리즈를 바라본 이들은 바로 팬들이다. 엄청난 로열티와 열성적인 응원 등으로 남다른 스케일을 뽐내는 두 팀의 두꺼운 팬덤은 한국시리즈 흥행의 필요충분조건을 다 갖췄다. 다음이 없는 한국시리즈가 한 해 농사의 클라이맥스를 종결하는 무대인 데다 시리즈 몰입도나 긴장감 등 또한 페넌트레이스 때와는 천차만별이다. 하지만 광주와 대구의 '달빛동맹'이라는 타이틀에 걸맞게 서로 라이벌 관계에서 시리즈가 성사된 자체만으로도 두 팀 팬들을 야구장 혹은 브라운관으로 끌어모으기에 충분했다.

두 팀의 한국시리즈 매치업 성사에 가장 눈에 띈 부분이 하나 존재했다. 바로 고속버스 증차다. 대구와 광주의 거리는 약 350km 가량 된다. 과거 88고속도로로 불리던 고속도로 노선이 대구-광주

고속도로로 개편되면서 이전보다 잘 갖춰진 도로 포장으로 이동시간 단축 등의 효과가 큰 것은 부인할 수 없다. 그럼에도 옥에 티가 존재한다. 바로 대중교통에 있다. 두 지역의 철로 노선이 다르다. 경부선과 호남선으로 나뉜 탓에 연고지 팬들이 운전이 아닌 이상 대중교통을 이용할 수 있는 수단은 고속버스뿐이다. 여기서 함정이 있다. 영남권에서 호남권을 향하는 고속버스 배차 횟수가 수도권에 비하면 적을뿐더러 그 간격 또한 길다는 것이다. 시간에 딱 맞게 가면 좋으련만 야구라는 스포츠가 상황이 언제 어디서 변화될지 모르는 예측불가성이 존재한다. 심지어 고속버스 막차 시간이 밤 10시면 마감이다. 야구라는 종목의 특성상 시간대가 정해진 스포츠가 아니기에 고속버스 막차 시간과 경기 종료 시간이 맞춰지는 일은 그야말로 천운에 맡겨야 한다. 귀갓길 걱정이 태산인 야구 팬들에게는 막차 시간의 끊김 여부는 냉·온탕을 동시에 오가게 할 정도다. 이러한 야구 팬들의 고충을 헤아린 것일까? 명절 때나 볼 수 있던 고속버스 증차가 야구 한국시리즈에 맞춰서 이뤄진 것이다.

2024년 내내 대구와 광주는 야구 팬들의 방문 빈도가 엄청났다. 전국구 인기구단인 두 팀의 호성적에 연고지와 인근 지역은 물론, 수도권과 타 지역에서 오는 야구 팬들로 불야성을 이룰 정도였다. 운전과 기차, 버스 이용 등 각양각색의 이용 코스에 광주와 대구 두 대도시의 관광적 부가 가치 향상도 야구의 호황과 맞물려 더 빛을 냈다. 한국시리즈는 그야말로 꽃이었다. 한국시리즈가 있는 날 광주 송정역과 동대구역을 향하는 열차 편을 구하는 것은 낙타 구멍을 통과하는 것만큼이나 어려웠다. 그래서 호남선 운수 회사인 금호고속이 수호신으로 나섰다. 금호고속 측에서 야구 팬들의 편의를 위해 두 개 도시뿐만 아니라 수도권과 호남권 지역을 향하는 버스 배차를 한국시리즈 기간에 한해 늘리기로 한 것이다. 고속버스 증차 효과는 역시 컸다. 고속버스 수요가 평일임에도 천정부지로 급증했다. 강남 센트럴시티에서 광주 유스퀘어 터미널, 동대구 고속터미널을 향하는 노선은 물론, 동대구-광주, 광주-동대구 간 노선 예매는 그야말로 불을 뿜었고, 한국시리즈 직관을 꾀하는 팬들의 고속버스 이용 급증에 오히려 공급과 수요의 불균형에 아우성을 지를 정도였다. 이용객의 편의를 적극 도운 금호고속 측의 용단은 임시방편의 성격을 띤다고 한들 야구와 상생에 있어 향후 가능성을 남겼다고 볼 수 있다. 이러한 결정에 야구 팬들은 반색을 표할 수밖에 없었다. 한 시즌 농사의 수확을 이루는 한국시리즈 무대의 맛과 멋을 제대로 누리고 욕구의 증가로 연결되는 일거양득의 효과는 고속버스 이용객들에게는 너무나도 컸다.

고속버스 증차와 함께 귀갓길 걱정의 부담감을 덜어낼 수 있게 된 것은 물론, 저마다 유니폼과 굿즈를 착용하면서 마주하는 설렘 또한 더 커졌다. 고속버스 증차의 효과는 역시 컸다. 촘촘히 배차 간격을 형성하면서 이동 편의를 적극 도모한 덕분에 예매 걱정을 덜어냈고, 자연스럽게 예매율 또한 평일임에도 만석이었다. 명절이 아니고서는 평일 고속버스 좌석이 만석을 이루는 경우는 드물다. 이는 고속버스 수요가 주말에 집중되는 영향이 크다. 그런 보기 드문 광경이 평일에 연출되는 것 자체가 너무나 놀랍다. 좌석 양옆으로 양 팀 유니폼을 착용한 팬들의 모습이 가득했고, 설렘 속에 응원하는 팀의 필승을 바라는 애절함이 내면에 잔뜩 이는 두 팀의 남다른 팬 로열티가 존재했기에 가능한 일이었다. 이 부분만 놓고 봐도 스포츠와 관광의 컬래버레이션이 비즈니스 가치에 있어 떼려야 뗄 수 없는 관계가 되고 있다는 방증이다. 한국시리즈 고속버스 증차가 임시방면으로 끝나지 않기 위해서는 지역 차원에서 커뮤니케이션이 원활하게 이뤄져야 하는 것은 당연하다. 이 또한 수도권과 지방의 교통 인프라 차이가 크다. 대중교통이 잘 갖춰진 수도권과 달리 지방은 대중교통 체계가 상대적으로 열악할 수밖에 없다. 지방 도시들 차원에서 지하철 노선 증축, 열차 신규 노선 개설 등 다각도로 많은 노력을 기울이고 있다고는 하지만, 여전히 가야 할 길은 멀다. 높아진 소비자들의 니즈를 따라가기 위한 환경적 요소가 갖춰져야 하는데 이 부분에서 방문객들의 니즈와 일치를 이루기까지는 무리가 따르는 것이 사실이다.

거센 가을비와 사상 초유의
2박 3일 서스펜디드

- KIA, 37년 만에 안방서 'V12' 신화 완성

⚾ 하나가 해결되면 또 다른 하나가 발목을 잡는 아이러니함. 일과 상황, 현대인의 삶 등 모든 면에서 관통하는 난제 중 난제다. 한국시리즈 또한 예외가 아니었다. 나름 투어를 위한 만반의 준비는 끝냈건만 요란한 가을비가 심술을 부린 것이다. 한국시리즈 전후로 거센 장대비가 사흘간 쏟아질 것이라는 소식에 두 팀 선수단은 물론, 팬들도 기상 상태를 수시로 체크하는 상황에 이르렀다. 무엇보다 한국시리즈를 직관하기 위해 먼 발걸음을 마다하지 않은 팬들에게는 가을비가 청천벽력과도 같다. 각자 좋아하는 팀의 챔피언 희열을 직접 체감하는 부분이 황홀한 일이며, 전쟁을 방불케 하는 티켓팅을 뚫어내는 과정에서 하나의 '버킷리스트'로 자리하기에 더 그렇다. 호남 전역에 쏟아진 거센 장대비는 한국시리즈를 제대로 덮쳤다. 1차전 당일 광주에는 쉴 새 없이 장대비가 쏟아지면서 경기 진행 여부가 불분명했고, 정오를 지나 오후가 돼서도 빗줄기는 멈출 줄 몰랐다. 기상 상태가 좋지 못했을 때 중요한 것이 운영의 묘다. 진행과 취소에 대한 전달을 빠르고 명확하게 공지해 줘야 양 팀 모두 나름의 플랜을 가동할 수 있는 터라 운영의 묘 발

휘는 대단히 중요하다. 문제는 경기 시작이 임박한 시점에도 기상 상태가 크게 바뀌지 않았다는 점이다. 이미 물기가 가득한 내야와 워닝트랙, 마운드 위의 흙 상태는 선수들의 부상 우려를 키울 수밖에 없다. 행여나 속개했다가 부상을 입게 됐을 때 후폭풍 또한 걷잡을 수 없다.

계속되는 빗줄기가 강약을 반복하면서 진한 애간장을 녹인 한국시리즈 1차전의 진행 여부는 진행이었다. 이미 지난 2023년 잦은 우천으로 포스트시즌 일정까지 뒤로 밀린 전례가 있었던 데다 한국시리즈 직후 펼쳐질 프리미어12 대표팀 소집 일정 등을 감안해 맞춰놓은 일정에 차질이 빚는 것은 결코 달가운 상황이 아니다. 가장 중요한 안전이 뒷전으로 밀려난 결정은 마치 잔칫상을 뒤엎은 격이나 마찬가지였다. 말도 많고 탈도 많던 기상 상태와 KBO의 결정에도 두 팀의 1차전은 일단 정상 진행됐다. 시리즈 기선제압에 중요한 1차전 양 팀 모두 에이스 카드를 주저 없이 꺼냈다. KIA는 시즌 말미 턱뼈 골절로 시즌 아웃이 유력시됐던 에이스 제임스 네일이 초인적인 회복세로 한국시리즈 엔트리한 자리를 꿰차면서 출전 의지를 불태웠고, 이에 1차전 선발로 나서게 되면서 에이스 본능 발휘에 칼을 갈았다. 삼성은 에이스 원태인 카드로 맞받아치며 1차전 필승의 의지를 다졌고, 시즌 다승왕으로서 지난 LG와 플레이오프 2차전 당시 보여준 퍼포먼스 재현으로 호랑이 군단 타파에 올인했다. 수중전으로 펼쳐진 1차전 에이스들이 보여준 투수전은 빗줄기 속에서 승리의 열망을 더 끓어오르게 만들었다. 네일과 원태인 모두 안정된 투구를 뽐내며 상대 지뢰밭 타선을 무력화시켰고, 빼어난 경기 운영으로 수 싸움에서 우위를 점하며 에이스의 진면목을 어김없이 뽐냈다. 이들 모두 5회까지 무실점 투구를 이어가면서 투수전의 묘미를 높였고, 페넌트레이스와 달리(페넌트레이스는 5회까지 정식 경기 성립되고, 상황에 따라 강우콜드 선언한다.) 포스트시즌은 우천 시 서스펜디드 선언이 되는 터라 긴장감은 더 고조됐다. 팽팽하던 '0'의 균형은 6회 초 예상치 못한 한 방에 의해 깨졌다.

6회 초 삼성이 김헌곤의 우월 솔로 홈런으로 선제점을 뽑아내며 기세를 올린 것이다. LG와 플레이오프 당시 절정의 타격감으로 '신 스틸러'의 면모를 뽐낸 김헌곤의 노림수가 네일에 한 방을 선사했고, 팽팽한 투수전의 양상을 고려하면 선제점이 주는 가치는 엄청났다. 그런데 또 비의 심술이 하늘을 뒤덮었다. 6회 말 KIA 공격 도중 잠시 소강 상태를 보이던 비가 다시금 거세게 쏟아지는 악재가 발생하면서 경기가 중단되는 사태가 벌어졌다. 황급히 방수포를 덮으면서 무리한 경기 강행의 부메랑이 날아올 여지가 다분했다. 아니나 다를까 우려는 현실이 됐다. 시간이 흐를수록 장대비는 멈출 기미를 보이지 않았고, 급기야 다음 날 서스펜디드(일시 정지된 경기를 재개하는 것을 말한다. 정지된 상황을 그대로 이어서 진행한다.) 선언하면서 팬들 모두 발걸음을 돌려야 했다. 문제는 그다음이었다. 다음 날까지도 호남 지역에 거센 장대비가 예보된 탓이다. 고대하던 한국시리즈 직관을 실현한 팬들 입장에서는 망연자실할 수밖에 없는 상황. 서스펜디드 선언이 되면 입장 관중들은 시리즈 입장권을 소지하고 입장이 가능하지만, 모든 일정을 한국시리즈 직관에 맞춰서 스포츠와 지역 투어의 스케줄을 짠 만큼 다시금 직관 발걸음을 이어가기가 쉽지 않다. 그래서 비 소식이 반갑지 않은 이유다.

  그렇게 무리한 일정 강행의 후폭풍은 다음 날에도 거센 장대비와 함께 순연되면서 2박 3일의 진귀한 서스펜디드가 펼쳐지는 해프닝이 실현됐다. 1점 뒤지던 상황에 서스펜디드 선언으로 숨을 고른 KIA와 달리 삼성은 에이스 원태인 카드가 실효를 거뒀던 터라 진한 아쉬움이 남을 수밖에 없는 상황이었다. 똑같은 상황을 마주하게 됐음에도 두 팀의 온도 차가 극명한 대조를 이룬 이유다. 또, 만사를 다 제쳐두고 한국시리즈 1, 2차전 직관에 올인한 일부 팬들의 귀향길도 서스펜디드 선언과 함께 진한 아쉬움으로 남게 됐다. 자의에 아닌 타의에 의해 부득이하게 이뤄진 일이기에 하늘이 원망스럽기만 하다. 야구 팬들이라면 누구나 바라는 한국시리즈 직관. 박 터지는 예매를 뚫고 기어이 직관 러시를 밟을 때 쾌감이 페넌트레이스 때와는 비교 불가라 각자 삶의 추억몰이 양산을 도모할 수 있는 수단도 날아간 것이다. 그렇게 보면 공과 사에 있어 의도한 대로 흘러가는 경우가 드물다. 더군다나 야외 활동의 경우 기상 상태의 영향을 많이 받기에 더 그렇다. 기상 이변에 따른 기후 변화가 가을에 본의 아닌 '가을 장마'를 계속 연출하는 동향은 국지성으로 연결되면서 도깨비처럼 이어진다. 사상 초유의 2박 3일 서스펜디드 선언도 기후 변화에 따른 '가을 장마' 북상, 무리한 일정 강행의 자충수 등이 빚어진 결과물이다. 팬들 입장에서는 분통 터지면서 아쉬움이 함께 남는 이유가 뚜렷하다.

  연이틀 거센 장대비로 일정 차질과 함께 팬들의 아쉬움, 선수들의 리듬 유지 어려움 등이 초래되는 악재가 거듭됐지만, 23일이 돼서야 비의 심술은 멈췄다. 23일은 오후 4시 서스펜디드를 소화하고 곧바로 2차전을 치르는 일정이다. 본의 아니게 '더블헤더'가 형성됐다. 이날이 시리즈 왕좌를 쟁취하는 데 있어 큰 복선이 될 것으로 부정하기 어려운 바이다. 23일 오후 4시 우여곡절 끝에 서스펜디드가 재개됐다. 이미 우천으로 인한 중단과 취소로 네일, 원태인 카드를 잃은 두 팀 모두 중·후반 집중력, 즉 경기 운영의 묘가 대단히 중요했다. 두 팀의 키워드는 계투진 공략이다. 페넌트레이스 매치업 내내 용호상박의 혈전 속에 막판 계투진 공략으로 끝내 미소를 지은 상황들이 거듭 반복됐기에 계투진 공략은 두 팀 모두에게 필수 아닌 필수였다. 이를 효과적으로 실현한 쪽은 KIA였다. 페넌트레이스 내내 삼성 계투진을 상대로 좋은 타격감을 보였던 여운을 한국시리즈에도 여과 없이 돌려놓으며 추를 완전히 돌려놨다. 서스펜디드로 펼쳐진 1차전은 경기 중·후반 임창민, 김태훈 등을 효과적으로 공략하며 기어이 승부를 뒤집었고, 네일의 뒤를 이어 등판한 장현식과 전상현 등이 삼성 지뢰밭 타선을 꽁꽁 틀어막으며 5-1 역전승의 쾌재를 불렀다. 1차전 삼성 계투진 공략의 기세는 2차전에서도 그대로 이어지면서 안방에서 2연승의 소득을 남겼다. 에이스 양현종이 노련한 경기 운영과 안정된 투구로 삼성 타선을 원천 봉쇄하며 경기 페이스를 끌고 왔고, 타선에서도 삼성 마운드를 쉴 새 없이 물고 늘어지며 8-3 승리로 홈 팬들의 뜨거운 환호성을 자아냈다. 역대급으로 우여곡절이 많았던 '빛고을' 광주 2연전의 스토리를 뒤로하고 3, 4차전 '달구벌'로 이동했다. KIA는 내친김에 4전 전승의 '퍼펙트'로 한국시리즈 '불패' 신화의 퍼즐을 끼워 맞출 기세고, 삼성은 2024년 시즌 마지막 홈 시리즈에서 최소 자존심을 지키면서 홈 팬들에 한 해 마지막 선물을 안기려는 동기부여가 뚜렷했다.

3차전은 레예스(삼성)와 라우어(KIA)의 매치업이다. 3차전 선발 매치업만 놓고 보면 원태인, 코너와 함께 삼성 선발 마운드를 지탱한 레예스는 LG와 플레이오프 시리즈에서 1, 4차전 승리로 삼성의 10년 만에 한국시리즈 진출에 일등공신 역할을 톡톡히 해냈고, 구위나 경기 운영, 구속 등 모든 면에서 LG 타선을 압도했을 만큼 페이스가 절정이다. 그에 반해 라우어는 커리어에 비해 보여준 퍼포먼스가 다소 아쉽다. 2022년 메이저리그 밀워키 브루워스에서 풀타임 선발 로테이션을 소화하면서 10승을 달성했을 만큼 커리어만 놓고 보면 역대 KBO리그를 거쳐 간 외국인 선수를 통틀어도 수준급에 속하지만, 정작 만만치 않은 동양 야구 적응에 애로점을 겪으면서 풀타임 메이저리거의 체면을 완전히 구겼다. 참, 이게 운명의 장난이다. KBO리그 데뷔전 상대였던 삼성과 시리즈 명운을 건 매치업에 선발 등판하며 '삼세번'이 이뤄진 것이다. 지난해 8월 11일 광주에서 KBO리그 데뷔전과 함께 9월 1일 달구벌 '9.1 대첩' 모두 난타당하며 'K-타선'의 맛을 톡톡히 체감했다. 풀타임 메이저리거 출신이라는 상징성과 함께 KIA 입단 당시 많은 기대를 한 몸에 받고 낯선 한국 땅을 밟았지만, KBO리그 데뷔전 상대인 삼성전의 부진한 투구가 페넌트레이스 마지막까지 널뛰기 식의 투구 내용을 이어가는 부메랑을 낳았다. 그렇기에 명예회복과 시리즈 3연승의 두 가지 모토를 통한 삼세번은 개인과 팀 모두에게 대단히 중요했다. 2016년 개장한 대구삼성라이온즈파크에서 고대하던 한국시리즈를 치르게 된 삼성 팬들과 장거리 원정길을 마다하지 않으며 높은 로열티를 증명한 KIA 팬들 모두 3차전을 학수고대하는 내면에 이들의 활약이 달려있었다. 양 팀 팬들의 뜨겁고 열정적인 응원 속에 달아오른 3차전 초반은 팽팽했다. 플레이오프 시리즈의 히어로 레예스는 한국시리즈에 들어서도 좋은 구위와 안정된 투구로 힘 싸움에서 KIA 타선에 밀리지 않았고, 라우어는 페넌트레이스 때와 달리 초반 좋은 투구 내용을 뽐내며 세간의 우려를 불식시켰다. 팽팽한 투수 매치업에 삼성의 대포가 꿈틀대면서 점차 요동쳤다. 지난 2024년 시즌 프로 입단 9년 만에 거포 포텐을 드러낸 이성규와 차세대 거포로서 무한한 가능성을 드러낸 김영웅이 3회와 5회 각각 라우어에 솔로 홈런을 뺏어내며 대구삼성라이온즈파크 홈 팬들을 열광의 도가니로 내몰았다. 페넌트레이스 팀 홈런 1위의 진면목이 안방에 들어와서 더 도드라지는 이유가 분명했다. KIA가 6회 초 최형우의 1타점 적시타로 추격에 시동을 거는 듯했으나 삼성이 시원시원한 대포 2방으로 기름을 쫙 부었다. 포스트시즌 내내 좋은 타격 컨디션을 자랑한 김헌곤과 포스트시즌 부진이 장기화됐던 박병호가 백투백 홈런을 터뜨리며 격차를 3점으로 벌렸다. 무엇보다 의미가 깊은 부분은 대포의 정공법으로 KIA의 허를 제대로 찔렀다는 것이다.

1차전 당시 빼어난 위기 관리 능력으로 역전극의 도화선을 지핀 전상현을 상대로 홈런 2방은 경기 분위기 장악에 있어 큰 필름이나 마찬가지였다. 전상현의 투구 내용과 구위, 컨디션 등 모든 면이 좋게 형성되고 있던 상황이라 가치는 더 남달랐다. 시원시원한 대포로 무장한 삼성의 '빅볼'에 KIA도 가만히 있을 리 만무했다. 색이 완전히 달랐다. '스몰볼'이다. 얼마든지 해결할 수 있는 역량이 출중한 타자들이 즐비한 만큼 누상에 주자를 모아놓고 상대 배터리를 흔들 심산이었다. 이러한 KIA의 계산은 8회 초 다시금 추격전을 이어주게 했다. 김도영이 레예스의 뒤를 이어 등판한 임창민에 1타점 적시타를 뺏어낸 것. 1차전 당시 임창민 공략 성공으로 역전승을 이뤄낸 KIA와 달리 삼성은 가뜩이나 활용 '패'가 적은 상황에 불안감이 더 커졌다. 페넌트레이스 선두 팀답게 2024년 2위 팀에 후반 무서운 집중력으로 '2위의 저주'라는 무시무시한 결과를 양산했던 KIA임을 감안하면 뒤집기 가능성이 모락모락 피어올랐다. 더군다나 이러한 패턴이 삼성을 만나면 더 도드라졌기에 긴장감은 'MAX'로 치달았다. 삼성은 임창민의 난조에 클로저 김재윤 카드를 조기에 빼 들 수밖에 없었다. 한시도 눈을 떼기 어려운 레이스에 9회 초, 두 팀의 희비는 또 한 번 엇갈렸다. KIA가 9회 초 김선빈의 안타와 대타 이우성의 볼넷, 최원준의 몸에 맞는 볼로 맞은 2사 만루에서 박찬호가 3루 땅볼로 물러나면서 땅을 쳐야만 했다. 시즌 내내 후반 집중력 싸움에서 KIA에 밀려 아쉬움을 삼킨 나날이 많았던 삼성 입장에서는 놀란 가슴을 쓸어내렸다. 3차전 삼성의 승리와 함께 시리즈는 다시 미궁 속으로 빠져들게 됐다. 삼성은 2연패 뒤 안방에서 귀중한 1승을 낚아채며 반격의 서막을 열어젖혔고, KIA는 '퍼펙트 챔피언'의 뜻을 이루지 못하면서 씁쓸하게 입맛을 다셨다.

　이튿날 바로 치러진 4차전은 시리즈 첫 주간 경기였다. 2024년

대구삼성라이온즈파크의 마지막 야구 파티의 판은 컸다. 핵심은 '리턴즈'다. 삼성이 에이스 원태인, KIA가 에이스 네일을 각각 선발로 내세우면서 1차전 서스펜디드 이후 닷새 만에 '리벤지'가 성사된 것이다. 4차전의 상징성은 두말하면 잔소리였다. 삼성은 시즌 마지막 홈 경기 승리 시 시리즈 분위기를 더욱 끌어올릴 공산이 높고, KIA는 적지에서 1승 1패만 이뤄도 안방 샴페인의 뜻에 더 가까워지기에 그렇다. 두 팀 모두 원태인과 네일이 1차전 서스펜디드 선언 이전까지 좋은 컨디션과 구위로 상대 타자들을 압도하는 모습을 보여줬기에 더 기댈 수밖에 없었다. 커진 판에 만원 관중으로 응답하면서 닻을 올린 4차전의 포문은 KIA가 열었다. 두 번 농락당할 수 없다는 집중력이 초반부터 껍질을 깼다. 1회 초 박찬호와 김선빈의 연속 안타로 맞은 1사 2, 3루에서 나성범의 진루타로 선제점을 뽑아내며 기세를 올렸고, 3회 초 김선빈과 나성범의 안타, 김도영의 볼넷으로 무사 만루를 만들면서 '빅이닝' 찬스를 맞았다. 이는 원태인을 조기에 끌어내리는 복선이었다. 소크라테스가 2타점 적시타를 때려내며 3-0으로 달아났고, 최원준의 희생번트와 이창진의 볼넷으로 삼성 체력 소모를 더 늘렸다. 이 과정에서 원태인이 어깨 통증을 호소하면서 마운드를 내려왔고, 바뀐 투수 송은범에 확실한 카운터펀치를 꽂으면서 분위기를 가져왔다. 항상 야구는 예측 불가다. 제아무리 통계에 따른 상성이 확고부동해도 이게 무조건을 보장하지는 않는다. 안방마님 김태군의 그랜드슬램이 카운터펀치의 핵심이었다. 홈런과는 거리가 먼 유형이지만, 송은범의 실투를 놓치지 않고 좌측 펜스를 훌쩍 넘기는 그랜드슬램을 쏘아 올리며 '빅이닝' 퍼즐을 멋지게 끼워 맞췄다.

생애 첫 그랜드슬램을 한국시리즈라는 큰 무대에서 만들어내는 김태군의 깜짝 한 방에 KIA 벤치는 용광로처럼 후끈 달아올랐다. 그에 반해 삼성은 믿었던 원태인 카드가 실패하면서 경기 플랜에 막대한 차질을 빚었다. 양 팀 팬들의 희비 또한 극명하게 교차됐다. 1루 KIA 팬들은 김태군의 그랜드슬램과 함께 고속도로 한복판을 떠내려갈 것 같은 함성으로 엄청난 응원 화력과 데시벨을 자랑했다. 3루 삼성 팬들은 망연자실한 표정을 감추지 못하면서 시즌 마지막 홈 경기의 분위기가 말이 아니었다. 삼성이 4회 말 김영웅의 1타점 적시타와 5회 말 이재현의 좌월 솔로 홈런으로 각각 1점씩을 뽑아내며 뒤늦게 추격전을 펼치는 듯했지만, 그것으로 끝이었다. 6회 초 1사 1루에서 소크라테스가 우측 펜스를 넘기는 투런홈런을 쏘아 올리며 또 한 번 대포의 위력을 과시했다. 이후 KIA가 네일의 뒤를 이어 계투진의 릴레이 투구가 삼성 타선을 무력화시키며 9-2 승리의 미소를 지었다. KIA는 적지에서 1승 1패의 본전을 건져내며 통합 챔피언 전선의 '9부 능선'을 넘었다. 삼성은 시즌 마지막 홈 경기에서 믿었던 원태인 카드의 실패가 경기 전체를 크게 요동치게 만들면서 벼랑 끝에 내몰리게 됐다. 5차전은 다시 '빛고을' 광주로 넘어왔다.

양 팀 모두 5차전 '동상이몽'이었다. KIA는 1987년 이후 37년 만에 안방에서 'V12'의 샴페인을 터뜨리기 위한 만반의 준비를 끝마쳤다. 삼성은 2013년 한국시리즈 당시 두산에 1승 3패로 몰렸다가 5~7차전을 내리 쓸어담으며 뒤집기를 연출한 '기(気)'를 11년 만에 재현할 기세로 다시 광주에 입성했다. 한 시즌의 클로징이 될 수도 있는 5차전에서 먼저 출발은 삼성이 열었다. 1회 초 선두타자 김지찬의 볼넷으로 맞은 2사 1루에서 디아즈와 김영웅이 백투백 홈런을 때려내며 3점을 뽑아냈다. 포스트시즌 내내 가공할만한 폭발력을 뽐낸 디아즈와 김영웅의 장타력이 광주기아챔피언스필드 짧은 펜스와 맞물려 효과를 나타내며 기세를 올렸다. 대투수 양현종의 관록과 노련미에 아랑곳하지 않고 실투를 주저 없이 대포로 연결하는 담대함 또한 삼성 팬들에 오아시스를 선사했다. KIA가 1회 말 1사 2, 3루에서 나성범의 희생타로 1점을 만회했지만, 삼성의 대포는 3회 초 또 한 번 위력을 뽐냈다. 가히 팀 홈런 1위 팀이 아님을 증명했다. 디아즈가 2사 1루에서 연타석 홈런을 쏘아 올리며 5-1로 달아났다. 디아즈의 연타석 홈런 파급력은 컸다. 양현종을 마운드에서 끌어내면서 경기 칼자루를 쥐는 여력이 만들어진 것이다. 대포 한 방에 의해 분위기의 요동침이 더욱 남다른 단기전 특성을 감안하면 더 그랬다. 그러나 야구는 항상 예측이 빗나가는 맛이 있는 스포츠다. 대포 3방을 얻어맞는 와중에도 3회 말 2사 1, 3루에서 최형우의 우전 적시타로 1점을 만회하더니 5회 말 집중력 높은 플레이로 광주기아챔피언스필드의 열기를 더 달궜다. 5회 말 선두타자 최형우의 우월 솔로 홈런과 함께 2사 만루에서 김도영의 밀어내기 볼넷과 김윤수의 폭투로 3점을 뽑아내면서 기어이 5-5 동점을 만들었다. 김태훈과 김윤수의 제구가 흔들리는 틈새를 놓치지 않은 KIA 타자들의 끈질긴 승부와 집중력은 삼성 배터리를 혼비백산으로 만드는 잣대였다.

경기 초반과 중·후반 분위기는 180도 바뀌었다. 6회 말 KIA가 1사 2, 3루에서 김태군의 내야안타로 승부를 뒤집으면서 3루 홈 팬들의 데시벨을 더 돋궜다. 느린 발에도 1루까지 전력질주를 아끼지 않은 김태군의 투지와 베이스 러닝이 빚어낸 작품이었다. 이후 1점 차 시소 양상에 8회 말 KIA가 1사 이후 이창진과 박찬호의 연속 안타로 추가점을 뽑아내며 대못을 박았다. KIA는 9회 초 클로저 정해영이 이성규와 윤정빈, 김성윤을 삼자범퇴로 돌려세우며 'V12'로 37년 만에 안방 샴페인의 희열을 맛봤다. 특히 9회 초 김성윤을 삼진으로 돌려세우고 포수 김태군과 클로저 정해영이 서로 달려가 포옹하는 장면은 많은 타이거즈 팬들의 눈물을 왈칵 쏟게 만들었다. 지난 세월 광주는 5.18의 참혹함과 호남의 억압 등에 의해 온갖 설움을 감내해야 했던 시간. 그리고 피로 물들어지면서 쌓인 고통과 눈물, 비통함. 민주주의는 피를 먹고 자란다는 말처럼 한국 근·현대사의 족적에서 호남민들의 애환은 이루 말할 수 없었다. 그런 호남민들에게 큰 위로가 됐던 존재가 타이거즈의 야구였다. 호남 출신 선수들이 주축이 되면서 '해태 왕조'의 서막을 써내리던 1980년대 중·후반 타이거즈가 호남민들에게 주는 가치는 야구 그 이상이었다. 세월이 흐르고 흘러 광주에서 챔피언 샴페인을 터뜨리기까지 무려 37년의 시간이 흘렀다. 1993년 챔피언 당시 선동열과 뜨거운 포옹을 나눴던 포수 정회열의 아들인 정해영이 31년이 지나 KBO리그 사상 최초로 부자가 동일 구단에서 한국시리즈 챔피언에 오르는 진기록을 남긴 것만 봐도 광주에서 챔피언 샴페인은 타이거즈 팬들에게 숙원 중 숙원이었다. 이후 SNS를 통해 정해영과 정회열 '부자'의 챔피언 포옹 합성 사진이 업로드되면서 감동은 더 배가됐고, 기존 올드 팬들과 신규 라이트 팬들 모두에게 요즘 찾아볼 수 없는 낭만을 진하게 연출했다.

사실 이 그림이 시사하는 바는 굉장히 크다. 아버지와 아들, 혹은 아버지와 딸, 어머니와 아들, 어머니와 딸의 혈연관계에서 성과의 DNA 물림이 그리 흔하지 않다. 이 땅에 모든 부모의 로망은 자녀들의 성공, 출세 등이다. 이에 대한 기준치는 분명 제각각이다. 그렇게 보면 운동선수라는 직업을 대물림하는 2세들의 부모들에게는 부모 꼬리표를 떼고 직업 선수로서 싹을 꽃피우는 그림이 로망이라고 하면 로망이다. 일반 부모들과 달리 자녀들의 일거수일투족이 평가의 대상이 되기에 그렇다. 정회열-정해영 부자의 첫 동일 구단 부자 챔피언 타이틀은 착실한 과정을 토대로 떳떳하게 증명해 냈다는 점에서 남다른 의미를 부여한다. 이어 광주에서 야구의 꿈을 키워온 대투수 양현종(학강초-광주동성중-광주동성고 졸업), '나스타' 나성범(대성초-광주진흥중-광주진흥고-연세대 졸업), 광주 출신으로서 초등학교 때 광주 인근인 화순으로 전학 가면서 학창 시절을 보낸 김선빈(화순초-화순중-화순고 졸업)은 고향에서 챔피언 타이틀의 기쁨을 팬들과 함께하면서 커리어에 잊지 못할 그림을 장만했다. 대부분 프로 운동선수들은 지역 연고팀을 동경하고 바라보면서 꿈을 키워간다. 모든 선수가 지역 연고팀에 부름받을 순 없지만, 적어도 프로 운동선수라는 지향점을 심어주고 동기부여와 결속력 등을 끌어올리는 학습력만큼은 돈으로 환산할 수 없다. 어린 시절 꿈과 그리고 성인이 되면서 낭만까지. 타이거즈의 'V12'가 누군가에게는 또 다른 꿈과 희망을 촉진시키는 매개체가 된 이유다. 시리즈 전적을 떠나 삼성의 저력도 KIA의 라이벌로 향후 좋은 시너지를 기대케 하는 요소였다.

　시즌 시작 전 전망은 그리 좋지 못했다. FA로 김재윤을 데려오며 계투진의 높이 보강을 이뤘지만, 이외 뚜렷한 상승 요소가 없던 탓에 하위권으로 분류됐다. 하지만 시즌 전 예상은 예상일 뿐이라는 것을 삼성은 2024년 그대로 증명했다. 고참과 젊은 피 할 것 없이 서로 환상의 시너지는 모터의 광음을 세차게 울렸다. '캡틴'이자 프랜차이즈 스타인 구자욱과 안방마님 강민호, 시즌 도중 합류한 박병호 등 고참 라인의 건재함에 김지찬과 이재현, 김영웅 등 젊은 피들의 성장이 잘 어우러지며 골격의 단단함을 입혔다. 전반기 막판부터 부진을 면치 못한 '돌부처' 오승환의 부진을 지난 2023년 시즌까지 KT 클로저로 맹활약한 김재윤 카드로 적절히 대처하는 임기응변은 줄곧 2위를 수성하는 밑알이 됐다. 시즌 초반 젊은 피를 과감하게 기용하는 뚝심을 밀어붙인 박진만 감독의 용단이 팀 밸런스 안정화와 전력 증강을 가져왔다고 해도 과언이 아니었다. 10년 만에 한국시리즈 챔피언 정벌에는 실패했어도 기나긴 암흑기를 벗고 '명가'로서 도약의 기틀을 마련한 것만으로도 분명 박수받기에 충분했다. 챔피언의 희열을 지켜보는 것만큼 괴로운 것은 없다. 승자만 기억하는, 약육강식의 스포츠의 세계에서 패자에게는 더 그렇다. 그러나 어둠 속의 한 줄기 빛이 내리쬔다고 한다. 31년 만에 '달빛시리즈'로 치러진 한국시리즈에서 또 한 번 타이거즈의 벽을 넘지 못하고 아쉬움을 삼키게 된 삼성이나 나머지 팀들도 미진했던 부분을 거울삼아 가진 부분을 하나하나 잘 채워가면 아쉬움과 쓰라림이 환희로 승화되는 결과를 가져올 수 있다. 인생사 새 옹지마라고 하지 않는가? 챔피언 타이틀을 쟁취하기까지 인고의 시간은 필수적이다. 세상 모든 일이 그렇다. 숱한 시행착오를 겪으면서 지향하는 바를 실현하기까지 과정은 반드시 필요하다. 과정이 잘 수반되지 못한 결과는 아무리 좋게 나오더라도 가치가 크게 퇴색된다. 2024년 삼성이 보여준 과정과 그 속의 결과. 챔피언이 아니더라도 그 속의 과정과 결과물이 믹스되면 장기적으로 '장밋빛 미래'를 써내려갈 수 있다는 것을 일깨워줬다고 해도 과언이 아니다. 과정과 방향성을 잘 이끌면서 나름의 설계를 그려나가면 분명 결과물이 자연스럽게 따라올 것이라고 말이다.

시리즈는 5차전으로 종결되면서 다소 싱거운 맛을 남겼지만, 그래도 스토리만큼은 최근 한국시리즈 들어 가장 풍성한 시리즈로 자리했다. 영·호남 대표 라이벌이라는 상징성과 함께 '달빛시리즈'로 통용되는 라이벌전의 상품성, 그리고 고속버스 운행 증가와 흥행 대박 등 상업적 가치 향상까지. KBO리그 대표 인기구단인 두 팀의 2024년 가을날 한 해 농사 대풍년을 위한 여정은 극명한 희비 교차에도 특별함을 더했다. 물론, 한국시리즈 1차전 당시 KBO 측의 무리한 경기 강행 결정에 의해 사상 초유의 2박 3일 서스펜디드가 치러지는 웃지 못할 해프닝이 벌어나긴 했어도 이 또한 역사에 있어 한 페이지로 자리하는 매개체다. 숱한 스토리의 양산이 그래서 특별하게 다가오며, 리그가 더 발전하는 방향에 있어 플러스 알파를 누리는 잣대가 된다. 라이벌 관계에서 쏟아져나오는 스토리를 모두가 기대하는 이유다.

8. 인연의 소중함과 위대한 업적이 주는 교훈

- 이별은 쓰리고, 동행은 특별하다

뜨거운 만남과 추억,
그리고 이별의 아쉬움
- 두산 '90즈' 해체

야구 팬들이라면 누구나 잊을 수 없는 업적이 바로 2008 베이징올림픽 9전 전승 금메달 신화다. 2004 아테네올림픽 본선 진출 실패의 참사를 딛고 영원한 숙적 일본과 쿠바, 미국 등 야구 강국들을 줄줄이 돌려세우면서 대한민국 역대 올림픽 남자 단체 구기 종목 사상 최초의 금메달 업적을 이뤘다. 2000 시드니올림픽 동메달을 넘어 기어코 금메달을 쟁취한 한국 야구의 올림픽 정복은 야구를 넘어 대한민국 체육사에도 영원히 기록될 훈장 중 훈장이라고 해도 과언이 아니다. 2008년 여름날 야구 팬들의 저녁과 밤을 책임졌던 2008 베이징올림픽 이전 '낭랑 18세'들의 위대한 업적은 오늘날 KBO리그의 든든한 유산으로 자리하고 있다. 다름 아닌 2008년 캐나다 에드먼턴에서 열린 세계청소년선수권대회 '타이틀 방어'다. 2006년 쿠바 대회 당시 대회 MVP를 수상한 김광현(SSG랜더스, 당시 안산공고)과 양현종(당시 광주동성고), 이용찬(NC다이노스, 당시 장충고) 등 당대 고3 최대어들에 유일한 2학년으로 출전한 김선빈(KIA타이거즈, 당시 화순고)이 라인업을 이루면서 이뤄낸 시너지를 1990년생 선수들이 고스란히 물려받았다.

2002 한·일월드컵 열기로 야구가 홀대받던 초등학교 6학년 시기에 묵묵히 야구선수의 꿈을 키워온 자원들이 고교 3학년 진급 이후 청소년 대표 메인이 되면서 야구 강국들을 제치고 세계 연령대회 '타이틀 방어'라는 위대한 업적을 수립한 것이다. 참 아이러니하다. 위 세대는 흔히 '골짜기 세대'에 묶인 연령대다. 1990년생을 '골짜기 세대'라고 칭하면 아리송한 면이 분명히 존재한다. 한국 스포츠의 성지인 동대문운동장 철거와 함께 고교야구 목동 시대 개막의 1기이기도 한 이들의 고교 3학년 때인 2008년 나름 좋은 자원들이 많이 나왔지만, 이들이 야구에 처음 입문한 1990년대 후반~2000년대 초반은 야구보다 축구 입문 빈도가 높았던 시기다. 2002 한·일월드컵 유치와 함께 축구 인프라가 전국적으로 비약적인 성장을 이루면서 1980년대 후반~1990년대 초반 출생자들의 축구 입문이 늘었다. 세계적으로 높은 인지도를 자랑하는 축구의 시장성에 2002 한·일월드컵 '4강 신화'가 온 나라를 광란의 도가니로 만들면서 소위 '월드컵 키즈'들의 축구 입문 가속화를 불러왔다. 2002 한·일월드컵 이후 박지성, 이영표, 이을용, 송종국 등 스타플레이어들이 유럽 무대에 진출하면서 심어진 동기부여 또한 '월드컵 키즈'들에게는 꿈 많은 연령대에 각자 로망 제시에 딱이었다. 그럼에도 1990년생 야구 새싹들의 땀과 열정은 변하지 않았다. 일부 학교들의 맨땅 운동장(이는 현재도 마찬가지인 곳이 존재한다.)과 열악한 환경 등의 악조건 속에서도 청소년 대표 승선으로 프로 무대에 다가서려는 새싹들의 동기부여는 이역만리 캐나다 땅에서 태극기를 제대로 꽂는 밑천이 됐다. 이름값은 선배들보다 다소 떨어

지더라도 한 팀으로서 각자 개성을 잘 녹여내는 팀 밸런스와 팀워크 등이 빚어낸 작품이었다.

대회 내내 압도적인 구위와 묵직한 투구로 대회 MVP를 수상한 성영훈(現 강릉고 투수코치, 당시 덕수고)에 스포트라이트가 집중됐지만, 팀 코어를 지탱하면서 '타이틀 방어'의 퍼즐을 맞춰준 이들의 음지에서 활약상은 든든한 감초였다. 주인공은 허경민(당시 광주일고), 박건우(당시 서울고), 정수빈(당시 유신고)이다. 이들 모두 해당 포지션에서 일찍이 또래 레벨에서 단연 최고 매물로 각광받은 자원들이었다. 이 중 주목도가 높은 자원은 허경민이었다. 야구 명문 광주일고에서 1학년 때부터 팀의 주전 유격수 자리를 꿰차면서 범상치 않은 싹을 드러내더니 2학년 때 초-중-고(송정동초-충장중-광주일고) 직속 1년 선배인 서건창과 함께 '키스톤 콤비'를 이루면서 2007년 대통령배 대회 챔피언 등극에 큰 공헌을 세웠다. 이듬해 3학년 진급 후 첫 대회인 2008년 황금사자기 대회에서 팀을 챔피언에 올려놓으며 이름값을 제대로 했다. 황금사자기 대회 챔피언 견인과 함께 안정된 수비력, 정교한 콘택트 능력 등의 특색을 십분 발휘하며 김상수(당시 경북고), 오지환(당시 경기고), 안치홍(당시 서울고)과 함께 고교 유격수 '4대 천왕'으로 불리면서 주가가 더 폭등했다. 팀의 약한 전력에도 1학년 때부터 투수와 외야수를 겸하면서 각종 대회에서 맹위를 떨친 정수빈은 번개 같은 스피드와 악바리 같은 근성 등을 바탕으로 '작은 거인'의 진면목을 뽐냈다. 투수 경험이 가미된 강한 어깨는 수비에서 높은 점수를 받았다. 고교 시절 3년간 팀이 각종 대회에서 변변한 성과가 없었던 탓에 다소 가려진 감이 있지만,

대회 때마다 보여준 폭발력은 누구에게도 뒤지지 않았다.

허경민, 정수빈과 달리 박건우는 포지션 전향을 통해 포텐이 더 만개한 케이스다. 서울고 시절 2학년 때부터 팀의 메인 자원으로 활약하며 선배들에 뒤지지 않는 존재감을 뽐냈지만, 2007년 대통령배 파이널 당시 3루 송구에서 2번의 에러로 인한 입스로 포지션을 내야수에서 외야수로 전향했다. 사실 모든 운동선수에게 포지션 전향은 굉장한 '갬블'이다. 야구 또한 예외가 아니다. 같은 야수 포지션이라고 하더라도 움직임이나 낙하 지점, 위치 선정 등의 차이가 크기에 시행착오가 상당히 뒤따른다. 아직 여물지 않은 학생 선수들에게는 포지션 전향의 '갬블'이 진학이나 취업 전선에서 미치는 영향력이 엄청나다. 박건우의 경우 수비 불안의 리스크와 함께 타격 능력을 극대화하기 위한 차선책이긴 했지만, 새 포지션의 적응도와 내야와 외야의 다른 수비 스텝, 낙하 지점 포착, 포구 등 적응 과제도 결코 무시할 수 없었다. 그러나 포지션 전향은 박건우에게 전화위복이었다. 외야수로 전향하면서 2007년 광주 전국체전 챔피언을 이끈 박건우는 3학년 진급 이후 동기 안치홍과 함께 '쌍포'를 이루면서 불방망이를 휘둘렀다. 정교한 타격과 센스, 장타 생산 등은 중·장거리 타자로서 싹을 드러내는 씨앗이나 마찬가지였다. 강한 어깨와 폭넓은 수비 범위 등을 통해 외야 포지션에도 빠르게 안착하며 정상급 외야 자원으로 칭송받았다. 당시 서울고는 각종 대회에서 주춤한 결과물을 얻었어도 안치홍과 팀 타선을 지휘한 박건우의 폭발력은 단연 압권이었다. 각기 다른 상황과 환경 등에 고교 시절 각자 특색 극대화로 시장 가치 형성을 도모한 이들은 세계청소년선수권대회에서 한 팀으로 처음 한솥밥을 먹었다.

각 포지션에서 고교 최정상급의 이름값을 자랑하면서 저마다 개성이 뚜렷한 선수들이 즐비한 청소년 대표 특성상 팀워크와 상호 융화 등이 중요한 부분으로 대두된다. 훈련 시간이 짧은 제한적 환경에서 최상의 결과를 도출하기 위해서는 필수적인 요소다. 생애 처음으로 같은 유니폼을 입게 된 이들은 가슴 속에 태극마크를 달고 환상적인 시너지를 연출했다. 내·외야 코어를 이루면서 물샐 틈 없는 수비와 순도 높은 타격 등을 토대로 대표팀의 무게감을 높였다. 공-수 양면에서 짭짤한 팀 공헌도를 뽐내며 자신의 가치를 확실하게 어필했다. 세계청소년선수권 '타이틀 방어'의 추억은 이들 인연을 더 소중하게 만든 기폭제가 됐다. 2009년 프로야구 신인드래프트 2차 지명에서 나란히 두산 베어스의 유니폼을 입게 된 부분에 있다. 허경민이 2차 1라운드 전체 7순위, 박건우가 2차 2라운드 전체 10순위, 정수빈이 2차 5라운드 전체 39순위로 각각 두산에 지명되면서 한솥밥을 먹는 기쁨을 누렸다. 마침 두산의 방향성도 이들에게 미래를 기대케 하는 대목이었다. 김경문 감독 체제에서 '화수분 야구'로 젊은 피 성장의 순환을 이룬 두산의 시스템은 고교 시절부터 동 포지션 또래 최고 레벨을 자랑한 이들로 하여금 동기부여 촉진뿐만 아니라 선수로서 가치 구현에 안성맞춤인 환경이었다. 1차 지명자인 성영훈에 허경민, 정수빈, 박건우까지. 고교야구 포지션별로 '거물'들의 연이은 수혈은 '화수분 야구'에 날개를 향후 달아주는 수단이 되기에 충분했다.

프로 입단과 함께 세 명의 희비는 다소 교차됐다. 데뷔 첫 시즌부터 대주자, 대수비 자원으로 팀 내 입지를 다진 정수빈과 달리 허경민, 박건우는 동 포지션 쟁쟁한 선배들의 그늘에 가려 2군 신세를 졌다. 손시헌, 이종욱, 김현수 등의 재능이 한창 전성기에 다다른 시기였던 데다 경험, 노련미 등이 우월한 프로의 특성은 제아무리 고교야구를 주름잡았던 허경민, 박건우라도 쉽게 볼 산이 아니었다. 그럼에도 두산의 미래 플랜에서 허경민과 박건우는 매력적인 자원이었다. 대개 팀들이 젊은 자원들의 군 문제를 일찍이 해결하면서 리빌딩과 세대교체의 순환을 이루려는 계산이 가득하다. 유망주들의 빠른 군 문제 해결과 함께 기존 고참들과 신진 세력들 간 조화를 더 강화하면서 팀의 하드웨어와 소프트웨어의 업그레이드는 팀 뼈대의 단단함을 입히는 핵심으로 자리한다. 먼저 허경민이 2009년 경찰청에 입대하자 이듬해 박건우가 경찰청에 입대하며 대한민국 남성의 4대 의무(근로, 납세, 교육, 국방) 중 하나인 국방의 의무를 다했다. 경찰청 제대 이후 나란히 팀에 합류해 1군 무대에서 날갯짓을 위한 칼을 강하게 다듬었다.

허경민, 박건우의 제대와 함께 세 명은 2013년 다시금 뭉쳤다. 여전히 두산의 견고한 시스템에 엔트리를 비집고 들어갈 틈은 촘촘했지만, 가지고 있는 재능이나 특색은 분명 활용도가 높았다. 1군 무대에서 팀의 주요 자원으로 거듭난 정수빈이 먼저 테이프를 끊자 허경민이 군 제대와 함께 팀의 베스트로 거듭나면서 배턴을 이어받았다. 경찰청 제대와 함께 2012년부터 출전 빈도가 늘어난 허경민은 유격수에서 3루수로 포지션을 옮기는 와중에도 안정된 수비력과 강한 어깨로 핫코너 자리를 견고하게 책임졌고, 탁월한 작전 수행 능력과 센스를 타석에서 마음껏 표출하며 '두목곰' 김동주의 은퇴 이후 핫코너 자리에 고심이 깊었던 두산의 고민거리를 말끔히 해소시켰다. 세 명 중 박건우의 연착륙은 그야말로 드라마다. 김태형 감독 체제로 개편된 2015년 팀의 백업 외야 자원으로 만만치 않은 아우라를 뽐내더니 포스트시즌에서 혜성처럼 나타나 발군의 활약을 선보이며 팀 분위기를 달궜다. 각자 특색과 재능 등을 토대로 1군 무대에서 영역을 확장한 이들 세 명이 한꺼번에 1군 무대 연착륙을 확실하게 이룬 타이틀이 하나 있다. 바로 한국시리즈 챔피언 타이틀이다. 당시 페넌트레이스 3위에 오른 두산은 준플레이오프 넥센에 3승 1패, 플레이오프 NC에 3승 2패로 각각 승리하며 한국시리즈에 입성했다. 플레이오프 '업셋'으로 한국시리즈에 진출한 기세는 그야말로 하늘을 찔렀다. 마침 챔피언 타이틀의 굶주림이라는 동기부여와 연쇄 작용하면서 초인적인 전투력을 발산했다. 당시 주축 투수들의 도박 파문으로 크게 휘청이던 삼성을 한국시리즈에서 4승 1패로 돌려세우며 삼성의 사상 최초 5년 연속 통합 챔피언 저지와 2001년 이후 14년 만에 한국시리즈 정벌의 숙원을 멋지게 실현했다. 14년 전과 마찬가지로 잠실벌에서 한국시리즈 정벌은 선수단과 팬 모두 크나큰 감동과 낭만을 절로 안겼다. 이때 정수빈이 공-수 양면에서 군계일학의 활약을 뽐내며 생애 첫 한국시리즈 MVP를 수상했고, 허경민과 박건우도 음지에서 '허슬두'로 칭하는 두산 특색 구현에 앞장서며 야구 커리어에서 7년 만에 챔피언 타이틀을 쟁취했다(이들은 2008년 세계청소년선수권대회 챔피언 이후 챔피언 경력이 없었다).

큰 무대 경험과 함께 내공과 자신감 등이 한껏 고조된 이들 세 명은 2015년 이후 더 단단하게 뭉쳤다. 한 시즌을 치르면서 굴곡이 오기 마련이지만, 서로 안 풀릴 때마다 늘 곁에 함께하며 '소울메이트'의 냄새를 절로 풍겼다. 2000년대 후반부터 여성 팬들이 급증하며 나름의 마케팅 효과를 본 두산에서 이들 세 명의 위상은 아이돌을 방불케 할 정도로 올라갔다. '90즈(1990년에 태어난 이들 세 명을 두고 칭하는 단어다.)'라는 트리오 결성과 함께 '잠실 아이돌'이라는 수식어가 붙으면서 많은 여성 팬을 심쿵하게 만들었다. 2015년 한국시리즈 챔피언은 더 큰 폭발력 발휘를 위한 예열이었다. 당시 생애 첫 한국시리즈 MVP로 '인생 무대'를 만들었던 정수빈은 이듬해에도 빠른 발을 앞세운 폭넓은 수비 범위와 주루플레이, 악바리 같은 근성으로 '허슬두'의 위력을 진하게 물들였다. 타석에서 여유와 자신감 등이 한껏 고취되며 두산 외야 코어의 무게감을 단단하게 입혔다. 허경민은 2016년 144경기 전 경기에 모두 출전하는 '강철 체력'으로 팀 공헌도를 높인 것뿐만 아니라 공-수에서 더 무르익은 플레이를 선보이며 팀 경기력 짜임새 증강을 덧칠했다. 클러치 상황에서 생산성과 효율에서도 단연 '갑(甲)'의 위용을 드러내며 대체 불가 자원으로 어필을 확실하게 했다. 2015년 직후 김현수의 메이저리그 볼티모어 오리올스 진출로 외야 공백이 생긴 두산에 박건우는 '넝쿨째 굴러들어온 복덩이'였다. 132경기에 나와 타율 .335 20홈런 83타점 17도루로 '호타준족'의 폭발력을 상대 투수에 각인시켰다. 빠른 발과 정교한 타격, 폭넓은 수비범위,

빼어난 주루플레이 등으로 김재환과 양의지 등에 쏠린 집중견제를 분산시키며 화력을 활화산처럼 타오르게 만들었다.

'90즈' 3명의 막강한 존재감에 두산은 2016년 페넌트레이스 챔피언과 함께 팀 역사상 최초로 2년 연속 한국시리즈 챔피언에 등극하며 통합 챔피언의 퍼즐을 멋지게 끼워 맞췄다. 오랜 기간 팀을 관통해 온 '화수분 야구'의 열매가 풍족하게 맺어지면서 황금기의 서막도 본격적으로 열어젖혔다. 2016년 한국시리즈 직후 정수빈이 경찰청에 입대하며 잠시 흩어지게 됐지만, 허경민과 박건우의 존재 가치는 여전했다. 허경민은 2017년 부진을 딛고 2018년 타율 .324에 커리어 최다인 167개 안타를 때려내며 팀 공격의 매끄러운 연결을 도왔다. 데뷔 첫 두 자릿수 홈런(10개)에 79타점 85득점을 생산하는 생산성 또한 웬만한 클린업트리오에 버금갔다. 그해 3루수 포지션에서 생애 첫 황금장갑을 품에 안으면서 커리어의 위대한 훈장도 하나 추가했다. 박건우는 풀타임 첫 시즌의 경이로운 활약상을 몰아 2017년 생애 첫 20-20 클럽(20홈런-20도루)에 가입하며 가공할만한 파괴력을 뽐냈다. 이듬해에는 커리어 최다인 84타점을 쓸어담으며 3년 연속 3할 타율 돌파의 가치를 더했다. 2018년 후반기 정수빈이 경찰청에서 제대하며 다시금 세 명이 온전하게 트리오를 결성하게 됐다. KBO리그 역대 한 시즌 최다승인 95승을 달성하고도 SK에 2승 4패로 져 한국시리즈 챔피언을 안지 못한 아쉬움은 팀뿐만 아니라 이들 3명에게도 큰 동기부여였다. 더군다나 2018년 시즌 내내 압도적인 투-타 밸런스로 순항을 거듭하고도 김강률(現 LG트윈스)과 김재환 등 핵심 자원들의 부상 여파로 마지막 엔딩을 맺지 못한 터라 전투력은 더없이 올라갔다. 이처럼 개인과 팀의 동기부여는 시즌 내내 온갖 난관 속에서도 에너지를 끌어내는 촉매제로 자리하기에 충분했다. 2018년 후반기 제대와 함께 팀에 합류해 불방망이를 휘두르며 팀에 힘을 보탰던 정수빈은 제대 후 맞은 첫 풀시즌 타격 부진을 수비와 주루의 강점으로 만회하면서 여전한 공헌도를 뽐냈다. 팀 '센터 라인'의 척추도 튼실하게 지켜냈다. 박건우는 중견수와 우익수를 오가면서 3할이 넘는 고타율로 중장거리 타자로서 가공할만한 폭발력을 자랑했다. 허경민은 공-수 양면에서 팀에 '혜자' 노릇을 다해내며 완숙미를 뽐냈다.

이러한 이들의 활약상은 두산이 2019년 '미러클'을 써내리는 복선이었다. 당시 시즌 후반까지 SK에 8~9경기 차로 뒤진 2위를 달리던 두산은 후반 무서운 스퍼트로 SK를 바짝 옥죄더니 기어코 SK를 앞지르며 남다른 'DNA'를 그대로 증명했다. 무엇보다 이때 뒤집기는 KBO리그 제도까지 확 뒤바꿀 만큼 파급력이 컸다. 당시 순위와 관계없이 시즌 전적이 동률이면 매치업 전적 우위가 순위 산출의 우선 조건이었다. 144경기 종료까지 두산과 SK의 시즌 전적은 88승 1무 55패로 동률이다. 그런데 매치업 전적에서 두산이 SK에 9승 7패로 우위를 점하면서 희비가 극명하게 갈린 것이다. 순위 산출의 형평성 논란이 끊이지 않던 시점에 이를 계기로 KBO가 다음 시즌부터 선두와 5위가 동률로 페넌트레이스를 마무리할 시 타이브레이크 제도를 도입하기로 결정했을 만큼 파장이 어마무시했다. 그렇게 두산의 한국시리즈 직행이 이뤄지게 됐고, 5년 동안 밟은 한국시리즈 무대에서 이들의 경험치와 내공 등은 30대가 된 2019년 더 빛을 냈다. 시리즈 스탯을 떠나 큰 무대를 밟으면서 먹은 물이 경험치와 내공 등의 극대화로 상대에 큰 공포감을 조성했고, 이들 세 명 모두 각자 엇갈린 스탯에도 큰 무대에서 기여도를 다른 방법으로 나타내며 완숙미를 풍겼다. 준플레이오프에서 LG를 3승 1패, SK를 3승 무패로 각각 돌려세운 넥센의 맹렬한 기세에도 두산이 흔들림 없이 4전 전승으로 시리즈를 종결시키면서 'V6'를 이룰 수 있었던 원동력에 정수빈, 허경민, 박건우의 '90즈' 존재감이 한몫을 했다고 해도 과언이 아니다. 이후 이들 세 명은 굳건한 활약상을 보이면서 팀의 무게감을 더했다. 두산이 KBO리그 사상 최초로 7년 연속 한국시리즈 무대를 밟는 데 큰 공헌을 세웠다.

서로 뭉치면서 끈끈한 우정과 동료 애(愛)를 자랑하던 세 명이지만, 영원한 것은 없다는 이 세상의 진리는 이들의 이별을 자연스럽게 암시했다. 그럴만한 요인이 뚜렷했다. 바로 프로 선수들의 꿈과도 같은 자유계약선수(FA) 자격 취득이다. 모기업의 돈지갑 의존도가 절대적인 프로스포츠의 생태계와 함께 천정부지로 올라선 이들 세 명의 시장 가치, 샐러리캡 도입에 따른 냉혹한 비즈니스, 그리고 10여 년간 핵심 자원들의 유출이 숱하게 이뤄졌던 두산의 흐름 등을 종합적으로 고려하면 FA 자격으로 셋이 계속 뭉칠 확률은 현저하게 낮았다. 더군다나 이들 세 명 모두 각 포지션에서 정상급 자원으로 분류되는 인물들이다. 당연히 FA 시장에서 강력한 '매물'이자 시장 평가에서 '블루칩'으로 손꼽혔다. 2020년 시즌 이후 FA 자격을 얻은 정수빈이 6년 58억 원, 허경민이 4+3년 85억 원의 초대형 '잭 팟'을 터뜨리며 두산에 잔류했지만, 박건우는 2021년 시즌 이후 NC와 6년간 124억 원 계약을 체결하며 뭉쳤을 때 누구보다 끈끈하고 단단했던 이들 '90즈' 트리오는 팬들의 가슴과 야구 팬들의 뇌리에 깊게 박힌 채 이별을 고하게 됐다. 이 말은, 2010년대 중반부터 2020년대 초반 KBO리그 판세를 주름잡았던 '두산 왕조'의 종말을 고하는 메시지다. 서로 다른 유니폼을 입고 마주하는 광경 자체가 낯설게 느껴지지만, 프로 세계에서 '정(情)'은 공염불과도 같은 단어였다. 그라운드 바깥에서 우정과 친밀도는 여전하다고 한들, 유니폼을 입고 그라운드에 나서는 순간 서로를 잡아야 사는 가혹한 운명은 이들에게도 예외가 아니었다. 허경민과 정수빈은 여전히 팀의 대체 불가 존재로 정상급 활약상을 선보였고, 박건우는 NC 이적 후에도 '호타준족'의 위엄을 거침없이 뿜어내며 생애 첫 타향살이에 빠르게 젖어들었다.

10대 후반의 앳된 소년에서 어느새 30대 중반의 베테랑이 된 이들에게 2024년 11월 또 하나의 이적은 10년간 두산 팬들의 높은 로열티와 지지 등을 이끌어낸 '90즈'의 해체를 공식화하기에 이르렀다. 2024년 시즌 직후 FA 3년 옵트아웃 계약 실행과 시장 평가를 놓고 고심하던 허경민이 시장 평가를 위해 3년 옵트아웃(기존 계약을 파기하고 FA 자격을 재행사하는 것을 말한다.)을 과감히 포기하게 된 것이다. 두산이 협상 과정에서 영구결번과 지도자 연수 등 파격적인 조건을 내걸었지만, 30대 중반의 나이에 선수로서 가치를 더 증명하고 싶은 욕구가 허경민의 마음을 뒤흔들었다. 베테랑으로서 팀의 무게감을 잡아주면서 공-수 양면에서 여전한 재능을 뽐내는 허경민의 가치를 두산 이외 나머지 팀들이 그냥 지나칠 리 만무했다. 마침 팀 창단 멤버인 심우준이 한화 이글스로 새 둥지를 틀면서 내야에 균열이 생긴 KT가 허경민에 뜨거운 구애를 보냈고, 결국에는 4년 40억 원에 FA 계약이 이뤄지게 되면서 16년간 몸담았던 두산을 떠나게 됐다. 무엇보다 박건우의 이적과 달리 허경민의 이적은 충격이 갑절 이상이었다. 그도 그럴 것이 시즌 도중 허경민이 한 멘트에 숨어있다. 지난해 7월 23일 잠실 키움전 경기 종료 이후 수훈선수 인터뷰에서 '종신 베어스맨'으로 남겠다고 팬들에 공개 선언한 말을 완전히 뒤집은 선택은 팬들에 충격을 넘어 배신감, 분노, 허탈감 등이 상상을 초월했다. 허경민의 이적에 두산 팬들은 온라인상으로 '거짓말쟁이'와 '배신자'를 필두로 각종 비난 세례를 퍼부을 정도로 프랜차이즈 스타를 잃은 민심은 싸늘하다 못해 폭발했다. '원 클럽 맨'이라는 타이틀의 낭만이 팬들에게도 곧 PRIDE라는 점에서 수위 역시 걷잡을 수 없이 커지는 부메랑을 낳았다. 단, 여기서 알아둬야 할 것이 있다. 스포츠는 철저한 비즈니스 세계다. 아무리 한 팀에 오랜 기간 몸담았다고 하더라도 상호 간 코드와 니즈 등에 의해 자의든, 타의든 얼마든지 둥지를 옮길 수 있는 특성을 지닌 분야다. 근속 기간 혹은 인사 순환 시스템 등에 의해 부서 보직 이동과 타 기관 이직 등이 일어나는 일반 직장인들의 세계와 결만 다를 뿐 궤는 어쩌면 같다. 선수들에게 FA 시장 평가는 주요 권리이자 선수 본연의 가치를 평가받고 증명하

싶은 욕구를 펼쳐 보일 수 있는 수단이다.

　허경민의 이적은 '삼총사'가 한 시대 한 팀의 황금기를 이끌었던 낭만과 완전히 작별을 고하면서 각자 인생의 추억으로 한 페이지에 남게 됐다. 오랜 기간 함께 뒹굴고 살 비비던 동료 혹은 가족이 갑작스럽게 옆자리에 없을 때 느껴지는 공허함은 이루 말할 수 없다. 스포츠도 그렇다. 오랜 기간 한 공간에서 동고동락하고 많은 추억을 쌓은 동료가 갑작스럽게 타 팀으로 이적할 때 공허함을 느끼곤 한다. 물론 세상 모든 이별은 쓰리고 아프다. 하지만 하나 변하지 않는 것이 있다. 헤어짐은 또 다른 만남의 시작이라고 말이다. 프로 입단 이후 경찰청 복무 기간을 제외하고 10년 넘게 동고동락한 이들이 서로 다른 유니폼을 입고 선의의 발전을 도모하는 또 다른 묘미가 있는 법이다. 2022년 박건우의 NC 이적과 함께 원정팀 선수 자격으로 잠실야구장에서 서로 다른 유니폼을 마주한 것처럼 2025년 허경민이 KT 유니폼을 입고 원정팀 선수로 잠실야구장을 밟을 때 광경은 또 다른 메시지를 심어줄 것이다. 그라운드 바깥에서 우애와 정은 필드에 들어서면 무용지물이다. 서로 비즈니스에서 최선을 다하면서 건강한 발전을 도모하는 것이야말로 또 다른 '찐친 노트'를 써내리는 복선이 될 것임에 자명하다. 그래서 잠실야구장, 수원KT위즈파크, 창원NC파크에서 서로 다른 유니폼을 입고 마주하는 '삼총사'의 모습이 팬들에게 또 다른 기대감과 볼거리를 생성시킨다.

　이들 '삼총사' 이외 현대 사회에는 소위 '찐친'들이 각양각색으로 존재한다. 비록 활동하는 무대와 영역, 특성 등이 천차만별이지만,

각자 위치에서 발전적인 방향을 잃지 않고 쭉 정진하는 '찐친'들의 존재는 특별하다. 기쁠 때나 슬플 때나 모든 희로애락을 공유하면서 서로에게 곁을 함께하는 것만으로도 큰 힘이 된다. 그러면서 더 발전하는 동력을 얻는다. 청소년대표 시절부터 같은 유니폼을 입고 뛴 시간이 10년을 족히 넘는 세 '90즈'들이다. 철저한 비즈니스 논리 앞에 같이 땀 흘린 날들의 흔적은 이제 각자 인생에서 한 페이지로 자리하게 됐다. 그럼에도 '찐친'으로서 선의의 경쟁은 이제 출발점이다. 서로 비즈니스 코드 실현에 총력을 기울이게 될 이들의 존재가 단순히 야구를 넘어 사회에 주는 메시지를 작지 않게 뿌리는 이유가 아닐까 싶다. 몸은 떨어져 있다고 하더라도 각자 위치에서 본분을 다하면서 새로운 '찐친' 노트를 그라운드에서 다른 유니폼을 입고 써내리는 그림은 '찐친'으로서 세월의 깊이를 훗날 더 채워줄 것이다. 이러한 부분이 각자 인생과 야구 커리어에서도 큰 플러스 알파로 자리한다는 진리는 변하지 않는다. 이 땅에 모든 '찐친'들의 깊은 관계 속에서 쌓이는 풍족한 '절친 노트'를 기대하는 바이다.

고국에서 커리어의 엔딩 장만
– SSG 추신수의 '라스트 댄스'

◎ 1990년대 후반 IMF로 국가가 휘청거릴 때 많은 국민에게 큰 위로가 된 콘텐츠 중 하나가 바로 '코리안 특급' 박찬호(52)의 선발 등판 중계 시청이다. TV가 아니면 메이저리그 시청을 하기 힘든 당시 환경에 새벽녘 뜬 눈을 지내고 박찬호 등판 경기 시청을 기다린 팬들과 국민들의 모습은 이역만리 미국 땅에서 '아메리칸 드림'을 위해 고군분투하는 박찬호라는 존재가 야구선수를 넘어 국가의 큰 희망으로 자리하는 지표였다. 동정심, 연민, 동경심 등의 각기 다른 감정은 많은 야구 팬들과 국민들을 박찬호 중계의 화면 앞으로 향하게 만들었다. 1997년부터 LA다저스에서 풀타임 메이저리거로 활약한 박찬호가 메이저리그 무대에서 선구자 역할을 톡톡히 하면서 한국 선수들의 메이저리그 진출도 하나둘씩 늘었다. 마침 상황도 딱 맞았다. 메이저리그가 글로벌화의 터전으로 아시아 시장을 적극 공략하기 시작하면서 한국 선수들을 향한 관심도 폭발하게 된 것. 물론 당시 IMF에 따른 외화벌이 용도로 유망주들의 미국 진출이 이뤄지기도 했지만, 적어도 한국 아마추어 자원들의 범상치 않은 싹에 대한 뜨거운 관심은 메이저리그 시장의 변방이었던 한국에 대한 인식을 돌려놓는 사건과도 같았다. 박찬

호 이후 'BK' 김병현과 '써니' 김선우, '빅초이' 최희섭, '컨트롤 아티스트' 서재응, '봉의사' 봉중근 등이 빅리그 무대를 밟으면서 한국인 메이저리거의 인지도를 높였고, 고교에서 '아메리칸 드림'의 일념을 위해 미국행 비행기에 몸을 싣는 선수들도 늘었다.

  KBO리그가 출범한 1982년 출생한 선수들이 고교 3학년이던 2000년 투-타 겸업의 걸출한 재능을 지닌 초고교급 스타플레이어가 안정보다 모험을 택하는 과감함으로 미국행 비행기에 몸을 실었다. 이 초고교급 스타플레이어는 바로 '추추 트레인' 추신수(43)다. '악바리' 박정태의 외조카로 잘 알려진 추신수는 부산고 재학시절 투-타 겸업의 재능과 포텐 등으로 초고교급 스타플레이어로서 맹위를 떨쳤다. 2년 연속 대통령배 대회 MVP(1999~2000)와 함께 팀의 챔피언 타이틀을 지휘하며 존재 가치를 알렸다. 150km에 육박하는 빠른 볼과 묵직한 구위는 '좌완 파이어볼러'의 향기를 절로 피어오르게 만들었고, 타석에서도 호쾌한 장타력과 뛰어난 콘택트 능력 등으로 '이도류(투-타 겸업을 칭하는 말)'의 면모를 어김없이 뽐냈다. 이러한 추신수의 '미친 존재감'은 기어코 고향팀 롯데가 1차 지명자로 지목하기에 이르렀다. 그런 추신수에게 2000년 캐나다 에드먼턴에서 펼쳐진 세계청소년선수권대회는 그의 커리어를 송두리째 돌려놓는 사건이었다. '영혼의 단짝'이자 고교 동기인 정근우(당시 부산고), 수영초(부산) 시절 함께 야구를 한 이대호(당시 경남고), 김태균(당시 천안북일고) 등 당대 고교 최고의 스타플레이어들과 대표팀에 이름을 올린 추신수는 당시 대표팀의 핵심 자원으로서 국제무대에서도 굳건한 경쟁력을 뽐내며 6년 만에 대표팀을 챔피언에 올려놓았다. 대표팀의 챔피언 타이틀과 함께 대회 MVP를 수상하면서 메이저리그의 레이더망에도 포착됐다.

고향팀 롯데 입단과 미국 진출의 두 가지 선택지에서 추신수가 택한 노선은 미국 진출이었다. 2001년 메이저리그 시애틀 매리너스와 입단 계약을 체결하면서 '아메리칸 드림'을 향한 장도에 오르게 된 것이다. 미국 진출은 말 그대로 '갬블'이었다. 내로라하는 경쟁자들이 즐비한 메이저리그의 높은 진입 장벽과 함께 언어 문제, 문화 적응 등 해결해야 할 과제도 산더미였다. 아니나 다를까 미국 생활은 한국 고교야구 무대를 평정한 추신수에게 결코 쉽지 않았다. 미국 진출과 함께 타자로 툴을 완전히 구축하면서 생명줄 연명을 도모했지만, 마이너리그의 '눈물 젖은 빵'을 씹으면서 인고의 시간을 줄곧 거듭했다. 한국과 달리 선수 1명이 빠지면 빠진 선수 포지션이 아닌 가장 컨디션이 좋고 재능이 출중한 자원들을 콜업시키는 메이저리그의 로스터 시스템은 그야말로 초정글에 가까웠고, 미국 무대 적응에 따른 시행착오 역시 빅리그 진입의 어려움을 야기시켰다. 메이저리그와 달리 환경이 열악하기 짝이 없는 마이너리그의 인프라도 '눈물 젖은 빵'의 설움을 묻어나게 했다. 2005년 고대하던 빅리그 무대에 콜업되면서 힘찬 비상을 바라봤지만, 빅리그 벽은 여전히 높았다. 급기야 시애틀에서 클리블랜드로 트레이드되며 커리어 첫 이적을 마주했다.

인생사 새옹지마라고 했다. 추신수에게 클리블랜드 이적은 오히려 '신의 한 수'로 자리했다. 빅리그 대표 스몰마켓 구단 중 하나인 클리블랜드로 이적한 이후 빅리그 무대에 연착륙하며 지난날 인고의 시간에 대한 보상을 확실하게 받았다. 클리블랜드로 둥지를 튼 이후 추신수는 한국인 메이저리거 타자의 선구자로 거듭났다. 한국인은 물론, 동양인 메이저리거 타자의 틀을 완전히 깼다는 표현이 정확하다. 한때 팀 동료였던 스즈키 이치로와 함께 마쓰이 히데키, 후쿠도메 코스케 등 일본 무대를 주름잡고 메이저리그에 진출한 동양인 타자들과 스타일이 확연히 다르다. 대체로 툴이 고정된 이들과 달리 추신수는 야구선수로서 축복에 가까운 '5툴 플레이어'의 특색이 큰 매력이었다. 공-수 겸장의 재능과 함께 '5툴 플레이어'로서 가치를 십분 발휘하며 가치를 높였다. 왼손 투수 출신답게 강한 어깨와 준수한 수비력, 빼어난 주루플레이, 정교한 콘택트 능력, 호쾌한 장타력 등은 활용도 극대화를 불러오는 핵심 카드였다. 마침 당시 클리블랜드가 확실한 외야 자원 부재에 골머리를 앓던 코드는 추신수의 활용 폭을 더 늘렸고, 이에 추신수는 출전 빈도를 늘려가면서 빅리그 무대에 이름 석 자를 조금씩 알렸다. 2008년부터 풀타임 메이저리거로 입지를 다져나간 추신수의 질주는 더욱 날개를 달았다. 기어코 동양인 메이저리거 역사를 창조했다. 다름 아닌 20(홈런)-20(도루) 클럽 가입이다. 2009년(20홈런-86타점)과 2010년(22홈런-90타점) 2년 연속 20-20 클럽에 가입하면서 동양인 메이저리거 최초 단일 시즌 20-20의 희소가치를 높였다. 한국인 메이저리거 단일 시즌 최다홈런 기록 경신과 함께 2010년 동양인 최초 2년 연속 20-20 클럽 가입, 동양인 최초 단일 시즌 출루율 4할 이상(.401) 등 동양인 메이저리거로서 위대한 발자취를 미국 땅에 남기면서 강렬한 아우라를 생성했다. 무엇보다 투고타저가 기승을 부리는 빅리그 무대에서 2년 동안 3할 타율에 3할 후반~4할 초반의 높은 출루율(2009년 .394, 2010년 .401)을 기록하면서 이뤄낸 점이 놀라움을 자아내며, 빅리그 전체를 통틀어도 단연 눈에 띄는 수치로 칭송받는다. 먼저 빅리그 무대를 밟은 동양인 타자 대부분이 '5툴'에서 툴이 하나 정도는 부족함을 나타낸 것과 견주면 얼마나 대단한 싹인지를 드러내는 바이다.

클리블랜드 베스트 외야수로 현지 팬들에 'CHOO' 앓이를 선사한 추신수에게 2013년 내셔널리그 신시내티 레즈로 이적은 '아메리칸 드림' 퍼즐 완성의 화룡점정이었다. 애리조나, 클리블랜드와 삼각 트레이드로 신시내티에 보금자리를 튼 추신수는 빅리그 대표 명장 중 한 명인 더스티 베이커 감독의 신뢰와 믿음 속에 팀의 리드오프 자리를 꿰차면서 FA 직전 'FA로이드(FA 앞둔 선수들이 FA 직전 시즌 좋은 활약을 보여줄 때 위 단어가 붙는다.)'의 기대감을 증폭시켰다. 가공할 만한 파괴력으로 조이 보토와 함께 팀 화력을 달궜다. 탁월한 선구안과 함께 호쾌한 장타력, 정교한 콘택트 능력, 강한 어깨 등 공-수 양면에서 5툴 플레이어의 진면목을 어김없이 뽐내며 내셔널리그 무대에 빠르게 젖어들었다. 팔색조 매력을 어김없이 뿜어내는 추신수를 향한 미국 전역의 관심도 또한 더욱 불타올랐다. 2013년 추신수의 스탯은 그야말로 엄청났다. 타율 .285에 21홈런 54타점 107득점 112볼넷 20도루로 통산 3번째 20-20 클럽을 밟으며 FA 대박의 초석을 닦았다. 특히 출루율 .423은 팀 동료 조이 보토에 이어 내셔널리그 2위에 달하는 수치이자 빅리그 리드오프 중 단연 최고 수치였고, 동양인 메이저리거 최초로 단일 시즌 100볼넷을 돌파하며 상대 투수에 엄청난 공포감을 조성했다. 단일 시즌에만 300출루를 이뤄내는 '출루 머신' 본능도 폭발하는 등 빅리그 최고의 리드오프라는 수식어가 전혀 아깝지 않았다. 뿐만 아니라 내셔널리그 중부지구에 함께 속한 피츠버그 파이어리츠와 내셔널리그 와일드카드 결정전에서는 8회 초 대포를 가동하면서 한국인 메이저리거 타자 첫 포스트시즌 홈런까지 달성하는 등 밟는 족적 자체가 한국인과 동양인 메이저리거 역사의 선구자로 자리하기에 충분했다.

2013년 직후 FA 시장에서 추신수는 '뜨거운 감자'였다. '악의 제국'이라고 불리는 뉴욕 양키스를 필두로 소위 '빅마켓' 클럽들이 추신수에 적극적인 러브콜을 보내면서 주가가 더 폭등했다. '5툴 플레이어'의 특색을 바탕으로 양대 리그에서 엄청난 폭발력을 뽐낸 추신수를 그냥 지나치는 것 자체가 난센스였다. 빅마켓과 스몰마켓 할 것 없이 여러 팀의 뜨거운 구애를 받은 추신수의 행선지는 텍사스였다. 슈퍼 에이전트 스캇 보라스와 손을 잡은 추신수는 텍사스와 7년간 1억3000만 달러(약 1,379억 원)에 달하는 초대형 계약을 맺으면서 '아메리칸 드림'까지 멋지게 써내렸다. 대선배 박찬호가 2001년 이후 LA다저스에서 텍사스로 이적할 당시 5년간 6,500만 달러(약 689억 원)를 넘어선 것뿐만 아니라 역대 동양인 메이저리거 타자 중 최고로 칭송받는 스즈키 이치로가 2006년 이후 시애틀과 5년간 9,000만 달러(약 955억 원)의 동양인 메이저리거 FA 최고 계약액마저 훌쩍 넘어서며 '잭팟'의 부수적 가치를 덩달아 향상시켰다. 클리블랜드, 신시내티 시절과 달리 텍사스에서 활약은 다소 굴곡이 있었다. 뛰어난 장타력을 바탕으로 리드오프로서 생산성을 자랑했지만, 초대형 FA 계약자로서 기대치와 이름값 등에 다소 못 미치는 스탯을 남겼다. 이적 첫 시즌이던 2014년에는 극심한 타격 부진과 팔꿈치 수술 등에 의해 일찍이 시즌을 마감하며 '먹튀'의 혹평이 끊이지 않았고, 2016년에는 부상 악령이 끊이지 않으면서 부상자 명단에만 4번이나 올랐다. 햄스트링과 손목 등 온몸이 성할 곳이 없는 상황에 정상적인 시즌 완주를 이루지 못한 것은 자명했다. 텍사스의 주요 자원으로서 저조한 출루 빈도와 낮은 출루율이 떨어지는 효율을 야기했다. 강한 리드오프로서 장타력의 강점도 옅어지면서 초대형 FA 계약자 체면에 금도 제대로 갔다. 그럼에도 마냥 부진의 늪에만 허덕인 것은 아니었다. 나름대로 텍사스 시절 쌓은 족적은 한국인과 동양인 메이저리거 역사의 든든한 발자취로 자리하는 매개체였다. 2015년 7월 22일(한국 시간) 콜로라도 로키스 전에서 동양인 메이저리거 최초의 사이클링히트와 함께 아메리칸리그 9월 이달의 선수에 선정되면서 팀의 아메리칸리그 서부지구 챔피언 달성에 앞장섰다. 이어 2018년에는 동양인 최다 연속경기 출루 기록과 함께 텍사스 구단 단일 최다 연속경기 출루 기록을 경신하면서 동양인 메이저리거와 구단 역사를 멋지게 창조했다. 한국인 야수 메이저리거 최초로 메이저리그 올스타에 선정되는 등 여전한 시장 가치를 증명했다. 2019년 동양인 최초로 빅리그 통산 200홈런 달성과 함께 2020년 동양인 메이저리거 통산 최다타점 기록도 경신하면서 동양인 메이저리거의 위상 또한 드높였다.

머나먼 미국 땅에서 '아메리칸 드림'을 써내리며 동양인들에 큰 희망으로 자리한 추신수지만, 2020년 시즌 이후 텍사스와 7년 계약이 종료는 또 다른 변곡점을 시사했다. 새 행선지를 놓고 국내 유턴과 빅리그 타 팀 계약 등이 국내·외 '뜨거운 감자'로 불리게 된 것이다. 코로나 19 팬데믹에 몸살을 앓은 2020년대 초반 메이저리그 구단들의 살림 또한 녹록지 못했던 실정에 추신수의 높은 몸값과 여전한 재능 등이 FA 종료와 함께 딜레마 아닌 딜레마였다. 불혹에 접어든 나이와 몸 상태 등 리스크도 무시할 수 없었다. 여러모로 애로점만 뚜렷하게 존재했다. 고심 끝에 추신수가 내린 선택은 국내 유턴이었다. 2007년 당시 해외파 특별 드래프트로 SK(SSG의 전신)에 지명됐던 추신수를 SSG가 야구단 인수와 함께 낚아채면서 고국에서 현역 커리어를 마무리하는 토대가 장만됐다. SSG 측의 적극적인 구애와 함께 고국 팬들의 존재, 고국 땅의 소중함 등이 20년 만에 국내 유턴을 재촉했다고 해도 과언이 아니었다. 대선배인 박찬호와 마찬가지로 고국에서 현역 커리어의 마무리는 많은 야구 팬이 바라고 또 바란 시나리오 중 하나였기에 의미가 더하다. 국내 유턴 이후 잔 부상과 컨디션 난조 등에 의해 고충이 상당했지만, 오랜 세월 메이저리거로서 다져놓은 클래스만큼은 여전했다.

KBO리그 첫 시즌이던 2021년 10월 5일 잠실 LG전에서 4회 초 시즌 20호 홈런을 때려내며 만 39세 2개월 22일의 나이로 종전

2007년 양준혁이 가지고 있던 역대 최고령 20-20(38세 4개월 9일) 클럽 기록을 갈아치웠다. 홈런 21개와 도루 25개로 한·미 양대 리그에서 모두 20-20 클럽에 가입한 최초의 선수로 이름을 올렸다. 이어 2021년 10월 26일 창원 NC전에서는 KBO리그 역대 최고령 단일 시즌 100볼넷 기록을 달성하면서 만 39세 3개월 13일의 나이로 2006년 양준혁이 세운 최고령 기록(만 37세 3개월 26일)을 경신했다. 탁월한 선구안을 바탕으로 상대 투수를 압박하는 진득함은 오랜 관록과 노련미 등의 위엄을 절로 묻어나게 만들었고, 클러치 상황 때마다 대포를 펑펑 때리는 장타력 또한 불혹에 접어든 나이라곤 믿기 어려울 정도로 매서웠다. 데뷔 첫 시즌 팀이 페넌트레이스 최종전이던 문학 KT전 패배로 가을야구 탈락의 쓴잔을 맛봤지만, 이듬해 야구 커리어에서 최고봉인 챔피언 반지를 쟁취하며 잊지 못할 순간을 완성했다. SSG의 '와이어 투 와이어(처음부터 끝까지 선두를 놓치지 않은 것을 말한다.)' 챔피언 타이틀에 혁혁한 공을 세웠다. 노쇠화에 따른 폼 저하에도 선구안과 출루 본능만큼은 여전했고, 키움 히어로즈와 한국시리즈 때 내실 있는 활약상을 뽐내며 팀 분위기를 달궜다. 빅리거로서 챔피언 반지가 없었던 아쉬움을 분풀이하듯 시리즈 내내 불굴의 투혼과 투지로 베테랑의 건재함을 한껏 나타냈다. 숙원 해소와 함께 2023년 한·미 통산 2,000경기 출전의 대위업을 작성하며 KBO리그 역사의 이정표를 또 하나 늘렸다.

그럼에도 흐르는 세월을 거스를 수는 없는 법이다. 1982년 개띠 동갑내기들의 은퇴가 하나둘씩 이뤄지는 시점에 추신수에게도 은퇴라는 단어는 머지않은 엔딩과도 같았다. 마침 2023년 시즌 종료 직후 '2024년이 현역 마지막 시즌이다.'라고 못 박으면서 2024년은 은퇴 시즌의 '라스트 댄스'로 자리하게 됐다. 성대한 현역 커리어의 마무리를 위해 절치부심하며 칼날을 다듬었다. 2024년을 앞두고 새 사령탑으로 부임한 이숭용 감독 체제에서 프로 데뷔 이래 첫 '캡틴' 중책까지 부여받으면서 '라스트 댄스'의 불꽃을 장전했다. '라스트 댄스'의 일념하에 추신수는 그라운드에서 프로페서널함을 잃지 않았다. 시즌 개막부터 어깨와 손가락 등에 부상이 끊이지 않았음에도 불굴의 투지와 열정으로 가진 에너지를 다 짜냈다. 뛰어난 선구안과 콘택트 능력은 물론, 활발한 출루로 공격에서 첨병 노릇을 다해냈다. "클래스는 영원하다"는 말처럼 타석 위에서 아우라와 위압감은 여전히 건재했다. 빠르게 흘러가는 시간의 흐름 속에서도 화려한 '라스트 댄스'를 꿈꾸는 지향점은 뚜렷했지만, 역시 세상은 의도한 대로 흘러가는 법이 아니었다. 언제나 돌발상황을 마주할 수밖에 없는 세상만사 불변의 이치는 추신수에게도 예외가 아니었다. 이 돌발상황은 다름 아닌 부상이었다. 부상 여파로 팀 전열에 이탈한 시간이 늘어난 나머지 재활과 부상의 반복에 의한 심신의 피로도가 상당할 수밖에 없었다. 우여곡절 끝에 지난해 9월 30일 키움과 홈 최종전과 10월 1일 KT와 타이브레이크에서 경기 후반 대타로 나서며 마지막까지 투혼을 불살랐지만, 아쉽게 범타로 물러나며 현역 커리어의 종지부를 찍었다.

　머나먼 타국살이에서 고국, 고향이 주는 의미는 남다르다. 고국, 고향인들의 따뜻한 정과 지지, 성원 등은 아무리 힘들고 고달플 때 위로의 등불이 된다. 몸은 멀리 떠나있을지언정 마음만큼은 고국,

고향에 대한 소중함으로 가득하다. 많은 이들이 타국 땅에서 개인의 삶과 커리어를 써내려간다. 해외에서 활약하다가 고국으로 유턴한 선수들의 배경은 고국 팬들의 존재가 결정적인 영향을 미친다. 고국 팬들의 지지와 성원 등은 운동선수 이전 인생에서 온기가 얼마나 개인에게 중요한가를 일깨워준다. 혈혈단신으로 건너간 미국 땅에서 동양인 메이저리거로서 위대한 족적을 남긴 추신수가 불혹의 나이에 온갖 리스크를 감수하면서 국내 유턴으로 행선지를 튼 이유와 같다. 타국살이에서 고국민들의 따뜻한 정과 온기 등이 힘이 된다고도 하지 않는가? 고국에서 고국민들의 성원과 지지 등을 업고 현역 커리어의 마침표를 찍는 일이야말로 하나의 로망과도 같다. 그렇게 추신수의 '라스트 댄스'는 막을 내렸다. 부상이라는 공공의 적이 발목을 잡긴 했지만, 추신수가 24년 현역 커리어를 쌓으면서 걸어온 길은 누구도 부정할 수 없다.

　마이너리그의 '눈물 젖은 빵'을 씹으면서 빅리그 진입에 대한 굳건한 일념은 한 인간의 이상향 지향에서 열정이라는 단어의 중요성을 역설한다. 살벌한 마이너리그의 구조가 낭떠러지와 다를 바 없는 시스템에 온갖 난관을 딛고 빅리그 진입까지 도달하는 과정은 절벽에서 질긴 생명줄을 보이는 동물의 본성이 인간에게도 적용된다는 진리도 함께 증명했다고 봐도 과언이 아니다. 이처럼 타국 땅에서 한국인과 동양인 메이저리거의 위상을 높이면서 쏟은 열정과 노하우 등은 자라나는 새싹들에게도 큰 자산으로 자리하기에 충분하다. 비단 운동선수뿐만 아니라 일반인들에게도 적용된다.

'대한외국인'의 'K'와 이별

- LG 케이시 켈리

◎ KBO리그는 1998년 처음 외국인 선수 제도가 도입됐다. 20년이 넘는 세월 동안 팀별로 숱한 외국인 선수들이 거쳐 가면서 리그의 판을 키웠다. 1998년 외국인 선수 최초로 리그 MVP에 오른 타이론 우즈(前 두산), KBO리그 역대 최고 출루율(.503) 기록 보유자인 펠릭스 호세(前 롯데), 호타준족의 제이 데이비스(前 한화) 등 외국인 선수 제도 도입 초창기 소위 리그를 씹어먹은 선수들을 비롯, 투-타에서 많은 외국인 선수들이 KBO리그 입성과 함께 각자 발전을 덧칠하며 리그의 골격을 더했다. 국내 선수들과 달리 외국인 선수들은 매년 고용 불안정에 시달릴 수밖에 없다. 거액을 들여 데려온 만큼 기대치를 충족하지 못하면 비즈니스 세계에서 단칼에 비행기 탑승에 몸을 실어야 한다.

1년 농사에서 외국인 선수 선발이 차지하는 비중이 상당한 KBO리그의 구조와 특성은 매년 외국인 선수들로 하여금 이러한 고용 불안정을 더 야기한다. 그런 와중에 KBO리그와 코드가 잘 맞는 선수들이 해마다 쏟아진다. 사실 외국인 선수 스카우트할 때 그간 커리어와 특색 못지않게 중요하게 보는 조건이 존재한다. 바로 인성이다. 인성적인 부분이 팀 케미에 있어 대단히 중요하다. 이는 비단 스포츠의 외국인 선수 스카우트뿐만 아니라 사회 전반적으로 반드시 필요한 부분이다. 제아무리 쌓아온 스탯이나 실적이 출중하다고 한들 인성에서 많은 문제점을 노출하게 되면 개인의 가치뿐만 아니라 구성원 간 결속, 분위기 등에도 악영향을 미친다. 그렇게 보면 KBO리그 땅을 밟는 외국인 선수들에게 한국 문화에 대한 적응력, 이해도가 반드시 가미되어야 하는 이유다. KBO리그 적응을 위해 모든 노력을 아끼지 않는 모습을 보여줄 때 국내 선수들과 시너지 효과 창출뿐만 아니라 팀 운영의 유연성을 높이는 잣대로 자리한다. 외국인 선수들의 롱런은 대단히 어려운 일이다. 투수와 타자 할 것 없이 외국인 선수들과 숱한 매치업을 펼치면서 성향이나 특색 등에 대한 인지가 이미 다 된 상황이고, 상대 약점을 집요하게 물고 늘어지는 철저한 분석은 외국인 선수들에게도 여간 부담스러운 일이 아니다. 눈앞의 성과에 옭아맬 수밖에 없는 KBO리그의 현실에서 아무리 꾸준한 스탯을 쌓더라도 롱런하기 위해서는 단순한 스탯뿐만 아니라 인성적인 부분, 꾸준함의 유지, 지속적인 개발 등이 가미되어야 한다.

최근 대한민국 땅에 거주하는 외국인의 숫자는 증가하는 추세다. 해외와 달리 세계 최고 수준의 치안, 잘 갖춰진 복지 환경 등은 외국인들에 'K' 앓이를 흠뻑 빠지게 만든다. 이 부분만 놓고 보면 외국인들의 인식에 한국만 한 나라는 없다는 얘기가 나올만하다. 그래서 붙는 말이 '대한외국인'이다. 오랜 기간 한국에 몸담으면서 한국인보다 더 한국인의 냄새를 풍기는 이들에게 이러한 수식어가 절로 붙는다. 한국 문화에 젖어들려는 노력, 한국인들과 융화 등 다방면으로 어우러지는 '대한외국인'들의 연착륙은 문화나 언어, 환경 등의 간극을 좁히고도 남는다. 이처럼 '대한외국인'들의 연착륙이 한국 문화에 대한 이해, 한국 스타일의 존중 등이 존재했기에 가능했다고 봐도 무방하다.

외국인 선수 제도 도입이 20여 년이 흐르면서 많은 팬의 뇌리에 깊게 박힌 장수 외국인 선수들의 존재는 어느새 팀의 커다란 유산으로 자리하고 있다. 장발머리에 훤칠한 기럭지로 이목을 사로잡은 LG '잠실 예수' 케이시 켈리도 장수 외국인의 대표 주자 중 한 명이다. 켈리의 한국 입성은 늘 공격적인 투자에도 번번이 고비를 넘기지 못하면서 아쉬움을 삼킨 LG의 야심 찬 '패' 중 하나였다. 2018년 시즌 직후 타일러 윌슨과 재계약을 체결한 다음 챕터로 헨리 소사와 재계약, 새 외국인 선수 수혈을 놓고 고심을 거듭한 끝에 케이시 켈리를 낙점하는 모험을 던졌다. 선발투수로서 경험이 풍부하고 다양한 구질을 갖춘 켈리의 영입으로 선발 높이를 강화하면서 대권 쟁취의 드라이브를 걸겠다는 심산이다. 2008년 메이저리그 신인드래프트 전체 30순위로 보스턴 레드삭스에 지명돼 나름 빅리그와 마이너리그 경험치를 착실하게 먹은 자원이자 야수 출신답게 운동능력과 수비력도 상당한 켈리의 재능은 투수 친화적인 잠실야구장과 안성맞춤이다. LG의 혜안은 적중했다. 190cm의 신장에서 뿜어져 나오는 높은 타점은 빠른 볼의 위력을 더 배가시켰다. 빠른 볼의 위력 배가는 구위의 안정감마저 입히는 초석이었다. 상황에 따라 타이밍을 뺏는 변화구 구사도 타자들의 진땀을 뻘뻘 흘리게 만들었다. KBO리그 첫 시즌 승운이 따르지 않은 탓에 12패를 범했지만, 14승을 수확하면서 평균 자책점 2.55를 기록하는 스탯은 타일러 윌슨과 외인 '원-투 펀치'로서 강렬한 인상을 남겼다.

대개 KBO리그 첫 시즌 최상의 퍼포먼스를 보인 선수들이 겪는 외인 '2년 차 징크스'는 켈리에게 존재하지 않았다. 오히려 첫 시즌보다 더 진화됐다. 전 세계를 뒤흔드는 코로나 19 여파로 무관중 경기가 계속되는 재앙으로 인한 고요한 마운드 속에서도 꿋꿋하게 LG의 버팀목이 됐다. 2020년 시즌 에이스의 상징인 15승을 돌파하면서 2000년 데니 해리거(17승) 이후 20년 만에 구단 외국인 투수로는 2번째로 단일 시즌 15승 고지를 밟았고, 공격적인 투구를 바탕으로 타자들의 타이밍을 뺏는 투구 내용이 더 업그레이드 되며 유강남(現 롯데 자이언츠)과 배터리로서 궁합도 더 무르익었다. 2년간 보여준 폼과 퍼포먼스는 켈리가 구단을 넘어 KBO리그 외국인 투수 역사를 새롭게 써내리는 데 크나큰 복선이 됐다. 2021년 시즌 13승으로 종전 헨리 소사가 가지고 있던 구단 역대 외국인 투수 최다승(40승) 기록을 갈아치웠고, 2022년 시즌에는 6월 16일 잠실 삼성전 승리투수로 KBO리그 역대 외국인 투수 최소경기 50승 고지를 돌파하며 기록 경신의 가치를 높였다.

무엇보다 2022년 시즌은 켈리의 퍼포먼스가 절정을 이룬 시즌이었다. 매 경기 5이닝 이상을 꾸준하게 소화하는 이닝이터의 위엄을 어김없이 증명한 것뿐만 아니라 알고도 못 당하는 빠른 볼의 위력에 다양한 구종 등의 특색이 여전히 진하게 물들여졌고, 타자들의 철저한 분석에 대처하는 유연성 또한 가히 압권이었다. 아담 플럿코와 외국인 '원-투 펀치' 조합은 10개 구단 중 단연 최고 수준이었고, 2022년 8월 5일 잠실 키움전에서 2이닝 7실점 난타당하면서 강판되기 이전까지 75경기 연속 5이닝 이상 투구의 업적은 당분간 KBO리그에서 깨지지 않을 기념비적인 업적으로 남을 공산이 높다. 2022년 KBO리그 커리어 최다인 16승으로 2001년 신윤호 이후 21년 만에 LG 소속 다승왕 타이틀의 주인공이 된 것은 덤이다. 2022년 팀이 구단 역대 한 시즌 최다승인 87승으로 페넌트레이스 2위에 올랐음에도 플레이오프에서 키움 히어로즈에 1승 3패로 업셋 당한 것이 유일한 옥에 티였을 뿐 켈리의 퍼포먼스는 그해 LG가 선두권을 꾸준하게 유지하는 밑천이었다.

　이역만리 한국 땅에서 '코리안 드림'을 써내린 켈리지만, KBO리그 연차가 거듭될수록 익숙함이라는 단어는 역시 비껴갈 수 없었다. 30대 중반으로 접어든 나이에 투구 패턴이나 특성이 이미 KBO리그 타자들의 눈에 익을 대로 익었다. 그러면서 구위가 자연스럽게 하락했고, 장타 허용 빈도도 증가했다. 이전 시즌과 달리 초반 무너지는 경기들이 빈번하게 속출했다. 영혼의 단짝이었던 유강남의 이적으로 박동원과 새로운 배터리 조합을 이룬 영향도 존재하지만, 근본적으로 폼이 떨어진 영향이 컸다. 롯데 자이언츠와 더불어 대권 쟁취에 굶주린 팀 중 하나인 LG 입장에서는 켈리의 부진이 말 그대로 믿는 도끼에 발등 찍힌 격과 크게 다를 바 없었고, 2023년 시즌 전반기까지 본래 폼이 나오지 않으면서 퇴출 위기까지 감돌았다. 계투진에 비해 선발진의 무게감과 높이가 전반적으로 아쉬움이 짙었던 LG에게 켈리의 부진은 29년 만에 한국시리즈 챔피언 쟁취 전선에 크나큰 마이너스로 작용한다고 해도 과언이 아니었다. 흔히 자동차 운행에서 막다른 골목에 다다를 때 후진 기어를 밟으면서 새로운 운행 경로를 찾는 방향을 모색한다. 좁은 통로에서 벗어나 탁 트인 전용차로에 진입하면서 밟는 페달은 막힌 혈을 뚫어내는 맛이 있다. 운동선수도 마찬가지다. 부진의 실타래가 좀처럼 풀리지 않는 경우에 온갖 방법을 다 동원하면서 반전의 동아줄을 붙잡는 데 혈안이 되곤 한다. 각자 부진의 늪을 헤어나오는 방법론은 달라도 말이다. 한국 생활 5년 차에 맞은 시련의 나날에 켈리 역시 실타래 마련에 안간힘을 썼고, LG도 고심 끝에 후반기 시작을 켈리와 함께하기로 결정하면서 퇴출 위기는 일단 모면했다. 외국인 선수들에게 퇴출 위기는 외로움이 가득한 타국살이에서 일종의 시한부나 마찬가지다. 거액의 몸값을 지출하면서 본연의 퍼포먼스를 보여주지 못했을 때 후폭풍이 구단을 향하기에 그렇다. 낭떠러지에서 가까스로 붙잡는 동아줄은 사람의 생명줄과도 같다. 퇴출 위기에서 가까스로 생존한 켈리는 후반기 들어 본래 위용을 되찾으며 LG의 쾌속질주에 날개를 달아줬다.

  후반기 들어 묵직한 구위와 빠른 볼 구속이 제자리를 찾으면서 에이스 본능을 회복했다. 시즌 초반과 달리 박동원과 배터리 궁합도 점차 안정감을 찾아가면서 아담 플럿코의 부상 이탈 리스크마저 잘 채워줬다. 5년 연속 10승 고지를 밟으면서 더스틴 니퍼트(前 두산, KT)에 이어 역대 외국인 투수로는 2번째의 훈장을 안았다. LG가 불안한 선발진이라는 커다란 리스크를 시즌 내내 안고 가는 와중에도 한국시리즈 직행 탑승권을 움켜쥘 수 있었던 핵심이 켈리의 부활에 있다고 해도 과언이 아니었다. 그러면서 팀 전체에 미소 또한 가득했다. 무엇보다 켈리의 위엄은 큰 무대에서 더 도드라졌다. 그도 그럴 것이 '빅 게임 피처'라는 수식어가 가을날 늘 가득했기 때문. 2021년 준플레이오프 2차전 승리투수를 필두로 큰 무대 때마다 이닝이터의 면모를 한껏 뽐내며 팀과 팬들의 심장을 더욱 뛰게 만든 켈리의 큰 무대 '기(気)'는 대권 쟁취의 확실한 퍼즐과도 같았다. 2002년 이후 21년 만에 한국시리즈 무대를 밟은 LG에게도 켈리의 한국시리즈 활약은 분명 기대감을 증폭시키는 요소였다. 플레이오프에서 NC에 '리버스 스윕'을 달성하며 한국시리즈 무대를 밟은 KT의 마법 같은 기세가 여간 부담스러운 요소가 아니었지만, 켈리의 '빅 게임 피처' 본능은 한국시리즈에서도 기어코 껍질을 깼다.

  1차전에서 퀄리티스타트(6.1이닝 4안타 2실점 1자책)를 기록하며 제 역할을 다해냈고, 이후 5차전에 선발로 등판해 또 한 번 5이닝 5안타 1실점 1자책으로 제 역할을 다해내며 1루 더그아웃과 LG 팬들에 큰 환호성을 이끌어냈다. 켈리의 '빅 게임 피처' 본능에 LG는 팀의 오랜 염원이었던 한국시리즈 챔피언 타이틀을 1994년 이후 무려 29년 만에 움켜쥐었다. 최근 공격적인 투자와 팀 뎁스 강화 등에 모든 노력을 아끼지 않고도 승부처에 작아지는 팀이라는 꼬리표가 지독하게 따라붙었던 LG의 묵은 '한(恨)' 해소에 얼싸안고 챔피언의 희열을 만끽한 선수들 못지않게 팬들도 목놓아 눈물을 흘리면서 지난날 굶주림과 쓰라림, 괴로움 등의 온갖 감정에서 우러나오는 회한이 주마등처럼 스쳐 지나가는 광경이 잠실벌을 수놓았고, 이에 켈리도 오랜 기간 동고동락한 팀 동료들과 함께 챔피언 타이틀로 그간 마음고생을 훌훌 털어냈다. LG 구단 외국인 투수로는 처음으로 챔피언 반지를 움켜쥔 선수에 이름을 올리는 등 LG 구단과 LG 팬들에 'PRIDE'로 남는 것 또한 당연했다. 재계약 체결로 한국 생활을 연명하는 단계가 자연스러운 수순이었다.

'디펜딩 챔피언'으로 팀의 위치가 달라진 2024년 시즌 1선발로 데려온 디트릭 엔스와 함께 팀의 '원-투 펀치'로 각광받은 켈리지만, 2023년에 이어 2년 연속 전반기 부진의 데자뷰는 또 다른 위기를 불러왔다. 지난 2023년부터 높아졌던 장타 허용이 2024년 들어 더 치솟았고, 구위와 구속 감소와 함께 5이닝을 채우기 버거운 경기들이 늘어나면서 팀과 코칭 스태프에 큰 고민거리를 안겼다. 그간 보여준 스탯이나 업적, 팀과 융화 등 어느 하나 나무랄 데 없었지만, 1년 단위로 매년 냉혹한 평가가 불가피한 외국인 선수 고용 시장에서 거듭된 부진은 시한부의 위기감을 더 고조시킨다. 이처럼 시즌 개막과 함께 기복이 큰 경기력을 나타낸 켈리를 두고 염경엽 감독을 비롯한 코칭 스태프들의 고뇌는 깊어갈 수밖에 없었다. 큰 기복과 함께 부진의 나날이 거듭되는 악순환은 켈리 개인이나 LG 팀에게 마이너스를 잔뜩 초래하는 결과가 반복됐다. 지난해 6월 25일 잠실 삼성전에서 KBO리그 43년 역사상 최초의 퍼펙트게임을 눈앞에서 놓치는 아쉬움 속에 9이닝 1피안타 무실점 완봉승을 따내며 또 한 번 생명줄 연장의 가능성을 높이는 듯했지만, 이번에는 상황이 달랐다. 그도 그럴 것이 전반기가 끝날 때까지도 켈리와 엔스의 널뛰기 식 경기력이 좀처럼 개선되지 않으면서 특단의 대책 마련이 시급했던 상황이었다. 다각도로 고심을 거듭한 끝에 엘리에이저 에르난데스를 새 외국인 선수로 영입하면서 둘 중 한 명의 퇴출은 불가피했다. 퇴출 대상에 대한 관심이 집중된 와중에 KBO리그 신입 엔스가 아닌 경력자 켈리의 한국 생활 마감이 결정됐다.

　6년 동안 LG에 몸담으면서 누구보다 한국을 사랑하고, LG에 헌신한 켈리의 퇴출 소식에 선수단은 물론, 팬들의 아쉬움이 큰 것은 당연했다. 장발머리를 흩날리면서 마운드를 주름잡은 '잠실 예수'의 모습이 이제 추억 속으로 팬들의 뇌리에 남게 된 것이다. 성과라는 단어 앞에 '정(情)'을 무조건 끌고 갈 수 없는 비즈니스의 냉혹함을 엿볼 수 있는 대목이다. 퇴출 결정과 함께 한국 생활과 이별도 점차 다가왔지만, 그간 LG의 스트라이프 유니폼을 입고 세운 노고와 헌신 만큼은 잊을 수 없었다. LG는 지난해 7월 20일 잠실 두산전을 켈리의 고별전 무대로 마련하면서 예우를 확실하게 했고, 켈리는 퇴출 소식 결정이 된 와중에도 고별전에 선발투수로 등판하며 프로페셔널함을 잃지 않았다. 이에 LG 팬들도 켈리의 등장과 함께 인트로 음악 상영 때 기립 박수를 아낌없이 보내며 마지막을 빛냈다.

　가는 날이 장날이라고 했던가? 경기 시작과 함께 잠실 하늘에 먹구름이 잔뜩 쏟아지던 날씨는 저녁 무렵 거센 폭우로 변질됐다. 갑작스러운 폭우에 경기가 약 1시간가량 중단됐고, 이에 팬들은 구장 바깥과 내·외야 상단으로 급히 대피했다. 예상치 못한 폭우의 심술에 선수단과 팬들 모두 기상 상태를 예의주시할 수밖에 없었다. 하염없는 기다림 속에 빗줄기가 누그러지면서 재개에 대한 기대감이 조금씩 흘러나왔고, 이에 진행 요원들도 마운드에 덮은 방수포를 걷어내는 작업에 착수했다. 문제는 방수포를 걷어내는 것으로 끝나는 것이 아니었다. 게릴라성 폭우로 외야 워닝트랙과 내야에 흙이 잔뜩 고였기 때문. 무리하게 경기 재개를 강행하다가 자칫 선수들의 큰 부상으로 이어질 여지가 높기에 흙을 정상적으로 걷어내는 작업도 시간이 소요된다. 재개까지 마냥 마음을 놓을 수 없는 상황이다. 참 하늘이 야속하다. 잠잠하던 빗줄기가 방수포를 걷자마자 다시 거세졌다. 내야 흙을 걷어내자마자 그라운드가 급속도로 흥건해졌고, 결국에는 긴 기다림에도 잦아들 기미가 보이지 않으면서 노게임 선언됐다. 우천 중단 이전 3회 말 LG의 6-0 리드 상황이었기에 양 팀 팬들의 희비는 극명하게 교차됐고, 선발 카드 하나를 소진하면서 다음을 기약하게 됐다.

  노게임의 아쉬움에도 구단 레전드 외국인 선수의 이별을 기리기 위한 기다림 만큼은 굳건했다. 장대비가 쏟아지는 악천후에 아랑곳하지 않고 팬들은 관중석을 끝까지 지켰고, 선수단도 더그아웃 도열에 마지막을 함께했다. 그간 정들었던 동료들과 작별을 고하는 순간을 맞이하는 감정은 이루 말할 수 없다. 동고동락하며 지낸 세월뿐만 아니라 함께 호흡하면서 쌓은 업적과 추억을 되새기면 온갖 감정이 머릿속을 맴돈다. 아니나 다를까 점점 이별의 시간이 다가오면서 켈리의 눈가는 더 촉촉해졌다. 6년 동안 자신에 든든한 지원군이 되어준 팬들의 성원과 지지, 이방인이 아닌 식구처럼 맞아준 한국인들의 따뜻한 정, 코칭 스태프의 믿음과 신뢰 등 어느 하나 빠지지 않은 한국 생활의 에너지를 샘솟게 한 원동력으로 자리했기에 감정은 북받쳐 오를 수밖에 없었다. 팬들에 마지막

인사를 전할 때 눈물을 보인 켈리의 모습은 그간 고마움, 감사함의 메시지가 자연스럽게 담겼고, 잔잔한 감동과 실종된 낭만 등을 제시해 줬다. 6년 동안 켈리의 한국 생활은 외국인 그 이상이었다. 전혀 다른 문화에 스며들기 위해 모든 노력을 아끼지 않는 자세는 외국인 선수답지 않게 엄지 척을 절로 들게 만들었다. 자신의 좋은 활약을 팀 동료들과 팬들에 전하는 '팀 퍼스트'와 '팬 퍼스트'는 LG 팬들이 6년 동안 켈리를 식구처럼 여기면서 사랑을 듬뿍 선사하는 요소였고, 새 외국인 선수들의 한국 적응을 돕는 역할도 마다하지 않는 등 존재만으로도 큰 울림을 주는 존재였다.

 현재 대한민국 땅에는 외국인 노동자를 필두로 한국에 오랜 기간 거주한 외국인들이 많다. 세계 최고 수준의 치안과 함께 잘 갖춰진 복지 환경은 외국인들에 '한국 앓이'를 더 흠뻑 빠지게 만든다. 그중 한국에 대한 애정이 가득하면서 때로는 한국인보다 더 한국인 같은, 소위 '대한외국인'들의 존재는 자국민과 외국인 간의 이질감을 좁히는 데에도 좋은 영향력을 미치고 있다고 해도 과언이 아니다. 그런 측면에서 켈리는 '대한외국인'에 가까운 존재다. 오랜 기간 팀 동료들과 최상의 케미스트리를 연출하면서 한국 생활에 성공적으로 동화됐고, 이는 팀 전체에 큰 신뢰감을 심어주면서 결속을 더 강화하는 효과를 낳았다. 한국 문화를 누구보다 사랑하고 존중하는 자세는 타 외국인 동료들뿐만 아니라 국내 선수들에게도 큰 귀감이 되기에 부족함이 없고, 자신뿐만 아니라 가족에게도 아낌없는 사랑을 보내주는 팬들과 동료들에 대한 애정 또한 훌륭한 인성을 드러내는 대목이다. 우리네 각양각색의 관계에서 삶에 치이고 찌들어 고마움, 감사함 등의 표시를 잊는 경우가 허다한데 늘 모범적인 자세를 잃지 않는 켈리의 모습은 현대 사회와 개개인의 삶에서도 분명 울림을 제시해 준다. 켈리가 LG의 소중한 자산으로 불리는 이유다. 냉혹한 비즈니스 세계에 외국인 선수가 많은 팬 앞에서 성대한 고별전을 치르는 케이스는 극히 드물다. 퇴출로 인한 심리 상태가 말이 아닌 데다 매 경기에 사활을 걸어야 하는 팀 입장에서 외국인 선수를 위한 고별전까지 생각할 겨를이 없다.

만남이 있으면 헤어짐이 있는 법이다. 이 헤어짐은 영원할 수도 있고, 잠시 쉼표를 찍다가 또 다른 인연을 위한 작은 수단으로 자리할 수도 있다. 그래서 LG와 켈리의 작별은 슬픔과 아쉬움 속에서도 감동과 낭만이 진하게 묻어난다. 6년간 잠실 마운드를 수놓았던 '잠실 예수'의 모습은 더 이상 볼 수 없지만, 또 다른 역할로 LG와 연을 이어가게 된다면 그 또한 의미가 깊은 일이다. 흔히들 헤어짐은 또 다른 만남의 시작이라고 말한다. 한국을 제2의 모국으로 생각하면서 누구보다 한국에 각별한 애정을 보낸 '대한외국인' 켈리의 작별이 새로운 만남 형성을 위한 한 빌드업이라고 보는 이유다. 외국인 선수들이 머나먼 타국 땅에서 롱런은 단순히 재능 이외 현지 문화 적응, 동료들과 융화 등이 중요하다는 메시지를 켈리의 사례가 증명했다는 평가에 이의를 달기 어렵다. 운동선수 이외 많은 이들이 타국살이에서 참고해야 할 사항이기에 더 그렇다. 켈리의 한국에서 6년은 야구를 넘어 개인의 삶에 있어서도 소중하고 특별하게 자리한다는 표현이 딱 어울린다.

창단과 함께한 희로애락,
이제는 영구히 가슴속으로

— KT 창단 멤버 심우준, 엄상백의 FA 한화 이적

⚾ 어느 집단이든 집단의 창설을 함께 한 초대 멤버에 대한 기억이 오래 남는다. 어려운 환경과 상황 등에도 함께 호흡하면서 보낸 세월은 추억이라는 단어 앞에 깊이 간직되며, 비즈니스가 아닌 사람과 사람 관계에서 쌓은 '정(情)'은 친밀도의 깊이를 더해주게 만든다. 이를 토대로 집단에 대한 로열티가 강화되는 것은 물론, 주변 구성원들 간 신뢰와 믿음 등의 형성으로 패밀리 분위기를 연출하기도 한다.

2013년 KBO리그는 KT가 막내 구단으로 KBO리그 회원이 되면서 또 하나의 변곡점을 맞았다. 이미 NC가 2011년 제9 구단으로 창단하고 2년간 퓨처스리그 생활을 거쳐 1군 무대에 첫선을 보인 시즌이라는 상징성에 KT의 창단은 리그 양을 더 불리면서 제도 변화의 불가피를 알린 사건과도 같았다. 신생팀의 가장 큰 난제는 역시 선수 수급이다. 1군 무대에 나설 수 있는 엔트리가 갖춰져야 팀으로서 골격이 맞춰지는 만큼 선수 수급은 모든 신생팀들에게 지상과제다. 그래서 KBO가 내놓은 대안이 신생팀 대상의 특별지명과 특별 우선지명이다. 2년간 신생팀에 특별 지명 2명과 특별 우선지명 5명으로 7명을 우선 선발할 수 있는 메리트를 내놓으면서 선수 수급의 난제가 1차적으로 숨통을 트이게 했다. 이에 따라 KT는 NC와 마찬가지로 구단 방향성과 니즈 등에 맞게 고교와 대학 무대에서 우수한 자원들을 대거 끌어모으며 구색을 이뤘다. 일반인에게도 공통된 사항이지만, 학창 시절 연을 성인이 돼서 동일 분야 진출로까지 쭉 이어지는 경우는 흔치 않다. 같은 분야를 바라보고 진출을 위해 발버둥 친다고 한들 각자 원하는 니즈, 비즈니스 코드, 개개인 성향 등이 제각각이라 더 어렵다. 그런데 스포츠의 세계는 학창시절 연이 프로 입단 후에도 쭉 이어지거나 돌고 돌아 재회하는 일들이 비일비재하다. 비즈니스 논리에 팀 코드와 개인의 특색, 추구하는 방향성 등의 조화가 전제조건이다. 필드 바깥에서 끈끈한 관계, 필드에서는 환상의 파트너십 등이 있다고 하더라도 비즈니스 논리와 불일치되면 학창 시절부터 쌓은 연을 통한 프로에서 의기투합이 재현되기는 쉽지 않다.

그럼에도 쉽지 않은 이치와 비즈니스 논리 등에도 언북중(서울)에서 함께 야구 하며 연을 쌓은 이들의 KT에서 재회는 그야말로 '데스티니'였다. 1년 터울인 심우준과 엄상백은 말 그대로 '소울 메이트'에 가까운 존재들이다. 먼저 심우준이 송정동초(광주)를 졸업하고 서울로 야구 유학을 오면서 상경살이를 시작했고, 1년 뒤 엄상백이 언북중에 입학하면서 첫 한솥밥을 먹게 됐다. 중학교 2년을 함께하고 덕수고(엄상백)와 경기고(심우준)로 흩어지며 '어제의 동지가 오늘의 적'이라는 논리를 피하지 못했지만, 만날 사람은 다시 만난다는 속설이 연의 끈을 다시금 이어주게 만들었다. 경기고 재학 시절 김하성(現 템파베이 레이스)과 함께 초고교급 유격수로 각광받은 심우준은 빠른 발과 안정된 수비력, 빼어난 주루 센스 등의 특색을 각종 대회에서 표출하며 2014년 KT 특별 지명으로 입단하게 됐고, 덕수고 재학시절 팀을 3년 연속 청룡기 챔피언(2012~2014)에 올려놓은 엄상백은 사이드암 투수로서 150km에 육박하는 빠른 볼과 묵직한 구위, 침착한 경기 운영 등을 바탕으로 고교 최대어의 진면목을 뽐내며 2015년 KT에 1차 지명(이때는 KT가 연고지 관계없이 신생팀 메리트로 전국 단위 특별 1차 지명을 행사할 수 있었다.)으로 부름을 받았다. KT가 1군 무대에 첫선을 보인 2015시즌부터 팀의 미래로서 꾸준한 출전 빈도를 나타냈지만, 데뷔 초창기 프로 무대의 높은 벽은 이들에게도 예외가 아니었다. 심우준은 체력 부담이 큰 포지션 중 하나인 유격수 포지션에서 타격의 약점을 고스란히 노출하며 '반쪽' 꼬리표가 따라붙었다. 엄상백은 빠른 볼의 강점이 타자들의 매서운 방망이에 그대로 퇴색되며 혹독한 성장통을 겪었다. 제아무리 고교 무대에서 날고 기는 인물들이라도 프로 무대의 철저한 분석과 노련미, 경험 등은 쉽게 볼 요소가 결코 아니라는 점이 이들에게도 여과 없이 드러난 셈이다. 프로 입단과 함께 혹독한 성장통과 시행착오가 이들의 어깨를 짓눌렀지만, 신생팀 창단 멤버로서 팀의 역사를 지탱한 흔적만큼은 이들에게 큰 자산이었다. 마침 지속적인 경험치 충전을 통한 면역력의 증대는 프로 무대에서 비로소 비상의 날개를 펼쳐 보이게 했다.

2019년 시즌 데뷔 첫 100안타(109안타)를 때려내며 팀의 고정 유격수로 거듭난 심우준은 이듬해 도루 35개로 생애 첫 도루왕 타이틀을 품에 안으면서 커리어의 훈장을 남겼다. 선발과 불펜을 오가며 비싼 수업료를 늘린 엄상백은 2021년 6월 상무 제대와 함께 팀의 마운드 높이를 강화하며 큰 힘을 실어줬다. 중학교 졸업 이후 4년 만에 프로팀에서 재회한 이들이 신생팀의 모든 희로애락을 함께한 시간은 2021년 두둑한 열매로 따라왔다. 2021년 KT가 창단 8년 만에 통합 챔피언으로 구단 역사에 큰 족적을 남긴 것이다. 당시 삼성, LG와 막판까지 페넌트레이스 선두 경합을 박 터지게 벌인 KT는 삼성과 페넌트레이스 동률로 사상 초유의 타이브레이크를 벌이는 대혈전 속에서 달구벌 원정을 1-0 승리로 장식하며 한국시리즈 직행의 쾌재를 불렀다. 한국시리즈에서도 키움, LG, 삼성을 차례로 돌려세우는 '미러클'을 뽐낸 두산에 시리즈 전적 4전 전승을 거두며 기막힌 '마법'의 종지부를 제대로 찍었다. 투-타에서 팀의 통합 챔피언 '마법' 연출에 일조한 이들은 프로 첫 챔피언 반지의 기쁨을 맛보면서 팀 역사의 한 페이지를 화려하게 써내렸고, 이후에도 KT가 강팀 반열에 올라서는데 혁혁한 공헌을 세우면서 가치를 증명했다. 2022년 시즌 직후 상무 입대로 군 복무에 나선 심우준은 지난해 7월 16일 제대와 함께 팀에 복귀해 안정된 수비와 빼어난 주루 센스 등을 바탕으로 팀 센터 라인 강화에 힘을 보탰다. 2022년 승률왕 타이틀로 프로 데뷔 첫 개인 타이틀을 수상한 엄상백은 지난 2023년 한국시리즈 준우승에 적지 않은 기여도와 함께 2024년 시즌은 프로 데뷔 최다 승리(13승)와 함께 규정이닝 돌파(156.2이닝)를 이뤄내며 KT 선발 마운드의 한 축으로 고군분투함을 잃지 않았다. 서로 다른 군 복무 기간으로 인해 잠시 흩어진 시간은 있었지만, 막내 구단인 KT의 모든 희로애락을 함께하면서 쌓인 추억은 아름다운 동행의 의의를 새기기에 부족함이 없었다.

이들은 2024년 시즌 종료와 함께 FA 시장에 나오면서 '자유의 몸'이 됐다. 예년에 비해 대어급이 다소 적은 2024년 시즌 FA 시장에서 나름 '블루칩'으로 손꼽혔다. 유격수 포지션이 취약한 팀에게는 수비력과 빠른 발, 주루 센스 등을 두루 겸비한 심우준의 시장성은 상당히 매력적인 카드 중 하나였다. 잠수함 투수로서 150km를 웃도는 빠른 볼과 묵직한 구위 등이 압권인 엄상백의 특색은 선발진의 높이 강화를 꿈꾸는 팀에게는 안성맞춤이었다. 돌고 돌아 어렵사리 프로에서 연을 맺은 이들이 한솥밥을 먹을 수 있을지에 대한 궁금증도 덩달아 커졌다. 다만, 시장 상황은 그리 녹록지 않았다. KT 입장에서는 샐러리캡 여파로 창단과 함께 애지중지 공들여온 '집토끼'들을 모두 잡는 것이 여간 부담스러운 요소가 아니었다. 그럴 만도 했다. 이미 2024년을 앞두고 고영표를 비FA 다년계약으로 묶은 상황에 샐러리캡의 족쇄는 KT에게도 비껴가지 못한 화살이었다. 뿐만 아니라 2025년을 끝으로 FA가 되는 강백호를 필두로 나머지 선수들의 총액 채우기 등을 액수에 맞게 이뤄내야 하는 점에서 '집토끼' 단속의 머리를 지끈거리게 만든다. 이들에게도 자신을 키워준 둥지를 떠나는 선택을 도모하기도 그리 간단한 일이 아니다. 팬들의 지지와 로열티, 구성원들과 쌓인 '정'은 머릿속에 주마등처럼 스쳐 지나가게 만들며, 팀 분위기와 구장 환경 등 모든 것들도 익숙하다. 일반인들이 이직과 잔류를 놓고 긴 장고에 거듭하는 것과 마찬가지로 운동선수들도 FA 신분을 필두로 온갖 선택의 기로에 서면 고뇌가 깊을 수밖에 없다. 이게 사람의 본성이기도 하다. 수많은 결정을 내리기까지 마음의 준비, 지난날의 환기 등 모든 것이 복합적으로 작용한다. 원소속팀 KT 잔류와 타 팀 이적 등의 선택 카드에서 이들이 장고 끝에 선택은 새로운 도전이었다. 새로운 도전을 택하는 과정에 각 팀의 비즈니스 코드가 엄연히 다르기에 서로 연이 지속될 지에는 물음표가 가득했다.

최근 FA 시장에서 공격적인 투자로 '큰 손'을 자처하고 있는 한화가 유격수 포지션과 선발 높이 강화를 위해 이번 FA 시장에도 적극적인 영입에 박차를 가하면서 상황이 급변했다. 한화는 지난 2024년 이도윤이 팀의 유격수 포지션을 책임지면서 나쁘지 않은 모습을 보여줬지만, 풀시즌을 온전하게 맡기기엔 무게감이 다소 떨어지는 것이 사실이었다. 뿐만 아니라 류현진과 문동주의 뒤를 받칠 토종 선발 자원이 부족한 찰나에 5선발의 취약함은 시즌 내내 마운드 운영의 골머리를 앓게 했다. 유격수 포지션과 선발 마운드의 높이 강화는 오랜 암흑기를 벗고 도약을 실현하기 위해서는 필수 조건이었다. 마침 FA 시장 개장과 함께 최대어급인 심우준과 엄상백 영입에 발 벗고 나서면서 계약서 사인이 이뤄졌다. 심우준은 4년 50억, 엄상백은 4년 78억 원에 각각 한화와 도장을 찍으면서 프로 입단 10년 만에 이적을 경험하게 됐다. 한화 새 구장 시대 도래와 함께 한화의 오렌지색 유니폼을 입고 새로운 도전을 마주하는 출발선을 함께 걷게 된 것이다. KT의 창단 첫 시즌인 2015

년과 현재 도전이라는 본질과 두 팀의 상황 등은 다소 다르다. KT가 신생팀으로서 모든 부분을 하나하나 맞춰가는 시기였다면, 한화는 최근 공격적인 투자를 바탕으로 선수단 몸집을 한껏 불렸다는 점에서 차이가 존재한다. 그리고 한화 이적은 대전 베이스볼 드림파크(가칭) 시대의 초석을 함께 닦는다는 상징성을 안고 있다. 환갑이 훌쩍 넘은 한화생명이글스파크 시대를 끝내고 대전시의 투자와 KBO의 노력 등에 의해 2025년 개장하는 대전 베이스볼 드림파크(가칭) 시대에 오랜 암흑기를 벗고 도약의 동기부여가 한화에 뚜렷한 만큼 심우준과 엄상백의 영입은 최근 채은성, 안치홍 등의 영입으로 커진 판의 화룡점정과 가깝다.

FA 이적에서도 동행을 이어가게 된 이들의 동행은 어쩌면 피보다 더 질긴 인연이다. 그럴 만도 한 이유가 분명하다. 일단, 운동 세계가 가족보다 팀 동료들과 함께하는 시간이 더 많다. 전지훈련, 경기 등 스케줄이 꽉 짜인 바이오리듬에서 팀 동료들과 동고동락하면서 생성되는 동료 애(愛)는 서로 간 친밀도 향상은 물론, 기쁠 때나 괴로울 때나 서로 옆에서 끌어주고 당겨주는 길잡이로서 관계로 발전하기도 한다. 대개 일반인들이 직장 동료로 처음 만나 가까운 친구와 선후배 관계로 발전하는 것이 굉장히 어렵다. 상하 관계가 뚜렷한 수직적인 문화에 업무 스트레스, 관계에 대한 피로도 등에 따라 비즈니스의 인식이 일반인들 사이에서는 동료 관계를 바라보는 데 있어 뚜렷하게 잡힌 영향이 크다. 일반인들과 달리 운동선수들은 동료 관계가 특별함 그 자체다. 우선 운동 세계는 판이 좁다는 특성을 띤다. 오랜 기간 함께하거나 학연으로 맺어진 가까운 동료들의 존재는 깊은 동료 애를 넘어 서로를 가족처럼 여기는 분신이 되는 경우가 더러 존재한다. 물론, 한국 사회의 고질적인 잔존 악습 중 하나인 학연의 부정적인 측면도 없잖아 있지만, 적어도 동업자로서 동질감을 느끼기에는 충분하다.

심우준과 엄상백의 깊은 연은 1년 터울을 떠나 각자 일생에 있어 떼려야 뗄 수 없는 관계다. 한솥밥을 먹은 세월만큼이나 서로에 대해 너무 잘 아는 이들의 연은 성인이 돼서도 특별함을 계속하고 있으며, 서로를 통해 합작한 승수도 수두룩하다. 수원에서 각자 도움을 통해 시너지를 냈던 이들의 질긴 연이 수원을 떠나 대전에서도 어떠한 스토리를 써내릴지 궁금증이 커지는 바이다. 그리고 이 땅에 모든 분야에서 오랜 세월 쌓은 연은 가족 못지않게 특별하다. 함께하면서 쌓인 세월의 깊이 만큼이나 신뢰, 믿음 등이 동반된 연의 소중함은 각자 커리어나 삶에 있어서도 크나큰 자산과 같다. 2009년 언북중에서 처음 만나 어언 10년이 넘는 세월을 함께하고 있는 이들의 연이 한화 오렌지색 유니폼을 입으면서 어떤 스토리를 새롭게 써내릴지 지켜볼 일이다.

에필로그

기록과 감동, 그라운드 위의 역사

꿈의 1,000만 관중
- 그러나 갈 길은 멀다

◎ 영화의 흥행작들을 보면 공통분모가 하나 있다. 바로 꾸준함이다. 초장부터 흥미로운 스토리가 지루할 새 없이 마지막까지 쭉 진행되는 작품성은 대중들에 꾸준한 재미와 스릴을 아낌없이 선사한다. 대개 중간부까지 흥미진진한 스토리로 절정의 꽃을 피우다가 엔딩의 아쉬움을 남긴 작품들이 즐비한 스크린의 세계에서 꾸준함을 가지고 재미와 스토리 형성 등을 도모하는 흥행작들은 작품이 끝난 이후에도 시청 역주행을 몰고 오는 파급력이 어마무시하다. 영화에서 흥행 초대박을 가늠하는 지표 중 하나가 1,000만 관객이다. 현재까지 한국 스크린 역사를 통틀어 1,000만 관객을 돌파한 작품은 24개다. 미국 영화가 9개임을 감안하면 상당한 수치다. 관객 숫자에 치중하는 한국 영화계 특성이 감안된 영향도 있지만, 작품 하나에 1,000만 관객이 모였다는 자체만으로도 스크린 역사의 한 페이지로 화려하게 남는다.

영화에서나 볼법한 1,000만 관중이 2024년 KBO리그에서 이뤄졌다는 부분은 대단히 놀랍다. 한 주기의 반짝이 아닌 시즌 내내 꾸준한 관중 동원이 가미된 결과라 그렇다. 2024년은 대한민국뿐만 아니라 전 세계가 여름철 펄펄 끓었다. 해를 거듭할수록 심화하는 이상 기온에 열대야 일수 증가, 온난화 현상 가속화 등이 복합적으로 맞물리면서 기록적인 폭염을 더 부채질했다. 매년 프로야구는 여름이 비수기다. 순위 싸움이 본격적으로 닻을 올리면서 세간의 관심도가 커지는 시기지만, 관중 동원이나 흥행에 있어 상당한 어려움이 초래되는 시기이기도 하다. 7~8월 휴가철 여행 성수기의 높은 수요와 함께 코로나 19 팬데믹 해제로 인한 해외여행 빈도 증가, 관광이나 여행 업계의 가성비 높은 상품 제공 등의 영향은 매년 여름철 관중 동원의 어려움을 야기하는 요인으로 손꼽혔다. 역대급 폭염과 열대야가 기승을 부린 2024년 여름은 KBO리그도 제대로 휘몰아 감았다. 연일 기록적인 폭염에 지난해 8월 2일 울산 문수구장에서 펼쳐질 예정이었던 롯데-LG전이 출범 이래 처음으로 폭염 취소를 결정한 것을 비롯, 폭염 취소 경기가 속출됐다. 뿐만 아니라 전국 각지에서 쏟아진 온열질환자 중 야구장 직관한 팬들도 더러 있었을 만큼 폭염의 강도는 상상을 초월했다.

지난 2023년에는 거센 폭우에 잔여경기 일정 등이 잇따라 밀리면서 홍역을 치르더니 2024년에는 폭염과 열대야의 습격이 리그 전체를 관통했다고 해도 무방했다. 그럼에도 2024년 여름날 프로야구는 상당히 뜨거웠다. 아니 기록적인 폭염을 잊게 만들었다고 해도 과언이 아니었다. 불볕더위에 아랑곳하지 않고 야구장을 가득 메운 팬들의 뜨거운 열정과 텐션은 10개 구단 모든 홈구장 분위기를 폭발적으로 달궜다. 휴가철마다 매년 반복되는 일부 '바가지 요금'과 높은 단가 등이 사회적으로 큰 골칫덩어리로 자리한다.

이에 극심한 피로도를 느낀 팬들이 상대적으로 값이 싼 야구장을 휴가 노선으로 정하면서 투어 효율과 가성비를 모두 움켜쥐는 효과를 낳았다. 그러면서 10개 구단 홈구장이 야구 팬들로 인산인해를 이뤘다. 그간 여름철이 흥행 비수기였던 KBO리그에서 여름날 야구 팬들의 끊임없는 직관 러시는 흥행몰이에 엔진을 더 붙였다. 각 구단이 여름철 야구장을 바캉스로 만들기 위해 이른바 '야캉스(야구+바캉스)' 공간을 한시적으로 만들면서 팬들의 여름철 야구장 직관을 탄력적으로 이끌었다. 구장 내·외부에 여름 휴가철 분위기를 한껏 연출한 것은 물론, 경기 종료 이후 유명 DJ의 공연이 가미된 'DJ PARTY', 나이트 분위기를 연상케 하는 '서머 나이트' 등 다채로운 여름 마케팅은 팬들로 하여금 니즈 충족에서 호평을 얻기에 충분했다.

승패를 떠나 경기 후 여름날의 축제를 장만한 각 팀의 노력과 팬들의 폭발적인 에너지가 환상적인 하모니를 이루면서 거대한 놀이터의 스케일을 더 맛깔스럽게 칠했다. 각 구단 관중 동원도 여름철의 꾸준한 직관으로 인해 양과 질 모두 향상됐다. 10개 구단 중 6팀이 100만 관중을 돌파한 것이 이를 말해 준다. KBO리그 대표 인기구단인 LG, 롯데, KIA의 '엘롯기 동맹'뿐만 아니라 두산, SSG, 삼성이 100만 관중 돌파로 팀 역대 한 시즌 최다관중 기록을 세우면서 KBO리그 흥행몰이에 앞장섰다. 특히 KIA, 삼성의 100만 관중 돌파는 구단 역사에 있어 상징적 가치가 특별했다. 2017년 통합 챔피언 당시 구단 역사상 처음으로 100만 관중을 돌파했던 KIA는 2024년 시즌 초반부터 공고한 독주 체제 구축과 함께 팀 역대 2번째로 100만 관중을 돌파하며 불야성을 이뤘다. 2017년 때보다 더 많은 관중이 광주기아챔피언스필드에 운집하면서 가공할 만한 '티켓 파워'의 위력을 증명했다. '티켓 파워'의 위력에 수치와 비율 또한 남달랐다. 지난 2024년 홈 73경기 중 30경기가 매진되면서 무등경기장 시절이던 2009년 구단 역대 한 시즌 최다 매진 기록이었던 21경기를 가뿐히 뛰어넘었다. 2000년대 시설 노후화가 가속화됐던 무등경기장과 달리 광주기아챔피언스필드의 수용 인원이 월등히 많은 것을 감안하면 가히 폭발적이었다. 뿐만 아니라 지난해 8월 1일 두산 전에서 광주기아챔피언스필드 개장 이래 첫 평일 매진을 이룬 것을 비롯, 총 125만9249명으로 2017년 가지고 있던 구단 역대 한 시즌 최다관중 신기록인 102만4830명을 일찌감치 갈아치우는 등 2014년 개장한 광주기아챔피언스필드 10주년의 상징성을 더 높였다.

팬들의 여전한 로열티에도 최근 저조한 팀 성적에 의해 관중몰이에 애로점이 뒤따랐던 삼성은 2024년 비로소 2016년 개장한 대구삼성라이온즈파크 개장 효과를 제대로 누렸다. 시즌 초반부터 기대 이상의 선전과 경기력에 '대프리카'로 칭하는 대구삼성라이온즈파크를 향하는 팬들의 발길이 끊임없이 이어졌다. 24,000명을 수용할 수 있는 대구삼성라이온즈파크의 쾌적한 시설과 환경에 30경기가 매진 사례를 이루면서 개장 8년 만에 '라팍 시대'의 효과를 증명했다. 지난해 9월 3일 롯데, 9월 4일 두산 전에서는 이틀 연속 평일임에도 매진을 달성하는 등 라팍 개장 첫 100만 관중 돌파를 넘어 총 134만7022명을 기록하며 팀 역대 한 시즌 최다관중 경신 가치를 더 높였다. '한 지붕 두 가족'인 LG와 두산도 2024년이 구단 역사에 있어 기념비적인 관중 동원력을 뽐낸 시즌으로 기억됐다. 잠실야구장을 홈구장으로 사용하면서 홈, 원정 가릴 것 없이 많은 야구 팬의 '성지'로 불리는 상징적 가치의 효과가 2024년 KBO리그 흥행몰이의 한 축이 됐다.

실제로 '티켓 파워'가 막강한 KIA, 롯데, 한화, 삼성 등의 잠실 원정 때 티켓이 평일과 주말 가리지 않고 동나는 것은 예삿일이 아니었다. LG는 지난해 3월 23일과 24일 한화와 홈 개막 2연전을 비롯, 총 25경기를 매진 사례로 이뤄내며 2012년 한 시즌 최다 매진 기록인 16경기를 가뿐히 넘었다. 25경기 중 KIA와 3번의 잠실 시리즈(4월 26~28일, 7월 9~11일, 8월 16~18일)가 모두 매진되는 경이로운 티켓 파워는 KBO리그 역사에도 길이 남을 업적으로 자리했다. 각 팀당 16차례 매치업에서 상호 간 특정 장소 시리즈가 모두 매진되는 일이 극히 드물기에 의미부여가 확실하다. 총 139만7499명의 관중은 2009년 롯데가 세운 역대 한 시즌 최다관중 기록인 138만18명의 기록을 10,000명 이상 넘어선 수치다. 당시 롯데의 평균 관중 2만 명에는 미치지 못했지만, 난공불락처럼 여겨졌던 관중 수치였던 롯데 기록을 넘어선 자체만으로도 수도 서울의 '프리미엄'과 야구 흥행 등의 시너지 위력을 배가시켰다.

두산은 '용'의 '기(氣)'가 2024년 '갑진년' 청룡의 해 또 한 번 껍질을 깼다. 다름 아닌 구단 역사의 관중 수치를 모조리 갈아치운 부분이 '용'과 천생연분을 연출했다. 2024년 26번의 매진 사례를 이루면서 2012년 구단 역대 한 시즌 최다 매진 기록이었던 16번을 경신했다. '망드러진 곰' 캐릭터 상품 출시와 함께 각종 굿즈들이 빅히트를 치면서 팬들의 직관 러시가 끊이지 않았고, 총 130만 1768명으로 2012년 가지고 있던 구단 역대 한 시즌 최다관중(129만1703명)을 넘어서며 '마의 130만 관중' 고지를 기어코 깼다. SSG의 구단 역대 첫 100만 관중 돌파도 눈에 띤다. 전신 SK 시절부터 '스포테인먼트(스포츠+엔터테인먼트)'로 야구장을 하나의 문화 공간으로 만드는 데 모든 노력을 아끼지 않은 결과물이 SSG 인수 후에도 고스란히 계승되면서 맥을 지탱하고 있다. 야구장 안에 모기업 브랜드인 스타벅스와 노브랜드 매장의 입점, 바비큐 존과 그린존 등의 활용 등으로 야구와 문화생활의 조화 등이 팬들에 큰 인기와 만족도를 이끌면서 인천 팬들뿐만 아니라 원정 팬들까지 하나의 '핫플레이스'로 장만하는 파급력은 2024년 흥행 대박 대열에 동참하는 수단이었다. 홈 71경기에서 총 114만3773명이 입장하면서 2012년 가지고 있던 구단 한 시즌 최다관중 기록(106만9929명)을 멀찌감치 넘어섰다. 9번의 매진으로 2010년 한 시즌 최다 매진 기록과도 타이를 이루면서 인천 프로스포츠 연고팀 최초의 2년 연속 한 시즌 100만 관중 돌파까지 써내리는 등 구단 역사의 한 페이지와 인천 스포츠 역사마저 새로 쓰는 동원력 또한 폭발적이었다.

 100만 관중 돌파에 롯데가 빠지면 시체다. 열광적인 분위기와 뜨거운 텐션 등으로 '사직노래방'이라는 수식어는 2024년에도 장관을 이뤘다. 연고지 부산의 아이덴티티를 극대화한 마케팅과 함께 인기 애니메이션 『짱구는 못 말려』를 비롯, 캐릭터 상품과 컬래버레이션이 빅히트를 치면서 팬들의 니즈와 욕구를 동시에 충족시켰다. 뿐만 아니라 지역 프랜차이즈 맥주인 '동래라거'를 필두로 먹거리의 다양화가 입혀지면서 야구장 직관 맛을 더 진하게 입혔고, 이는 총 123만2840명을 끌어모으는 결과를 낳았다. 10개 구단 중 유일하게 최다관중 기록 경신에는 실패했어도 '사직노래방'에서 진하게 하루를 마음껏 즐기는 텐션만큼은 부산 특유의 화끈함과 일맥상통했다.

100만 관중 돌파 팀들만 KBO리그 흥행에 동참한 것은 아니었다. 2024년 한 시즌 KBO리그 관중 관련 지표에서 한화를 빼놓고 얘기하기 어렵다. 한화의 관중 동원력은 2024년 놀라움 그 자체였다. 대전한화생명이글스파크에서 마지막 시즌이라는 상징성에 류현진의 12년 만에 국내 복귀, FA 안치홍 영입 등 호재가 겹치면서 그야말로 폭발적인 관중 동원력을 뽐냈다. 시설 노후화와 작은 규격의 핸디캡을 딛고 이뤄낸 점에서 어메이징했다. 최다경기 연속 매진 신기록을 시즌 초반 갈아치우더니 KBO리그 팀 역대 한 시즌 최다 매진 기록마저 갈아치웠다. 2024년 대전한화생명이글스파크에서 치러진 홈 경기는 총 68경기다. 68경기 중 무려 44경기가 매진 사례를 이뤘으니 한화의 '티켓 파워'와 흥행력이 얼마나 위력적이었는지를 입증하는 바이다. 작은 규격에 의해 100만 관중 돌파는 애초 불가능했지만, 구단 역대 한 시즌 최다관중 기록만큼은 뛰어넘으며 '보살 팬'이라는 수식어에 맞는 로열티를 뽐냈다.

'비인기 구단'의 설움은 2024년 존재하지 않았다. 키움, NC, KT

는 KBO리그의 대표적인 비인기 구단이었다. 비인기 구단의 설움과 함께 관중 동원력에서도 하위권을 면치 못했다. 10개 구단 중 유일하게 모기업이 없이 자생력을 띄고 있는 키움과 2011년 제9구단으로 창단한 NC, 2013년 제10 구단으로 창단한 KT 모두 짧은 팀 역사가 발목을 잡은 영향이 공통분모로 자리하는 모양새가 짙었다. 키움은 주력 자원들을 트레이드, 해외 진출로 보내면서 얻는 이적료로 젊은 유망주들을 육성하는 '저비용 고효율' 정책을 고수하는 구조가 생존 수단이다. NC와 KT는 최근 적극적인 투자에도 후발주자의 핸디캡으로 인한 '스몰마켓'의 이미지가 짙다. 실제로 키움은 소위 티켓 파워가 좋은 팀들이 고척스카이돔 16,000석 절반 이상을 점유하는 광경이 늘상 벌어졌고, NC와 KT는 빈 좌석이 휑하게 보일 정도로 팬층 형성과 로열티 확립 등에서 기존 팀들의 굳건한 파워를 절감해야 했다. 하지만 2024년은 위 세 팀에게 '비인기 구단' 이미지를 개선시키는 원년으로 손꼽혀도 손색없었다. 키움은 최근 여성 팬들의 비약적인 증가와 함께 젊은 유망주 중심의 팀 특성으로 성장을 도모하는 전략이 라이트 팬들의 팬심과 맞아떨어지며 마케팅 효과가 상당했다. 총 80만8350명의 관중 기록은 고척스카이돔 개장 첫 시즌이던 2016년 78만2121명의 종전 기록을 2만 명 이상 넘어선 구단 역대 한 시즌 최다관중 신기록이며, 15번의 매진 역시 한 시즌 최다 매진 기록인 종전 6회(2016, 2017) 기록을 가뿐히 뛰어넘은 수치다.

 10개 구단 연고지 중 유일하게 지하철 노선이 없는 NC의 한 시즌 최다관중 기록 경신은 놀랍다. 대중교통 이용의 불편함이라는 크나큰 리스크에도 창원NC파크를 하나의 문화 공간으로 탈바꿈한 노력이 빛을 내면서 팬들의 발길을 재촉했다. 2019년 개장한 최신식 구장에 스타벅스 매장과 피트니스 센터 등의 입점으로 문화 향유의 유연성을 높인 효과가 다채로운 티켓 마케팅, 연고지 창원의 아이덴티티 계승, 각양각색의 유니폼과 굿즈 제작 등과 앙상블을 이뤘다. 이에 73경기 중 총 74만9058명이 입장하면서 구단 역대 한 시즌 최다관중(종전 2019년 71만274명)을 넘어섰고, 12번의 매진으로 구단 역대 한 시즌 최다 매진 기록(종전 2016년 7회)까지 써내리면서 팀 창단 첫 한 시즌 두 자릿수 매진과 팀 창단 이래 첫 평균 관중 1만 명 돌파의 일거양득도 확실하게 누렸다. 막내 구단인 KT의 최다관중 기록 경신은 10번째 시즌의 상징적 가치를 높였다. 축구도시 이미지가 짙었던 수원에 뿌리를 내리면서 최근 호성적에 따른 팬층 다양화와 팬덤 확립 등을 이뤄낸 효과가 2024년 최다관중 기록 경신이라는 두둑한 열매로 따라왔다. 총 84만 3942명의 입장으로 지난 2023년 세웠던 한 시즌 최다관중 기록인 69만7350명을 가뿐히 뛰어넘은 것뿐만 아니라 팀 창단 이래 처음으로 평균 관중 1만 명을 돌파하면서 수원을 야구로 흥하게 만들었다. 최다 매진 기록도 12번으로 지난 2023년 가지고 있던 한 시즌 최다 매진 기록인 5회를 넘은 것은 부수적으로 따라왔다.

롯데를 제외한 9개 구단이 전년 대비해 비약적인 관중 증가세에 KBO리그의 2024년은 흥행 초대박이었다. 지난 9월 17일 인천 SSG-KIA전에서 난공불락처럼 여겨졌던 1,000만 관중 돌파는 최근 국제대회 부진과 일부 선수들의 끊이지 않는 일탈 등의 악재 속에서 이뤄낸 결과물이라 더 의미가 남다르다. 야구가 대중성을 띠면서 상업적 가치를 높일 수 있는 초석을 닦은 시즌으로 기억되기에 전혀 부족함이 없었다. 10개 구단의 팬 유입을 위한 각양각색의 마케팅이 팬들의 욕구 폭발로 직결되면서 봄부터 가을까지 흥행 전선에 순풍이 가득했다. 그래프가 롤러코스터가 아닌 우상향으로 줄곧 이어진 지표만 놓고 봐도 기록적인 폭염, 휴가철 성수기 등의 악재도 팬들의 직관 러시를 막기엔 역부족이었을 정도다. 다만 역대 최초 1,000만 관중에 만족해서는 위험하다.

야구라는 상품의 본질은 경기력을 필두로 경기 요소에 있다. 제 아무리 내·외적인 요소가 풍족하게 갖춰져도 경기력이 받쳐주지 못하면 앙꼬 없는 찐빵과 다를 바 없다. 경기라는 상품이 좋아야 내·외적인 요소가 자연스럽게 빛난다는 사실은 모두가 인지해야 할 필요성이 크다. 그와 함께 팬 서비스도 더 좋아져야 한다. 먹거리와 부대 시설, 좌석 착용 등에 있어 팬 편의를 위해 다각도로 노력을 기울이고 있지만, 가야 할 길은 멀다. 나날이 높아지고 있는 팬들의 '니즈' 충족을 위해서라도 진일보된 모습을 모두가 보여야 한다는 사실을 잊지 말고 쭉 정진하길 바라는 바이다.

끝으로

⚾ 스포츠의 시계는 매년 분주하다. 한 시즌 동안 열띤 레이스로 농사의 수확을 이루기 위한 향연이 그라운드를 수놓으면서 폭발적인 스릴을 낳는다. 그러면서 지켜보는 맛을 더 쫄깃쫄깃하게 만든다. 1주일에 월요일을 제외하고 6일 동안 펼쳐지는 야구는 쉼 없이 돌아가는 시계의 추에서 온·오프라인의 열기가 뜨겁다. 선수와 팀, 코칭 스태프 할 것 없이 매년 온·오프라인을 수놓는 숱한 콘텐츠가 세간의 이목을 절로 집중시킨다. 현대 사회의 모든 분야가 매일같이 다양한 소식들로 대중들의 관심을 끄는 것처럼 야구 또한 매일 다양한 소식들로 양산되는 콘텐츠는 대중성을 한껏 높인다. 정보화 시대에 접어들면서 SNS와 스마트폰 보급 등에 따른 플랫폼 다양화, 관련 콘텐츠와 커뮤니티 등의 풍성한 내용물은 야구를 보는 맛과 멋을 더 끌어올린다.

항상 필자가 느끼는 부분이 있다. 시대가 변하면 사회가 변하는 시간의 흐름에서 모든 분야를 막론하고 쌓이는 발자취가 하나의 역사적 사료로 가치를 높인다는 것이다. 인과관계의 형성에 따른 스토리가 지난날의 사건, 상황 등과 맞물려 재조명되는 역사는 맥을 쭉 지탱해 주는 잣대이기에 그렇다. 야구는 이와 딱 부합하는 종목 중 하나이며, 이 땅의 모든 분야 생리와 맞닿아있다고 해도 과언이 아니다. 그러면서 세상살이의 한 교보재로 자리하는 역동성은 야구가 주는 사회, 문화적 가치의 한 축이라는 증거다. 쌓인 발자취와 지난날 스토리 재조명 등이 많은 이들을 웃고 울리게 하면서 스토리 형성의 인과관계와 리그 역사적 가치를 끌어올리는 것은 발전의 큰 동력이다. 국내 대표 인기 스포츠라는 수식어로 칭하기에 부족함이 없으며, 필자가 매년 춘삼월부터 가을날까지 야구에 몰입도를 더 높이는 요인으로도 자리하고 있다. 지난날의 발자취와 역사, 오늘날 벌어진 스토리의 땀방울과 열매를 보는 재미가 바라보는 시각의 다양화와 객관화 등을 입히리라는 확신이 강했다.

이게 필자가 책으로 호흡하고 깊이를 더 채우는 공감대를 형성하면서 출판 욕구를 향상시키는 토대가 되지 않았나 싶다. 2024년 KBO리그가 딱 그랬다. 최근 끊이지 않는 사건·사고와 국제대회 부진 등에 따른 흥행 우려에도 역대 최초로 1,000만 관중을 돌파한 흥행력은 위기 뒤 찬스라는 이 세상 격언을 그대로 실현했다. 살인적인 폭염에 아랑곳하지 않고 굳건한 팬심을 보낸 팬들의 열혈한 성원과 함께 신규 팬들의 폭발적인 증가는 야구의 대중적 가치 향상을 통한 향후 상업화 등에서 싹을 제대로 드러냈다. 흔히 처음 접할 때 느낀 흥미와 재미는 쭉 지속된다고 한다. 영화나 드라마 시청은 물론, 각종 문화 활동 등에 있어 공통으로 해당하는 사항이다. 2024년 한 해 신규 팬들의 폭발적인 증가는 야구가 주는 대중성을 증명하는 해로 기억되기에 충분했다. 그저 야구장 분위기를 느끼고 싶어서, 응원 분위기와 열기 등을 체감하고 싶어서 등의 각기 다른 감정이 신규 팬들의 야구장 직관 러시를 재촉했다. 더 놀라운 것은 신규 팬들 대다수가 20~30대 여성 팬이라는 것이다. 참 이 부분을 보면 격세지감을 많이 느낀다. 지난날 남성들의 전유물로만 여겨졌던 스포츠가 이제는 남녀노소 함께 어우러질 수 있는 수단으로 자리한 부분에 있다. 더군다나 야구는 복잡한 룰과 규정 등으로 인해 타 종목보다 진입 장벽이 높다는 특성을 지니고 있어 놀라움을 금할 수 없다. 실제로 2024년 한 해 전국 각지 야구장에 20~30대 여성 팬들의 직관 러시는 그야말로 물 들어올 때 노 저으라는 격언을 제대로 구현시켰다. 야구장에서 먹거리를 마음껏 즐기고 유니폼과 굿즈 등을 착용하면서 텐션을 끌어올리는 모습에서 여성들 저마다 라이프 스타일의 한 축을 도모하는 수단으로 야구가 자리하게 됐음을 암시하는 복선으로 자리한다.

한 세대가 저물면 또 다른 세대 탄생을 학수고대하게 된다. 또 다른 세대가 그 분야의 축을 이뤄줄 때 미래는 더 밝아지는 진리는 모든 분야에 공통으로 통용되는 사항이다. 2024년 KBO리그 흥행에 젊은 스타플레이어들의 등장은 든든한 날개였다. 이 중 2003년 양띠 출생 선수들의 왕성한 활약상은 젊은 팬들에 큰 호응을 유발시켰다. 젊음을 무기로 거침없는 활약을 보이는 양띠 출생 선수들의 존재는 젊은 팬들을 흠뻑 매료시키는 핵심이었고, 향후 스타 마케팅을 통한 개인 상품 가치 증대 등에도 플러스 알파를 절로 누리게 했다. 새로운 스타플레이어들이 많이 나올 때 리그의 건강함이 입혀진다. 비단 야구뿐만 아니라 모든 스포츠에 통용되는 사항이다. 그런 측면에서 양띠 출생 선수들의 2024년 '센세이션'한 활약은 KBO리그의 미래를 밝히면서 MZ 세대들로 리그 중심축의 자연스러운 이동을 덧칠했다고 볼 수 있다. 냉혹한 프로 세계에서 숱한 시행착오를 통한 성장통은 한 인간이 성장하는 과정의 복사판과도 같다. 양띠 출생자들이 어엿한 각 팀의 주축으로 거듭나면서 성장기를 써내리는 과정이 한 인간이 각기 다른 환경, 상황 등에 의해 성장하고 진일보하는 것과 별반 다르지 않다는 점은 필자가 출판 과정에서 한 재미가 됐다. 이어 라이벌 관계가 주는 상생의 가치, 엔터테인먼트 요소 등 가미, 선수들의 이별과 헤어짐 등 현대 사회에서 필연적인 요소가 야구에 고스란히 담긴 부분은 필자의 출판 욕구를 더 키우게 했다.

도서가 출간할 때쯤 되면 깊은 겨울잠을 깨나 2025시즌 또 다른 스토리 장만을 향한 여정이 봄기운을 더 물들이게 한다. 2024년 영광은 이제 역사 한 페이지에 영구히 자리하는 흔적으로 뇌리에 남는다. 2025년 야생야사의 향연이 또 한 번 많은 이들의 기대감과 설렘 등을 분명 자극할 것이다. 또 우리네 삶에 있어 큰 시사점을 제시해 준다. 여러모로 부족함이 많은 내용물이지만, 2024년 한 해 KBO리그 10개 구단 홈구장(제2 홈구장 포함)을 한 번씩 돌면서 얻은 부분을 삶과 사회를 바라보는 관점의 다양화로 연결시키면 분명 유연성이 생길 것으로 확신한다. 그러면서 야구의 재미를 곁들이면 금상첨화라고 생각된다. 지난날 라이벌 관계에서 쌓인 스토리, 그리고 상생과 화합의 모토 하에 펼쳐진 시리즈의 풍성함, 신진 세력들의 성장 과정, 기록 달성 등 2024년 한 해 동안 야생야사의 흥함은 땀방울의 열매를 두둑하게 만들었다. 각기 다른 인과관계 형성이라는 현대 사회의 코드와도 일치됐다. 이러한 부분들이 필자가 2024년 한 해 야생야사의 흥함과 땀방울이 담긴 열매, 그리고 지난날 역사의 각각 결합을 더 흥미롭게 고취시켰다고 볼 수 있다.

기존 올드 팬, 골수 팬 분들은 지난날 스토리를 회상하면서 풍족하게 야구를 지켜보는 재미가 더해질 것이며, 이제 갓 입문한 신규 팬, 라이트 팬분들은 지난 역사를 하나하나 알아가면서 팬심 고취, 로열티 강화 등을 도모하면 야구를 보는 폭이 더해지리라 생각된다. 나름대로 의미 있게 지켜보고 체감한 스토리들이 워낙 많았던 나머지 글로 쓰는 방향이 여간 어려운 일이 아니었지만, 스토리의 시각화가 객관성, 주관성 등을 동시에 가지고 시야를 더 키워주게 만드는 동력이라고 느낀다. 야구는 물론, 사회와 세상을 바라보는 부분에서 말이다. 출판까지 많은 배려와 도움을 아끼지 않으신 생각나눔 관계자분들과 항상 많은 지지와 성원을 아낌없이 보내주는 식구들과 지인들에 감사드리며, 이 자리를 빌려 늘 고맙다는 말을 전하고 싶다. 2025년 을사년(乙巳年) 푸른 뱀의 해도 어언 1/4이 흐른 시점에 여러분들 모두 만사형통과 함께 행복이 가득한 날이 되시기를 바란다.

**야생야사의 흥함,
땀방울이 담긴 열매**

펴 낸 날　2025년 4월 25일

지 은 이　　허지훈
펴 낸 이　　이기성
기획편집　　이지희, 서해주, 김정훈
표지디자인　이지희
책임마케팅　강보현, 이수영
펴 낸 곳　　도서출판 생각나눔
출판등록　　제 2018-000288호
주　　소　　경기도 고양시 덕양구 청초로 66, 덕은리버워크 B동 1708, 1709호
전　　화　　02-325-5100
팩　　스　　02-325-5101
홈페이지　　www.생각나눔.kr
이 메 일　　bookmain@think-book.com

・책값은 표지 뒷면에 표기되어 있습니다.
　ISBN　979-11-7048-869-9(03690)

Copyright ⓒ 2025 by 허지훈 All rights reserved.
・이 책은 저작권법에 따라 보호받는 저작물이므로 무단전재와 복제를 금지합니다.
・잘못된 책은 구입하신 곳에서 바꾸어 드립니다.